渡辺尚志●編

藩地域の村社会と藩政

信濃国松代藩地域の研究Ⅴ

岩田書院

藩地域の村社会と藩政　目　次

第二編 藩地域の武士と町人

序　章

渡辺尚志

一

近年、藩研究が盛行をみせている。岡山・尾張・熊本・津・加賀などの各藩や、九州・畿内の諸藩などを対象に大きく研究が進展し、活発な議論が展開されている。そのなかで、藩研究の方法論をいかに鍛え、どのように藩研究から近世史研究を革新していくかが問われているといえよう。

われわれの松代藩研究の基本的な考え方は、以下のようなものである。すでに、『藩地域の構造と変容』（岩田書院、二〇〇五年）において述べたことだが、あらためて再論しておこう。藩領域を対象として、そこに生起する諸問題を総合的に扱うことは、近世社会のトータルな把握にいたる有効な接近方法である。ただし、あれもこれもと総花的に事例を積み上げるだけでは、真の意味での総合研究たりえない。諸々の問題群を有機的に関連させつつ体系化を図るには、いくつかの核心的なテーマを選択し、それらについて集中的に検討を加え、それを軸に据えつつ、多様な諸問題を加えて幅を広げていく必要があろう。そうした検討の先に、武士—百姓関係や、都市—農村関係、諸身分集団間の相互関係、身分集団内の階層関係など、多様な諸関係の坩堝としての「藩地域」像構築を展望したい。

ここで言う「藩地域」とは、一つの藩を対象として、藩領域の内外にわたって展開する多様な諸関係の総体を、政治・経済・社会・文化・思想・意識などの各領域にわたって具体的かつ理論的に把握するために設けた概念であり、地域社会論と、藩政史・都市史・身分論・思想史などとの架橋・総合化の試みである。

近年の藩研究は、藩領の内外に展開した多様な社会関係に着目し、かつ藩制・藩政史研究と地域社会論との総合を目指して進められている点に共通の傾向をみることができよう。藩地域論もまた同様の志向性を有しているが、より在地社会への密着度が高い傾向があるといえよう。

われわれは、最終的には藩地域の総合研究を通じて近世社会のトータルな把握を目指したいと考えるが、そこに至る道筋として、核心的なテーマについて一つずつ順次集中的に検討を加え、核心的テーマの周囲にそれ以外の多様な重要テーマに関する論考を配して、立体的な肉付けと幅広い目配りを図っていく。このようなかたちで、核心的テーマの数をしだいに増やしつつ共同研究を継続していくことにより、総合化に一歩一歩近づきたい。

藩地域論の有する問題意識について、さらに敷衍しておきたい。藩地域論の研究史的前提としては、次の二つがある。第一は、藩世界論・藩社会論をはじめとする藩研究の成果である。研究内容のみならず、共同研究の方法も含めて、われわれの共同研究はこれらの先行研究から多くを学んでいる。第二は、地域社会論の展開である。地域社会論は今日まで多くの成果をあげてきたが、権力論をどう議論に組み込むかという点では、いまだ統一的なイメージを確立し得ていない。そこで、この課題に迫るために藩地域論が要請されたという側面がある。

こうした先行研究の影響を受けつつ、藩研究から近世社会の全体像に迫ろうというのが藩地域論の方向性であり、より具体的には以下の問題意識と方法をもつ。

第一は、藩をもっぱら武士に関わる概念として狭く捉えず、藩領国・領民を含み、さらに藩領の外に拡がる概念として、幅広く捉え直すことである。これにより、藩領を場として、武士―百姓関係、村―町関係、身分関係などのあらゆる問題を解明の対象に据えることができる。

第二に、領主層を一括りにせず、藩主や藩士層内部の諸個人―家老から下士、さらに儒者・医師などまで―の思想と行動、藩制機構内での位置と役割を、ほかの藩士や領民との関わりのなかで考察することにより、藩政史をいっそう豊かにするとともに、藩研究と思想史との架橋を図る。

第三は、ミクロの分析とマクロの分析の統合である。すなわち、一方では、藩領の一つ一つの村、一人ひとりの人間にまで対象を絞り込んで、その個性を掘り起こすという方向でミクロの分析を深めていく。他方では、幕藩関係、藩相互の関係、藩と幕領代官所との関係、三都との関係など、藩領の枠を越えて視野を拡大していく。この両者を有機的に関連させせつつ研究を行なうことにより、全体史に至る道を拓くことを目指す。

本書の各章は、いずれもこうした問題意識を共有している。本書は、『藩地域の村社会と藩政』と題している。そして、書名がそのまま、本書の核心的テーマとなっている。村社会と藩政との関連を重点的に追究しているのである。前述したように、藩地域論とは、地域社会論と藩政史・都市史・身分論・思想史などとの架橋・総合化の試みである。したがって、藩地域論自体が、村社会論・地域社会論と藩政史・思想史研究との統一的把握を目指すものなのだが、本書では「村社会と藩政」という課題をより意識的に追究した。

なお、研究対象として松代藩を選んだ理由について付言しておきたい。

第一に、研究史的には、外様中藩の研究が重要だということがある。やはり一国規模の国持大名クラスのほうが研究を進めやすく、松代藩のようなどちらかと言えば規模の大きくない藩の個別研究は多くはない。そこに、松代藩研究の固有の意味がある。

第二に、史料的には、真田家文書が質量ともに豊富な、稀有の大名家文書群であることが大きい。そして、藩士・城下町商人の文書群や村方文書も豊富に残っていることも研究上のメリットとなる。

以上、われわれの藩研究の方法について述べてきたが、今後想定される核心的テーマの候補としては、とりあえず、①全藩領的(あるいは藩領域を越えた)流通構造論・金融循環論、②藩内における議論の積み重ねと藩政改革、③藩―藩(代官所)関係と幕藩関係、④中世・近世移行期論と近世・近代移行期論、⑤真田家文書および藩領住民作成文書群についてのアーカイブズ学的研究、⑥訴訟からみえる藩地域の特質、⑦土地所有・利用をめぐる制度と紛争、⑧中間支配機構を欠いた松代藩における地域社会の存立構造、⑨地震・洪水・噴火・飢饉などの災害史研究、などをあげることができる。

二

以下では、本書がフィールドとする松代藩について概観しておこう。

松代藩は、信濃国更級・水内両郡を中心に、埴科・高井両郡の一部をも領有した外様中藩である。元和二年(一六一六)に松平忠昌が一二万石を与えられて松代に入封し、これによって近世の松代藩が成立した。その後、元和四年に酒井忠勝が入封し、さらに同八年に上田より真田信之が入封した。その後、明治四年(一八七一)の廃藩置県に至るまでの約二五〇年間、真田家が一〇代にわたって松代藩主として統治を行なった。城は松代にあり、松代城または海津城と呼ばれた。領内の全家数は安政三年(一八五六)に二万六四三〇軒、全人口は天保五年(一八三四)に一三万六六五三人であった。

藩領は、寛文四年（一六六四）段階では、水内郡内八七か村で三万九八六九石余、更級郡内六七か村で三万五一三八石余、高井郡内一四か村で一万六一一石余、埴科郡内一四か村で一万四九三〇石余、合計一〇万石で、内高は一一万五八七〇石余であった。なお、内高の最高値は天保六年の一二万三七一五石余であった。

松代藩では上級家臣の地方知行制が明治維新まで続くが、内高のうち蔵入高と地方知行高の比率は、享保期までは約六対四、寛保期以降は約八対二であった。この比率の変化は、寛保元年（一七四一）頃から恒常化した藩の半知借高政策によるものであった。また、松代藩には在郷足軽制があった。在郷足軽の多くは城下に近い村に居住して、城下に通勤していた。在郷足軽の一部には町家出身者もおり、城下の町内に居住して奉公していた。

領内の行政区分は、郡別のほかに、享保期以前は上郷・下郷・山中郷の三区分、それ以降は平野部の「里方」と山間部の「山中」の二区分があった。さらに、里方は四つの、山中は五つの「通」に分かれていた。すなわち、里方は川南通（上郷通、村数四〇か村）・川東通（二六か村）・川中島通（二七か村）・河北通（四六か村）、山中は茂菅通（一六か村）・新町通（一八か村）・有旅通（一九か村）・吉窪通（一九か村）・大岡通（二一か村）である。

領内の地方支配を行なう職制は、家老―郡奉行―代官・越石《こしこく》代官・手代―足軽・中間という系統であり、郡奉行は定員四人であった。代官の定員は時期によって四～八人と変動したが、文政八年（一八二五）以降五人となり、代官一人に手代四人が付属した。越石代官は、「越石」を取り扱う代官である。「越石」とは、知行取が知行所から本年貢を収納する際、藩公定の平均免三ツ五分を超過した分をいう。この超過分は藩庫へ納入させられたが、越石代官はそれに関わる事務を取り扱った。また、勘定所元〆役や勘定役、道橋奉行や道橋方の役人たちも、それぞれ地方支配に関わった。

松代藩の村役人制は、肝煎（名主）・組頭・長《おさ》百姓の村方三役が基本であり、明和元年（一七六四）に肝煎から名主へと領内一斉に名称変更された。さらに、近世中期以降の業務量増大により、長百姓の補佐役として頭立《かしらだち》が小前百姓の上層から選ばれ、長百姓とともに村政を担当した。ただし、頭立は正規の村役人ではなく、長百姓の次に位置する別格の小前百姓であった。また、蔵入地と藩士知行地が混在した村では、村方三役と頭立のほかに、藩士知行地の年貢収納を中心とした職務を行なう蔵元(蔵本)が置かれた。

なお、松代藩では大庄屋制を採用していなかった。一〇万石クラスの大名でありながら、大庄屋のような中間支配機構をもたなかった点が同藩の特徴であり、中間支配機構抜きでの地方支配の実態を解明することは重要な課題である。

三

以下、本書各章の内容を簡単に紹介しておこう。

第一章「入会地開発訴訟にみる村と領主」(渡辺尚志)は、松代藩領と幕府領の境界領域に存在する草野の開発をめぐる一件を検討して、そこから領主―百姓関係、幕藩関係の特質の一端に迫ろうとしたものである。本章の分析からは、松代藩領の村々と松代藩(郡奉行所・代官所)が連携しつつ、事態に対処していたことが明らかになった。その一方で、藩領村々は幕領村々とも共同歩調をとっていた。藩領村々は、一面では支配関係に規定されるとともに、他面ではそれを越えた地域的協力関係を結んでいたのである。

また、幕領中野代官所や幕府勘定奉行所の吟味は、幕領の開発願人の後押しをして、新田を幕領に組み込むというような開発優先主義、幕領第一主義の立場をとってはいなかった。むしろ、百姓成立と領主間の摩擦回避、そして境界領域における秩序の安定を重視していたといえる。幕府は常に開発優先主義、幕領第一主義を強く打ち出したわけではなく、その顕れ方の程度は時代と地域によって異なっていたのである。

第二章「近世中期の直上納制と土地所有秩序の変容」（菅原　一）は、宝暦検地を契機に多様なかたちで展開した直上《じき》納制について分析したものである。従来、検地研究といえば、その施行方法や検地による百姓負担の増減などが主に問題とされてきたが、本章は近世中期の検地が直上納制を通じて土地所有秩序の変質をもたらしたという新たな視角を提示している。この面からも、検地は村と百姓に多大な影響を与えたのである。

直上納制からは、村と村外・村内地主、村と寺院、地主と小作人、領主と地主・村といった多様な関係性とその変容過程が垣間見えて興味深い。今後は、各種の直上納に共通する性質（直上納を行なう者の、所持地に対する権限の維持・強化）とともに、個々の事例がもつ固有の特質をそれぞれに深く掘り下げていくことで、さらに豊富な論点が発見できよう。

第三章「松代藩難渋村制度における指定・解除の実態の検討」（福澤徹三）は、北高田村を事例に、難渋村の指定から解除にいたる一部始終を追跡したものである。北高田村は寛政三年（一七九一）に難渋村に指定されるが、それは村の内外からの村民の借金がかさんで、村の成り立ちが危ぶまれたからであった。興味深いのは、藩士からの借金が多いことである。藩や藩士は百姓から年貢や御用金を取るだけでなく、百姓たちに多額の金を貸す債権者でもあった。本章では、北高田村の「難渋」の実態が詳細に明らかになった。今後は、同村が文化五年（一八〇八）に難渋村指定を解除されるにいたる過程の検討が求められよう。難渋するにいたる理由の解明とともに、そこから立ち直る過程の解明もきわめて重要である。

第四章「松代藩の社倉政策」（福澤徹三）は、文政期における松代藩社倉政策の導入過程について検討している。興味深いのは、導入にあたっての勘定所元〆役の見解である（第四章の引用史料3参照）。そこでは、①困窮している村や百姓にとっては、将来の凶作への備えよりも当面の生存のほうが緊要であるため、穀物の拠出を喜ばないだろうこと、②富裕者に応分の拠出を求めても、彼らのなかに私欲を離れて村のために協力しようという者は稀であろうこと、が述べられている。民政に熟達した勘定所元〆役の意見だけに、説得力がある。

富裕者・困窮者ともに、それぞれの思惑から貯穀には積極的には応じないだろうことが想定されているのである。それでも、飢饉・凶作対策は実施しなければならない重要な政策課題である。しからば、いかにして領民の主体的な協力を引き出せばよいのか。上からの強制によるしかないのか。民政担当者の苦労はそこにあり、領民の理解と協力の有無が社倉政策の成否を左右したのであった。現実には、天保飢饉後に、高掛かりでの負担というかたちで社倉政策が遂行される。その過程で、上述のような困難がいかに克服されたのか、またはされなかったのか、さらなる検討が課題となろう。

第五章「松代藩道橋方の組織と水論処理」（金澤真嗣）は、郡方とともに水利行政を担った道橋方の職制と、実際の水論（八幡堰一件）への道橋方の関わり方を追究したものである。道橋方の役人は、水論の過程において、公式・非公式の両面において訴訟に深く関わり、内済による解決に向けて村々を指導した。これは、代官所役人の訴訟対応にみられたのと同様のあり方であり、中間支配機構の存在しない松代藩の特質だといえよう。

しかし、それは村々が藩に頼りきっていたことを意味しない。道橋方役人の指導はあくまで内済にもっていくことを目指しており、それは地域内部の自主的問題解決能力を前提としたものであった。松代藩領には大庄屋のような中間支配機構はなかったものの、用水組合・治水組合のような各種の組合村は存在しており、それぞれが一定の自律性を有していた。そして、組合村内の有力百姓が争論解決に果たした役割も大きかった。こうした松代藩地域の事例は、地域社会論をさらに豊かにする可能性をもっているといえよう。また、本章は、道橋方の職務や人員構成を初めて明らかにした点でも意義がある。

第六章「天保期松代藩における学問・知識の展開と「風俗」改革」（小関悠一郎）は、「明君」とうたわれた第八代藩主真田幸貫の治世である文政・天保期を対象として、藩士山寺常山を考察の中心に据え、藩士たちの学問・文化面での交流の実態と、そこに形成されたネットワークについて明らかにしている。

本章では、①幸貫の「明君」像形成の背景には、藩士たちが取り結んだ藩外にも拡がるネットワークが存在していたこと、②文政・天保期の松代藩政は、上層から下層に至るまでの、学問・詩文の教養を身につけた藩士らが中心となって担っていたこと、③常山らの関心は学問・文化だけにとどまらず、藩政・幕政にまで及んでおり、彼らの思想態度が藩の政策形成のあり方を規定していたこと、④常山らは、藩士・領民の全体を視野に入れた「風俗」（「士風」「民俗」）改革を重視しており、それが幸貫の改革政治の基調となっていたこと、などの重要な論点が提示されている。本章で示されたような、思想に裏打ちされて打ち出された個々の具体的な政策が、藩地域にいかなる影響を与えたのか、今後丹念に検証していく必要がある。

第七章「鎌原桐山『朝陽館漫筆』の基礎的研究」（古畑侑亮）は、家老も務めた鎌原桐山の随筆『朝陽館漫筆』の全体構成と内容的特徴を明らかにした基礎研究である。今後は、これをベースに、『朝陽館漫筆』が藩内の思想状況にいかなる影響を与え、藩士たちの思想形成や藩政の推移とどう関連したのか、また逆に『朝陽館漫筆』は藩内外のどのような政治・思想状況の規定を受けて成立したのか、といった点を中心に、視野を松代藩地域の内外に拡げて論点を抽出していくことが期待される。

第八章「天保期老中における手留の伝達と文書管理」（吉川紗里矢）は、アーカイブズ学的研究手法をも駆使して、水野家・真田家における老中手留の伝達と管理のあり方を解明したものである。外様大名でありながら異例の老中就任を果たした真田幸貫であったが、異例の起用であるがゆえに、藩主が幕府の要職に就くことの多い譜代大名と違って、役職遂行に必要な知識やマニュアルの蓄積が必ずしも充分ではなかったことが、本章の分析から明らかになった。老中として手腕を発揮できるかどうかは、本人の政治的力量によるだけでなく、職務内容や慣例・儀礼についての基礎的知識の有無や、本人を補佐する家臣たちの幕政についての理解度・熟練度にも左右される。今後は、こうした観点から、老中としての真田幸貫の活動を再評価することを通じて、アーカイブズ学的研究手法を生かした政治史・幕政史研究の新展開が望まれる。

第九章「松代藩第九代藩主真田幸教の思想的背景」（佐藤宏之）は、筆者がこれまで追究してきた「藩主の思想史」を、松代藩第九代藩主真田幸教を事例に、さらに深めたものである。幸教が藩政におよぼした影響力は小さく、彼自身が抱く理想の藩主・藩政のあり方と現実とのギャップは大きかった。そして、その点に悩んだがゆえに、彼は多くの著作を残すことになった。

私（渡辺）は幸教の個性的な筆跡を見たとき驚愕したが、著作の内容もそれに劣らずきわめて個性的である。顕著な事績を残した「明君」の思想は注目されやすいが、それとは対照的な幸教のような藩主の思想からも、藩地域や藩政のありようについて示唆されるところは多い。彼の著作が読まれた範囲やその読まれ方についても、さらに知りたいところである。

第十章「松代藩八田家の産物会所運営」（大橋毅顕）は、第六章で学問・文化面から検討された幸貫の治政を、産物政策の面から検証したものである。一九世紀における藩の産物政策の展開過程を、時期を追って、それに関わった各主体の関係に着目しつつ明らかにした点に意義があるといえる。

殖産興業によって藩と領民を豊かにするというのは、第三・四章で分析された難渋村立て直しや備荒貯蓄と並ぶ民政の最重要課題である。しかし、産物政策は藩のさまざまな努力にもかかわらず、思うような成果をあげられていない。そうした政策理念と現実とのギャップの原因を、さらに深く追究していく必要がある。

また、産物会所による紬類の買い入れには、藩の資金が投入されていた。その一方で、藩から産物会所に投下された資金の一部は、産物会所を取り仕切る、松代城下町の豪商八田家が上納したものであった。こうした、藩・産物会所・城下町商人(八田家)・江戸問屋商人(三井家など)の間における資金循環の全体像を解明することも今後の課題となろう。

四

本書の各章から、核心的テーマ「村社会と藩政」に関して以下の点が読み取れる。

松代藩では、寛文検地の不充分さが、その後の自然災害とも相まって、宝暦検地を必然化した。しかし、宝暦検地によって土地所有秩序が完全に安定化したわけではなく、検地を経たのちも、村と地主、村と寺院、地主と小作人など、多様なレベルにおける矛盾が新たなかたちで顕在化していく。地主の所持地に対する権限を確立・強化する目的で設定された直上納制によっても、すべての矛盾が解消されたわけではない。年貢増徴を図る領主と、直上納を行なう主体との間のせめぎ合いも存在した。このように、土地問題をめぐる矛盾と対立がなくなることはなく、それらは一九世紀に引き継がれていくのである(第二章)。

一九世紀におけるさまざまな矛盾は、訴訟として噴出し、民政担当部局の役人たちはそれへの対応に注力する。その具体例として、道橋方の役人たちは、自領と他領の村々からなる用水組合における争論に際して、「自領中心主義」の立場に立つことなく、他領村々の利害にも配慮し、他領の領主役人とも協調しながら、内済による穏便な解決を志向した（第五章）。

松代藩の役人たちに、「自領中心主義」の志向がまったくなかったわけではなかろう。しかし、第五章で取り上げられた争論では、松代藩領の村々が対立する両派に分かれていたので、他領村々に対抗して自領村々の肩を持つということ自体が不可能だったのである。また、「自領中心主義」を露骨に前面に押し出せば、他領の百姓や領主役人の反発を招いて、争論の解決が困難になる。それは近隣領主との関係を悪化させ、ひいては幕府にも悪印象を与えることになろう。そうした事態は、避けなければならなかったのである。

そして、そうした苦心のすがたは一八世紀からみられ、また松代藩役人のみならず、幕府代官所役人にも共通してみられる姿勢だった（第一章）。

真田幸貫が藩主であった文政・天保期の松代藩政は、一八世紀半ば以降の松代藩中期藩政改革や幕府の寛政改革に強く規定されつつ進められた。また、山寺常山の目指す「風俗」改革は、藩主・藩士を対象とするだけでなく、領民の「風俗」を「淳朴質素」にすることを重視していた（第六章）。こうした、文政・天保期の松代藩士たちに一定程度共有された政治姿勢と学問伝統は、次代へと継承されていく（第七章）。

常山は、天保一四年（一八四三）以降、郡奉行となって民政を主管した。そこで彼が直面したのは、「埒もなき」訴訟の多発という事態であり、彼は訴訟をなくすために「根本を培養」「風俗培養」することを重要視する。しかし、同時に、彼はそれを実現することの困難さも認識していた（第六章）。

一九世紀の松代藩においては、頻発する訴訟が藩政遂行上の大きな支障になっていた。訴訟を減少させるためには、訴訟発生の原因を根本から取り除かなければならない。訴訟の発生原因はさまざまであり、民政の現場ではそのそれぞれに対して具体的な対応策が実施される。なかでも百姓の生命と生活を保障する体制の構築と、藩領の富を増大させるための産業・金融政策が重要であった。本書では、前者については難渋村対策（第三章）と社倉設置（第四章）を取り上げ、後者については産物会所政策（第十章）を取り上げて、それぞれ検討を加えている。

なお、難渋村には藩や藩士の資金が流入し、産物会所には藩の資金が投下された。こうした藩と民間との双方向的な資金循環構造の全貌を解明することは、重要な課題である。

真田幸貫や山寺常山の目指す「風俗」改革は、民政の現場では必ずしもスムーズに成功を収めたわけではなかった。そこに民衆と直接する役人たちに固有の悩みがあり、また藩主にもそれとは別のレベルでの悩みがあった。真田幸貫は歴代藩主のなかで初めて老中になっただけに、老中を輩出する譜代藩の藩主にはない苦労があったろうし（第八章）、幸貫の後を継いだ幸教は藩内の派閥抗争のなかで深く苦悩した（第九章）。こうした藩主・藩士一人ひとりの心に寄り添い、彼らの意識の背後にある社会状況の特質を解明していく必要がある。

また、文政・天保期の「風俗」改革の理念と政策は、弘化期以降の民間社会の変容に直面して、いかに継承され、またどのようにかたちを変えていくのだろうか。松代藩地域の歴史的推移の最終到達点を見極める作業が求められている。

以上、本書各章から読み取れることの一端を述べてみた。以上に述べた以外にも本書の成果は多いが、同時に残された課題も多い。そして、課題解決への安直な近道は存在しない。やはり、息長く研究を継続していくことが大切だということになろう。これからも、焦らず、投げ出さずに藩地域研究を地道に続けていきたい。

第一編　藩地域の村社会と藩政

第一章　入会地開発訴訟にみる村と領主

渡辺尚志

はじめに

本章は、松代藩領と幕府領の境界領域に存在する草野の開発をめぐる一件を分析対象とする。開発をめぐって、開発願人・松代藩領村々・幕府領村々・松代藩・幕府代官所・幕府勘定奉行所などが示した対応のあり方の検討を通じて、領主―百姓関係、幕藩関係の特質の一端に迫ることを目的としたい。

はじめに、近世における山野の領有に関して、研究史をふまえつつ概観しておきたい。統一権力を樹立した豊臣秀吉は、検地に当たって山野の大部分を高外地とし、高外地は秀吉の領有下にあるものとしたが、この原則は徳川氏にも継承された。山野は、耕地・屋敷地以上に個別領主の力が及びにくい領域とされたのである(1)。この原則は、山野を開発して耕地化することが重要課題とされた享保期に改めて強調される。

享保七年(一七二二)九月、幕府は、幕府領・大名領・旗本領が入り組んだ地域で開発された新田はすべて幕府領とすることを明示したのである(2)。全国の山野はすべて将軍の領有地なのだから、そこを開発してできた耕地はすべて将軍のものになるという論理である。この論理は幕末に至るまで繰り返し主張され、大名・旗本はこの論理に正面から対抗することはできなかった。将軍が全国土の領有者であるという論理は単なる観念論ではなく、この論理に基づいて実際の新田開発政策が推進されたのである。

しかし、個別領主の側も幕府の論理に唯々諾々と従ったのではなく、村々の反対運動を背後から支援するかたちで、あるいは国持大名の場合は「一国一円」の論理（自分は○○国を耕地・山野を含めて丸ごと将軍から拝領したのだから、その国内で開発された新田は自領となるという論理）を用いて幕府に抵抗したため、幕府も自らの論理を十全に実現することは不可能であった(3)。

すなわち、山野に関しては、理念的には将軍のものとされたという面と、現実には個別領主の抵抗により理念が貫徹できない場合があったという面を、ともにおさえる必要がある。また、歴史的には、この原則が太閤検地によって確立し、さらに享保改革時に新田開発に関わって具体的な政策レベルで明示され、以後幕府は、基本的にこの論理に依拠して何度か集中的に新田開発を試みつつ幕末に至ったといえる。

以上を一般的な前提として、次に本章で対象とする村々の概要について述べておこう。本章で取り上げるのは、松代藩領大熊村（南大熊村）・幕府領大熊村（北大熊村）・小沼村である（いずれも信濃国高井郡、現長野県中野市）。この三か村は隣接している。

松代藩領大熊村（南大熊村）は、村高が「元禄郷帳」で四四九石余、「天保郷帳」で五八二石余、松代藩の蔵入地の他に、数名の藩士の知行地が存在した。明和三年（一七六六）には、村高四四九石余のうち、田三四〇石余、畑一〇八石余、このうち蔵入地八三石余、藩士知行地三六六石余、安永七年（一七七八）の家数三八軒であった。

幕府領大熊村（北大熊村）は、村高が「元禄郷帳」で三一三石、「天保郷帳」で三四一石、安永七年の家数三八軒であった。延宝二年（一六七四）には田一九町四反余、畑七町五反余であった。

小沼村は、村内が東組と西組に分かれており（それぞれを村とする場合もある）、東組は松代藩領、西組は幕領（中野代官所支配）であった。相給の村だったのである。村高は、「元禄郷帳」で二一六石余、「天保郷帳」で二八二石余、延宝二年に西組一二八石余、寛文六年（一六六六）に東組八八石余であった。また、延宝二年の戸数は幕領一八、松代藩領三〇（うち三戸は幕領と重複）であった。

本章では、明和年間に起こった、三か村の入会秣場の新田開発をめぐる一件を取り上げて検討する。以下、さっそく本論に入っていきたい。

一　中野代官所における吟味

入会秣場新開出入一件に関する史料は明和六年（一七六九）三月から残されており、[4] そのなかの一点は、松代藩領大熊村（南大熊村）名主文左衛門他村役人三人が松代藩の奉行所（郡奉行所）宛に差し出した伺書である。それを、次に示そう。

〔史料1〕（真田家文書く九一三）[5]

（端裏書）「壱　大熊村」

乍恐以書附奉□候御事

一大野佐左衛門様御支配小沼村平内新開願場所御見分近々有之候ニ付、中野御役所江被召出候ハ、可罷出由被　仰付奉畏候得共、右場所先年茂御見分之節者、当御役所ゟ茂御立合被成下置候様古キ書付等ニも御座候、両三度御立合御座候へ者、此度茂御見分之節ハ御立合被成下置候様奉存候、殊ニ当村之義三ヶ郷之親郷之由ニ而、江戸表

ゟ御検使様御出被遊候而も始末御問ひ被遊、格段ニ野絵図面等御渡被下置候、然所ニ此度御料所之御役人様斗（計）ニ而御見分御座候□ハ、先年有来候義も相潰レ、私共御高辻も軽ク罷成候筋会ニも御座候、殊ニ私共分高之御願書江戸表迄指上置、万一願通分高ニ茂相成候ハヽ、猶以私共斗罷出候義難相成奉存候、依之御見分前ニ被召出候ハヽ、先年之通私共領主江茂被　仰遣、両御立合ニ而御見分被成下置候様ニ可申上与乍恐奉存候、此義奉伺候、幾重ニ茂御差図之御意奉仰候、以上

大熊村

明和六年丑　名主　文左衛門㊞

三月　組頭　清兵衛㊞

同断　源五右衛門㊞

長百姓　平兵衛㊞

御奉行所

史料1には、次のように記されている。幕領中野代官所（代官大野佐左衛門）管下の高井郡小沼村の平内が、入会地（秣場）の新田開発を願い出た。[6] そこで、中野代官所から、近々代官所役人による実地検分がなされる旨の通達があった。[7] 先年同じ場所の検分があった際には、松代藩郡奉行所の役人も立ち会っているので、今回も郡奉行所役人の立ち会いを希望する。ついては、検分の前に中野代官所から呼び出された際には、先年の通り松代藩にも立会を求めてほしいと言うつもりだが、それでよいかどうかお伺いする。この件について、郡奉行所の指示を仰ぎたい、と。

ここで問題になっている土地は、幕領大熊村（北大熊村）・幕領小沼村・松代藩領大熊村・松代藩領小沼村四か村の入会地であった。幕領小沼村の百姓平内が、そこを新田開発したいと出願したのである。この計画が、平内と中野代

官所の連携によって進められてしまうことは、地元村のみならず、松代藩にとっても好ましいことではなかった。それは、藩領の境界地域における領有関係の変更につながるからである。そこで、大熊村では、松代藩に事情を報告し、指示を求めているのである。

史料1では、代官所役人のみによる検分は先例に反するだけでなく、「私共御高辻も軽ク罷成候筋会ニも御座候、殊ニ私共分高之御願書江戸表迄指上置、万一願通分高ニ茂相成候ハヽ、猶以私共斗罷出候義難相成奉存候」と述べられている。松代藩の高（野高・小物成高）に組み込まれている土地が一方的に現状変更されることは、藩の権威にもかかわるというわけである。「殊ニ私共分高之御願書…」以下の部分は、これ以前の時期の史料が残されていないので充分解釈できないが、地元村側では平内の出願に対抗するために、入会地の分割と新田高請が選択肢の一つとして考慮されていたということであろうか。それが幕府に認められれば確実に現状変更となるので、いよいよ藩役人の立会は不可欠だということであろう。また、中野代官所の側も、検分に松代藩領の村々を立ち会わせることを前提としており、地元村の意向をふまえて判断しようという姿勢がうかがえる。

藩領小沼村は、藩領大熊村からこの件に関してあらかじめ相談されていたが、事態がもつれて江戸表での吟味になることを恐れて、藩役人の立会を願い出ることを躊躇していた。しかし、松代藩から意向を確認されたため、明和六年三月に、大熊村同様に藩役人の立会を願い出ている（く九二七）。

藩領大熊村では、早速明和六年三月に、中野代官所に藩役人との立会検分を願い出た。代官所側の回答は、大熊村の願いはもっともだが、願い出には松代藩役人の添え状が必要だというものであった（く九一四）。代官所側としては、村方の願い出が藩の意向をふまえたうえでのものかどうか確認したかったのであろう。実際には、前述のように、藩に伺ったうえでの願い出だったのであるが。

そこで、藩領大熊・小沼両村は、中野代官所に提出する願書（松代藩役人立会のうえで検分を実施してほしい旨の願書）の案文を示して、郡奉行所に添簡の下付を願い出ている（く九二八）。添簡は、明和六年三月に願い通り下付された（く九一二）。

五月七日には、幕領大熊・小沼両村、松代藩領大熊・小沼両村の計四か村と幕領小沼村の開発願人平内が中野代官所に呼び出され、「江戸表」（勘定奉行所）から松代藩役人の検分立会の許可が出たことが伝えられた。また、四か村側からは、田植えの時期なので、五月二五日まで検分を延期してほしい旨を願い出て許可された。以上の代官所でのやり取りは、藩領大熊・小沼両村の三役人（名主・組頭・長百姓）から松代藩の郡奉行所に報告されている（く九一〇）。

さらに、明和六年五月二一日には、関係四か村が集まって、検分の際に質問されることが予想される事項への返答内容について相談している。四か村は、この問題では、支配の違いを越えて共同歩調をとっているのである。その席で、幕領小沼村名主平右衛門から、検分日時の松代藩への通知方法について、代官所で吉田勝右衛門（代官所手代）に尋ねたところ、代官所からは特に通知しないので、村方から通知するよう言われたという話があった。それを受けて、藩領大熊・小沼両村の三役人が、郡奉行所に、検分は五月二六日に決定した旨を報告している（く九一五）。

なお、この史料で、藩領大熊・小沼両村は「御内分申上度御儀御座候而御窺仕候処、段々御情を以理躰《ママ》（解ヵ）被仰含、両村共ニ重々難有奉存候」と述べており、両村がこの間郡奉行所と緊密に連絡を取り、郡奉行所の指示を受けて行動していることがうかがえる。

しかし、出水のため五月二六日の検分は延期になった。藩領大熊・小沼両村は、その旨を五月二六日に松代藩の代官所に報告している（く九三一）。その後、六月五日には、藩領小沼村三役人から代官所に、検分が六月八日に決まった旨を届け出ている（く九二一）。この場合も、検分日は中野代官所から関係四か村に伝えられ、松代藩には藩領小沼村を通して間接的に伝えられている。

検分の前には、中野代官所から以下の内容の仰せ渡しがあった。①検分当日は、村役人と重立つ百姓が現地を案内するのはよいが、小百姓などが大勢来てかれこれ言うことは禁止する。②検分の際に必要となる梵天・棹持ちや杭打ちの人足は願人平内から差し出すこととするが、四か村のほうでも人足の手配については検分に支障のないよう取り計らうこと。③検分は一日で済ませるつもりだが、一日で終わらない場合も想定して宿の用意をしておくこと。(8) ④検分当日の昼食を、平内の親類の家などで摂るのは好ましくない。村々からの提案をふまえて、村中持の辻堂などで摂るようにしたい。⑤検分役人の送迎の人足は別として、その他不要の人足は差し出さないように。⑥昼食は検分役人のほうで持参するので、村方で用意する必要はない。酒肴や音物はけっして差し出さないように。⑦現地で宿泊することになった場合の夕飯は、地元産の野菜を使った一汁一菜のみとして、ご馳走を用意してはならない。検分役人から規定の木銭・米代を払うので、受取を差し出すこと。検分役人が召し連れる小者にも、酒肴等を提供してはならない。

以上の申し渡し事項について、明和六年六月に、平内と関係四か村の三役人が中野代官所手代吉田勝右衛門・伊藤吉右衛門に宛てて、承知の旨の請書を差し出している。また、藩領大熊・小沼両村は、六月八日に、以上のことを松代藩の代官所に届け出ている（く九二六）。

こうした事前準備を経て、六月八日と一一日に検分が実施され、同月「埜地・葭野分間野帳」が作成された。その写が真田家文書中に残されている（く九二九）。検分は中野代官所手代吉田勝右衛門・伊藤吉右衛門が主導し、松代藩の代官篠崎屯が立ち会って実施された。「埜地・葭野分間野帳」から、検分時には開発対象地を小区画に区分したうえで測量したことがわかる。

「埜地・葭野分間野帳」と同時期に作成されたと思われる絵図（く九三〇）によると、開発対象地は関係四か村の西側に広がっている。開発対象地の中は、南北に大きく二つに分かれている。北側は四か村入会の草野である。開発対象地の南半分は葭原で、そこは南北に細長い複数の区画に区分されている（絵図上では一六区画）。そのうちのほとんどは幕領小沼村分で、東端の一区画が幕領大熊村分となっている。

平内は、他にも「両小沼村地付山場」（山之神山・逃場堂山）の開発も出願していた。そこは、幕領・松代藩領両小沼村持の入会地で、東西南の三方は幕領大熊村の領域と接し、北は新野・篠井両村領と境を接していた。当該地に関しては、平内と関係四か村が協議して、代官所による検分の前に内改めを行なった。その結果、開発対象地の面積は一一町一反九畝五毛であるということになり、それを六月一七日に、平内および四か村から中野代官所に報告している。このことは、藩領大熊・小沼両村から松代藩の代官所に報告され、さらに郡奉行禰津要左衛門に伝えられている（く九三二）。

八月七日から一八日にかけては、中野代官所に平内や関係四か村が呼び出されて、連日吟味が行なわれている。吟味の焦点は、平内による開発出願地が、四か村が野手・山手を納めている土地かどうかということであり、各村からそれに関する文書類を提出させている（く九一六）。

八月一八日には、藩領大熊・小沼両村が中野代官所に、次のような口書を差し出している。

〔史料2〕（く九三八）

乍恐中野御役所へ差上候口書之趣御訴仕候御事

一御領分大熊・小沼、右当十八日口書御読聞被　遊候文言之事、

一信州高井郡真田伊豆守領分小沼村名主長十郎・組頭佐助・長百性伴左衛門、同郡同領分大熊村名主文左衛門・組頭清兵衛・長百性平兵衛、右六人之者共申口、御料所小沼村平内新開御願之場処　大野佐左衛門様御支配小沼村・

真田伊豆守領分小沼村田畑沖中、中谷地と申秣場壱ヶ所、此反別五丁三反三畝歩、幷ニ芳野壱ヶ所、此反別三丁七反廿八歩、右中谷地御料所小沼村・大熊村・松代領小沼・大熊四ヶ村入会秣場幷ニ芳野四ヶ村割持右弐ヶ所、先達而申上候通り御高内ニ而御座候処、此度御吟味御尋ニ御座候事、此儀寛文六午年之御水帳四斗弐升四合、野手御高壱斗六合宛御水帳之懐ニ四筆有之、寄之所ニ野手山手与御印御座候御事、

一三石弐斗小沼村御水帳之懐之中ニ有之大熊村野手山手ろう・漆之高与御印御座候得共、秣場地本村へ上納致来候ニ付、不残野手高与奉存候御事、山高も相籠り候哉、年々上納仕来候ニ付、右中谷地芳野御高地之秣場ニ御座候而累年御本田養来候第一之秣場、此度新開被　仰付候而ハ御本田養可仕□秣場無御座候而ハ、村々開作可仕様無之候ニ付、新開御免可被下置候、幷ニ逃場山大熊居村続キ山之山手高有之哉、外ニ□□□山手高之書物等も有之哉、御尋御吟味被成候御事、此儀右寛文六午年小沼村御水帳ニ御印被下置候外、何ニ而も野手山手高之御書物も無御座候得共、右御水帳□□山手御印被下置候ニ付、山手も籠り上納仕候様ニ奉存候、此訳年々地頭方へ為御小物成薪木苅干萱年々納来候、蠟ハ木之実ニ而拾貫目宛納候、漆之儀ハ五□匁弐分九リン宛年々運上ニ而相納来り候、幷ニ小沼村も御小物成木苅干地頭方へ代金上納ニ而上納皆済切手年々所持仕罷有候得者、山手も上納致候様奉存候、猶又秣場外ニも有之哉御□□□□当六月中奉入御見分候通り、右元禄年中及野論候場所ゟ外ニ決而秣場村々ニ無御座候、此段御絵面ニ御印被下置候、右御裏書御裁許之通秣場永相守御田地養仕候様被　仰付度、村々大小之百性奉願候、以上

高井郡真田伊豆守領分
小沼村
名主　長十郎　印

明和六年丑之八月

組頭　佐助　印

長百性　伴左衛門　印

同郡同領分大熊村

「　　　　」

「　　　　」

長百性　平兵衛　印

右弐ヶ村申上候趣、私共承知仕候

同郡御支配小沼村名主　平右衛門　印

組頭　金右衛門　印

百性代　「　　」　印

同郡同断大熊村

名主　弥次右衛門　印

組頭　市右衛門　印

百性代　与惣右衛門　印

同郡御支配小沼村

願人　平内　印

大野佐左右衛門様

中野

御役所

右之通、当月七日ゟ同十八日迄、中野御役所御吟味御答迄不残奉申上候、

乍恐大熊小沼御内分奉申上候御事

一此度中野御役所御吟味ニ付村々三役人宛被　召出御吟味之所、中野表ニ逗留被　仰付、困窮之村々追日甚難儀ニ奉存候、併御返答之趣是迄御内分被　仰含難有御答仕候、猶又此末御情之御意御内分奉願上候、以上

明和六年丑之

八月

大熊村　名主　文左衛門㊞

組頭　清兵衛㊞

長百性［　　］㊞

小沼村　名主　長十良㊞

組頭　佐助㊞

□□　伴左衛門㊞

拾

大熊村

小沼村

史料2の要点は、次のようなものである。①平内の開発出願地は、秣場一か所（字中谷地、反別五町三反三畝）、葭野（芳野）一か所（反別三町七反二八歩）、および逃場堂山等からなっている。②秣場は、幕領大熊村・幕領小沼村・松代藩領大熊村・松代藩領小沼村四か村の入会地である。葭野は、四か村が分割所持している。③開発出願地には、いずれ

も高が付けられ、藩領大熊・小沼両村からは、野手・山手や、小物成としての薪・萱・蠟・漆を松代藩に納めている。そのことは、寛文六年（一六六六）の小沼村検地帳等に記されている。④この秣場・葭野は四か村の肥料供給源として不可欠の場所であり、新開願は不許可にしていただきたい。

藩領大熊・小沼両村では、以上のことを逐一松代藩に報告したうえで、「御返答之趣是迄御内分被　仰含難有御答仕候、猶又此末御情之御意御内分奉願上候」と述べている（く九三八）。ここからも、両村と藩との緊密な連携がみてとれる。両村は、藩の指示を受けて、代官所での吟味に対応しているのである。そして、この指示は「内分」に行なわれたものであった。

八月二三日には、四か村と平内が中野代官所に呼び出され、この件で江戸表まで召喚されるようなことになれば出費もかさむだろうから、四か村と平内でよく相談して開発を実施するつもりはないかと尋ねられた。そこで、幕領大熊村は、四か村で引き請けて—すなわち平内は除外して—開発したいと返答した。これに対して、幕領小沼村と松代藩領小沼村は、用水が不足がちの実情を訴え、平内が出願している谷地・葭野が開発されるとさらに用水不足が深刻化することを理由に、開発そのものに反対している。こうした内容は、九月に、小沼村三役人から松代藩代官所に報告されている（く九二五）。

同様に、八月二一日から晦日までの中野代官所での吟味内容も、九月に小沼村三役人から松代藩代官所に報告されている。吟味における平内と四か村との主要な争点は、平内の新田開発が本田の用水不足をもたらすか否かというところにあった。もちろん、平内は、本田の用水利用に支障を来すことなく新田開発を行なえると主張し、四か村側は、これまでも当該地における新田開発の試みはあったが、いずれも本田に差しさわりがあったため、草野に戻していると述べて反論している。また、小沼村三役人は、「何分共御情を以御内分被　仰含度奉願候、殊ニ難儀之御百性幾重ニも御救之御意奉仰候」と述べている（く九二四）。

中野代官所では、近隣の幕領草間村名主源左衛門・同北江部村弥五郎・同中野村平右衛門の三人に内済を命じた。そこで、一〇月八日に、扱人と平内、および四か村の代表が中野の町宿で会合をもった。扱人からは、①開発出願地のうち葭野は先年よりすでに一六の区画に分割されているので、その現状を維持する、②秣場は五つに分割し、五分の一を平内に渡し、残りを四か村で分割する、という仲裁案が提示された。これに対して、四か村側は、秣場の五分割案には反対である旨を回答し、扱いは不調に終わった。藩領大熊・小沼両村三役人は、この経緯を松代藩代官所に報告するとともに、以後はまた代官大野佐左衛門の吟味に戻るだろう、との予測を述べている（く九二三）。

一一月二一日以降、また中野代官所での吟味が続いた。一二月三日には、代官所側から四か村側に、①当該地は村々で引き請けて開発する、②あくまで開発には反対する、③願人平内による開発を認める、という三つの選択肢が示され意向が尋ねられた。このとき、幕領大熊村は、これまで繰り返し新開願人が現れ、そのたびに吟味を受けて難渋していることをあげて、①今回は村々で引き請けて開発したい、②本田の用水に支障が出る場所は天水・溜水を用いて開発し、田に開発できない場所は畑にする、③新開地からの作徳を用いて、本田に入れる肥料を購入したい、と返答している。

これを受けて、他の三か村は、中谷地（秣場）・葭野を四か村に村高割になさるということであれば、天水・溜水によって田にできる所は田に開発し、それが無理な所は畑か秣場にしたい、と回答した（く九三八）。この時点で、一応村請開発という線で、四か村の足並みが揃ったことになる。

ここにおいて、中野代官所での吟味は一段落し、代官所から以上の経緯を江戸に報告して、勘定奉行所の判断を仰ぐことになった（く九三七）。その後、明和七年一月に代官大野佐左衛門が死去するという事態が起こり、明和七年閏六月には臼井吉之丞が後任の中野代官となった(く九四〇)。

八月九日には、関係四か村と平内が中野代官所に呼び出され、①代官の交代があったので、代官所役人が開発出願地を再検分すること、②その際、松代藩役人も立ち会うかもしれないので、再検分がある旨を藩領大熊・小沼両村から松代藩に伝えるべきこと、③再検分の日取りが正式に決まったら、中野代官所から直接松代藩に通達すること、④再検分に必要な人足は平内が用意すること、が言い渡された(く九一八)。

八月一四日には、中野代官所から四か村に、①再検分の日取りが八月一七日に決まったこと、②当日は、四か村の代表と平内が再検分に立ち会うべきこと、が通達された。また、同日、代官所から幕領小沼村名主平右衛門に、先日は再検分の日取りが正式に決まったら代官所から直接松代藩に通知すると言ったが、通知はしないことにしたとの話があった。その理由は、今回の再検分はあくまで代官の交代によるものであり、前年の検分のとき絵図まで作成しているのだから、今回は松代藩役人に立ち会ってもらうまでもない、ということであった。その旨は、一四日中に、幕領小沼村名主平右衛門から藩領大熊・小沼両村に伝えられ、両村から代官所に届け出ている(く九一七)。

明和七年におけるその後の吟味経過については、史料が残されていない。次に吟味内容がわかるのは明和八年二月のことであり、すでに吟味は終結に近づいている。それについて、次の史料3を示そう。

〔史料3〕(く九四二)

(端裏書)
「卯二月十四日
大熊村
小沼村」

乍恐以口上書奉願候御事

一中野御役所ゟ埜地葭野新開願差障出入ニ付遂吟味候間、二月朔日四つ時御役所へ村々平内一同可罷出、尤松代領小沼寛文八申年南大熊村葭野開発検地帳持参可申、同断南大熊村検地帳見届候儀有之間持参可致御差紙被　仰付、右両村共ニ御検地帳持参、朔日四ヶ村平内一同中野御役所へ罷出候処、御私領小沼検地可差出由被　仰付奉畏、寛文八未年御検地帳名所林下々田壱反四畝廿壱歩御高壱石三斗弐升三合御高帳奉入御覧候処、平内方へ御吟味被成候者、此場所承応二巳年御私領大熊村ゟ御料小沼清左衛門買之切開之節私領御高請仕、右清左衛門出作ニ相違無之哉、右場所空地ニ有之候ハヽ、御料之清左衛門切開之節御料小沼御高内ニ可相成処、御私領御高内ニ相成候訳可申上段御吟味被成候、平内御答申上候ハ、先年如何が之儀ニ而御私領御高内ニ相成候哉不奉存候得共、右三石弐斗大熊村山高ニ御座候、居村続無反別山御座候、右山高と奉存候与御答申上候、三日四つ時村々平内一同可罷出由被　仰付奉畏一同ニ罷出候処、南大熊村へ被　仰付候者、検地帳可差出由被　仰付奉畏差上候処、奥文言御写取被成、其上平内方へ御吟味被成候者、右三石弐斗南大熊村居村続之山高と訴出候へ共、大熊村検地帳野山高一切無之ニ付、山高と計り難限り御吟味ニ御座候、四日四つ時村々平内一同罷出候様被　仰付奉畏一同罷出候所、御料小沼野高三斗割合上納小前帳御吟味被成候、五日四つ時村々平内一同可罷出、其節北大熊村仁右衛門・御料小沼平内山質証文持参一同ニ可罷出由被　仰付奉畏一同罷出候所、右仁右衛門証文差出候様被　仰付奉畏差上候処ニ高附ケ証文ニ無之ニ付、平内方へ御吟味被成候ハヽ、山証文高付差遣し置候、山高之証拠ニ御座候、御料小沼村三斗之高請違山高と可奉請処、野高と請置候与段々出訴致所、不埒之申口与御吟味被成候、右仁右衛門質証文写差出し候様被　仰付奉畏写奉差上候、

六日四つ時村々平内一同罷出候様被　仰付奉畏一同罷出候処、平内へ御吟味被成候者、四年以前ゟ段々村々野山高共ニ吟味致処、御私領小沼・大熊両村共ニ、小沼村寛文六午年御検地帳ニ野手山手明白ニ有之、御料大熊村八斗壱升五合色高と御割付書面ニ有之、尤色と申中ニ野も山も込り高ニ而、野山高有之御料小沼野高三斗御割付有

之、村々年々上納仕御高請場ニ相違無之処、其方ハ空地と申立候ニ付、証拠差出し候様遂吟味候得共、是与申書付等も所持不仕、口論斗（計）り致し不埒之申口ニ付、新開願取用難相成、依之遂吟味処、承知仕候由御請印可差出候□被　仰付候、平内御答申上候者、右御吟味之趣何ニ而も御非分ハ無御座候得共、御願差止メ候御儀ハ迷惑ニ奉存候由申上候処、左之通り口書可差出由被　仰付奉差上候、平内口書御案文

一村々入会持埜地葭野二ヶ所共ニ空地ニ御座候間新開奉願候処、四年以前子年ゟ村々野高段々御吟味被成候所、右二ヶ処共ニ空地ニ無御座、村々御高請場相違無之ニ付、新開願御取用難相成趣被　仰聞候得共、御願差止候儀ハ御免可被下置候、御吟味通り何ニ而も御非分と不奉存候得共、何分ニモ江戸御奉行所へ罷出候様御差出シ奉願候、御情ニ願之通御差出し被下置候ハヽ、難有奉存候与奉差上候、

七日四つ時村々平内一同可罷出由被　仰付奉畏一同罷出候所、四ヶ村へ被　仰渡候者、村々遂吟味処承知致候哉可申上由被　仰付候処、四ヶ村共ニ申上候者、御吟味之処承知奉畏候御答申上候処、被　仰聞候者、相手平内江戸御差出し相願候ニ付、江戸御役所御吟味之品ニより村々御召出し可有之も難計ニ付、御召次第可罷出、口書村々可差出由被　仰付奉畏、村々口書一同奉差上候、御案文

一御料御私領村々入会持秣場新開願人有之、村々被　召出差障り之趣御吟味被成候処、御料大熊・小沼、先年ゟ御割付御書面ニ野高明白ニ御記し有之上納仕候、御私領大熊・小沼両村共ニ、小沼村御検地帳ニ野高明白ニ御記し有之上納仕候、村々秣場新開被　仰付候而ハ、村々御本田養差支ニ罷成、古田差障り第一ニ相成候、何分新開御免可被　下置候、右之儀ニ付平内江戸御差出奉願候ニ付、御役所様御吟味之上、御召出し被　遊候ハヽ、早速江戸表へ可罷出由被　仰付奉畏候、右御請印村々一同奉差上候処、仍而如件

八日四つ時村々平内一同可罷出由被　仰付奉畏一同罷出候処、御料北大熊村山御吟味被成候事、

十日四つ時村々平内一同可罷出由被仰付奉畏罷出候処、平内方へ御吟味被成候者、困窮村々百性江戸路用諸雑用失つい之至りニ付、吟味通承知可仕旨被　仰付候所、平内申上候ハ、是非〳〵江戸表へ罷出候様奉願候与御答仕候、
右朔日ゟ十日迄御吟味幷御返答村々奉申上候趣不残御訴仕候、中野御役所御吟味之儀も相極り候様ニ奉存候、前々ゟ拙者共自力不相叶候筋合段々奉請御内分候所、御情を以度々利解被　仰含、両村共ニ難有奉存候、是迄無間違御吟味奉請候、両村野高之筋合相立候段御訴仕候、猶又此末幾重ニも御内分御情之御意奉仰候、以上

小沼村名主　藤八㊞
組頭　佐助㊞
長百性　伴左衛門㊞

明和八年卯
二月
大熊村名主　伊右衛門㊞
組頭　金左衛門㊞
長百性　清兵衛㊞
御奉行所

史料3にあるように、二月一日からの証拠文書に基づく吟味は、しだいに平内に不利な方向に傾いていった。すなわち、平内の新開出願地は、すでに一七世紀から関係四か村が高請して野手・山手を上納している土地であることが明白になっていったのである。村々が野手・山手を納めて進退している土地を、個人が開発して自己の所有地にすることは認められないということである。平内は、新開出願地は空地(高外地)であると主張したが、それを裏付ける説得的な証拠を提出することはできなかった。また、四か村側は、秣場が開発されては、本田への肥料供給源がなくな

り、本田の耕作に支障を来すと訴えた。そのため、二月六日には、平内の新開願は取り用いがたし、との中野代官所の判断が示された。

平内はこの判断には承服せず、勘定奉行所での吟味を願った。代官所側は、江戸での吟味ともなれば路用・雑用がかかり困窮村々の負担になるため、代官所の判断に従うよう平内に求めたが、平内はあくまで江戸表における吟味を求めて譲らなかった。

藩領大熊・小沼両村は、二月一四日に以上の経緯を松代藩郡奉行所に報告するとともに、「前々ゟ拙者共自力不相叶候筋合段々奉請御内分候所、御情を以度々利解被　仰含、両村共ニ難有奉存候、是迄無間違御吟味奉請候、両村野高之筋合相立候段御訴仕候、猶又此末幾重ニも御内分御情之御意奉仰候」と述べている(く九四二)。

また、二月二八日に、中野代官所役人の長谷川類右衛門・大西嘉平太が松代藩の禰津要左衛門・成沢勘左衛門に宛てて、この一件は場合によっては江戸での吟味になるかもしれない旨を書状で知らせている(く九四三)。

二　幕府勘定奉行所における吟味

本節では、その後の経過をみていこう。

明和八年(一七七一)五月四日付で、勘定奉行松平対馬守(庄九郎忠郷)から、藩領大熊(南大熊村)・小沼両村三役人に出府を命じる差紙が出され、差紙は江戸の町飛脚によって九日に大熊村にもたらされた。差紙は、別途幕領大熊(北大熊村)・小沼両村宛と平内宛にも出された。藩領大熊・小沼両村から幕領大熊・小沼両村に問い合わせたところ、幕領両村は中野代官所から五月一七日に国元を出立するよう仰せ付けられたとのことであった。そこで、藩領両村も同日一緒に出立したいとして、五月一〇日に松代藩郡奉行所に許可を求めている（く九四四-一）。また、藩領大熊・小沼両村は、江戸で公事宿に宿泊すると費用がかさむので、松代藩江戸屋敷の長屋に滞在させてほしいと願っている（く九四四-一）。(9)

さらに、五月に、藩領大熊・小沼両村は郡奉行所に、幕府勘定奉行所での吟味の際に想定される尋問とそれへの返答内容について伺っている。すなわち、あらかじめ想定問答を用意して、それについての藩の指導を仰いでいるのである。それが次の史料4である。

〔史料4〕（く九四四-二）

乍恐以口上書奉願候御事

一此度埜地出入之儀ニ付、江戸御表ゟ御料小沼大熊御領分小沼大熊四ヶ村、平内一同　松平対馬守様ゟ被　為召候ニ付、一同罷出候上御尋ニゟ、

一北大熊村割持芳野鍬入仕田形ニ拵イ、順々可切開積之様ニ相見へ候処ニ新開願人有之候節ハ村々障り申立不埒ニ付差障り御尋被遊候ハヽ、

此儀野手村々御高内ニ御座候ニ付、何とぞ田方ニ仕度畔形拵候得共、御本田用水障りニ付田方ニ相成不申、右之通り草野ニ而罷有候、御田地広相成候御儀、村々大悦ニ奉存候得共、無拠義ニ奉存罷有候与可申上与乍恐奉存候、

一先年寛文年中南大熊村割持芳野切開田方ニ致置候躰ニ付、地窪故水保も能キ場処ニ有之候ハヽ、新開差障り無筋之様子御吟味被遊候ハヽ、

此儀先年寛文年中迄ハ所々野山共ニ木も立籠候故歟、用水も沢山ニ御座候ニ付、両小沼御新田も其年来前後田

方ニ切開仕候、古田同様之御新田百年以前之儀ニ御座候御儀与中野御役所ニ而申上候、猶又此度も御尋被遊候ハヽ、右之通可奉申上与乍恐奉存候、

一四ヶ村・平内熟談之上、半々ニ成り共四分六分ニ成共新開被　仰付候ハヽ、此儀先達而奉申上候通り、先年御裁許ニ而四ヶ村へ被　下置候古田養之場所ニ御座候ニ付、右平内奉請候程之御高村々へ被　仰付候而成り共、何分新開御免奉願候与乍恐奉申上度奉存候、

一村々高内之様ニ申立候得共、先年御裁許書ニ御高附無之ニ付、高内申立御吟味ニ御座候事、此儀元禄年中野論仕候、両大熊村入会と申両小沼入間敷与野論仕候ニ付、其節御裁許御高附無御座候由、中野御役所ニ而奉申上候、猶又此度も御尋被遊候ハヽ、右之通可申上与乍恐奉存候、

一村々引請開発高引請上納可仕与被　仰付候ハヽ、此儀村々奉畏、村々野高割前を以埜地畝反請取、村引請御高上納領主方へ上納可仕候与可申上与乍恐奉存候、

一此度罷出候ニ付、小沼村御水帳幷ニ先年埜地御裁許絵持参可仕与乍恐奉存候、

一大熊村先年埜地御裁許絵持参可仕与乍恐奉存候、此段御窺奉申上候、以上

小沼村名主　藤八㊞
組頭　佐助㊞

明和八年卯五月

長百性　伴左衛門㊞

大熊村
名主　伊右衛門
組頭　金左衛門

御奉行所

長百性　清兵衛

（貼紙）「御覧後御下ケ　禰津要左衛門

可被成下候　」

卯五月

史料4に記された想定問答の内容は、以下のとおりである。

問　北大熊村では葭野（芳野）を田に開発したい意向のようだが、それにもかかわらず平内の開発に反対するのはなぜか。

答　田に開発しようとしたが、本田の用水の支障になるため断念し、やむなく現在のような草野にしている。

問　南大熊村が寛文年間に新田開発した土地があるようだが、そうした水に困らない場所については、平内の開発に反対する理由はないのではないか。

答　寛文年間まではあちこちの野山に木が茂っていたためか、用水が潤沢だったので、村々では新田開発を行ない、それ以来そこを古田同様に耕作してきた（しかし、今では用水が不足がちになっており、寛文年間の頃とは事情が異なる）。

問　四か村と平内で熟談して、半々とか四分六分とかの割合で土地を分割してそれぞれ新田開発したらどうか。

答　平内の開発出願地は、元禄年間の幕府裁許によって、古田の養いのために四か村に下し置かれた土地なので、今回の平内の新開は不許可にしてほしい。

問　四か村側は、係争地は四か村の高内だと主張しているが、元禄年間の裁許書では高は付けられていないのではないか。

答　元禄年間の野論では、両大熊村と両小沼村が争ったため、その時の裁許では高附はなされなかった。
問　係争地を四か村が引き受けて開発し、高請して年貢上納するというのはどうか。
答　四か村が各村の野高に比例して野を受け取り、村請で開発してそれぞれの領主に年貢上納するということであれば、お受けしたい。

以上の想定問答からうかがえる四か村側の方針は、高請地であるということと本田の用水不足を理由に、平内の新田開発にはあくまで反対するが、四か村が村請のかたちで新田開発するのはやむを得ないというものであった。四か村側は、できれば係争地を秣場のまま維持したいが、それが無理なら次善の策として村請開発もやむなしと考えたのである（く九四四-二）。

なお、以上の勘定奉行所での吟味に関する件は三点の書付型史料に記されているが、それらは紙縒りで綴じられ、そこに「御覧後御下ケ可被成下候　禰津要左衛門」という付札がなされている。すなわち、この件は勘定奉行所での吟味という重要案件であるため、藩領両村からの訴えを受けた郡奉行禰津要左衛門は手限での判断を避け、関係文書を一綴りにして勝手掛家老に上げて、その判断を仰いだものであろう。そして、家老の裁可を経た後に、文書は郡奉行所に下げ戻され、そこで保存されたものと思われる。

四か村の三役人は、五月二一日に江戸に到着した。藩領大熊・小沼両村の三役人は、翌二三日に郡奉行の添状を持って松代藩江戸屋敷に行き、留守居役の石川新八に江戸着の報告をし、藩邸内の長屋への滞在を許可された。四か村一同は、中野代官の江戸屋敷にも到着の報告をしている。幕領大熊・小沼両村の代表は馬喰町の町宿駿河屋甚助方に止宿した。平内も、別途出府している。

勘定奉行所の判断はすぐに示されたが、それは次の史料にあるようなものであった。

〔史料5〕（く九四五-一）

（端裏書）
「大熊村
小沼村」

乍恐以書附申上候御事

一此度谷地一件ニ付　松平対馬守江願人平内、御料所小沼村・同北大熊村、私共両村一同被召出、平内ニ被仰渡候ハ、右願場所空地之由申立候得共、代官所吟味之上四ヶ村一同御高地ニ相違無之旨答相済候上ハ、其方願之趣御取用被成かたき由被　仰渡候、幷切添等有之旨願出候ニ付、代官所手代見分之上、右裁許絵面墨引之通り田形相違無之条、是又不相叶旨被　仰渡候御事、

一四ヶ村之者共開発申付候而ハ差障いかゝ与御尋ニ御座候、右四ヶ村申上候ハ、至而薄地之場ニ御座候へハ、秣田こやし無御座候得而ハ古田養難成、難儀之筋一同御答申上候御事、

一平内申上候ハ、右之場所空地ニ相違無御座候、証拠ハ当村野手高三斗ハ居村を離レ逃場堂山与申山ニ御願申上請候御高ニ相違無御座候与申上候得共、御取用も無御座候ニ付、然ハ御検地被成下置候へハ空地切添等明白ニ相知申旨申上候へ共、御代官所ニ而吟味相済候上ハ、検地願不相叶旨被　仰渡候、追而可呼出四ヶ村之水帳可差出奉畏、則差上置候御事、

右之通御書上相違無御座候、以上

明和八年卯　　高井郡大熊村
五月廿六日　名主　清兵衛㊞
組頭　金左衛門㊞

百姓代　文左衛門㊞
同郡小沼村
名主　伴左衛門㊞
組頭　佐助㊞
百姓代　長重郎㊞

御長屋頂戴仕重畳難有奉存候、御留主居新八様幷御近習之御家来中之殊之外御世話ニ罷成忝仕合ニ奉存候、

御代官所

史料5にみる勘定奉行所の吟味の結果は、以下の通りである。①平内は開発出願地を空地（高外地）だと主張したが、中野代官所での吟味によって、そこが四か村の高請地であることは明白であり、平内の出願は採用しがたい、とされた。②係争地が開発されることによる支障の有無を尋ねられた四か村は、係争地から採れる秣がないと古田の維持は困難である旨返答した。③平内はなおも、検地を実施すれば係争地が空地であることがはっきりすると主張したが、中野代官所での吟味が済んでいる以上、検地の必要はないと却下された。以上のように、勘定奉行所での吟味は、基本的に中野代官所でのそれを追認するものだったのである。

こうした江戸での経緯は、五月二六日付で、藩領両村から松代の代官所に、二点の書付型史料によって報告された。そこには、江戸で、留守居役の石川新八や近習たちにたいへん世話になっている旨も記されている（く九四五―一・二）。この二点の史料は紙縒りで綴じられ、端裏に「江戸ゟ訴　大熊村・小沼村」と記されている。おそらく、代官所から郡奉行所へ、もしかするとさらに家老にまで上げられたものと推測される。このように、関連する複数の文書を、郡奉行所において紙縒りで綴って保存する例は、この一件において他にもみられる（く九四七―一・二）。

また、別の史料(〈九一九〉)によると、吟味の際、幕府勘定所留役横田源太夫は「先年御裁許之御場所、殊ニ古田差詰り相成候てハけつして新田相叶へ不申候」と述べたという。

ここにおいて吟味の大勢は決したようだが、六月に入ってもなお吟味は続いた。そこでは、四か村の野手高の性格や、係争地内にある切添地に関して、留役横田源太夫による吟味がなされた。以後の現地検分も予定されているが、それも含めてこの一件のその後の推移については、史料が残されていないため詳らかにし得ない。

おわりに

本章で明らかになった点をまとめておきたい。

第一に、松代藩領大熊・小沼両村と松代藩(郡奉行所・代官所)が連携しつつ、事態に対処していることがあげられる。幕領の開発願人・幕領村々・中野代官所役人らと対応する過程で、藩領両村は頻繁に藩に状況報告を行ない、藩の指示を受けて行動していた。江戸での吟味の際には、江戸藩邸の長屋に滞在してもいる。また、藩領両村は藩と連携するだけでなく、幕領大熊・小沼両村とも共同歩調をとっていた。その背景には、本田維持のためには秣場が不可欠であるという生産条件の共通性が存在していた。一方で、願人平内は幕領小沼村の百姓であるが、彼と小沼村の村役人とは対立している。こうした、身分や所属、支配関係に一面では規定されるとともに、他面ではそれを越えた、共同と対立の複雑な様相が指摘できる。

第二に、中野代官所の吟味のあり方についてである。藩領と幕領の境界領域における新田開発の可否については、幕府勘定奉行所の指示を受けて、地元の中野代官所が吟味を行なった。ただし、中野代官所側は必ずしも、平内の後押しをして、新田を幕領に組み込むというような、開発優先主義、幕領第一主義の立場をとってはいない。むしろ、藩領村々も含めた地元村々の成立を重視し、松代藩郡奉行所とも連絡を取りつつ慎重に吟味を進めている。百姓成立と領主間の摩擦回避、そして境界領域における秩序安定を重視しているといえよう。

村々の成立に加えて、代官所が判断の際に重視したのは、係争地における高請の有無であった。耕地でないとはいえ、そこが村々によって高請され野手・山手を上納している土地であれば、軽々に個人の開発を認めることはできなかったのである。特に、松代藩領村々による高請の事実を無視するわけにはいかなかったであろう。

さらに、元禄年間の幕府裁許で、係争地が村々の秣場として認められたという先例の存在も吟味に影響したものと思われる。元禄期の争論については残念ながら詳細が判明しないのであるが、吟味のなかで四か村側から繰り返し持ち出されていることを考えると、先例（過去の幕府裁許）の規定性は無視できないのではなかろうか。

第三に、幕府勘定奉行所の吟味についてである。平内が中野代官所の判断に承服しなかったことで、この一件は勘定奉行所で吟味されることになった。平内は居村を含む地元村々や代官所の意向と対立してでも、あくまで自己主張を通そうとした強情者だったのである。しかし、勘定奉行所の判断は、中野代官所のそれを追認するというものであった。現地での判断を尊重したのである。それは、勘定奉行所も、この件に関しては開発優先主義、幕領第一主義の立場をとっていなかったことを意味する。幕府の開発優先主義、幕領第一主義の姿勢は、時代と対象地域によってその顕れ方の強弱を異にしていたのである。

本章からは、以上の諸点が明らかになった。筆者は、これまでにも、訴訟に注目して、近世の領主―百姓関係や領主間関係の特質について考察してきた(10)。本章もそうした研究の一環であり、引き続き訴訟を切り口として近世社会の特質解明作業を継続していきたい。

註

（1）高木昭作『日本近世国家史の研究』（岩波書店、一九九〇年）。

（2）北島正元編『体系日本史叢書七　土地制度史Ⅱ』（山川出版社、一九七五年）第一編第八章（大石慎三郎執筆）。

（3）杉本史子『領域支配の展開と近世』（山川出版社、一九九九年）第一編第一・二章。

（4）ただし、新開問題は明和五年から起こっていたようである。

（5）本章で使用する史料は、すべて信濃国松代藩真田家文書（国文学研究資料館所蔵）である。真田家文書中の典拠史料を示す場合は、国文学研究資料館における整理番号を本文中にカッコ書きで示すことにする。なお、本章で取り上げる小沼村等入会秣場新開出入一件に関する史料は、『信濃国松代真田家文書目録（その四）』三五～三八頁に掲載されている。

（6）平内の所持石高や経営内容、村内での社会的地位など、彼に関する詳細は不明である。ただ、平内は江戸で新開を出願しており、小沼村においては差添人になってくれるような親類はいなかった（く九二一）。ここから、平内は地元に確固とした基盤をもっていなかったことが推測される。

（7）中野代官所からは、松代藩役人にも検分実施の通知がなされていた。

（8）実際には、検分は六月八日と一一日の二回に分けて行なわれた。二回に分けられた理由は定かでない。

（9）元禄年間の野論の際も、村方の代表は松代藩江戸屋敷の長屋に宿泊したようである（く九四四‐一）。

（10）渡辺尚志編『藩地域の構造と変容』（岩田書院、二〇〇五年）、渡辺尚志『武士に「もの言う」百姓たち』（草思社、二〇一二年）など。

第二章　近世中期の直上納制と土地所有秩序の変容
――信州松代藩を事例として――

菅原一

はじめに

本章の課題は、近世中期の直上納制[1]と土地所有秩序の変容を、松代藩を事例に考察することにある。筆者は以前拙稿において、信州上田藩領房山村の丸山家を事例にこの直上納制に焦点をあて、無年季的質地請戻し慣行との関係性について考察したことがある[2]。そこでは、上田藩領房山村の丸山家が近世期を通じて土地集積を行い、その土地所有を強化・貫徹(具体的には無年季的質地請戻し慣行を拒絶するため)することを意図して直上納を願い出た事例についてみていった。これまでの無年季的質地請戻し慣行と地主的土地所有に関する研究においては、地主的土地所有が時代とともに深化し、徐々にこの慣行を拒絶する事例が増えるとしつつも[3]、幕末にかけても請戻し慣行は完全に消滅することなく、地主的所持がそれ自体の論理を貫徹させることはきわめて困難であったことが指摘されてきた[4]。

拙稿では、これまでのそうした研究において、漠然としたかたちで想定されてきた地主的土地所有の深化を、直上納という具体的な方策をもって請戻し慣行に対抗し、地主的土地所有を強化・貫徹しようとした地主のあり方から見出した。そして、幕末期においても、地主的土地所有を確固たるものとすることができなかったとする従来のイメー

直上納対象地村	年季	備考
小河原村		宝暦年中改めの節、免1つ3分(13%)増、3つ9分(39%)無役本田をもって別上納。5石1斗6升7合9夕は3つ9分御納所手張候趣に付、高引。文化3年の記述より。
千田村		
小河原村	5年	松代藩預地となるのは、文政4年。
小河原村	5年	御徒士。史料上入作との表記あり。
上林村内		永小作山年貢となる。
北東条村	5年→無年季	安永4年に2分(2%)増免と10両の金子にて年季なしとなる。高田藩預地となるのは明和3年。
田中村	12年ヵ	伊勢町八田家菩提寺。天明4年に年季明のため、村納に戻る。直上納期分3分(3%)の加免があるも、年季が明け村納になると、3分(3%)の増免もなくなる。
小河原村		小布施町高井鴻山家分家。明治元年に須坂町小田切へ譲り渡す。松代藩預地となるのは文政4年からの一時期と弘化元年以降。
原村		文化14年跡式、天保4年12月28日一代給人格・御勝手御用役、明治3年士族。
大塚村		寛政6年跡式幷御賄役格、天保3年御役御免、弘化4年御勝手御用役添役、嫡孫町田勇之助、安政5年跡式・御勝手御用役添役、明治3年士族。
原村		天保4年12月28日一代給人格、御勝手御用役。
上真嶋村		天保4年御賄役格、天保5年一代給人格・御勝手御用役。内21石、安政2年村人別之内へ相譲。さらに安政5年にも18石6斗8升3合の地所を村人別内へ詰める。
市村南組	10年	源左衛門夫婦が善光寺大地震による横死、安政3年に上地を願い出て、結局市村にて買い上げられる。
布施五明村		
新地村		
上徳島村		
下氷鉋村		差し支えあるに付、直上納許可を辞退。
東条村		拝領屋敷地、寛政年中御引上になり、文政10年に元の如く御返となる。足軽または武士ヵ。
東条村		万延元年に諸役御免・直上納という条件の地所を忠右衛門へ移替の願いが出される。
大塚村		嘉永2年別上納願書提出するも村方から反発される。認可されたかは不明。

（あ1067)、「献上金ニ付御手充其外内願付屋敷地拝領之類人別覚」(あ1981)、「栗田村源左衛門申上書写」
村彦兵衛願書」(く1689)、上徳間村用水紛議一件内済為取替証文写」(さ30)、『真田家家中明細帳』(東京
頁)、「松代真田信濃守様江御出入奉願候書類控」(倉石里美家文書 長野市立文書館複製史料複.2.1111.012)

表１　松代藩における直上納申請者および認可者

No.	名前	取得年代	直上納対象石高	居村
1	文右衛門・嘉十郎	明和元年（1764）	55石１斗7升2合	小河原村
2	久右衛門	明和元年（1764）	79石3斗4升1合	
3	久兵衛	明和元年（1764）	11石5斗　8合	大嶋村（幕領→松代藩預地）
4	桜井文太	明和元年（1764）	9石7斗9升3合	
5	治助	明和５年（1768）	3斗5升	小県郡下塩尻村内中嶋（上田藩領）
6	与市	明和７年（1770）	33石1斗1升4合3勺	真光寺村（幕領→高田藩預地）
7	浄福寺	明和８年（1771）	36石3斗8升7合2勺	田中村
8	市村彦九郎	安永元年（1772）	22石1斗9升3合	小布施町（幕府領→松代藩預地）
9	伊藤文五郎	安永７年（1778）	50石ヵ	原村
10	町田善左衛門	天明元年（1781）	50石ヵ	大塚村
11	小出重三郎	文化12年（1815）		原村
12	北村与右衛門	文政２年（1819）	39石6斗8升3合	下真嶋村
13	倉石源左衛門	文政２年（1819）	41石　3合5勺	栗田村（幕領･戸隠神領→松代藩預地）
14	早川幸三郎	文政３年（1820）	29石4斗7升2合8勺	布施五明村
15	治左衛門	文政３年（1820）	50石	新地村
16	権左衛門	文政４年（1821）	7石5斗6升7合	下戸倉村枝郷柏王組（幕府領）
17	善左衛門	文政４年（1821）	46石	下氷鉋村
18	西村九右衛門	文政10年（1827）	7石9斗2升2合（内4斗2升2合ヵ）	
19	伝兵衛→忠右衛門	万延元年以前（1860）	4石3斗6升6合	東条村
20	与惣治		25石2斗4升8合	大塚村

『真田家文書』各年「勘定所元〆日記」、「御用金指上御知行其外帯刀御免幷免下り御手充等被下置候人別覚」（く145）、「年貢直上納諸件綴」（く154）、「原村三役人答書」（く355）、「郡奉行連名達書写」（く1687）、「市
大学出版会、1986年）、「更級郡大塚村与惣治年貢別納願」（『長野県史』近世史料編第７巻（一）北信地方、503
より作成。

ジとは異なる地主の存在を取り上げることができたと考える。

さらに、別稿[5]においては小酒井大悟氏等の研究[6]を考察の前提としつつ、近世後期の松代藩の直上納事例を見ていく中で、拙稿で取り上げた上田藩領房山村丸山家における直上納制と松代藩における直上納制とでは形態・性質共に類似した事例[7]が存在していたことを明らかにした。そして、そこから丸山家の事例にみられたような直上納制の地域的な広がりの可能性を示した、というのが別稿の意義であったといえるだろう。

しかし、別稿では上田藩領の事例と松代藩領の事例を比較するあまり、松代藩自体の直上納制そのものの解明という点は後景に退いた感が否めない。そこで本章では、松代藩の直上納制そのものの解明に重点をおくこととする。具体的には、近世中期の松代藩における事例から、直上納制の形成[8]と土地所有秩序の変容について考察する。

近世中期の松代藩に関する研究においては宝暦改革、とりわけ月割上納制について言及したものは多い[9]。しかし、同時期に行われた松代藩における地押検地については、自治体史等で概要については触れられるものの、正面から論じた研究は意外と少ない。最近では、古川貞雄氏の研究[10]等によって注目されつつあるが、そこにおいても研究の展望が示されているに過ぎない。加えて、地押検地と直上納制とを関連づけて論じたものについては、前述の地押検地の研究状況もあいまって、管見の限り『松川扇状地の里　小河原郷誌』[11]においてまとまった記述がなされているのが唯一のものといって良いかと思われる。

同書は、直上納制を正面から取り扱い、かつその性質についても所持地を事実上小河原村の支配から離脱させるためのものであったとする優れた見解を示している[12]が、個々の直上納制事例について具体的な考察はあまりなされていない。また、自治体史という意味合いもあり、松代藩全体の地押検地や土地所有秩序の変容という視点で直上納制を捉えてはいない。そこで本章では直上納制を主軸に置き、そこから松代藩全体の地押検地と土地所有秩序の変容を関連させて考察していくこととする。

ただし、ここでいう直上納制は個別の地主による直上納制をさし、本章ではそれを主要な考察対象とする。[13]ここで個別の地主を中心とするのは、近世前期からみられる直上納制の中から近世中期以降に個別の地主による直上納制があらわれると考えた上で、その出現自体がこの時期特有のものであると想定し、土地所有秩序の変容を端的に表すものと考えるためである。本来近世前期も含めて、直上納制全体の中で位置づけられるべきものではあるが、現在の筆者にそれに答えるだけの準備はないため今後の課題とせざるをえない。なお、個別の直上納者については表1を参照。

一　小河原村における直上納制

まずは、本章の考察対象の一つである小河原村について触れていきたい。小河原村は現在の長野県須坂市北部に所在した村である。元和二年（一六一六）より松代藩領に属し、「川中島四郡検地打立帳」によれば石高は一一五八石余であったとされる。松川扇状地と呼ばれる地形に立地し、松川を挟んで小布施町の南に位置した。松代藩領では寛文六年（一六六六）にいっせいに検地が行われたことが知られているが、小河原村においても実施されたことが判明している。それによると寛文六年の小河原村の石高は一六八四石余とされ、田畑の比率は田方二六％余・畑方七三％余の畑がちの村であったことがわかる。また、この寛文検地時点で小河原村は南組・北組に分かれ、南組が九五一石余、北組が七三二石余であったとされる。そして、この寛文期の検地帳は他の松代藩領の村々と同様にこの地域の年貢の基本台帳として近世中期まで機能したのである。

しかし、宝暦一三年（一七六三）に村方から地押検地[14]が願い出され、同年から翌年にかけて検地が実施された。本章で取り扱う地押検地とはこれを指すものである。そして、翌一四年五月に新検地帳が完成すると、以後の年貢上納においてはこの検地帳が基本台帳として用いられることになる。その意味で宝暦一三年の小河原村の地押検地は、小河原村にとってはきわめて重要な意味をもつものであった。

1　小河原村と宝暦一三年地押検地

宝暦一三年（一七六三）に小河原村において実施された地押検地については、『松川扇状地の里　小河原郷誌』および古川貞雄「松代藩中・後期の地押検地をめぐって」[15]に詳しく記述されている。以後はこれらに依拠しながら、宝暦一三年の小河原村地押検地についての概略を述べていきたい。

小河原村には宝暦一三年に実施された地押検地によって作成された検地野帳が残されている。そこから見いだされるこの検地の特徴としては、①村の田畑の本田・新田の面積を全面的に測量し直す、②検地は藩側の検地役人によって丈量も行われる、③六尺五寸の二間竿を用いて、三〇〇坪を一反として反別表記を行う、④石盛・位付では上々田畑を設けない一方で、下々にも及ばない劣悪地は石盛を下げ、砂畑・野畑・新田切開き地等と異名を付けてその地相応の低い石盛として免（年貢率）も見直す、等が挙げられている。また、小河原村は、地押検地に際して南組・北組・新田組（別府新田組）の三組の組分けを願い出ている。加えて、その際には年貢・諸役などの上納物を別々に勤めることや、土目録[16]を三組別々とすることや、新田組にも独自に三役人を立てること等も願い出ており、結果として三組別々の上納や新田組に村役人を立てるといった条件については認められた。

このような地押検地のあり方を、古川貞雄氏は同地域の他村の地押検地等も参照しながら、本来公儀条目で六尺一分の二間竿であるところを、六尺五寸としたこと、また上々田畑の位付を行わなかったことなどを挙げ、寛大なお情け竿として評価している。

以上の概要を元に次項以降では、小河原村の個々の直上納事例の実態について考察していく。その際には『真田家文書』（国文学研究資料館所蔵）中の「小河原村未検地野帳」[17]を主要対象史料として用いる。この史料は、小河原村の土地所有の実態の概要を知ることができる点と、松代藩側にまとめて残されたという点で貴重な価値を有する。しかし、同時にこの検地野帳は一部が欠落しており[18]、一八一〇石余の小河原村の土地の内一二〇〇石程しか記載されていない。その点で不備を伴う史料であるが、他の史料と関連付けながら考察を行っていきたい。

2　大嶋村久兵衛と直上納制

小河原村において直上納を行っていた人物として、ここでは大嶋村の久兵衛なる人物に焦点を当てたい。大嶋村久兵衛[19]と小河原村の関係性については次の史料が参考となる。

〔史料1〕[20]

口上覚

御預所高井郡大嶋村久兵衛先祖久兵衛儀、乍恐　大鋒院様御代正保三丙戌年三月廿日、御領分小河原村新田高百石ニ仕、御奉公申上候間、右地所同人江御預御年貢等、毎年無未進可相納旨、菅沼九兵衛ゟ印書差遣、同年九月廿九日小河原村芝野内高百石之所、切起御奉公申ニ付而、毎度定之通右高之内拾石幷立野六拾間四方之所出置候、（中略）先祖久兵衛冥加ニ余り、乍恐　大鋒院様円陽院様御尊牌御安置申上、朝暮拝礼仕罷在候、正保三戌年御地所頂戴仕候ゟ、当午年迄弐百壱年、先祖久兵衛ゟ当久兵衛迄八代相続仕罷在候段、偏ニ　御重恩故と冥加至極難有仕合奉存候、依之可罷成御儀ニ御座候ハヽ、乍恐為冥加御席之刻初而之御目見申上、往々　御在城年、年頭御

目見奉申上度段、（中略）

大嶋村久兵衛儀付申上

菊池孝助
水井忠蔵

御預所
大嶋村　久兵衛

右之者先祖久兵衛、正保年中小河原村芝野之内高百石之処、切起御奉公申上候付、右高之内拾石并立野六拾間四方、除地頂戴相続仕罷在候付、為冥加初而之御目見申上度旨、除地之次第右様之振も有之候哉、堤忠兵衛申上、高田御下ヶ見込御尋ニ付、僉儀仕候処、差当右様之御振合相見不申、且又御自地、享保二十年以来ニ而、除地被下之御書付等は相分兼候得共、宝暦十四卯年小河原村地改水帳末外書ニ、高拾石并立野六拾間四方除地之趣記有之、別帳申立ニ相違無御座候、御振合は相見不申候得共、除地之外御収納地も所持御代官江直上納仕罷在候廉ニ而は、御領分御百姓と同様ニも相当可申哉、（後略）

これは弘化二年（一八四五）に大島村の久兵衛が、松代藩主に対してお目見えの許しを得ることを願い出た際の「勘定所元〆日記」の記載を抜粋したものである。[21]かなり後年の史料とはなるが、ここでは大嶋村の久兵衛が自身の先祖の由緒を書き連ねており、おおまかに大嶋村の久兵衛と小河原村との関係性を示してくれている。これによれば、大嶋村の久兵衛は正保年中に小河原村の高一〇〇石の地所を開発し、それ以来高一〇石と立野六〇間四方を除地とされ[22]た開発地主の系譜を引く者であったという。そして、宝暦期の地押検地の際もこの除地が認められ、その他の地所については代官へ年貢の直上納を行っていたことも明らかになる。ただし、これらは後年の史料となるため、当然ながら信憑性については精査をしなければならない。結論を述べると、大嶋村久兵衛が小河原村を開発した田地開発人の一人であったであろうことは、地元に残る久兵衛堰とよばれる堰の存在や他の史料などからもうかがえる事柄のため、多少の誇張があったにせよ、ある程度の事実を伝えるものとして良いかと思われる。(23)また、宝暦一三年（一七六三）に直上納を行っていたことについては、次の史料から事実だと認められる。

〔史料2〕(24)

小河原村入作
　小布施町

一高拾壱石五斗九升五合　無役本田
　是ハ役本田一統本免弐ツ六分之処役免壱ツ増三ツ六分上納願付如是、
一高百三拾六石壱斗七升七合　無役本田
一高百石弐斗七合　新田
〆高弐百四拾七石九斗七升九合
　右同断
飯田村　松村
福原村
一高七石五斗壱升　無役本田
　是は役本田一統本免弐ツ六分之処役免壱ツ増三ツ六分上納願付如此、
一高六石六升四合　無役本田

一高四拾六石三升八合　　　新田
〆高五拾九石六斗壱升弐合
　　　　右同断
　　　　　大島村久兵衛
一高三石八升四合　本田
一高八石四斗弐升四合　新田
〆高拾壱石五斗八合
　　　右同断
　　　　桜井伴蔵
一高九石七斗九升三合　本田
右之通、小川原村入作書面之四組、右村検地改之砌ゟ段々相願候ニ付、五ヶ年宛之年限を以、去巳年迄直上納申渡置候処、御掟相守去暮迄、諸上納無滞皆済仕候、当年季明ヶニ付、是迄之通、直上納被成下候様、当春中願出候、猶又当年ゟ戌年迄五ヶ年之間、唯今迄之通ニ而、直上納可申付哉、此段奉伺候、以上
　六月　伺之通被仰渡候

〔史料3〕(25)

　乍恐以口上書御請申上候御事
御領分小河原村御高辻之内、拾壱石五斗八合之地所、私儀入作御百姓相勤罷在、右村地押御改之砌ゟ、段々奉願候処、御年貢を以、去年中迄直上納被成下置難有奉存候、当年年季明ニ付、奉願候処、猶又、唯今迄之通、直上

納被仰渡候付、明細左ニ御請申上候、
一御高三石八升四合　本田
一御高八石四斗弐升四合　新田
〆拾壱石五斗八合
右之通、私持高入作御高辻万端御収納向当午年ゟ向五ヶ年之間以御情唯今之通、直上納被仰渡被下置難有仕合奉存候、尤亥年至、地元村支配ニ可被　仰付之旨、奉畏候御事、
一私持地勝手を以質地又は譲渡等之節、証文ニ地元小河原村役人中奥印を以可相極旨、被仰渡奉畏候、
一諸願幷訴等之儀、地元小川原村役人奥印相加、地元役人取次を以可指出旨、被　仰渡奉畏候、惣而奥印無之願訴状共、堅御取上ヶ無之旨被仰渡奉畏候、
一右願筋ニ付、地元役人御城下泊往来入料夫銀等之儀、私持高江懸可差出割合之分、年々急度指出可申候、
右書面之通被　仰渡奉畏候、然上は、右入作高ニ掛り候諸御用被仰渡候度毎、少茂無遅滞相勤、万端御掟相背申間敷候、御領内一統高掛等上納筋被　仰付候度毎、少茂無違背御請申上、上納可仕候、且又、年々差定り候御年貢御月割御上納御定之通、厳重上納仕、十一月中御相場被　仰付候節、急度御皆済可仕候、万一被　仰渡通相背候儀も御座候ハヽ、持地被召上候共一言之御儀毛頭申上間敷候、為後日、御請証文指上申候、以上

小川原村入作
安永三午年七月　高井郡大島村
久兵衛
松代　御郡御奉行所

右の史料2によって、小河原村の地押検地をきっかけとして、小布施町・飯田村他二村・大嶋村久兵衛・桜井伴蔵といった四組が直上納を行っていたことが判明する。その内、大嶋村の久兵衛は、本田高三石八升四合・新田高八石四斗弐升四合、合わせて一一石五斗八合の地所を直上納地としていたことがわかる。さらに史料3では、直上納地の質地および譲渡には小河原村の村役人の奥印を必要とし、諸願や訴えなども小河原村村役人を通すこととされていることや、夫銀の支払いを約束している点にも注目しておきたい。

次に、大嶋村の久兵衛が開発地主として認められていた除地と、直上納対象地となった地所との関係性に注目してみたい。まずは、宝暦一三年期の大嶋村久兵衛の小河原村での所持地とはどのようなものであったのかを、検地野帳から抜き出して考察してみたい。

まず、宝暦一三年の検地野帳の中から大嶋村の久兵衛の所持地を抜き出したものが表2である。全部で四三筆ほどが記載されているが、この中で注目すべきことは、その地目の大半が除地であるという点である。また、検地野帳という史料の性質上、この史料は検地実施直後の土地所持を示すものであり、最終的な土地所有そのものを示すものではないことも注意したい。次に表2に記載されていた大嶋村の久兵衛の所持地の一部を抜粋したものが表3である。これは次の表4と対比させるために作成した。

ここで重要なのが表4である。表4は、『真田家文書』中の「小河原村・和泉平村・東和田村・小嶋村・布野村申改水帳末」(26)という史料から、大島村の久兵衛が小河原村に所持していた除地を抜粋したものとなっている。この史料は、小河原村を含めた数ヶ村の宝暦一三年の地押検地の結果を末書のみまとめたものであり、史料的に優れた点の一つとして、小河原村全体の石高等が記載された後に、各地主や寺社の除地が所持者ごとに記載されている点が挙げられる。この地押検地の結果により、宝暦一三年の検地実施直後の大嶋村の久兵衛の除地と、明和元年(一七六四)に正

表2　宝暦13年大嶋村久兵衛地所抜出

No.	村名	名前	地所名	地目	分米（石）	面積（町）	面積（反）	面積（畝）	面積（歩）	縦横（間）
1	大嶋	久兵衛	鴈田道南沖	下　除畑	0.36			4	15	10　×13.5
2	大嶋	久兵衛	新田村東	木立	0.09			1	15	6　× 7.5
3	大嶋	久兵衛	新田村東	除立野		1	2			60　×60
4	大嶋	久兵衛	立野東附	下　除畑	0.056				21	6　× 3.5
5	大嶋	久兵衛	立野東附	下　除畑	0.112			1	12	1.5×28
6	大嶋	久兵衛	立野北附	下々　除木立	2.552		4	2	16	58　×22
7	大嶋	久兵衛	新田村東	除石原				4	14	4　×33.5
8	大嶋	久兵衛	立野西付	下　除畑	0.251			3	4	6.5×14.5
9	大嶋	久兵衛	立野西付	除芝野				1	14	5.5× 8
10	大嶋	久兵衛	立野西付	下　除畑	0.197			2	14	7　×10.5
11	大嶋	久兵衛	立野西付	除芝野					14	3　× 4.5
12	大嶋	久兵衛	立野南付	除芝野					26	3.5× 7.5
13	大嶋	久兵衛	立野南付	下　除畑	0.528			6	18	9　×22
14	大嶋	久兵衛	立野南付	下　除畑	0.301			3	23	7.5×15
15	大嶋	久兵衛	立野南付	下　除畑	0.032				12	3　× 4.5
16	大嶋	久兵衛	立野南付	除芝原				2	9	3　×23
17	大嶋	久兵衛	立野南付	下　除畑	0.056				21	3　× 7
18	大嶋	久兵衛	立野南付	下　除畑	0.037				14	3.5× 4
19	大嶋	久兵衛	立野南付	下　除畑	0.013				5	1.5× 3
20	大嶋	久兵衛	伊勢宮東	除芝野			1	3	12	11　×36.5
21	大嶋	久兵衛	伊勢宮東	下々　除松立	1.196		1	9	28	46　×13
22	大嶋	久兵衛	別府道南	下　除地畑	0.4			5		12　×12.5
23	大嶋	久兵衛	新田村東	下　除畑	0.253			3	5	5　×19
24	大嶋	久兵衛	新田村東	下　除畑	0.379			4	22	10.5×13.5
25	大嶋	久兵衛	新田村東	下　除畑	0.224			2	24	6　×14
26	大嶋	久兵衛	新田村東	下　除畑	0.32			4		8　×15
27	大嶋	久兵衛	新田村東	下々　除畑	0.322			5	11	11.5×14
28	大嶋	久兵衛	新田村東	下々　除畑	0.13			2	5	6.5×10
29	大嶋	久兵衛	新田村東	下　除畑	0.445			5	17	9　×18.5
30	大嶋	久兵衛	新田村東	中　除畑	0.633			6	10	9.5×20
31	大嶋	久兵衛	新田村東	下　除畑	0.432			5	12	9　×18
32	大嶋	久兵衛	新田浦東	下　除畑	0.061				23	3　× 7.5
33	大嶋	久兵衛	新田浦東	中　除畑	0.19			1	27	6　× 9.5
34	大嶋	久兵衛	新田浦東	中　除畑	0.32			3	6	6　×16
35	大嶋	久兵衛	新田浦東	中　除畑	0.12			1	6	4　× 9
36	大嶋	久兵衛	新田浦東	中　除畑	0.793			7	28	12.5×19
37	大嶋	久兵衛	新田浦東	中　除畑	0.84			8	12	9.5×26.5
38	大嶋	久兵衛	新田浦東	下　除畑	0.48			6		6　×30
39	大嶋	久兵衛	新田浦東	異名畑	0.011				8	5.5× 1.5
40	大嶋	久兵衛	新田浦東	中　除畑	1.71		1	7	3	20.5×25
41	大嶋	久兵衛	新田浦東	下　除畑	0.467			5	25	12.5×14
42	大嶋	久兵衛	新田浦東	下　除畑	0.952		1	1	27	14　×25.5
43	大嶋	久兵衛	新田浦東	下々　除畑	0.28			4	20	7　×20
計					15.543					

「小河原村未検地野帳」（『真田家文書』う1355より作成）

式に松代藩から認められた除地とを対比することができるようになる。ちなみに、表3の中に空欄となっている№.4・10は、表4にあって、表3の小河原村検地野帳には記載が見られない地所となっており、恐らくは小河原村検地野帳の欠落した残り約六〇〇石分の帳面に記載されていた地所ではないかと推測される。

ここで改めて大嶋村の久兵衛の地所を記載した表3と表4とを、地目・反別表記・縦横といった項目について比較すると、興味深い事実が浮かび上がってくる。すなわち、大嶋村の久兵衛の除地高は、検地実施直後には一五石余以上存在したものが、明和元年に確定した後には高一〇石の地所に限定され、明らかに減少しているのである。しかも、表2から表4を参照すればわかるように、表2に記載された久兵衛の所持地は一五石余であるが、その記載の内実際に除地として認められたのはわずか四石五斗余のみなのである(27)。

それでは、検地実施直後には存在したはずの残りの一〇石以上の地所はどうなったのであろうか。次の史料がそれを示してくれている。

〔史料4(28)〕

乍恐御請申上候御事

小河原村御地改ニ付、拙者拝領仕候御除地坪之御竿請仕、先達而、奉願候通、御除地高拾石幷立野六拾間四方之所、従先規被下置候古反別之通、右地所被

備考
除地高10石此先反別1町6反6畝20歩の内
除地高10石此先反別1町6反6畝20歩の内
除地高10石此先反別1町6反6畝20歩の内
除地高10石此先反別1町6反6畝20歩の内
除地高10石此先反別1町6反6畝20歩の内
除地高10石此先反別1町6反6畝20歩の内
除地高10石此先反別1町6反6畝20歩の内
除地高10石此先反別1町6反6畝20歩の内
除地高10石此先反別1町6反6畝20歩の内
除地高10石此先反別1町6反6畝20歩の内。但し6斗代
除地高10石此先反別1町6反6畝20歩の内。但し2斗代
除地高10石此先反別1町6反6畝20歩の内。但し6斗代
除地高10石此先反別1町6反6畝20歩の内。但し4斗代
除地

表３　宝暦13年大嶋村久兵衛所持地一部抜出

No.	名前	地所名	地目	分米（石）	面積（町）	面積（反）	面積（畝）	面積（歩）	縦横（間）
1	久兵衛	新田村東	下　除畑	0.32			4		8　×15
2	久兵衛	新田浦東	下　除畑	0.48			6		6　×30
3	久兵衛	新田浦東	下　除畑	0.467			5	25	12.5×14
4									
5	久兵衛	新田浦東	下　除畑	0.952		1	1	27	14　×25.5
6	久兵衛	新田村東	下　除畑	0.253			3	5	5　×19
7	久兵衛	新田村東	下　除畑	0.432			5	12	9　×18
8	久兵衛	新田浦東	下々　除畑	0.28			4	20	7　×20
9	久兵衛	新田村東	下々　除畑	0.13			2	5	6.5×10
10									
11	久兵衛	新田村東	除石原				4	14	4　×33.5
12	久兵衛	伊勢宮東	下々　除松立	1.196		1	9	28	46　×13
13	久兵衛	伊勢宮東	除芝野			1	3	12	11　×36.5
14	久兵衛	新田村東	除立野		1	2			60　×60
	計			4.51					

「小河原村未検地野帳」（『真田家文書』う1355より作成）
なお、表中No.４・10は表４との比較の中で、見出すことのできなかった地所を示している。恐らくはこの検地野帳自体が不完全なものであることによる。つまり、この空欄の地所は欠落した残りの検地野帳内に記載されていたと思われる。

表４　明和元年小河原村水帳末書の内大嶋村久兵衛除地抜出

No.	名前	地所名	地目	分米（石）	面積（町）	面積（反）	面積（畝）	面積（歩）	縦横（間）
1	久兵衛	六川道西	下畑				4		8　×15
2	久兵衛	新田村東	下畑				6		6　×30
3	久兵衛	新田村東	下畑				5	25	12.5×14
4	久兵衛	新田村東	下畑			6	9	21	41　×51
5	久兵衛	新田村東	下畑			1	1	27	25.5×14
6	久兵衛	新田村東	下畑				3	5	5　×19
7	久兵衛	新田村東	下畑				5	12	9　×18
8	久兵衛	新田村東	下々畑				4	20	7　×20
9	久兵衛	新田村東	下々畑				2	5	6.5×10
10	久兵衛	新田村西	木立			1	6	3	21　×23
11	久兵衛	新田村東	芝野				4	14	4　×33.5
12	久兵衛	伊勢宮東	木立			1	9	28	13　×46
13	久兵衛	伊勢宮東	芝野			1	3	12	11　×36.5
14	久兵衛	新田村東	立野		1	2			60　×60
	計								

「小河原村・和泉平村・東和田村・小嶋村・布野村申改水帳末」（『真田家文書』う1158より作成）

下置難有仕合奉存候、尚又、今度御改古反別ニ御引合出歩御座候分、当節相応之御高附を以、本新田共当未年ゟ御収納可相勤段被仰付奉畏候、此上同村名主元ゟ申談次第御年貢之儀ハ勿論、御本田諸御役共、末々急度相勤可申候、為後日、御請証文仍如件

宝暦十三未年十二月　　御料所大嶋村

久兵衛印

松代　御奉行所

（後略）

ここでは、宝暦一三年の地押検地の際に大嶋村の久兵衛が所持していた除地にも竿が入れられたということがわかる。そして、先規通り高一〇石と立野六〇間四方の地所が再度除地として認められたものの、竿入れにより古反別と比べて出歩した部分（開発などで面積・生産高共に増加した分）に関しては相応の高を付けられ、年貢収納を命じられている。つまり、除地に指定されなかった出歩分の土地については年貢地に編入されたのである。

ここまでの論証から、大嶋村の久兵衛の土地所有は地押検地を期に、除地の縮小（出歩分を年貢地に編入）というかたちで後退させられたと考えられる。そしてそれに代わるようにして一一石五斗八合の土地を直上納地として申請し、村方および藩に承認させたと思われる。これらのことから大嶋村の久兵衛の直上納地というのは、除地から除外された出歩分の地所とその他に所持していた地所を合わせたものではないかと推測される。

それでは何故に大島村の久兵衛は単なる年貢地とせずに、直上納地としたのであろうか。これについては明確な記述がないため、推測の域をでるものではないが、傍証として、既述したように除地の縮小という事態に直面していたこと等から、大嶋村久兵衛にとっての直上納制とは、除地の縮小によって後退させられた自身の土地所有の弱体化に

歯止めをかける意図があったのではなかろうか(29)。

加えて、史料3に記載されている土地の譲渡や諸々の願い等に際して村を通すことを取り決めた文言なども、直上納制の性質を解明する意味で非常に重要である。これらの規定文言は、そのまま小河原村村落共同体の規制の強さを如実に示すものに他ならないのであるが、その一方でこの規定は、もう一つの側面があったことをも推測させるものである。すなわち、これらの厳しい規定の存在そのものが、逆に直上納の権原の強さも同時に示しているといえるのではないか。つまり、土地の譲渡や諸々の願い等が村を通さずに行いえる可能性が直上納制にはあったからこそ、小河原村村落共同体は、このような規定を設けざるを得なかったとも考えられるのである。これらのことから、あくまで傍証というかたちではあるが、大嶋村久兵衛の事例における直上納制には、土地所有の弱体化に歯止めをかける意味合いとともに、通常の所有地（年貢地）とは異なる強力な権原をもちうる特権であったことが推測される。

3　嘉十郎・文右衛門先祖開発永小作地と直上納制

ここでは、小河原村において直上納を行っていた者の内、嘉十郎・文右衛門について考察してみたい。まずは次の史料から、嘉十郎・文右衛門が直上納を行っていたことを確認しておきたい。

〔史料5〕(30)

乍恐以口上書御請申上候御事

無役御本田

一高五拾五石壱斗七升弐合

右は私共先祖開発永小作地前々御新田ニ御座候処、宝暦年中当村御地押御改之節、御本田地入交ニ付、御役免壱つ三分増無役御本田三つ九分を以、別御上納被　仰付、右御高之内拾五石五斗四合地所は、三つ九分御納所手張候趣ニ付、五石壱斗六升七合九夕御高引被成下置御収納相勤来罷在候、然処、当村近来打続田畑旱損不作仕、連々之困窮ニ随、地広之畑地ニ而、追年小作入引合不申候ニ付、小作人共段々揚地ニ仕無余義私共両人手作仕候故、別而作徳薄ク罷成、御年貢諸御役引足不申難渋至極ニ付、奉恐入候得共当春中、右地所指上地ニ仕度奉願上候処、願之通御引上被　仰付被下置候而は、先祖之功も相流候義ニ付、格段之御憐愍御賢慮を以、右地所為御見分、当九月中竹内三郎兵衛様御立合、清野千吉様御越御見分御糺之上、今年ゟ増免壱つ三分　御赦免、御本田畑方御免相弐つ六分之御納所被　仰付勿論唯今迄、御高引五石壱斗六升七合九夕は今年ゟ御引上段々厚以御慈悲右地所是迄之通私共取始末可仕旨被　仰付冥加至極重々難有仕合奉存候、然上は、小作人共江茂、段々　御情之程得と申聞、末々御願ヶ間敷義、不申上御納所向無滞急度相勤可申候、右為御請、一札差上申候、

文化三寅年十一月

小河原村

文右衛門

嘉十郎

御郡御奉行所

（後略）

ここからは、宝暦一三年（一七六三）の地押検地を期に、無役本田五五石一斗七升二合の地所を文右衛門・嘉十郎の先祖が直上納を願い出て、一ツ三分（一三％）の年貢割増（結果三ツ九分＝三九％）を条件に認可されたことがわかる。ちなみに、文化三年（一八〇六）時にはその過重な年貢に耐え切れず上地を願い出ているが、その後増免分を免除される形で所有を続けたことが確認されている。(31) それでは、右で挙げた文右衛門・嘉十郎の先祖開発永小作地とは、宝暦一

三年の検地野帳ではどのようにあらわれてくるのだろうか。次の史料および表から考察する。

〔史料6〕(32)

乍恐御請申上候御事

一拙者所持仕候起目新田之地所、先年開発仕候付、右御高之内御除キ高、年来拝領仕来、此度御地改ニ付、右地所一同御竿請仕奉願上候通、御改高を以壱石四斗之地所前々之通御除キ被下置、重々難有仕合奉存候、然上は、右所持仕候新田之内、立返り今度御本田ニ被仰付候分、永小作人江茂申合仕、都而荒地不罷成候様、出精仕末々御年貢之義ハ勿論、諸御役共、無滞上納方急度可相勤候、為後日御証文差上申候、

宝暦十三未年十二月　小河原村南組

忠兵衛印

御百姓

三役人

ここでは、宝暦一三年の地押検地を期に、小河原村南組の百姓忠兵衛が壱石四斗の地所を前々の通り除地として認められたことが記述されている。そして、所持していた地所の内立返りとなった分については、永小作人と申し合わせて年貢を滞りなく納めることが約束されている。一見すると前述の文右衛門・嘉十郎とは関係のない史料にも思えるが、『真田家文書』中の検地野帳を参照すると非常に興味深いことがわかってくる。

〔史料7〕(33)（□は貼り紙）

（地所名）	（地目）	（縦横［間］）	（面積［反別］）	（分米）	（筆数）	（名前）
須坂道東	一下畑	七間 拾八間	四畝六歩	分米三斗三升六合	二十八	茂兵衛

同所
一下畑　三拾壱間 四間　四畝四歩
分米三斗三升壱合
①相森六右衛門作
忠兵衛　二十九
南組無役本田

同所
一下畑　七間 拾弐間　弐畝弐拾四歩
分米弐斗弐升四合
大森
与惣右衛門　三十

同所
一下畑　拾間 拾三間　四畝拾歩
分米三斗四升七合
重右衛門　三十一

同所
一下畑　拾三間 八間　三畝拾四歩
分米弐斗七升七合
相森
嘉右衛門　三十二

同所
村ノ庄左衛門作
三十三

一下畑　拾壱間 拾壱間　四畝壱歩　忠兵衛　南組無役本田

分米三斗弐升三合

（後略）

これは、『真田家文書』中の検地野帳の記載の一部を抜粋したものである。これらの記述の中には一つ奇妙な点が存在する。それが①となっている箇所である。そこでは土地の名請人である忠兵衛の名前とともに、作人が貼り紙によって表記されているのがわかる。明らかに後年に張り付けたものと推測できるが、このような表記は、忠兵衛の所持地のみに限定されている点に注意が必要である。

それでは、この作人とはどのような存在の者達なのだろうか。まず、作人という表記がある以上、彼らは忠兵衛の小作人である可能性が高いと考えられる。しかし、そもそも真田家文書中、つまりは領主側に残された検地帳に何故に一地主の小作人が表記されるのであろうか。この疑問を次の表から考察したい。

まず、表5は、宝暦一三年の小河原村検地野帳に記載されていた忠兵衛の所持地の内、作人表記がなされていた地所を作人の名前ごとにまとめたものである。次に表6は、『松川扇状地の里 小河原郷誌』に記載されていた小河原村[34]南組に存在した友八とよばれる地主が、明和二年（一七六五）に永小作人との間で争論が生じた際に作成した帳面を表にしたもので、各永小作人の反別と小作籾について記されている。

ここで対比する前に前提としておさえておく必要があるのは、表5・表6ともに、元になった帳面に史料的に不備があるということである。表5の元となった宝暦一三年の検地野帳は、既述しているように一八一〇石余の村高の内の一二〇〇石程しか記載されていない。一方、表6の元となった永小作帳は、永小作人の名前の表記が後年になって貼り紙などによって変更されているとされており、明和二年当時の状態を維持できていないことが確実である。つま

明和2年帳簿記載との整合性
村名・名前・数値(反別)共に一致。
村名・名前・数値(反別)共に一致。
村名・名前・数値(反別)共に一致。
村名・名前・数値(反別)共に一致。
村名・名前・数値(反別)共に一致。
村名・名前・数値(反別)共に一致。
村名・名前・数値(反別)共に一致。
村名・名前・数値(反別)共に一致。
村名・名前・数値(反別)共に一致。
村名・名前・数値(反別)共に一致。
村名・名前・数値(反別)共に一致。
村名・名前・数値(反別)共に一致。
村名・名前・数値(反別)共に一致。
村名・名前・数値(反別)共に一致。
村名・名前・数値(反別)共に一致。
村名・名前・数値(反別)共に一致。
村名・名前・数値(反別)共に一致。
村名・名前・数値(反別)共に一致。
村名・名前(沖右衛門)・数値(反別)共に一致。
村名・名前・数値(反別)共に一致。しかし、もう一筆の田地記録あり。 それを加えると不一致。
名前は該当者なし。数値(反別)は新田組磯右衛門と一致。
名前は該当者なし。数値(反別)は大島村幸四郎と一致。
名前は該当者なし。数値(反別)は小河原村南組文五郎と一致。
名前は該当者なし。数値(反別)は相森村孫助と一致。
名前は該当者なし。数値(反別)は相森村要八と一致。
名前は該当者なし。数値(反別)は小嶋村佐喜右衛門と一致。
名前は該当者なし。数値(反別)は沼目村彦三郎と一致。
名前は該当者なし。数値(反別)は小嶋次左衛門と一致。
名前は該当者なし。数値(反別)は小布施浦町嘉右衛門と一致。
名前は該当者なし。数値(反別)は小布施浦町七五三守と一致。
名前は該当者なし。数値(反別)は相之島村嘉平治と一致。
名前は該当者なし。数値(反別)は大嶋村数右衛門と一致。
名前は該当者なし。数値(反別)は大嶋村金右衛門と一致。
名前は該当者なし。数値(反別)は新田組与八と一致。
名前は該当者なし。数値(反別)は新田組おいわと一致。
名前は該当者なし。数値(反別)は別府村三之丞と一致。
名前は該当者なし。数値(反別)は出村六右衛門と一致。
村名・名前は一致するも数値(反別)は不一致。
村名・名前は一致するも数値(反別)は不一致。
村名・名前は一致するも数値(反別)は不一致。
村名・名前は一致するも数値(反別)は不一致。
村名・名前は一致するも数値(反別)は不一致。
名前・数値(反別)共に不一致。
名前・数値(反別)共に不一致。
名前・数値(反別)共に不一致。
名前・数値(反別)共に不一致。
名前・数値(反別)共に不一致。
名前・数値(反別)共に不一致。
名前・数値(反別)共に不一致。
名前・数値(反別)共に不一致。
名前・数値(反別)共に不一致。
名前・数値(反別)共に不一致。
名前・数値(反別)共に不一致。
永小作帳にデータなし。
村名・名前は一致。小作帳にデータなし。

表５　宝暦13年小河原村検地野帳忠兵衛所持地作人一覧

No.	村名	名前	分米(石)	面積(町)	面積(反)	面積(畝)	面積(歩)
1	別府	四郎兵衛	1.793		1	7	28
2	須坂	武右衛門	0.659			8	7
3	小河原村	七右衛門	0.675			8	13
4	相森	常右衛門	1.634		2		13
5	小河原村	源龍寺	0.73			8	9
6	小河原村	治郎右衛門	1.96		1	8	27
7	沼目	彦六	0.45			4	15
8	沼目	惣七	0.171			2	4
9	小嶋	伝次郎	1.1		1	1	
10	鴈田	十右衛門	0.413			5	5
11	小嶋	平助	0.187			2	10
12	小嶋	藤七	0.264			3	9
13	小嶋	太郎右衛門	1.399		1	6	22
14	福原	国宝院	0.52			6	15
15	大嶋	伴蔵	1.797		1	7	29
16	大嶋	惣八	0.21			2	3
17	小河原村	庄左衛門	0.776			8	17
18	新田	源八	0.554			7	25
19	小河原村	仲右衛門	0.736			9	6
20	新田	与右衛門	0.224			2	24
21	大嶋村	円蔵	0.48			6	18
22	小嶋	仲右衛門	1.179		1	4	22
23	小河原村	平六	0.373			3	22
24	小河原村	孫八	0.122			2	1
25	相森	三之丞	0.564			9	12
26	小嶋	仁左衛門	0.874		1	4	17
27	沼目	五郎助	0.753			7	16
28	小嶋	次郎左衛門	0.192			3	6
29	浦町	七兵衛	0.243			3	1
30	浦町	森作	0.666		1	4	13
31	浦町	平助	0.66		1	1	
32	浦町	藤右衛門	0.588			9	24
33	大嶋	三蔵	0.832		1		12
34	福原	円右衛門	0.312			5	6
35	大嶋	仁右衛門	0.336			4	6
36	別府	佐左衛門	0.991		1	2	1
37	小河原村	六右衛門	1.332		1	1	3
38	大嶋村	十三郎	1.446		2		2
39	新田	久右衛門	0.989		1	2	11
40	小嶋	勘五郎	0.882		1	3	15
41	相森	六右衛門	0.782			9	23
42	別府	清左衛門	0.349			4	11
43	小河原村	大助	0.307			3	2
44	相森	忠兵衛	0.819		1	2	7
45	小嶋	孫八	0.232			3	26
46	小河原村	茂兵衛	0.949		1	1	26
47	小河原村	源左衛門	1.061		1	3	8
48	小河原村	清右衛門	0.254			4	7
49	沼目	八左衛門	0.765			9	17
50	小河原村	安右衛門	0.693			6	28
51	大嶋	清蔵	1.042		1	7	11
52	横町	幸左衛門	0.24			4	
53	小嶋	孫助	0.147			1	25
54	小河原村	清左衛門	0.684			5	21
55	小河原村	文右衛門	10.009	1			23
56	小河原村	嘉十郎	13.023	1	4	1	14

「小河原村未検地野帳」（『真田家文書』う1355）より作成

表６　明和２年小河原村南組友八所持地永小作人一覧

No.	村名	永小作人名	面積(町)	面積(反)	面積(畝)	面積(歩)	永小作籾
1	別府村	四郎兵衛		1	7	28	3俵4斗
2	須坂町	武右衛門			8	7	1俵1斗5升
3	小河原村南組	七右衛門			8	13	1俵1斗6升
4	相森村	常右衛門		2		13	3俵1斗
5	小河原村南組	源龍寺			8	9	1俵1斗
6	小河原村南組	治郎右衛門		1	8	27	3俵4斗
7	沼目村	彦六			4	15	4斗8升
8	沼目村	惣七			2	4	1斗8升
9	小嶋村	伝次郎		1	1		2俵
10	鴈田	重右衛門			5	5	4斗2升
11	小嶋村	平助			2	10	2斗4升
12	小嶋村	藤七			3	9	2斗6升
13	小嶋村	太郎右衛門		1	6	22	2俵3斗
14	福原村	国宝院			6	15	3斗4升
15	大嶋村	伴蔵		1	7	29	2俵4斗5升
16	大嶋村	惣八			2	3	1斗5升
17	小河原村南組	庄左衛門			8	17	1俵3斗
18	新田組	源八			7	25	1俵1斗
19	小河原村南組	沖右衛門			9	6	1俵2斗2升
20	新田組	与右衛門			2	24	2斗3升
21	新田組	磯右衛門			6	18	1俵
22	大嶋村	幸四郎		1	4	22	1俵3斗5升
23	小河原村南組	文五郎			3	22	4斗5升
24	相森村	孫助			2	1	2斗3升
25	相森村	要八			9	12	1俵1斗5升
26	小嶋村	佐喜右衛門		1	4	17	1俵3斗
27	沼目村	彦三郎			7	16	1俵2斗7升
28	小嶋村	次左衛門			3	6	2斗
29	小布施浦町	嘉右衛門			3	1	2斗4升
30	小布施浦町	七五三守		1	4	13	1俵2斗
31	相之嶋村	嘉平治		1	1		1俵2斗
32	大嶋村	数右衛門			9	24	4斗3升
33	大嶋村	金右衛門		1		12	1俵1斗5升
34	新田組	与八			5	6	2斗3升
35	新田組	おいわ			4	6	2斗3升
36	別府村	三之丞		1	2	1	2俵2斗
37	出村	六右衛門		1	1	3	3俵
38	大嶋村	重三郎・万右衛門		2	1	23	3俵
39	新田組	久右衛門		1	2	29	1俵3斗5升
40	小嶋村	勘五郎		4	9	7	7俵
41	相森村	六右衛門		1	7	15	2俵3斗6升
42	小嶋村	彦四郎			6	18	1俵
43	別府村	清左衛門		1		2	1俵1斗5升
44	大嶋村	角兵衛		1	3	12	1俵2斗3升
45	飯田村	孫蔵			7	12	1俵2斗
46	小布施村	清八			2	24	1斗6升
47	新田組	与八			5	6	2斗3升
48	小布施上町	彦右衛門			6		3斗2升
49	福原村	彦九郎		1		22	1俵1斗
50	小嶋村	与五兵衛			5	10	4斗5升
51	大嶋村	孫助					1斗5升
52	沼目村	三右衛門			2	28	2斗5升
53	相森村	要作			4	4	3斗5升
54	相森村	又蔵		1		2	1俵1斗5升
55	小河原村南組	嘉十郎	(不明)				14俵3斗5升

この表は『松川扇状地の里　小河原郷誌』133頁掲載表「明和２年(1765)改め小河原村南組友八所持永小作地の納め籾高」(「小川原村南組友八持永小作地小作籾納方改本帳」(境家文書)より作成)を報告者が順番・形式等を適宜修正したもの。ただし、永小作人名には明和２年以降の所持者移動の結果による名前を含む。また、明和２年以降に友八の手作にかわった畑も存在。

り、両帳面とも史料としてはかなりの不備を有するといえる。それを前提としたうえで考察を進める。

改めて表5・表6を見てみると、宝暦一三年検地野帳の忠兵衛所持地作人表記と明和二年小河原村南組友八所持地永小作人の数値の多くが一致することが判明する。両帳面の作人はともに五五件ほどであり、その内一八件は村名・名前・反別表記ともにまったく同一となっている。さらに数値のみ一致するものもあわせると三七件程となる。両帳面ともに多分に不備をもつにもかかわらず、村名・名前・反別表記ともにこれだけの一致をみるということは、忠兵衛の作人と友八の永小作人はほぼ同一の存在であることを示している。つまり、忠兵衛の地所に記載された作人は永小作人である可能性が非常に高いということが、これによって明らかになったのである。そしてその事実から、友八は忠兵衛本人もしくはその子孫と推測される。

さらに重要なのは次の事実である。表6は「小川原村南組友八持永小作地小作籾納方改本帳」の記載を表にしたものであるが、実はその内、友八所持地の無役本田高が判明しており、その石高は五五石一斗七升二合であった。そして、明和元年小河原村土目録(35)によれば、南組忠兵衛分の無役本田高も五五石一斗七升二合であり、免率は三ツ九分（三九％）であったことが判明するのである。

ここまで、本項冒頭の文右衛門・嘉十郎の直上納地とは無関係とも思われる忠兵衛の所持地と永小作人について考察してきたが、ここで改めて文右衛門・嘉十郎の直上納地について注目したい。文右衛門・嘉十郎の先祖開発永小作地は、無役本田高五五石一斗七升二合であり、その免率は三ツ九分であったとされる。これを既出の南組忠兵衛（および友八）の所持地と比較すれば明白なように、両者の所持地は地目・石高・免率ともに端数に至るまでまったく同一であったことが判明する。これらの数値の一致等から、嘉十郎・文右衛門が直上納地としていた土地というのは、忠兵衛（および友八）分の永小作地の内の無役本田分であろうことがほぼ確実であろう。ここまで長く複雑な論証の結果、文右衛門・嘉十郎の地所が忠兵衛（および友八）の地所であることがほぼ確定したが、問題なのはこれらの地所が何故に直上納地とされたかである。

まず、史料6等に記載されている通り、前項の大嶋村久兵衛と同様に、地押検地を機に小河原村南組の忠兵衛は所持していた除地に竿入れが行われたと考えられる。そして、その竿入れによって除地高の縮小が行われた可能性がある。(36)

そして、より重要なのは、表6の元となった「小川原村南組友八持永小作地小作籾納方改本帳」が作成された経緯である。実はこの史料は宝暦一三年の地押検地を機に永小作地の面積・石高に変化が生じ、小作籾の収取をめぐって地主と永小作人の間に紛糾が生じたことから作成されたものなのである。そして、この帳面は「地本主」友八と村役人および永小作人達の合意も得た上で、松代藩郡奉行所に「御手入御詮議」を願い出て勘定役が来村、検地帳と照合してできあがったものとされる。その結果、永小作籾高が正式に決定されたが、その籾高は旧来よりも増加したという。

ちなみに、これらの事実から、何故に領主側の文書群である『真田家文書』に保存された検地野帳に忠兵衛の地所のみ作人表記がなされたのかも明らかとなる。つまり、宝暦一三年の地押検地は開発地主と永小作人の間での争論を引き起こすなど、旧来からの土地所有秩序に大きな変化を生じさせていた。その結果、開発地主や村役人、永小作人達の合意のもと、松代藩側の手入れによって「小川原村南組友八持永小作地小作籾納方改本帳」が作成されることになったのである。そして、その争論の結果は、『真田家文書』中の検地野帳上にも貼紙というかたちで反映され、忠兵衛の永小作地のみ作人表記がなされたものと考えられる。

最後に何故に直上納地とされた理由であるが、こちらも明確な史料によってその意図が記述されているわけではないため、あくまで推測というかたちではあるが次のようなものであったと考えられる。つまり、宝暦一三年の検地の結果、忠兵衛の除地高は縮小され、残りの地所は年貢地に編入された。そしてそれに代わるようにして、無役本田地五五石一斗七升二合は直上納地として申請・認可されたと考えられる。そこからは、大嶋村久兵衛と同様に自身の土地所有の弱体化に歯止めをかける意味合いの直上納制が複数存在したことが推測できる。さらに、地押検地施行前後に永小作人などと小作籾をめぐる争論が勃発しており、その争論の中で自身の土地所有を強化することを意図した結果が直上納制だったのではないだろうか。

4　入作組と直上納制

次にここでは、小河原村における入作組と直上納制について考察していきたい。近世中期の小河原村では他村の入作百姓が集団で入作組を形成し、複合的な土地所有がなされていた。史料2などにもみられるように宝暦一三年の地押検地の際に入作組の内では、小布施町二四七石九斗七升五合、飯田村・松村・福原村合わせて五九石六斗一升二合について直上納が申請・認可されている。特徴的なのは入作組の直上納制は基本五年季であり、当初は小河原村に対して御手充を支払っていたということである。また、無役本田とするために一ッ三分（一三%）の増免と直上納制申請による三分（三%）の増免、合わせて一六%の増免を受け入れている。なお、後年に年貢の増免はなくなる上に、年季制についても形骸化し幕末まで直上納制は継続することになったことも他の史料から確認できる。

右のような特徴を持つ入作組の直上納制であるが、実は入作組の中にも条件に差があり、小布施町等とは異なり明確な更新手続きを必要としなかった入作組も存在したであろうことが、次の史料などから判明する。

〔史料8〕(37)

乍恐以口上書奉願上候御事

小河原村出作須坂相森村組合之儀、去ル未年御地押御改之節ゟ、以御情直御上納被　仰付被下置候、難有仕合奉存候、然ル所、外入作組御年季御座候而、年季明之節は御願申上、五箇年之御引居ニ被成下置候、当組之義ハ、是迄御年限明之節、願書指出不申罷在候処、如中先年直御上納被　仰付候節、書類等も有之候哉、又は永ク直上納と被仰付候哉と、御尋御座候付、詮議仕候処、別段ニ書類等も無御座候得共、先年直御上納被仰被下置候節、御年季被仰渡、惣而御座候、左候得共、本郷役元ゟ御年季明之義、申来候得は、早速罷在前々之通、被成下置候様、口上ニ而申上置来候、右ニ付此以後義ハ、以御憐愍前々之通被成下置候ハヽ、難有仕合奉存候、以上

小河原村出作

文化六年巳五月　　須坂村相森村

松代　　取主役

御代官所　　六郎右衛門印

（後略）

これは文政一二年（一八二九）の「勘定所元〆日記」に記録された文化六年（一八〇九）当時の須坂村入作組等の直上納に関する記事を抜粋したものである。まず、小布施町をはじめとした入作組は、通常松代藩に年季明け後に申請手続きをその度ごとに行っており、「勘定所元〆日記」にも年季明ごとに記載がなされていることが確認できる。しかし、右の史料から、須坂村・相森村の入作組は年季更新を必要としていなかったことが判明する。実際各年代の「勘定所元〆日記」にも、須坂村等の直上納年季明後の更新に関する記載はほぼみられない。

そして次の史料からは、須坂村入作組と小河原村の間に、諸役の夫銀等の支払いなどをめぐる争論が起こっていたこともわかる。

〔史料9〕(38)

乍恐以口上書申上候御事

一当村出作須坂組之儀、我儘等申候付、本郷役人難義之由申候段、右之趣御尋ニ付、乍恐左ニ申上候御事、

一御舟銀橋銀等、其外へ少々之儀ニ御座候得共御免奉加被　仰付候節ハ、割合明白ニ仕申越候而も、此方ニ而ハ諸懸り物御免被成下候得ハ、指出候事不罷成と申候付、左候得ハ、御免御書付為見候様ニ申候得ハ、御免御書付も何ニ而も無御座と申候付、左候得ハ、出し候義不罷成と申書付を遣候様申候、其書付を以、此方ゟ　御上様へ御願申上候旨申候得ハ、其様成小六ヶ敷事ニ候ハヽ、出し而呉可申抔と申、四五度も申越漸出し候様成義ニ御座候、

其上出作ものの分として、本郷役人ニも不構、御代官所江罷出御上納仕候様成我儘もの共ニ而御座候御事、

一須坂出作江懸割合候得ハ、山御年貢四斗九升三合、銀ニ御座候、此分外出作並出候様ニ申談候得共、決而山御年貢出作ニ而出候事無之と申請不申、其上過言等申候付、殊之外心外ニ奉存候、何分ニも右山御年貢割合之通須坂出作江被仰付被下置候ハヽ、重々難有奉存候、左候得ハ、只今迄之通、御代官所へ出作者罷出上納仕候共、指障り申儀無御座候、幾重ニも御情々御意奉仰候、以上

明和三戌年五月　　小川原村

名主　栄八

組頭　二郎右衛門

長百姓　彦右衛門

御奉行所

右の記述によると、明和三年（一七六六）当時入作組（須坂村）は舟橋銀等の支払いを渋る上に勝手に代官に直上納を

行っていたという。さらに史料8の記述を合わせて考えると、直上納を行い始めたのは宝暦一三年の地押検地がきっかけであったことがわかる。ここでは小河原村は須坂組の不当な行いを訴えるものの、山御年貢の支払いを条件に直上納制を容認せざるをえなくなったとみられ、結果として須坂村入作組は直上納を認めさせている。

ここまでの論証によれば、小河原村の入作組は検地以前から広大な入作地を有していたが、宝暦の地押検地をきっかけとして、それを直上納というかたちで藩および小河原村村落共同体に承認させたと考えられる。入作組が直上納制を求めた理由は判然としないが、小河原村村落共同体と対立的であることや、年貢の増免を受け入れてまで直上納制を行っていたことを考えると、小河原村共同体からの干渉から離れるためであったとする推測は、妥当なものであると考えられる。またその際には、村側に対する御手充(五年期)や年貢高の増免を受け入れるというかたちで入作組自体も相応の負担をおう必要があり、その上で藩および小河原村双方の承認を得たといえるであろう。そこからは、直上納をめぐって小河原村と入作組、そして藩との間の激しいせめぎ合いがあったことがみてとれる。

小括

宝暦一三年(一七六三)時点の小河原村における土地所有は、近世前期からの開発を担った開発地主や永小作人が依然として存在する上、近隣の村々からの大量の入作が入り込み入作組を形成するなど、複雑な様相を呈していた。そして、宝暦一三年の地押検地をきっかけとして、複合的に重なりあう土地所有の中で、自身または自身達の土地所有を確固たるものとしようとした一つの結果が、直上納制であったと思われる。それは小河原村村落共同体と個別地主の対立といった単純なものだけではなく、検地を機に小河原村と入作組、開発地主と永小作人、といったさまざまな層や個人、グループ間での相論をも含みこむものであった。そこからは検地をきっかけとして、土地所有秩序が大きく変容し、再編成されていく過程がみてとれるのである。

ちなみに、この時期の松代藩の地押検地の特徴の一つに、それまで寺社や特定の地主に認められていた除地を把握および年貢地に再編する動きがあったことも指摘されている[39]。本事例と関連付けるなら、除地の縮小という事態はこの動きの中に位置づけられるものであるといえるだろう。つまり、一般的にこの地押検地は年貢の増収を意図したものではなく、あくまで村落側の意向によって施行されたものとされるが、年貢高の減る可能性を持つ地押検地に藩が応じる際には、なるべく年貢高が減収とならないようにさまざまな策が講じられたものと思われる。その一つが除地の把握と年貢地への編入という処置であった。しかし、除地の縮小および年貢地への編入は、除地を持つ寺社や個別の地主にとっては不都合なものであったのはいうまでもない。そこで藩はその反対給付の一つとして直上納制を認めたのではないだろうか。もっとも、残念ながら筆者自身いまだに松代藩の地押検地全体を論じる段階にはないため、あくまで推測という段階を出るものではない。今後の課題とさせていただきたい。

二　田中村浄福寺における直上納制

前節までの小河原村の事例によって、宝暦一三年（一七六三）に行われた地押検地を直接的なきっかけとして、近世前期からの土地所有秩序が変容し、おのおののグループまたは各地主が、土地所有を確立するための一つの方法として直上納制を願い出ていった様態をみていった。そこでは、個別の地主の事例の土地所有という点で見た場合、それは旧来の開発地主の系譜をひく地主やそれに対抗する永小作人という図式をとる中で、旧来からの自己の土地所有を強化（または弱体化を歯止め）・確立することを意図するものであったと考えられる。しかし、近世中期の直上納制とはこのような在り方だけであったのだろうか。ここでは、近世中期の直上納事例である田中村[40]「浄福寺[41]一件」を見ていく中で考察を行っていきたい。

1 寛政一〇年浄福寺朱印地一件

寛政一〇年(一七九八)に起こったこの一件については、後年のものとなるが、次の史料が端的にその概要を示してくれる。

〔史料10[42]〕

乍恐以口上書奉願候御事

当村浄福寺御高辻之内、前々三拾六石余所持ニ御座候処、住職崇愿和尚、越梁和尚、心得違を以、御高地を御朱
印地之由を以、村役本江御年貢幷諸役金被致不納候ニ付、御詮議之上役本江納可仕旨、御差図御座候得共、得心
無之被申募候付、寛政五丑年御進達罷成同十年御公義様　御裁断、御年貢地田畑村役人江御預致、小作御年貢諸
役相勤作徳を以、天明四辰年ゟ不納之分、年々引取致皆済候ハヽ、其節住寺江可引渡旨、被　仰渡、則御公義様江
村役人御請書差上置、同年ゟ村役人取計仕、去巳年迄作徳を以年々上納仕罷在候、(中略)右不納一件之儀は御公
義様　御裁許ニ而、相極り上納方右躰奉願候儀、於私共重々奉恐入候得共、一寺取続之儀ニ付、奉願候儀、此上
之御慈悲別紙積金積り奉申上候通、御聞済被成下置、地所浄福寺江御渡被成下置候様、村方一同奉願上候、幾重
ニも願之通被　仰付被下置候ハヽ、難有仕合奉存候、以上

田中村

文化七午年十月　名主　伴十郎

御代官所

組頭　伊惣治
長百姓　弥惣治

この史料は文化七年（一八一〇）に田中村の村役人一同が、寛政一〇年の争論の結果取り上げとなった浄福寺の所持地を、難渋を理由に浄福寺へ請戻させてほしいと願った時のものである。ここには浄福寺が土地を取り上げられるまでの経緯が語られている。それによると、前の住職であった崇愿・越梁の二人の和尚の代に、浄福寺の所持地の内三六石余の地所を朱印地と称して、天明四年（一七八四）から寛政一〇年にかけて年貢の不払いを行っていたことが判明する。ここで問題となるのは、この三六石余の地所が何故に朱印地と主張されるに至ったのかにある。浄福寺の言い分は次のようなものであった。

〔史料11〕[43]

口上覚

一今度、公義江　御朱印地寺院境内坪数致書上候処、浄福寺御年貢地分仕訳無之、一統御朱印地と申立候儀、如何之心得候哉、

此儀は拙寺　御朱印境内御年貢無御座候を寛文六年ゟ御年貢地ニ相成候間、不残御朱印地と書上候、

一同寺、寛保年中御高地江寺建替相願、其節絵図面ニ先住致請印置候儀、如何心得候哉、

一享保年中　御朱印地反別書上、同寺先住差上置候印書、如何相心得候哉、

一元禄年中、同寺先住差出候印書通、如何相心得候哉、

右三ヶ条御尋之趣

御先祖大鋒院様御添簡幷
御朱印御六通之　御文言と違却仕候間、取用難仕、全先住共差出候印書心得違ニ付、此度、拙僧御朱印地一
決仕候、依之御請印差上候、以上
田中村
寛政三辛亥年二月六日　　浄福寺印
寺社御奉行所
町　御奉行所
郡　御奉行所

これは、寛政三年に藩側による年貢不払いについて問い合わせを受けた浄福寺が、その理由について答えた際の史料である。これによれば、浄福寺はそもそも年貢不払いの地は、もともと浄福寺の朱印地であったのにもかかわらず、寛文六年(一六六六)より勝手に年貢地に編入されたとして、その不当性を訴えている。そして、大鋒院(真田信之)の書簡などの文言を根拠に、寛文六年の年貢地編入の無効を主張しているのである。

以下、もう少しこの間の事情を史料から抽出してみたい。これらの史料によると、浄福寺が自身の所持地の内三六石余の地所を朱印地であるとして、年貢の不払いを行うようになったのは天明四年からである。そして他の史料から、寛政一〇年までの不払い分の金高は全部で金二七六両余にものぼったことがわかる(44)。ちなみに、田中村ではこの間に不払い金の一部を立替えていたようである。結局、寛政一〇年の幕府の裁許(寛政五年に幕府への訴えとなる)では、浄福寺の言い分は認められず、年貢不払い分は村方に地所を引き上げた上で、そこでの収益による返済となった。

表７　田中村浄福寺石高変遷

年代	石高	備考
寛延３年(1750)	22.2723	
宝暦元年(1751)	23.0603	
宝暦２年(1752)	31.5788	太兵衛分1石5升分は宝暦２年元地主当村文左衛門方へ譲り返し。
明和７年(1770)	34.9088	
明和８年(1771)	36.3872	直上納開始年次。
天明４年(1784)	36.3872	朱印地であるとの主張から年貢の不払いを開始。
寛政元年(1789)	36.3872	

この表は「寛延三午宝暦元未同二申明和七寅同八卯五箇年分年貢上納辻人別持高名寄帳之内浄福寺持高名寄書抜帳」（『真田家文書』え392）、「浄福寺持高辰年ゟ酉年迄御年貢幷上納掛物共ニ御書上帳」（『真田家文書』え399）より作成

右の過程は非常に興味深いが、本章ではこれらの概要を示した上で、次項以降、浄福寺が年貢の不払いに至るまでの過程を考察する。

２　浄福寺所持地と直上納制

今回、問題となるのはこの一件の結果よりも、むしろその過程にある。次に朱印地一件の争論の中から浄福寺の土地がどのように形成されていたのかを考察する。残念ながら、本一件の対象地域にあたる田中村の土地所有または村の概要を示すような史料は残されていない。しかし、真田家文書にはこの朱印地一件に関する史料がまとまって残されており、その中には、浄福寺の土地集積の過程を示した名寄帳の写等が残されている。これらの名寄帳の写は、浄福寺が土地集積をして年貢収納を行っていた証拠として田中村側が藩に提出したものと考えられる。これらの史料によって、田中村全体の土地所有を明らかにすることはできないものの、近世中期の浄福寺の土地所有についてはある程度明らかとなる。それらをまとめたものが表７である。

まずは、田中村浄福寺の所持地の変遷を追ったものが表７である。これによれば、浄福寺の所持地は寛延三年（一七五〇）段階で二二石二斗七升二合三勺であったことがわかる。ちなみに、この際の記載では、いず

れも一筆ごとに分付記載がなされていたことが確認できる。つまり、田中村の所持地は当初別の名請人が所持していたということになる。そして、浄福寺の土地所有は宝暦二年（一七五二）に急激に増加し、三一石五斗七升八合八勺までになっている。この際、太兵衛分とされる分付記載がなされた一石五升分は、元地主の文左衛門へ譲り返しがなされていることも興味深い。

以後、田中村浄福寺の所持地は徐々に増加し、明和八年（一七七一）に三六石三斗八升七合二勺となるまで土地集積がなされたものと思われる。この段階の帳面の記載では、一筆ごとの分付記載がなくなり、所持地を一括した数値のみが記載されていることが確認できる。これは、この年に直上納制が認可されたことにより、一般の百姓の所持地とは別に記載がなされるようになったことに起因すると考えられる。加えて、直上納時には年貢高の割増（三分＝三％）が確認できることも指摘しておきたい。

次に帳面の記載に変化があるのは天明四年である。この段階の帳面では一筆ごとの分付記載が復活する。これはこの年に直上納制の年季が切れ、村高に再編入されたためと考えられる。もっとも石高自体は明和八年当時と同一であり、土地所有が固定化していたことを示す。また、この数値は寛政一〇年（一七九八）まで変化しない。そして、年貢地の不払いがこの年から始まるのである。右の過程は、寛政元年段階の浄福寺の所持地を田中村村役人が割付帳面等から抜き出して藩に届け出た際のものと思われる。このことは次の史料からもうかがえる。

〔史料12〕(45)

名所鋤崎　　水帳名

一田壱石四斗五升　　弥兵衛

中返町　　同断

一田弐石弐斗弐升　　同人
北た　　同断
一畑三斗弐升　　同人
屋敷　　同断
一畑五斗四合　　同人
西畑　　同断
一畑七斗五升　　七郎兵衛
同所　　同断
一畑壱斗八升七合　　庄太夫
屋敷　　同断
一畑八斗六升弐合　　甚兵衛
北畑　　同断
一畑弐斗八升　　与兵衛
田畑高〆六石五斗七升三合
右は前々被譲請候持高ニ御座候、尤水帳名面者ゟ直々被譲請候哉、又ハ段々譲渡候地所ニ御座候哉、年来之
義ニ付、私共不奉存候、
名所西畑　　水帳
一畑三斗三升三合三夕　　六兵衛

堀田　　　　　　　　　　　　　水帳
一田四斗四升　　　　　　　　　　与惣兵衛
　右は先地主伊勢町吉左衛門方（ゟ脱カ）買入
屋敷　　　　　　　　　　　　　水帳
一畑五斗四升九合　　　　　　　　兵左衛門
　右ハ先地主当村多左衛門方ゟ買入
北畑　　　　　　　　　　　　　同断
一田三石八斗三合　　　　　　　　伝九郎
　右ハ先地主当新右衛門方ゟ買入
（中略）
　惣高〆
　三拾六石三斗八升七合弐夕
　　但内壱斗五升弐合四夕
宮免と申候義は、当村産神宮敷地本田高壱石四斗五升御高地ニ御座候間、村中申合前々当村御百姓門割弐拾
五軒相勤高ニ而割、浄福寺買入高之内ニ相懸り居申候、
右は、当村浄福寺持高、先地主幷同寺持高は、金子差出譲請候哉、当時村方ニ証拠有之候哉、御尋御座候、
一当村御田地譲渡等之節、村々並方之通、譲渡候者ゟ金子請取候訳、其外地所障無之趣、書付差出候仕来候御座候、
依之、同寺江相渡候地所之義茂銘々譲人ゟ書付差出し候儀ニ付、同寺ニて所持可仕候得共、譲渡候者之方ニて書

付等無御座候、併都而金子指出被譲請候儀ニ御座候、則当村役本上納割付帳面を以、同寺持分先地主附御書上仕候通、相違無御座候、以上

田中村

寛政元酉年　名主　弥惣治印

十月　組頭　重右衛門印

長百姓　武兵衛印

御代官所

（後略）

この史料にも表れている通り、浄福寺の所持地は近世中期から徐々に増加していったことは間違いない。そして、その土地集積の方法の多くが、寺社に対する寄附といったものによったものではなく、買入れによるものであったことも明らかとなる。

ここまでの論証の結果、田中村の浄福寺が近世中期を通じて積極的に土地集積（買入れによる）を行っていたことが明らかとなった。その過程では土地の集積とともに土地の請戻しに応じていたことなどが明らかであり、それらは一般的な地主の土地所有とほぼ同一のものであったと考えられる。また、明和八年に直上納制が認可されると、土地所有高は三六石余で固定化されることになる。ちなみに、直上納認可には年貢率の割増が含まれていたが、これは天明四年に年季が切れると元の年貢率に戻っていることも指摘しておきたい。

3　浄福寺朱印地一件と直上納制

ここでは、前項までの浄福寺の所持地と直上納制に関する考察を前提として、本節の主題である浄福寺朱印地一件と直上納制の関係性をみていきたい。その関係性をみる上では次の史料が参考となる。

〔史料13〕(46)

田中村
浄福寺

田中村高辻之内前々ゟ持高三拾六石余之分、御年貢諸役共名主元江上納来候処、同寺勝手之筋有之御納所高ニ懸り三分通之加免を以、御代官所江直上納仕度旨、明和八卯年願ニ付、同年ゟ願之通年季直上納申渡候上、委細請書差出置候、然所、年限相済候ニ付、今年ゟ直上納不相成候間、右三分通不及加免、御年貢諸役其外村並諸事懸り物共ニ、前之通田中村名主元江可有上納候、

辰八月

（後略）

この史料は直上納の年季が切れた際のものである。ここから、直上納の年季が切れたのが天明四年（一七八四）であったことがわかるのであるが、重要なのは、朱印地一件の発端となったのが、天明四年からはじまる年貢の不払いにあるということである。そして、朱印地一件で浄福寺が年貢の不払いを行った地所というのは、表等にある通り、三六石三斗八升七合二勺の地所であり、この地所は浄福寺が直上納地としていた地所と端数にいたるまで同一なのである。つまり、朱印地一件の争論対象地となっていたのは、浄福寺がかつて直上納地としていた土地であり、天明四年に直上納の年季が切れると同時に年貢不払いを行うようになり、争論となっていたことが判明するのである。

小括

くり返しとなるが、これまでの考察によって、田中村浄福寺が近世中期以降積極的な土地集積を行い、その結果として明和八年(一七七一)に三六石余の土地に対して直上納が申請・許可されたという事実が明らかとなった。そこからは、土地の集積の結果としての直上納制がすでにこの時点で現れていることを示している。

そして、直上納制の年季が天明四年に切れると、それに代わるように、それまでの直上納地を朱印地であると訴え出て年貢の不払いを行うようになったのである。もっとも、本事例においても浄福寺が何故に直上納制を願い出たのか、そして、何故に朱印地であると主張するに至ったのか、といった理由については言及されてはいない。しかし、浄福寺が積極的な買入れによって土地集積を行い、その結果として、年貢の割増という条件をのみながら直上納制が申請され認可されたこと、また、天明四年以降にその土地を朱印地と主張し、村落等と激しく対立していく過程を見る限り、その理由が土地所有の強化にあった可能性が高いと推測される。[47]少なくとも、この浄福寺自身が三六石余の土地に強烈な土地所有意識を有していたことは間違いないだろう。

三　近世中期の地押検地

1　松代藩政と地押検地

本節では、近世中期の松代藩政と地押検地について若干言及したい。[48]まず、近世中期の松代藩政における宝暦～安永期の地押検地に対する評価には、藩政側の意向を強くみる見解と村落側の意向を強くみる見解の二つが存在する。[49]

表8　松代藩の本田検地実施状況（天保14年調）

年次	里分	山中	計	
元和	2	0	2	
寛永	17	9	26	268
寛文	129	93	222	
元禄	12	8	20	
宝永	2	0	2	
正徳	4	0	4	
享保	3	0	3	
宝暦	35	9	44	109
明和	28	3	41	
安永	18	6	24	
天明	6	0	6	
寛政	4	2	6	
文化	4	1	5	
文政	13	3	16	30
天保	9	5	14	
計	286村	149村	435村	
	（65％）	（35％）	（100％）	
村数	145村	95村	240村	（枝村を除く）

『更級埴科地方誌』第三巻　近世編上　251頁より転載。「里分村々地改年暦并水帳末書等調」（『真田家文書』う1240）「山中分村々地改年暦水帳末書等調」（『真田家文書』う1241）より作成

前者が恩田杢による宝暦改革と関連付けて理解する見解であり、後者がこの時期の検地をお情け竿として評価する見解から生じたものである。そこで、松代藩の近世前期以降の検地実施状況を見てみると興味深いことがわかってくる（表8）。

表8は、天保一四年（一八四三）段階における松代藩が領内の検地実施状況をまとめたものである。これによれば、近世前期の寛文期の検地が突出しているのがわかるが、前述しているように、これは松代藩領全領域的に実施された寛文六年（一六六六）の検地を示している。これ以降、松代藩領では全領域的な検地は実施されていないが、実施状況をつぶさにみてみると、明らかに時代に偏りがみられる。つまり、寛文期以降では宝暦期から安永期に検地が集中しているのである。これが本章で取り扱った地押検地が盛んに行われた時期に当たるのであるが、これを村落側の意向によって実施されたとみる見解では、寛保二年（一七四二）のいわゆる「戌の満水」等の水害の復興、および寛文六年検地の不備と関わらせて理解している。要は、戌の満水等による洪水被害によって田畑の所持地に混乱が生じた結果、

この時期に地押検地が盛んに実施された、という見解である。

これらはおおむね妥当な評価であると思われるが、松代藩地域では戌の満水以前、以後においても大小さまざまな洪水に見舞われていたことがしられている。(50) つまりは、洪水による検地の必要性はこの時期に限ったことではないともいえる。もちろん、近世期最大の洪水である戌の洪水をはじめとしたこの時期の災害を過小評価するものではないが、この時期に盛んに地押検地が行われる理由の説明としては不十分なのである。

2　寛文六年の検地と地押検地

それでは、何故に宝暦から安永期にかけて地押検地が実施されたか。この疑問に答える上で参考となるのが、松代藩領内で全領的に行われた寛文六年(一六六六)の検地である。ここでは寛文六年の検地と地押検地の関係性について若干言及しておきたい。

小河原村には寛文六年期の検地帳が残存しているが、その検地帳には以下の特徴がみられる。①検地時の改めは藩役人による竿入れ等は行わず、村役人を中心とした指出のかたちで行われたこと、②一筆ごとの名請人・所在地・地目(田畑等)・石高は記載されているものの、上・中・下といった等級は記載されず、田畑の面積の記載もないこと、③本田高はそれ以前の慶長七年(一六〇二)に実施された森忠政期の検地高をそのまま継承し、それ以後の新田検地の結果は新田高として別に記載していること、(51) 等が挙げられる。

つまり、寛文六年の松代藩の検地は、全領域的に行われ、後の基本台帳となったにもかかわらず、あくまで村役人による指出のかたちをとり、田畑の等級・地目・反別・石高も新たに丈量することもなかったのである(新田は除く)。恐らくはこの期の松代藩政の検地に対する志向が新田の把握を主眼としたものであり、年貢の徴収のみを目指したものであったからであると考えられる。ちなみに、寛文六年の検地は森忠政期の検地の数値をそのまま継承していると考えられるため、最後の丈量から宝暦期までおそよ一五〇年が経過していることになる。このような記載に不備のある検地帳であれば、当然ながら年数が経てば経つほど田畑の入り狂いはより大きくなってしまう。ここに近世中期の地押検地を行う最大の理由が存在したのである。

小　括

松代藩における寛文六年（一六六六）の検地帳には決定的な不備が存在した。その結果、近世中期以降には、田畑の入り狂いが問題となっていたのであろう。そこに寛保二年（一七四二）の戌の満水をはじめとした水害の混乱が拍車をかけ、宝暦～安永期の地押検地へとつながったといえる。この見解自体は、すでに古川貞雄氏などによって指摘され、それをふまえた上で村落側の意向の強い検地であったとされている。これは松代藩による検地が寛文六年以降、全領域的に行われなかったこと等も後押しをしている。しかし、領主側の意向も決して無視できるものではないと考えられる。実際、地押検地が藩政改革直後の宝暦から安永期に集中していることは、宝暦改革直後の松代藩政にそれを受け入れる素地があったことを示していると推測されるからである。そして、水害による田畑の入り狂いや寛文六年の検地帳に不備があったことは、現地の村落共同体だけでなく、藩においても問題となるものではないだろうか。

何故なら、村落における土地所有の混乱は、藩の税制や訴訟の増加に直結するためである。そして、その具体的な事例の一つが第二節で取り上げた浄福寺の事例であるといえる。この場合、訴訟は江戸にまで波及する大掛かりのものとなっており、年貢の不払いと合わせて松代藩側にとっては甚だ不都合な状況となっていたことが窺える。そして、そもそも、お情け竿として願い出されたこの時期の地押検地は年貢の増加を意図しなかったとされるが、年貢高の減る可能性をもつ地押検地を許容することそれ自体が、この時期の松代藩政の特徴なのではないだろうか。[52]それが宝暦から安永期に集中していることは、村落側の志向と領主側の志向がこの時期に合致し、村落の再編成が意図されたためであったといえるのではないだろうか。

おわりに

ここまで、三節にわたって近世中期の松代藩における直上納事例について考察してきた。小河原村の事例では、宝暦一三年（一七六三）の地押検地を直接的な契機として、さまざまな集団や地主、村落共同体のせめぎ合いの中で土地所有秩序が変容し、その一つの結果が直上納制であるとした。さらに、田中村浄福寺の事例では、ほぼ同時期に土地集積の結果として直上納が申請・許可された事例について考察していった。両事例は傍証というかたちではあるものの、自身（または集団）の土地所有を強化・確立することを一つの目的としていたという点で共通したものであると推測できる。重要なのはそのような変化が宝暦から安永期に集中して現れているということである。松代藩の近世中期以降の地押検地は、宝暦から安永期に集中してなされることは前述したが、その要因は村落側の要請であると同時に、松代藩政にもその志向性、つまりは村落の再編成の意図があったためとした。

つまりは、上（藩政）からも下（村落）からも村落の再編成の必要性がこの時期に認識・共有されたからこそ、この時期に地押検地が行われたのである。そして、村落の再編成の動きの中で土地所有は大きな変容を余儀なくされ、それが直接的に現れたのが宝暦一三年の小河原村の地押検地であり、小河原村の個々の直上納制事例であった。そして、直接的な契機ではないものの、そのような地押検地の動向と土地所有秩序の変容の動向の中からあらわれた事例の一つが、田中村浄福寺の直上納制であったと考えられる。それは、個別的な直上納事例が検地施行数と比例するように、宝暦から安永期にその事例数が偏っていることも傍証となりうるのではないだろうか。

最後に、松代藩における近世中期以降の地押検地に注目する意義についても言及しておきたい。以前、深谷克己氏は近世の百姓土地所持の構造を、公法的所持（検地を経て石高制によって公儀所有の土地と位置づけられた田畑・屋敷地の個別所持）、私的所持（私的性格の強い所持で、他人労働の支配・搾取を伴っており、地主的所持に私的所持の傾向が強い）、共同的所持（入会地など惣百姓の共同の用益にかかわる土地の所持）の三者の矛盾・対抗関係として理解する見解を述べている。(53) この提起は一部修正されつつも、いまだに有効性を持っているが、実はこれら三者の矛盾・対抗関係とは近世前期よりもむしろ近世中期の検地に直接的にあらわれるものではないだろうか。

そもそも、家の成立、村落の形成、地主制の発展などは近世前期（一七世紀段階）の検地段階では、いまだに未発達の側面が強く、近世の百姓の土地所有を見る上では、不十分な点も少なくない。しかし、近世中期以降の検地は、変容しつつある様態を示すものの、まさに近世期の百姓の土地所有を示す上で、最良の材料といえるのではないだろうか。その点で、松代藩の地押検地では三者の矛盾の一つの結果が直上納というかたちであらわれていると考えられる。つまりは、三者の矛盾・対抗関係の一つの具体例として直上納制に着目することもできるだろう。

註

（1）ここで取り上げる「直上納」制とは、村を介さずに年貢を直接藩に納める貢納形態を指すものである。近世において、年貢を直接的に藩などに納めることを意味する「直納」といった言葉または行為自体は決して珍しいことではない。例えば、村方騒動の際に小百姓達が村役人の不当な搾取などを排除する目的で藩に「直納」を求めるといったことは、全国的にみられることである。しかし、ここでいう「直納」というのは、あくまで、村政運営の改善を目的としたものであり、個々の百姓の特権として存在したものではない。その意味で、丸山家の保有した「直上納」と呼ばれる特権とはその性格が異なるといえる。

（2）拙稿「無年季的質地請戻し慣行と直上納制―信州上田房山村丸山家を事例に―」上・下（『信濃』六七―五・七、二〇一五年）。本章では拙稿と称する。

（3）渡辺尚志「近世村落共同体に関する一考察―共同体の土地への関与の仕方を中心に―」（『歴史評論』四五一、一九八七年。後に『近世の豪農と村落共同体』東京大学出版会、一九九四年所収）、渡辺尚志・五味文彦編『新体系日本史3　土地所有史』（山川出版社、二〇〇二年）二五一頁等。

（4）白川部達夫『日本近世の村と百姓的世界』（校倉書房、一九九四年）四四頁。

（5）拙稿「近世後期における直上納制と地主的土地所有―信州松代藩を事例として―」（『地方史研究』に二〇一七年二月以降に掲載予定）。本章では別稿と称する。

（6）小酒井大悟「松代藩領下の役代と地主・村落」・福澤徹三「文化・文政期の松代藩と代官所役人の関係」（以上、渡辺尚志編『藩地域の構造と変容』岩田書院、二〇〇五年）。この中で、小酒井氏のいうところの松代藩の直上納の特徴は、前提として村外地主が地元村に対して貢献があった場合などに認められたもので、①検地帳が別帳になる、②国役・舟銀が地元村を介さず直接割り付けられる、③地元村・藩側の承認が必要、④一〇年季契約であることなどを挙げられている。これらのことから小酒井氏は松代藩における直上納を出作地の期限付き分村化と定義し、地主の出作地に関する権限強化につながったものであるとしている。また、福澤氏は詳細を小酒井氏に譲るものの、松代藩における直上納は他領支配の地主に対しての名誉と権威付与的意味合いを持っていたとしている。

（7）栗田村倉石源左衛門の事例。この事例では、市村南組の源左衛門の土地に対する干渉（小作料の意図的な延滞・土地の請戻しの要求）を防ぎ、確実な土地所有（地主的土地所有の強化）を行おうとしていたと結論付けた。
（8）ここでいう直上納制の形成とは、主に個別の地主による直上納制を指す。
（9）吉永昭「藩財政についての基礎的研究」（『史学研究』五五・五七、一九五四年）、中井信彦『転換期幕藩制の研究』（塙書房、一九六一年）、田中薫『近世村落の動向と山中騒動の研究』（信毎書籍出版センター、一九九六年）等。
（10）古川貞雄「松代藩中・後期の地押検地をめぐって」（『須高』七一、二〇一〇年）。
（11）『松川扇状地の里　小河原郷誌』（小河原郷中編纂委員会編集、二〇〇二年）。
（12）『松川扇状地の里　小河原郷誌』九六頁。
（13）松代藩の直上納制には、個別の地主が行ったものと集団で行われたものが確認できる。ここでいう集団で執り行われる直上納（別上納）とは、個々の村の「組」による自立化・分村化運動や入作組による直上納事例を指す。
（14）地押検地とは、一般的にそれまでの古い検地帳での位付や石盛は変更せず、面積のみを測量し直す検地のことを指す。ただし、これには相当な地域差が存在し、地押検地の名を借りた実質的な再検地の性格をもつものも存在する。松代藩地域における地押検地も位付や石盛を変更しており、一般的な地押検地とは言い難い。
（15）古川前掲註（10）。
（16）年貢割付状。
（17）「小河原村未検地野帳」（『真田家文書』う一三五五）。なお、検地野帳という帳面の性質上、検地直後の所持地を示していると考えられるが、これとは別に正式な検地帳も作成されたと思われる。
（18）帳面は、いろは順で整理されているが、途中、いろはが飛んでいる箇所があり、帳面の一部が失われていることは確実。

(19) 大嶋村久兵衛については『松川扇状地の里　小河原郷誌』においても言及されている。それによれば大嶋村の久兵衛は、本名を根岸久兵衛といい、元は武田信玄・勝頼の重臣小山田備中守の後裔であるとされる。武田氏滅亡後は豊臣家に仕え、大坂の陣で豊臣家が滅んだ後、武蔵国根岸に隠棲して地名を姓としたという。そして、元和初年に大嶋村が千曲川西岸から東岸の飯田村地籍へ村落移動した折、請われて村づくりに尽力し大嶋村に定着したという。由緒書によれば、小山田家と須坂に入封した堀家との旧縁により堀家とは昵懇の仲であったと伝えられ、真田氏とも交流があったとされるが、いずれも史料上確認することは難しいとされる（『松川扇状地の里　小河原郷誌』一一四頁）。

(20) 「勘定所元〆日記」弘化二年（『真田家文書』い一二九七）。

(21) 史料中の「大鋒院」「円陽院」は、前者が藩祖真田信之、後者が二代藩主真田信政を指す。

(22) 年貢免除を特別に許された土地。

(23) 『松川扇状地の里　小河原郷誌』を参照。

(24) 「勘定所元〆日記」安永三年（『真田家文書』い一二三六）。

(25) 「勘定所元〆日記」安永三年（『真田家文書』い一二三六）。

(26) 「小河原村・和泉平村・東和田村・小嶋村・布野村申改水帳末」（『真田家文書』う一一五八）。

(27) 残りの除地は、『真田家文書』中の検地野帳の欠落した約六〇〇石分の中に含まれていると考えられる。実際、表4にみられる反別等を参照すると、『真田家文書』　中の検地野帳から抜けている地所がかなり規模の大きなものであったことがうかがえる。

(28) 「勘定所元〆日記」宝暦一三年（『真田家文書』い一二一六）。

(29)　ちなみに、宝暦一三年の検地野帳に記載された久兵衛の全ての除地から明和元年に除地と指定された地所を除き計算したただけでも、およそ一一石(一〇石九斗三升二合)の地所が年貢地に編入させられたであろうことが推測される。
(30)　「勘定所元〆日記」文化三年(『真田家文書』い一一五七)。
(31)　『松川扇状地の里　小河原郷誌』を参照。
(32)　「勘定所元〆日記」宝暦一三年(『真田家文書』い一一一六)。
(33)　「小河原村未検地野帳」(『真田家文書』う一三五五)。
(34)　『松川扇状地の里　小河原郷誌』一三三頁掲載表「明和二年改め小河原村南組友八所持永小作地の納め籾高」「小川原南組友八持永小作地小作籾納方改本帳」(境家文書)より作成。
(35)　『松川扇状地の里　小河原郷誌』九九頁より。
(36)　または従来竿入れがなされず、年貢地となっていなかった地所(事実上の年貢免除地)を年貢地とさせられたとも考えられる。
(37)　「勘定所元〆日記」文政一一年(『真田家文書』い一一七九)。
(38)　「勘定所元〆日記」明和三年(『真田家文書』い一一一九)。
(39)　『信濃国松代真田家文書目録』その四　解題執筆者：笠谷和比古(国立史料館、一九八六年)。
(40)　田中村は近世期を通じて松代藩領に属す。慶長七年の「慶長打立帳」によれば四五八石余、「天保郷帳」では四七三石余とされる。文化六年の「朝陽館漫筆」によれば、人数一七三人(男七一・女一〇二)、安政三年には三六軒あったとされる。北国脇往還筋の村であり、西側に松代城下が隣接する。
(41)　田中村に所在する曹洞宗の浄福寺は、松代藩の御用商人として知られた八田家の菩提寺である。寛政二年改めの「浄

福寺境内殿堂　公儀書上絵図面」（八田家文書え二〇六三-六-一）によれば、朱印地高は一〇石とある。

(42)「勘定所元〆日記」文化七年（『真田家文書』い一二六一）。
(43)「田中村浄福寺答書写」（『真田家文書』く八四八）。
(44)「（浄福寺村方差出年貢諸役滞り一件済口差上請証文）」（『真田家文書』う五四七）等。
(45)「御進達前御手内御詮儀ニ付先地主附当村御本田御高辻之内浄福寺持分御書上帳」（『真田家文書』え三九一）。
(46)「勘定所元〆日記」天明四年（『真田家文書』い一二三六）。
(47) もっとも、地主的土地所有の強化以外に理由が想定されえないのかといえばそうではない。それは先行研究で挙げられた福澤徹三氏の論考においても言及されているように、直上納制には名誉と権威付与的意味合いがあったとされている。確かに一般的な百姓の地主であれば、他の百姓との差別化という意味合いで名誉および権威付与的意味合いがあったとされる見方は理解できなくはない。しかし、今回の浄福寺の事例ではその申請者は「寺」であり、他の一般的な百姓との差別化による権威付けにそれほどの意味は見いだせない。しかも、浄福寺は直上納を行っている期間中は年貢の割増（三％）にまで応じており、単なる名誉や権威付けという意味合いのみで理解することは難しいと思われる。
(48)『更級埴科地方誌』第三巻　近世編上（更級埴科地方誌刊行会、一九八〇年）および前掲『信濃国松代真田家文書目録』その四　解題等。
(49)『松川扇状地の里　小河原郷誌』および古川前掲註(10)等。
(50)『長野市誌』などによれば、戌の満水以前にもたびたび洪水は発生しており、元禄期から享保期にかけては、千曲川の洪水があいつぎ一三回を数える。また、戌の満水以後においても宝暦元年から安永九年にいたるまでに、大小合わせて一四回起こっている。以後も三〜四年ごとに洪水は発生。

(51) いずれも『松川扇状地の里　小河原郷誌』より。この際、新田高はあくまで松代藩領の内高として把握され、幕府に届け出る郷帳等では慶長七年期の本田高が記載される。

(52) 宝暦から明和にかけては地押検地以外にも、名主呼称への転換、頭立制の転機、といった事柄が起こっており、これらは宝暦の藩政改革の影響であるとされる。このような変化は藩側の村落再編成の意図を示すものといえる。

(53) 深谷克己「百姓」(『歴史学研究』一九八〇年度歴史学研究大会報告　別冊特集号、青木書店、一九八〇年)。なお、深谷克己『百姓成立』(塙書房、一九九三年)に同論文を下敷にした論考を所収。また、渡辺尚志氏は、共同所持の点をさらに発展させ、個々の農民の耕地の所持権を、場合によっては制限または否定するような村落共同体の耕地に対する関与の仕方を間接的共同所持と呼称し、新たな土地所有論を展開させている。

第三章　松代藩難渋村制度における指定・解除の実態の検討

福澤徹三

はじめに

松代藩の難渋村制度は、宝暦・明和年間から形成が始まり、天明の飢饉を経て制度的確立がなされ、最終的には藩の財政的理由から文政期に廃止された、村の立て直しを目的とした藩の救済的制度である。これまで筆者は、藩内部の指定・解除の制度的検討と制度の形成から廃止までを通時的に検討するという二つの作業をおこなってきたが、いずれも藩政史料を分析対象としており、地域に遺された資料からそれを検討することは課題として残されていた(1)。また、難渋村制度の対象となった村の指定から解除までを、その実態に即して分析することはおこなえておらず、ほぼ藩の史料に則った検討に留まっている。

本章では、寛政三年（一七九一）に難渋村の指定を受け、文化五年（一八〇八）に解除された北高田村の事例を検討し、以上の課題に迫ることを目的とする。

一　寛政三年の難渋村指定と村の状況

1　難渋村の指定の三つの理由

北高田村は、善光寺平にある石高九六九・八石の村である。村内は川畑(端)・北条・中村・五分一・久保の五つの組に分かれている。のちにみるように、難渋村手入の状況をみると、それぞれの組が村落共同体と考えられる(2)。同村が難渋村として指定された記事は、『勘定所元〆日記』に以下のように記されている。

〔史料1〕(3)

北高田村

右村之義、支配御代官申聞候通、近来困窮および大勢潰・欠落有之村方、弁金等多惣百姓落着兼、既ニ去年中よりハ名主役前も不相立躰、甚々混雑ニ相聞候、依之此節御代官支配引訳、三輪六十郎・池田義左衛門両人懸り申渡、細々詮議為仕度奉存候、尤村方落着之次第ニ依り、追而ハ右両人壱人懸り、暫之内取計可申付奉存候、

（中略、小沼村指定）

右之通御代官書付相添、此段奉伺候、以上

(寛政二年)十二月

ここでは、難渋村に指定した理由として、①村全体の困窮とそれによる百姓の潰・欠落、②借財(弁金)の多さ、③村の秩序が落ち着かず、昨年からは名主も決定できない、の三点が挙げられている。そしてそれを総称して「甚々混雑」と表現している。

2　年貢収納状況の推移とその評価

文化一〇年（一八一三）に勘定所元〆が難渋村の状況を家老に諮問された際に、かろうじて年貢を支払っている「年切皆済」が基準として挙げられている[(4)]。したがって、前記の①村全体の困窮とそれによる百姓の潰・欠落、については年貢の納入状況を検討する必要があろう。表1は、北高田村（および南俣村）の天明二年（一七八二）から文化期までの年貢納入状況をまとめたものである。

まず、天明期から難渋村指定を受ける寛政三年（一七九一）までの状況をみると、天明三年は引高三一二石余で損耗率三八・一％、天明五年も損耗率一六・七％と非常に高く、同八年も九・五％と高率で、翌寛政元年も再度二六・三％と跳ね上がっている。そして、寛政三年も九・八％と高率である。これを、隣村の南俣村の数字と比べると、どの年も損耗率が高くなっており、深刻な不作であった天明三年、寛政元年は約九％も高くなっている。深刻な不作年ほど、損耗率が高くなるという「悪循環」的様相を示しており、不作→困窮、それが潰・欠落という村の生産基盤に打撃を与えていることが背景にあることが推測される。この点で、難渋村指定理由の①は、年貢収納状況の結果から蓋然性が高いことが裏付けられた。

3　潰・欠落者の借用状況

北高田村に遺された「当村潰欠落借金年賦割合本帳」は寛政三年一一月に組頭義平次と長百姓平右衛門が作成した横帳である。当時、名主は不在であるので、村として潰・欠落した者の借用金の返済割合を記したものであろう。この内容を、借用金額、潰・欠落者の名前、資金主、返済方法について、表2にまとめた。

表１　北高田村・南俣村　年貢納入状況（天明２年～文化13年）

年号	北高田村			南俣村		
	引き事由	引高（石）	（％）	引き事由	引高（石）	（％）
天明２寅	田方悪作寅1毛引	46		田方悪作寅1毛引	18	
	畑方干損寅1毛引	7.3		畑方干損寅1毛引	3.3	
	合籾1938俵3163	53.3	6.5	合籾664表0620	21.3	7.7
天明３卯	田方木綿仕付不作卯1毛引	17.03		田方木綿仕付不作卯1毛引	6.15	
	田方悪作卯1毛引	283		田方悪作卯1毛引	71	
	畑方不作卯1毛引	12.8		畑方不作卯1毛引	4.2	
	合籾1286俵1910	312.83	38.1	合籾510表3661	81.35	29.4
天明４辰	麦不作辰1毛引	5		麦不作辰1毛引	2.8	
	田綿旱損辰1毛引	36		田綿旱損辰1毛引	11	
	畑方旱損辰1毛引	9		畑方旱損辰1毛引	5	
	合籾1946俵4631	50	6.1	合籾670表2550	18.8	6.8
天明５巳	田綿不作巳1毛引	48		麦腐巳1毛引	2.5	
	麦腐巳1毛引	5.1		田木綿不作巳1毛引	15	
	田方悪作巳1毛引	77.8		田方悪作巳1毛引	25	
	畑不作巳1毛引	6.5		畑不作巳1毛引	3.1	
	合籾1727俵1363	137.4	16.7	合籾602俵0260	45.6	16.5
天明７未	新薄砂入未1毛引	4.5		畑方干損未1毛引	8.9	
	合籾2061俵1384	4.5	0.5	合籾695表3992	8.9	3.2
天明８申	田方悪作申1毛引	4.8		田綿不作申1毛引	20	
	田綿不作申1毛引	73				
	合籾1877俵0296	77.8	9.5	合籾667表2223	20	7.2
寛政元酉	麦腐酉1毛引	5.3		麦腐酉1毛引	2.3	
	新砂入酉1毛引	0.75		田方悪作酉1毛引	41	
	田方悪作酉1毛引	201		畑方旱損酉1毛引	4.1	
	畑方旱損酉1毛引	8.8				
	合籾1530俵0560	215.85	26.3	合籾597表2270	47.4	17.1
寛政３亥	酉石砂入戌3年引	0.5		田方噤悪作亥1毛引	15	
	田方噤悪作亥1毛引	80				
	合籾1870俵1368	80.5	9.8	合籾680俵1083	15	5.4
寛政４子	酉石砂入戌3年引	0.5		（なし）	0	
	田方旱損子1毛引	21				
	合籾2018俵2762	21.5	2.6	合籾718俵2663	0	0.0
寛政６寅	畑方干損寅1毛引	7.5		畑方干損寅1毛引	3	
	合籾2053俵3686	7.5	0.9	合籾710俵4347	3	1.1
寛政９巳	田方渋入虫差巳1毛引	56.5		田方渋入虫差巳1毛引	13	
	畑方干損巳1毛引	5		畑方干損巳1毛引	1.1	
	合籾1918俵0122	61.5	7.5	合籾682俵2578	14.1	5.1

寛政11未	田方干損未1毛引 合籾1912俵4990	63.5 63.5	7.7	田方枯悪作未1毛引 合籾641俵4530	30 30	10.9
寛政12申	田方噤悪作申1毛引 畑方不作申1毛引 合籾1868俵2572	76 5.2 81.2	9.9	田方噤悪作申1毛引 畑方不作申1毛引 合籾675俵0539	15 2 17	6.1
享和元酉	田方噤悪作酉1毛引 麦菘腐酉1毛引 畑方干損酉1毛引 合籾1908俵3628	48 10.5 6.7 65.2	7.9	田方噤悪作酉1毛引 麦菘腐酉1毛引 畑方干損酉1毛引 合籾676俵4480	12 2 2.3 16.3	5.9
享和２戌	田方枯噤悪作戌1毛引 合籾1884俵0481	75 75	9.1	田方枯噤悪作戌1毛引 合籾674俵1708	17.3 17.3	6.3
享和3亥	田方悪作亥1毛引 麦不作亥1毛引 合籾1814俵1146	94 8.8 102.8	12.5	田方悪作亥1毛引 麦不作亥1毛引 合籾671俵1381	17 1.5 18.5	6.7
文化元子	（なし） 合籾2072俵2931	0 0	0.0	（なし） 合籾718俵2663	0 0	0.0
文化２丑	畑方干損丑1毛引 合籾2057俵2535	6 6	0.7	畑方干損丑1毛引 合籾712俵0733	2.5 2.5	0.9
文化３寅	（なし） 合籾2072俵2931	0 0	0.0	（なし） 合籾718俵2663	0 0	0.0
文化４卯	田方枯噤悪作卯1毛引 畑方木綿不作卯1毛引 合籾1708俵0861	133 12 145	17.7	田方枯噤悪作卯1毛引 合籾636俵3959	32 32	11.6
文化５辰	田方枯噤悪作辰1毛引 畑方不作辰1毛引 合籾1641俵2862	162 9.5 171.5	20.9	田方枯噤悪作辰1毛引 合籾641俵4503	30 30	10.9
文化６巳	畑方干損巳1毛引 合籾2056俵1252	6.5 6.5	0.8	畑方干損巳1毛引 合籾712俵4565	2.2 2.2	0.8
文化７午	（なし） 合籾2072俵2931	0 0	0.0	（なし） 合籾718俵2663	0 0	0.0
文化８未	田方悪作未1毛引 合籾1977俵0423	38 38	4.6	田方悪作未1毛引 合籾692俵4943	10 10	3.6
文化９申	（なし） 合籾2072俵2931	0 0	0.0	（なし） 合籾718俵2663	0 0	0.0
文化10酉	田方悪作酉1毛引 畑方不作酉1毛引 合籾1774俵0090	110 8.8 118.8	14.5	田方悪作酉1毛引 畑方不作酉1毛引 合籾630俵0752	32 2.6 34.6	12.5
文化13子	田方セ刺悪作子1毛引 五分一組右同断 合籾1896俵4406	55 15 70	8.5	田方セ刺悪作子1毛引 合籾677俵3311	16 16	5.8

出典：『松代真田家文書』の各年の「高帳」。

表２　寛政３年 潰・欠落者の借金返済割合い

No.	金額	引負い者	資金主	返済方法	備考
1	173両4匁余	村借り	恩田内蔵之丞様内借金、大嶋多吉懸り	13年賦	
2	38両3分	欠落・五郎兵衛	河原舎人様口合	10年賦	
3	40両	欠落・市郎兵衛	天明８年小熊弥四郎様長岡銀右衛門様口入	13年賦	
4	7両2分	欠落・市郎兵衛	岡部治右衛門様	５年賦	
5	25両	欠落・市郎兵衛	天明８年徳嵩甚蔵様	10年賦	
6	21両	潰・式右衛門	天明７年小熊弥四郎様より、長岡銀右衛門様口入	10年賦	
7	13両	欠落・市郎兵衛	栗田村喜左衛門殿	５年賦	
8	45両	欠落・九右衛門	佐藤甚八様	13年賦	寛政４年６月
9	31両1分余	欠落・五郎兵衛	菊地伊惣治様分徳嵩甚蔵様江廻り	10年賦	寛政４年６月
10	6両	式右衛門	片岡九右衛門	月懸り	
11	23両2分余	［欠落］・五郎兵衛	望月九郎右衛門様御金	10年賦	寛政４年12月
12	20両	［欠落］・五郎兵衛	奥田勘□様より内借金	10年賦	寛政４年
13	18両	欠落・五郎兵衛 欠落・市郎兵衛	馬喰町善蔵殿口入	10年賦	
14	15両	［欠落］・五郎兵衛	石倉友左衛門様より内借金	10年賦	
15	15両	［欠落］・五郎兵衛	堀本常左衛門様内借金	［５年賦］	
16	13両	［欠落］・五郎兵衛	堀本常左衛門様内借金	５年賦	
17	34両3分余	［欠落］・五郎兵衛	高野□右衛門様より廻り、斎藤善様内借金	10年賦	
18	100両	［潰］・式右衛門 ［欠落］市郎兵衛	藤岡善左衛門様内借金	８年賦	文化元年
19	60両	［欠落］五郎兵衛 ［欠落］九右衛門	藤岡善左衛門様内借金	10年賦	

出典：北条区所蔵文書「当村潰欠落借金年賦割合本帳」。

ここでは、総額六九九両余を、潰一人、欠落三人が借用し、これを村全体で肩代わりしなければならない状況であることがわかる。潰の式右衛門は、不在となっている名主でもあった。

ここで注目されるのは、藩士以外からの借用が、栗田村喜左衛門からの一三両（No.7）と馬喰町善蔵からの一八両（No.13）の二件、計三一両に過ぎないことである。その他はすべて藩士からの借用で、家老の河原舎人・恩田内蔵之丞、勘定役の菊地伊惣治・徳嵩甚蔵・大嶋多吉など、勘定所や郡奉行を経て決済をおこなう家老までが貸付をおこなっている。この点については、後述したい。

小　括

以上、寛政三年の難渋村指定の状況を検討してきたが、代官支配の段階では、潰・欠落の者の返済方法を確定しただけで、勘定役に引訳をしていた。①②③の点を事実として把握し、郡奉行・家老までの決済を受け、個別の村の実状把握と立ち直り方法の立案は勘定役の役割であったのである。

一方で、潰・欠落の者の借用金の返済は、指定前後から始まっていることが注目される。そして、その返済先のほとんどは藩士であり、村の立ち直りに先行して、まずは安定的な借用金の返済が求められていることに、ここでは留意しておきたい。

二　寛政六年の難渋村手入

1　難渋村の指定直後の藩による拝借金

難渋村指定を受けた後、勘定役の三輪六十郎・池田義左衛門・片桐惣十郎の三人により「段々之御掛り合被成下」と少しずつ村内の現状と、立て直しのための「手入」をおこなっていったことが後年の史料からわかる。(5)「寛政六寅年人別御手入御詮議御調元帳」という帳簿がある。これは同年閏十一月に作成されたもので、おもに藩からの借用金を書き上げたうえで、さらに北条組における村人一人ひとりの返済についてまとめた帳簿である。内容が複雑であるので、具体的な例をあげて検討していこう。

〔史料2〕(6)

六分五厘御礼金附寛政五丑年より三十年賦

一金五拾弐両御礼金六拾七両三分三匁九分

御本利〆百拾九両壱分三匁九分

壱ヶ年金三両三分拾三匁六分三厘

内訳

金拾両壱分四匁四歩三厘　　北条組欠落五郎兵衛弁金

内　　　　　　一ヶ年金壱分五匁六歩五厘

弐両四匁　　居組二分通引請　　一ヶ年四匁四歩三毛
高壱石ニ付五分八厘八毛宛也　　一ヶ年弐厘壱毛
八両壱分壱匁四歩三毛惣高割　　一ヶ年壱分壱匁五歩五厘
高壱石ニ付五歩九厘壱毛　　一ヶ年弐厘宛也

藩からの借用金を書き上げた部分は、以下に述べるようにA～Fまでの六つに分かれているが、これはその一つである。寛政五年（一七九三）に年六分五厘（六・五％）の利子率を付した三〇年賦返済の貸付金が、北高田村に対してなされている。元金（本金）は五二両、利子は六七両三分三匁九分で、合計の返済額は一一九両一分と三匁九分で、これを毎年三両三分と一三匁六分三厘ずつ返済する内容である。同様に、他五つの藩および藩士からの借用金があり、これを表3にまとめた。さらに、これらの内容を元金、利子の有無などについて表4にまとめた。勘定役大嶋多吉からの内借は、同帳簿の別の部分から天明七年（一七八七）におこなわれたものとわかる。[7]その他はすべて、藩からの拝借金である。

藩からの拝借金は、寛政四年に五二両、同五年に三一六両余が渡されている。ここからは、難渋村指定から時期を措かず、巨額の拝借金が村に投じられていることがわかる。このうち、二四〇両は無利息の拝借金であり、これは藩の積極的な対応と評価できるものである。

2　拝借金の使途

再び表3をみよう。史料2で引用した、拝借金（A「六分五厘御礼金附寛政五丑年より三十年賦」）は、欠落した北条組五郎兵衛と潰の川畑組式右衛門の弁金に三三両と一〇匁余が充てられている。残りの八六両と九匁余は「立方人別の分」による返済（個別の村人による返済）となっている。拝借金の約二八％が欠落・潰の者の借用金の返済に充てられているのである。無利息の寛政五年の拝借金（B「御礼金御免寛政五丑年より三十年賦返上」）でも、約二七％が同様の使途に充てられている。

そして、これらの部分のうち、二割は欠落・潰の者が居住していた組での高割の負担となり、残りは村全体の高割による負担となっている。他のC「一割御礼金附寅より四年賦」、D「寛政五丑御手充拝借金一割御礼金附寅より十五年賦」、E「御拝借寛政四子年より三十年賦」も村全体での高割となっている。したがって、これらの藩からの借

高1石（匁）	高1か年（匁）	
0.588	0.021	高1石に付0.588匁宛（北条組）
0.591	0.020	高1石に付0.591匁宛
0.242	0.0065	高1石に付0.242匁（川畑組）
0.279	0.0032	高1石に付0.2794匁
0.888	0.030	高1石に付0.888匁（川畑組）
1.025	0.0342	高1石に付1.025匁
0.900	0.030	高1石に付0.9匁（北条組）
0.299	0.030	高1石に付0.299匁
		内、28両五分一組より引請
1.780	0.060	高1石に付1.78匁（川畑組）
2.053	0.069	高1石に付2.053匁
0.054		高1石に付0.054匁
0.717		高1石に付0.717匁
3.784		高1石に付3.784匁

表３　寛政６年 借用金・内訳

	区　分	総額（両）	１か年（匁）	１か年（両）	期間
A	６分５厘御礼金附寛政５丑年より30年賦	119.32	238.630	3.98	30
	北条組欠落五郎兵衛弁金	10.32	20.650	0.34	
	居組２分通引請	2.07	4.430	0.07	
	惣高割	8.27	16.550	0.28	
	６分５厘御礼金　附 潰式右衛門分	4.90	9.710	0.16	
	居組２分通引請	0.98	1.960	0.03	
	（惣高割）	3.92	7.830	0.13	
	６分５厘御礼金 附 潰式右衛門分五分一組より引請	17.95	35.890	0.60	
	（組引請）	3.59	7.180	0.12	
	（惣高割）	14.36	28.760	0.48	
	（立方人別の分）	86.15	172.302	2.87	
B	御礼金御免寛政５丑年より30年賦返上	188.00	376.000	6.27	30
	北条組欠落五郎兵衛分	15.75	31.500	0.53	
	居組２分通引請	3.15	6.300	0.11	
	惣高割	12.60	25.200	0.42	
	潰式右衛門分五分一組より引請	35.80	71.940	1.20	
	居組２分通引請	7.20	16.390	0.273	
	惣高割	28.77	57.550	0.959	
	（立方人別の分）	136.28	272.554	4.54	
C	１割御礼金附寅（寛政６）より４年賦	2.97	53.050	0.88	4
D	寛政５丑御手充拝借１割御礼金 附寅より15年賦	150.49	601.880	10.03	15
E	御拝借寛政４子年より30年賦	52.00	104.000	1.73	30
F	大嶋多吉様御内借１割５分付14年賦	98.00	420.200	7.00	14
	式右衛門分弁金	18.70	80.140	1.34	
	五郎兵衛分弁金	8.22	35.210	0.59	
	川端組	19.03	81.560	1.36	
	中村組	30.37	130.170	2.17	
	北条組	14.13	60.570	1.01	
	久保組	7.55	32.370	0.54	

出典：北条区所蔵文書「寛政六寅年人別御手入御詮議御調元帳」。

（註）１か年（匁）、１か年（両）は、総額（両）を期間で除した金額。

高１石（匁）は、総額（両）の算出基準。高１か年（匁）は、それを期間で除した金額。

（立方人別の分）とは、個別の村人による返済、との意味。

60匁＝１両。

用金は、村として借用し、多くが高割で返済する形になっている。欠落・潰以外で拝借金を借りる理由は不明であるが、同様の理由か、年貢の未済、別の藩からの借用金といった理由が考えられる。

3　北条組の借用金の全体像

表5は、「寛政六寅年人別御手入御詮議御調元帳」の後半部に書き上げられている北条組一人ひとりの寛政六年の返済内容を一覧にしたものである。まず、四番目の彦九郎[8]についての史料を検討しよう。

〔史料3〕

①御拝借弁金　　　彦九郎
一銀百八拾四匁弐歩六厘　　三十年賦割　　壱ヶ年分六匁壱歩四厘
②子御拝借御礼金御免三十年賦
一銀百七匁八歩五厘　　　　　　　　　　一ヶ年分三匁六歩
③丑御拝借壱割御礼金附十五年賦
一銀弐拾匁八歩五厘　　　　壱ヶ年分
④御拝借御礼金御免
一金三両拾匁八厘

元金	御礼金	返済方法	1か年支払い額
52両	67両3(1)分 3.9匁		金3両3分銀10.63匁
188両	なし		金6両1分銀 1　匁
2両1分10.31匁	2分 3.29匁	高割(惣高割)	金　3分銀 0.85匁
76両1分 3.95匁	73両　3分12.47匁	郷中惣高割	金10両1分銀 1.88匁
52両	なし	高割、841.032石	金1両2分銀14　匁
40両	58両余		金7両

御⑤拝借六分五厘御礼金附　　壱ヶ年拾匁三分五厘
一金弐両六分八厘
潰⑥欠落者品々弁金
一銀三百弐拾弐匁
同⑦断役人立替弁金
一銀四拾三匁九分四厘
元⑧金九拾五両御家中様より御内借壱割五分
一金拾三両壱分壱割弐分
元⑨金弐拾五両他借壱割五分
一同三両三分
寅返済金
〆弐拾三両三分壱匁八分八厘
内訳
潰⑩欠落者品々弁金　金五両三分七匁五分九厘　（①②③⑥）
同⑪断役人立替弁金　金弐分拾三匁九分四厘　（⑦）
内⑬借他借寅利金　金拾七両　（⑧⑨）
小以

そして、これを表3のA～Eに対応させると、①＝A＋B（組での高割および村での高割）、②＝E、③＝D、④＝B、

表4　寛政6年 借用金・一覧

	項目
A	6分5厘御礼金附寛政5丑年より30年賦
B	御礼金御免寛政5丑年より30年賦返上
C	1割御礼金附寅（寛政6）より4年賦
D	寛政5丑御手充拝借1割御礼金附寅より15年賦
E	御拝借寛政4子年より30年賦
F	大嶋多吉様御内借1割5分付14年賦

出典：表3と同じ。

御家中⑧			他借⑨			寅返済	潰欠落者品々弁金（匁）⑩	潰欠落者役人立替弁金（匁）⑪	御拝借寅返上（匁）⑫	内借他借寅返上（匁）⑬
元金（両）	形態・利率	返済（匁）	元金（両）	利率	返済（匁）					
			18.50	1割5分	166.50	4両 3分 13.17匁	116.97	14.70	0.00	166.50
10.00	内借・2割	120.00	6.25	1割5分	56.85	4両 2分 6.6 匁	88.76	11.05	0.00	176.85
			7.00	1割5分	63.00	2両 3分 10.3 匁	99.86	12.44	0.00	63.00
95.00	内借・1割5分	795.00	25.00	1割5分	225.00	23両 3分 1.88匁	352.59	43.94	10.35	1020.00
88.00	内借・（不明）	729.00	8.48	1割5分	76.35	18両 3分 8.54匁	286.99	35.74	5.46	805.35
						1両 2分 13.92匁	92.59	11.40	0.93	0.00
						1.79匁	1.59	0.20	0.00	0.00
			1.78	1割5分	11.30	1分 0.51匁	3.74	0.47	0.00	11.30
						2.26匁	1.90	0.24	0.12	0.00
						2.26匁	1.90	0.24	0.12	0.00
						1.8 匁	1.60	0.20	0.00	0.00
						0.99匁	0.88	0.11	0.00	0.00
						4.45匁	3.96	0.49	0.00	0.00
						2分 6.24匁	32.23	4.01	0.00	0.00
						6.73匁	6.04	0.69	0.00	0.00
						1分 4.22匁	17.09	2.13	0.00	0.00
						4.09匁	2.62	0.31	0.16	0.00
						2.17匁	1.93	0.24	0.00	0.00
						7.12匁	6.39	0.73	0.00	0.00
			9.25	1割5分	173.25	5両 1分 4.98匁	126.22	15.73	4.78	173.25
			4.50	1割5分	94.50	3両 2分 8.67匁	110.01	13.70	0.40	94.50
			6.00	1割5分	60.30	3両 8.2 匁	113.71	14.19	0.00	60.30
			15.00	1割5分	135.00	4両 2分 7.37匁	125.32	15.60	1.45	135.00
			7.50	1割5分	67.50	2両 1分 14.69匁	68.95	8.59	4.55	67.50
			4.75	1割5分	40.05	1両 1分 11.54匁	40.05	4.99	1.00	40.05
20.00	内借・年賦 寅ハ割合	180.00	3.75	1割5分	33.75	5両 3.63匁	82.93	9.95	0.00	213.75
			5.50	1割5分	49.50	1両 3分 3 匁	49.58	6.22	0.00	49.50
			6.50	1割5分	58.50	1両 2分 5.55匁	32.95	4.10	0.00	58.50
			8.25	1割5分	74.25	2両 1分 12.59匁	65.04	8.10	0.00	74.25
			19.00	1割5分	174.00	5両 2.67匁	109.57	13.65	5.45	174.00
						2両 0.05匁	106.30	13.23	0.97	0.00
			2.50	1割3分	18.00	3分 12.01匁	35.69	4.45	0.98	18.00
			6.75	1割5分	57.60	1両 1分 7.79匁	68.63	8.55	0.00	57.60
			4.00	1割5分	36.00	1両 8.83匁	29.20	3.63	0.00	36.00
			2.00	1割5分	18.00	2分 6.1 匁	11.21	1.40	0.00	18.00
						2分 5.35匁	30.52	3.80	1.03	0.00
						7.25匁	6.45	0.80	0.00	0.00
						1両 7.12匁	59.52	7.41	0.19	0.00
						6.67匁	5.98	0.69	0.00	0.00
						5.72匁	5.09	0.63	0.00	0.00
						4.78匁	3.10	0.38	0.13	0.00
						8.16匁	7.33	0.83	0.00	0.00
64.41	家中金・大嶋多吉口14年賦（13歩利付）	421.12				9両 3分 9.22匁	108.69	3.54	50.87	421.12
						2分 13.67匁	38.81	4.83	0.00	0.00
277.41		2,245.12	172.27		1,689.20	99両44分292.06匁	2,560.48	308.32	88.94	3,934.32
		37			28		42	5	1	65
		1			0		2	0	1	2
		10.12			9.2		10.48	8.32	13.94	4.32

表５　寛政６年 借用金・支払い総括表

No.	名前	（所持高・石）	御拝借弁金30年賦割（匁）①	子御拝借御礼金御免30年賦（匁）②	丑御拝借（匁）③	御拝借御礼金御免・6.5歩（匁）④⑤	潰欠落者品々弁金（匁）⑥	潰欠落者役人立替弁金（匁）⑦
1	惣右衛門	9.55	2.05	0.12	6.98		107.82	14.70
2	傳右衛門	7.21	1.55	0.91	5.25		81.05	11.05
3	兵右衛門	8.01	1.74	1.01	5.88		91.23	12.44
4	彦九郎	28.54	6.14	3.60	20.85	10.35	322.00	43.94
5	与惣治	23.23	5.00	2.93	16.97	5.46	262.09	35.74
6	忠左衛門	15.30	1.60	1.93	5.42	0.93	83.64	11.40
7	熊蔵(重治郎分)	0.08	0.03	0.01	0.09		1.46	0.20
8	彦治郎	0.32	0.07	0.04	0.22		3.41	0.47
9	宇右衛門	0.16	0.03	0.02	0.10	0.12	1.75	0.24
10	治右衛門(治兵衛分)	0.16	0.03	0.02	0.10	0.12	1.75	0.24
11	初太郎	0.08	0.03	0.01	0.10		1.46	0.20
12	喜助	0.08	0.02	0.01	0.05		0.80	0.11
13	四郎兵衛(李左衛門分)	0.32	0.07	0.04	0.23		3.62	0.49
14	久右衛門(彦八分)	2.62	0.56	0.33	1.91		29.43	4.01
15	伊兵衛	0.45	0.10	0.56	0.33		5.05	0.69
16	茂右衛門	1.35	0.30	0.17	1.01		15.61	2.13
17	平吉(傳右衛門分)	0.24	0.05	0.03	0.15	0.16	2.39	0.31
18	嘉七	0.16	0.03	0.02	0.11		1.77	0.24
19	門右衛門	0.47	0.10	0.60	0.35		5.34	0.73
20	与市	10.23	2.18	1.29	7.47	4.78	115.28	15.73
21	喜右衛門(傳右衛門分)	8.88	1.91	1.12	6.50	0.40	100.48	13.70
22	徳右衛門(李左衛門分)	9.20	1.99	1.16	6.48		104.08	14.19
23	又市(藤兵衛分)	10.15	2.18	1.28	7.41	1.45	114.45	15.60
24	吉右衛門	5.55	1.20	0.70	4.08	4.55	62.97	8.59
25	梅吉(小三郎)	3.25	0.70	0.41	2.37	1.00	36.57	4.99
26	半之丞	6.50	1.39	0.82	4.73		75.99	9.95
27	治左衛門(治郎兵衛分)	4.04	0.87	0.51	2.59		45.61	6.22
28	徳兵衛(新右衛門分)	2.70	0.57	0.34	1.95		30.09	4.10
29	清七(文右衛門分)	5.23	1.13	0.66	3.85		59.40	8.10
30	孫右衛門(孫左衛門分)	8.88	1.91	1.12	6.48	5.45	100.06	13.65
31	仁右衛門(伊右衛門分)	8.56	1.85	1.08	6.29	0.97	97.08	13.23
32	与兵衛(与市分)	2.89	0.62	0.34	2.11	0.98	32.62	4.45
33	惣左衛門(万善分)	5.55	1.20	0.70	4.06		62.67	8.55
34	重右衛門(仁左衛門分)	2.38	0.52	0.30	1.73		26.65	3.63
35	新蔵(七郎兵衛分)	0.87	0.20	0.11	0.66		10.24	1.40
36	久左衛門	2.46	0.53	0.31	1.80	1.03	27.88	3.80
37	長左衛門	0.55	0.11	0.07	0.38		5.89	0.80
38	惣兵衛(武兵衛分)	4.84	1.04	0.61	3.52	0.19	54.35	7.41
39	市左衛門(太三郎分)	0.48	0.10	0.06	0.33		5.49	0.69
40	喜兵衛	0.40	0.09	0.05	0.30		4.65	0.63
41	源右衛門	0.24	0.50	0.03	0.18	0.13	2.39	0.38
42	欠落五郎兵衛持高懸り候分名主請	0.54	0.12	0.70	0.40		6.11	0.83
43	伊右衛門(欠落九右衛門分)	8.80	1.89	1.11	6.43	50.87	99.26	3.54
44	高橋三之丞様	3.17	0.68	0.40	2.30		35.43	4.83
	合計(匁)		44.98	27.64	150.50	88.94	2,337.36	308.32
換算	両		0	0	2	1	38	5
	分		2	1	2	1	3	0
	匁		14.98	12.64	0.5	13.94	12.36	8.32

出典：表３と同じ。

(註)各欄は史料３の各項目の１か年の数値に対応している。ただし、他借⑨と御家中⑧の元金(両)欄は総額。

60匁＝１両。

⑤＝A（いずれも、立方人別の分）が対応する。⑥〜⑨は、個別の者が負っている借用金の書き上げであり、それらを「寅返済金」として、合計が二三両三分と一匁八分八厘となる。これらの内訳を、⑩潰欠落者品々弁金、⑪同断役人立替弁金、⑫御拝借寅返上（④⑤）、⑬内借他借寅利金の四つに区分している（彦九郎の場合では、⑫御拝借寅返上が省略されている）。このうち、前の二つは潰・欠落者の借用金を村および組で引き受けた弁金の性質をもち、内借他借寅利金と御拝借寅返上は、個別の家としての借用金の返済という性質をもっていることがわかる。

表5の合計欄を見ると、⑥⑧⑨が多額であることがわかる。これらを、村人一人ひとりの借用という観点から検討しよう。

4　北条組の一人ひとりの借用金

⑥を中心とする、⑩の潰・欠落者の弁金は、毎年村全体で四二両余にのぼり、北条組の村人にとって大きな負担になっていたことがわかる。これらは、高割（組・村）の原則により、負担が割り振られた。

一方で、家中からの借用金五件は、合計が二七七両余、利子率も二割から一割五分と高く、この返済利子が彦九郎（No.4）や与惣治（No.5）にとって年一〇両以上にのぼっている。そして、同種の借用金として他借がある。村内・村外の区別は不明であるが、村内外を問わずいずれも村の中・上層の者からの借用金と考えてよいだろう。これらを借用している者は二一人に上り、北条組の約四八％が借用している計算になる。一〇両以上を借用している者は、四人である。難渋村で多額を借りている場合、村外からの借用の事例が多い。文政期以降、この地域で盛んになる村を超えての金融市場の先駆け的動向と位置付けられよう(9)。利子率は一件のみ年一三％（一割三分）で、他は年一五％である。これは、この当時の一般的金利水準と位置付けられよう。この二つの元金を比べると、全体の約六二％が家中からの借用金で占められている。これは、幕末まで続く、藩や家中からの資金が地域の金融市場において一定のウエイトを占める傾向と繋がっており、一八世紀末は幕末よりもその傾向が強いことが明らかになった。

さて、先述の藩からの拝借金であるが、個人の返済分として位置付けられている「立方人別の分」は、借用する側からみると、家中からの借用金と他借を、藩からの無利息もしくは安い利息で肩代わりしてもらったとの位置付けになろう。これらは、合計で三八両余あり、一定の効果があったことにはなろう。しかし、その額は、両者の一か年の利子支払い額にも遠く及ばず、元金には遙かに及ばない。したがって、その効果は極めて限定的であった、というべきものであろう。

小括

寛政六年の難渋村手入は、潰・欠落者の藩士への借用金約六〇〇両を、村および組における高割によって返済をさせ、あわせて、家中および他借の実態を把握し返済の計画を立てさせるものであった。しかし、なお多くの家中および他借には多額の返済が残っており、以後の動向を次節で検討していこう。

三　寛政八年の難渋村手入

1　再手入の状況

寛政八年（一七九六）八月に、再度勘定役による手入詮議がおこなわれ、北条組・中村組・久保組の村人個別の借用状況が書き上げられている。北条組では、個別の状況のあと、合計五二〇両余の貸付者の内容がまとめられている。

これらはすべて、藩士の貸付となっており、末尾にこれらの内容が相違ないことを記している。その内容をみてみよう。

〔史料4〕(10)

右之通当村潰欠落之者多、高金引負村中引請前後難行立、村方混雑仕御百姓難取続段々奉願候処、御情を以御手入村ニ被成下置、御懸り合池田義左衛門様段々御出被下置、人別明細御詮義之上品々奉蒙御手充、御厚恩を以取続御百姓相勤難有仕合奉存候、然ル所義左衛門様御死去ニ付跡御懸り合被仰付此度当村へ御出被成下置、人別明細組中御書上仕候通、先御懸り様御紀之節高金引負村中江背負候義ニ付跡引多、其上年々不作仕御拝借幷所々内借返済方引足不申、無拠年々御内借幷御家中様方其外所々より内借仕、又々高金罷成、是迠品々御手充被成下義、其段茂不顧重々御厚恩之程忘脚仕不埒之段、蒙御不審大小御百姓奉恐入候、依之所々内借金之内訳ヶ合御座候分此度御詮義之上相外シ、残無拠分計り御書上仕候義ニ御座候間、此上何分も御憐愍を以御百姓取続申度奉願候、然ル上者格別村中申合可成程万端倹約可仕義ニ御座候間、幾重ニ茂　御情之御意奉仰候、猶又御紀之上御書上仕候所少し茂相違無御座候、以上

これによると、寛政六年の手入を担当した勘定役池田義左衛門が死去し、跡役が来村し手入をおこなったこと、池田義左衛門の手入によっても、潰・欠落者の借金を背負っている状況は変わらず、さらに借金が増えた、と寛政六年の手入の結果を総括している。そして、今回の手入では、対象とする借金をどうしても返済しなければいけない分だけを書き上げた、としている。

ここで興味深いのは、手入の方法、とくに村の実状や借用金の範囲をどう認定するかという、難渋村手入でもっとも重要な点について、先役と後役で考え方が異なっている点である。そして、ここで書き上げられた五二〇両はすべ

て藩士からの内借金であり、「残無拠分計り」とは、藩士への返済を優先する、という意味合いなのである。

2　村法の制定

寛政八年八月の手入詮議を受けた後、同年一二月に村法が定められている。全部で一一条あり、最後に村役人、頭立、村人全員で連印している。ここでは、重要である一・五・六・一一条目を引用しよう。

〔史料5〕(11)

村定之事

一①当村之義前々ゟ困窮村方ニ御座候処ニ、去ル酉年潰欠落多高金引負村方へ割合弁金ニ罷成前後難行立、段々奉願候ニ付、以　御情御引訳御掛り合村ニ被　仰付品々奉蒙　御手充御厚恩取続難有仕合奉存候、然処人々不作仕跡引ニ罷成、御拝借他借共返済方行届不申、当秋中御越シ被成下候節、寅卯両年役人借入金仕、前々御借入年賦金所々江返済仕、則秋中御書上仕候処、明細ニ御糺之上高割付被成下候得共、御手入村ニ罷成品々蒙　御手充ヲ茂乍罷有、年々役印を以借入仕御拝借金者勿論、他借年賦金迄茂役人借入金を以返済仕候段、人々未熟ニ被思召候、尤難渋之ものハ所々ゟ借入茂可仕ものニ茂候へ共、相応ニ手廻り有之もの迄高掛りニ而借入候義、不埒至極ニ被思召、段々御利害被　仰含奉　恐入候、依之当暮ゟ村中申合左之通り相定申候、

一⑤当暮ゟ三役人印判を以金子借入候義堅クいたし申間敷儀村中申合仕候、人々自分之才覚働を以諸上納急度皆済出情可仕候、勿論極難渋ニ而自分之才覚ニ茂難相成者ハ、五人組江及相談ニ得与内談仕、極難渋之訳書付を以五人組一同ニ組役迄申出一組内詮議之上、村役元江可申立候、然ル上ハ三役人者不及申、組役ニ而茂無拠義ニ付借入仕度候はゝ、五人組相役幷頭立江書付差出、其上役印を以借入可申候、自然談事茂無之役印仕借入金有之候而、

万一潰御百姓ニ罷成候共村中ニ而引請承知不仕候、其三役人ニ而弁金仕夫々相片付、少茂村方へ弁金一切請申間敷候事、

一⑥勝手向取続之義五人組切相互ニ吟味仕、何分茂組合了簡を以為取続可申候、万一取続兼潰ニ相立候ハヽ、五人組ニ而致内談、其一組役人江申立、其五人組身代限り夫々相片付、夫ニ而茂引足り不申候ハヽ、其段相糺、一組中ニ而弁金仕、外組々へ一切掛ケ申間鋪候、尤過分之高金引負一組切之難及差配候節ハ、村中江申談事、熟和之上御掛り様江奉願、夫々御吟味を請、割合弁金可申事、

一⑪何卒訳ケ有之金子借入等仕度者ハ、五人組へ申談無拠筋合候ハヽ、引当地所相糺五人組同道ニ而組役江書付を以申出、夫ゟ村役元江書付を以申立仕、其上三役人打寄得与吟味仕、其段御掛り様江相伺可申候事、

一条目は、寛政年間に入ってからの村の窮状が縷々説明されている。これを見ると、寛政三年に難渋村指定（御引訳）になる二年前（酉年）から、困窮を藩（多分、代官）に訴えていたことがわかる。ここで藩が問題にしているのは、藩から十分な手充を受け取っているのにも関わらず、村役人が奥印をして借り入れをしている、すなわち借り入れを増やしていることである。そして、五条目では、このような借り入れを原則禁止し、どうしても必要な場合は、五人組・組での詮議を経て、三役人の奥印を得るような手順を確認している。そして、六条目では、万一そのような借用金が返済できない場合は、その組内で返済し、他組には迷惑を掛けないことが定められている。前節の分析では、組の負担割合は二割程度となっており、村による高割の比率が高かったが、村定で組による負担を取り決めていることは、潰・欠落者の借用金の返済方法と、受け止める村の側とにズレがあって、組によっては不満があったと考えられよう。

そして、一一条目では、借用金をおこなう場合は、勘定役に許可を取ることが定められている。この点は、難渋村

の差配権限は、すべて代官から勘定役に移されていることがよくわかる。

小括

寛政八年の手入は、二年前の手入が借用金の増加を止めるまでには至っていない状況への対応であったといえよう。その内容は、藩が借用金と認定する範囲を狭めることと、新たな借用金をおこなうに際して、五人組・組および勘定役の関与を強め、借用金ができない（極力おこないにくい）枠組みを作ることであった。一方で、返済状況の緩和などは伴わないものであった。次に、新たな勘定役が決まって実施された、寛政一二年の手入の状況を、節を改めて検討していこう。

四　寛政一二年の難渋村手入

1　勘定役関田庄助による再々手入

勘定役池田義左衛門死去のあと、寛政一〇年（一七九八）に「御組合御掛り」という状況で複数の勘定役が担当した体制から、同一二年には関田庄助が一人で担当する体制が整った。関田は二月二一日に村を訪れ、手入（調査）をおこなったときに、村から請書を受け取ったが、後日再度提出された請書が残されている。少し長いが引用のうえ、論点を三つに整理してみよう。

〔史料6〕[12]

当村為御手入、当廿一日御越被成下御細之御手入被成下、其時御請答書差上候得共、猶又初中後之義乍恐以一紙

申上候一札之御奉（ママ）
当村之義、先達而潰欠落之者多ク御座候ニ付、高借金村江引請極難渋ニ罷成以
御情御引訳村ニ被成下、三輪六十郎様、池田義左衛門様、片桐惣十郎様、段々之御掛り合被成下、既ニ去ル午年
御組合御掛りニ罷成、是迠追々莫太之御手充等被下置、以　御情相続仕難有仕合ニ奉存候、今度改而御壱人被蒙
仰村方江御越被成下被　仰渡候者、段々御手入之上ニ茂、一村難渋仕候者不埒至極之段、蒙御不審申訳無御座、
只今迠被下置候御手充不残御引上被仰付奉畏、御請書ハ差上候得共、此上之御手品之義幾重ニも奉願上候、義平
治・杢左衛門・彦九郎、右三人頂戴仕候御手充籾之義ニ付、村方混雑仕候義ニ御座候得共、右一統御引上被成下、
此上之儀何と歟御伺茂被成下候趣、御譴を以御内意等茂被成下、如何共申上方茂無御座難有仕合奉存候、義平治
潰申立候而已ニ而村借ニ茂不仕、御手充頂戴乍罷在、頭立之取計茂不仕、殊村方不和合旁々不埒之至、依之立潰
相極メ可申上旨蒙御不審、恐入潰覚悟申上候処、難仕義迠も工夫廻らし立帰り之手段、今一応可仕旨難有蒙　仰
含家内親類組合相談立返り御願仕、頭立無怠り相勤可申旨、杢左衛門・彦九郎両人義頭立ニ而乍罷在、役元寄合
ニも不罷出候者存寄ニ而茂有之哉、蒙　御尋恐入申訳ニ而無御座候得共、家内病人も有之彼是不女意被成候故之
段申上候処、此末者不依何義惣先ハ打寄世話等迠茂可仕御請書差上、先達而欠落仕候五郎兵衛帰住之義、手寄を
以村方江茂申吃、其上御上様江御縋り御内意等申上候由、右ニ付親類組合御呼出し、五郎兵衛帰住不相叶内々立
入候義見請候ハヽ、御訴可申上旨被　仰渡御請書差上、川端組之者共弥兵衛・与五左衛門始九人、甚助を相手
取ヶ条を以連印願書、去暮より両度差上候得共、役人奥印無御座候、於　御役所者御取上難被成下、今度御取上
御熟談之上、御紀之義者先願人共江逸々御尋と掛り候段、左様之義御座候而者、御事重ニ被成候得者、難渋村弥
難渋ニ茂罷成可申、双方御理解被　仰含を以和談仕、願書御願下ヶ右一件相済候得共、弥兵衛・与五左衛門ハ度

毎願書持参□□之筋ニ茂相当り不埒之段、奉蒙　御不審恐入、此末相皆可申御請書差上、哉右衛門義ハ潰ニ而乍罷在、右願人数江相加り不埒ニ被思召、此已後身分を顧惣而差出ヶ間敷義仕間敷段、奉恐入御請差上、甚助義九人之者共ニ被相手取候ハ、御糺之上ならてハ善悪不相分り候得共、右躰之義有之候者、何連如何敷相聞不和合より事発り候ニ付、今度ハ相済候得共、此已後相心付可申旨被　仰渡恐入奉畏御請差上申候、是迠右品々大難渋之義共、御片付被成下候上者気向茂被成、此上何ニ而も異乱無御座候様、一村熟和可仕候、大小一同難有仕合ニ奉存候、万一此末不和合之義も御座候ハヽ、役人頭立ハ不及申上如何様被　仰付候共、一言之義申上間敷候、右躰之義も畢竟潰有之候上、卯辰凶作巳よりハ相衰、剰欠落弁金引請相凌兼、人別毎拝借金他借金其外相対滞り等多ク、極難渋村ニ被成候故之儀ニ奉存候、前書蒙　御不審ヲ候通、莫太之御手充頂戴仕候而茂、跡引ニ罷成年増ニ借財相重り申訳無御座候、此尽（侭カ）御座候而ハ往々如何仕可被□哉、誠ニ役人頭立当惑仕、役定之節も引請兼候義ニ御座候、今度再御手入被成下候義ニ付、村方一同御縋申上何卒格別之御手充被下置候様奉願候ニ付、諸帳面御調上被成下置ニ而ハ、取続兼様子ニ相見へ候得共、御手品而已相得候心得ニ而ハ違候、畢竟　御重恩ヲ茂存不付、先掛り合之申合も忘却いたし、常々取締不宜故之義、依之此已後趣法相改、借金借増等無之様心掛ヶ無拠借り入致候迚も、村法之通急度相守り、田地譲渡之義も規定相極可申旨被　仰渡、則定法相仕立奉入　御覧倹約之義も段々被　仰出も御座候得共、猶又被　仰渡通を以相堅、別紙を以申上候処、右等之義致一致耕作第一ニ相励、少之透たり共余計之手業出情仕候上ニ而茂、相凌兼候節と御取成之申上方茂可有之候得共、右躰不締至極借増仕不夫而已、郷中混雑仕候義不埒と社被思召御褒美被下置無之、右ニ付別ニ御手品之伺方も無之旨被　仰渡、一言之申上様も無御座奉恐入候、此上ハ何レ成共　御上様御憐愍より外無御座候、此段御勘弁被成下何分　御情之御意掛り候様奉願候、然ル上者当月割割銀達仰候ハヽ、上納仕、其外諸御上納少茂無滞り出情可仕義ニ御座候、猶又去

年中奉願候通、清右衛門・文左衛門・久兵衛・太兵衛・甚助右五人之者頭立ニ被仰付被下置候様奉願候、願之通被成下候上者、誠ニ郷中落着仕難有仕合ニ奉存候、右之段々幾重ニも御取成之程奉仰候、以上

ここではまず、義平治・五郎兵衛の潰が問題となっている。五郎兵衛は、寛政六年に組・村で借用金を返済した北条組の五郎兵衛のことであろう。五郎兵衛を「手寄」をもって帰住させることが図られている。また、頭立の義平治にも立ち帰りの手段を工夫するように促している。関田は、借用金を多く背負っている者の潰を極力回避し、すでに潰れた者の帰住も促すことにより、村の経営基盤の維持を図っている。

次に、村の身分秩序の整備である。頭立でありながら寄合に出席しない杢左衛門と彦九郎に出席するように命じ、村の願どおり、清右衛門以下五人の者を新たに頭立に任じている。これにより、「郷中落着」体制の整備を進めている。

最後に、訴訟の仲裁が挙げられる。理由は不明であるが、川端組の者九人が甚助を相手取り、前年暮から村役人の押印のない願書を上げている。関田は「難渋村弥難渋」という理由で詮索を遂げずに、このような事態が起こること自体を咎めている。そして、このような不和合がおきる理由を凶作→欠落→(潰・欠落者の)借用金の引受→借用金の増加に求め、新たな借用金が増えないように、村法の遵守を約させている。そのうえで、月割上納金や年貢などの上納に差し支えがないことを誓わせているのである。

2　村法の追加

その翌月、寛政八年一二月に定められた一一か条の村法に、六か条を追加することとなった。ここでは、二・五・

六条目を見てみよう。

（史料７）(13)

定

一②無拠義ニ付借入金仕候節ハ、先御掛様へ伺之上相極候、定之通ニ仕、役判可仕事、
　但シ加判不仕已前借入仕凌候訳相糺、御掛様へ相伺御指図を以取計可申事、
一⑤諸願之儀不依何義、其親類五人組詮義之上無拠義ニ候ハヽ、其の組役元へ申出詮議之上可成丈組切ニ而相片付、
難相済候義ハ其親類五人組組役人差添、名主元へ申出候節ハ、郷中役人頭立打寄評議之上相片付可申候、相済兼
候義者　御掛り様へ御伺之上奥印仕、其筋之御役所江御願可申上事、
　附り、入料之義も其品ニより役人賄諸夫銭等迄当人ニ為差出可申候事、
一⑥郷中相談之上定置候儀相洩欠訴等仕候者者、入料夫銀等如何程相懸り候共、其当人ニ為差出可申候、其上役人頭
立其一件ニ付罷出候内者、為過料壱人ニ付一日ニ銀壱匁五歩宛、当人ゟ可為差出候事、自然入用多分相懸り候節
者、其当人身上限り為差出、不足之分ハ親類組合ゟ指出シ可申候事、

二条目では、借用金をおこなう場合は、まず「御掛様」すなわち勘定役に伺うことが定められている。これは、寛政八年の村法で、最終的には勘定役に伺ってから借用するという内容を、さらに一歩進めた措置ということができよう。逆に、そのような対応を取らなければならない状況でもあった証左ともいえるだろう。

五条目・六条目は、訴願に関する条文である。二月の請書で甚助を相手取った訴願の動きが記されており、それを回避し、「郷中落着」体制を関田が主導する形で築いていたことは、先述のとおりである。これを、村法の条文に入れることにより、未然に防ぐ体制を確立しているのである。

おわりに

最後に、文化五年(一八〇八)の返村の状況を検討しながら、本章で明らかになったことを整理して「おわりに」としたい。

文化五年に代官支配に返村される際、拝借金の返納条件を変更した証文には、村の状態を「村方之儀内証立直り候儀ニ者無御座候得共、混雑等着々相片付候ニ付、御同人様御伺之上、今度本御支配御代官所江御返村被　仰付」と記してある(14)。実際、ここ数年の年貢皆済状況は落ち着いてはいる。一方で、「内証立直り」という点については、家中や藩からの借用金の返済を第一にし、それ以外の借用金については把握自体おこなわない手入をしていることから、正確に実態を勘定役は摑めていない状況ではあるが、優先した借用金の返済状況から推察し、村の状況を報告したものと考えておきたい。

また、勘定役によって、難渋村への手入の方法や内容に、違いがあることがわかった。池田は村全体の借用金額を把握し全貌を摑んだ上で対応を検討したのに対して、その跡役や関田は、優先する返済先、すなわち藩士からの借用金を把握し、返済していけばよいという対応をとった。もともと難渋村手入は勘定役個々の裁量に任されている部分が相当大きい制度で、指定・解除を郡奉行への上申を経る形にはなってはいても、内容は勘定役それぞれの裁量が大きく、そこには勘定所元〆や郡奉行も立ち入ってはいなかったことがわかった。これまで筆者は、難渋村制度の解明という課題を追ってきたが、その内実の検討が重要であることが、浮き彫りになった。

一方、難渋村制度の運用について、これまで筆者は村全体の立ち直りを促進する制度として肯定的に評価してきたが、本章で村の実態を検討していくと、返済されるべき貸付先として、藩士が最優先されていたことが明らかになった。そして、欠落・潰の者への藩士からの貸付金の返済のために、藩の拝借金が用いられていることから、公的な救済が私的な藩士の債権の弁償という性格を強くもっていたことが顕になった。しかし、この点は一八世紀後半の金融市場の特徴、すなわち一九世紀中後期から豪農の金融市場が形成される前では、多額の借用金需要に応えられるのは藩および藩士しかいないという状況と併せて理解すべき性質のものであり、今後の大きな課題である。

註

（1）拙稿「文化・文政期の松代藩の在地支配構造」（荒武賢一朗・渡辺尚志編『近世後期大名家の領政機構』岩田書院、二〇一一年）、拙稿「松代藩難渋村対策の制度的変遷」（福澤徹三・渡辺尚志編『藩地域の農政と学問・金融』岩田書院、二〇一四年）。

（2）村落共同体については、渡辺尚志『近世の豪農と村落共同体』（東京大学出版会、一九九四年）による。

（3）長野市誌編さん室『松代藩災害史料』第五巻二三頁。

（4）拙稿前掲註（1）「松代藩難渋村対策の制度的変遷」二九頁。

（5）北条区所蔵文書「寛政十二年二月　御支配御手入御請答書以一紙御書上惣連印控」。

（6）北条区所蔵文書「寛政六年閏十一月　人別御手入御詮議御調元帳」。

（7）借用金の一覧を書き上げた部分（表2のF）に「未年より向申迄十四年賦」とあり、帳簿を作成した寛政六年をまたぐ期間であることがわかる。

（8）北条区所蔵文書「寛政六年閏十一月　人別御手入御詮議御調元帳」。

（9）拙稿「近世後期の金融市場の中の村」（福澤徹三・渡辺尚志編『藩地域の農政と学問・金融』岩田書院、二〇一四年）註(26)参照。
（10）北条区所蔵文書「寛政八年八月　人別御手入御詮議御調本帳」。
（11）北条区所蔵文書「寛政八年十二月　定法帳」。
（12）北条区所蔵文書「寛政十二年二月　御支配御手入御請答書以一紙御書上惣連印控」。
（13）北条区所蔵文書「寛政八年十二月　定法帳」。
（14）『松代真田家文書』ふ一‐〇一六～〇一八。

〔附記〕　本稿作成にあたり、二〇一一年に三度、北条公民館区有文書を調査させていただきました。金子区長、青木副区長、村田総務部長様（当時）をはじめ、お世話になった皆さまに御礼申し上げます。

第四章　松代藩の社倉政策
――文政期の導入過程の検討――

福澤徹三

はじめに

筆者はこれまで、安永期から文政期における松代藩の難渋村制度について検討をおこなってきた。そのなかで、藩の官僚組織内部の意見の食い違いや、権限の相違、連携と分担のあり方を中心的テーマとして扱ってきた。そして、藩政を着実に実施するにあたって、中心的役割を果たす勘定役・勘定所元〆が、難渋村制度を担う部署であることを明らかにしてきた(1)。

一方で、藩地域論などの研究が蓄積されつつある。これらの研究史については、すでに論じたことがあるので再論はしないが(2)、本章との関連で指摘しておく必要がある点は、藩政機構を論ずる場合に、今なお、大きな比重を「藩政改革」研究が占めているということである(3)。そして、そのような藩政改革研究においては、藩主もしくは重用された側近により、それら改革政策が推進されたという構図が多い。しかし、藩の官僚組織内部の権限、連携と分担などが着々と明らかになってきている今、大切なのは改革前後の藩政・農政との比較や、重用された側近と藩主からの指示を受け止める側の反応など、既存の組織との絡み合いの様を分析対象とすることである。

松代藩の在地支配構造で、在地と密着した部分を表す概念を農政と定義すれば、同藩において八代藩主真田幸貫のリーダーシップのもとに展開された藩政改革、とくに農政の一部である産物会所政策と社倉政策は、松代藩農政を検討するうえで欠くことのできないテーマである。[5]産物会所政策については、松田之利や吉永昭の先駆的研究があるが、[6]社倉政策についてはほとんど明らかにされていない。[7]そこで、本章の課題を、松代藩社倉政策の基礎的事項の解明とする。また社倉は、思想史・儒学研究の側からも注目されている。[8]すでに藩地域論で小田真裕や小関悠一郎が藩内での学問や家中の学問グループの研究を進めており、社倉政策の展開を検討することによって、これらの成果との架橋も期待できるテーマとなりうる。[9]天保七年（一八三六）飢饉における家中での議論については、小田によって明らかにされた部分も多い。

以上のように、藩政改革という視角、それをメインに据えての研究手法に対して、複数の政策の展開という研究を束ねることによって、見えてくるものがあるのではないか。これを松代藩においておこなうとすれば、難渋村制度、社倉政策、開発政策、[10]産物会所といった個別政策について、まずは研究成果を積み重ねていく必要がある。その際の手法は、筆者がこれまで難渋村制度の検討でおこなってきたように、藩政機構内部での政策立案、実施過程をていねいに明らかにしていくことが有効であろう。

一　幸貫の襲封と導入前の経緯

1　幸貫の襲封と導入前の検討

松代藩に社倉を導入する八代藩主幸貫は、松平定信の長男（庶子のため公的には次男）として生まれ、文化一二年（一八一五）七代藩主幸専の養嗣子となった。松代藩にとっては、二代続く養子による藩主であり、文政六年（一八二三）三月家督を継ぎ、はじめて御国入りを果たした。天保一二年（一八四一）から弘化二年（一八四五）の間は、外様藩としては異例の老中にも就任したのち、嘉永六年（一八五三）五月六日に隠居、同年六月八日に死去した。その治世は三〇年間の長きに亙る。

松代藩において最初に社倉政策が史料上表れるのは、『勘定所元〆日記』の文政六年六月の記事である。

〔史料1〕(11)

先頃被仰せ渡候村々凶年之手充之儀、追々評義仕候得共、難渋村多、一旦ニ格別之設茂難申付奉存候、依之追年積立置候様ニも仕度、評儀仕候趣左之通御座候、

（傍線はすべて筆者、以下同じ）

「仰せ渡候」の主語が明確ではないが、新藩主・幸貫であることはまず間違いがないであろう。凶年之手充＝社倉について設置を命じられ、評議をしたところ、すぐに特別な制度を設けることはできないが、追って積み立てるようにしたいということで、左記の触れを出すことになった。

〔史料2〕(12)

村々之内ニ者、常々食物宜向茂間々有之段粗相聞、甚以心得違之事ニ候、依之朝夕麁食を用、米穀・麦・大小豆之外粟・黍・稗等之雑穀幷干菜等迄茂、銘々分量応し囲置、凶作之節不及飢渇様毎度申渡置候間、無油断貯置可申事ニ者候得共、近年格別之凶年茂無之付、自然与心弛之村方茂有之候而者、追年凶作之節及飢渇候儀不便之事候間、尚此上囲方等閑無之様、役人・頭立常々可遂穿鑿候、追々不時為相改候間、兼而其上可相心得候、万一差支有之村方者委細之儀可申出候、

右之通村中末々迄不洩様申合厳重可相守候、万一不都束之儀於有之者、役人・頭立可為越度者也、

未六月

油断なく普段から食物を囲い置くようにという一般的な触れの範疇を出るものではない。この触れは、郡奉行岡嶋荘蔵が家老恩田靭負に下書きを見せて裁可を受け、代官を通じて村々に仰せ渡された。

2　導入にあたっての勘定所元〆の見解

勘定所元〆役は、諮問（史料1）に対して、郡奉行を通じて以下のように見解を述べている。

〔史料3〕[13]

一① 躰村方江高懸申含候より外無之儀御座候得共、難渋之村方者凶年之設より差当候所ニ行突候者有之候様ニ而者、却而気向宜かるまじく、又手廻有之候者共江申含候而茂、当節之人気ニ而者私欲を離し一村之為与心得候者者稀成儀ニ可有之、左候得者気向宜様ニ取計専一之儀与奉存候、

一② 先聊之設を手始仕度哉奉存候、縦令高懸ニ而茂、高百石籾子弐表位之儀者差支茂有之間敷哉、年を積候得者多分ニも可相成、尤極難渋ニ而五合・壱升之出前茂致し兼候者者、穿鑿之上差免、且又手廻有之者者籾子ニ不限、雑穀ニ而茂心次第壱斗・弐斗ニ而茂囲候様ニ茂申含候ハヽ、整可申候、第一ハ山中御座候処、右設筋山中ハ格段六ケ敷可有之奉存候、

一③ 金銀ニ而不限多少差出度申出候者ハ取上、籾子買上候様仕度奉存候、

一④ 御上より少々茂御手伝被成下候ハヽ、一統人気相進可然候得共、当節申立方茂無御座候、依之当暮御無尽御懸戻被下候内三分一歟半分歟、右手充之方江被成下候ハヽ、申含方次第人気相進可申哉ニ奉存候、

一⑤ 蔵之儀者先明蔵等穿鑿仕、追々趣次第材木等被下候向茂可有之哉、尤山中通蔵数無之場所者、見計取計方茂可有

御座奉存候、

一⑥右之通ニ者御座候得共、年々豊凶ニ多少之囲、又ハ休年等茂可申付義奉存候、且年限之儀者手始之上申上度奉存候、

一⑦折角申含候而茂承服仕兼候様ニ而者、却而私曲之筋等茂出来可仕哉候得者、兎角一旦取計候儀者害可有之奉存候、左候得者前々申含置候凶年囲之儀、如何致置候哉、（下札）〇来年中何月迄可申出候、其節等閑之向者囲方可申付旨可申渡哉、又ハ当節右之趣申渡、当十月中取計候心得ニ手配可仕哉、此段先御内々奉伺候、以上

六月

一条目では、村に高掛りを命ずるより他に方法はないとしつつ、身持ち相応の者に出させるならば、工夫が必要であるとし、二条目では高掛りの方法について高百石に付籾二俵くらいまでならば可能であろうが、毎年少しずつ積ませることが大切とし、山中がもっとも必要性があるが、そここそが難しいとしている。四条目では、藩からの助成が大切だとし、具体的には今年暮の無尽金掛け戻しのうち、三分の一か半分をそれに充当することを提案している。五条目は社倉蔵について、当面は空き蔵などの活用を提案し、六条目では、年限の設定について慎重な姿勢を見せている。七条目では、今後の進め方について述べている。性急に実施するのは問題があるとし、Ａ来年のある月まで期限を設けて命ずる、Ｂ今回は触れで趣旨だけを申し渡し、今年一〇月までに実施するように命ずる、という硬軟二案を提示し、指示を待っている。

　七条目には二つの下げ札があり、郡奉行もしくは家老のものと思われるが確定できない[14]。二つ目の下げ札に「先此趣触示此節致候方可然奉存候」とあり、この意見が最終的に採用されている。したがって、Ｂ案でさらに期限も設けない、もっとも柔軟な触れが出されたことになる。この点で、勘定所元〆の見解は尊重されたことがわかる。

二　社倉制度の導入

1　開始時の祢津の計画

国文学研究資料館『松代真田家文書』の「社倉掛之儀申上」は、文政七年（一八二四）から天保一三年（一八四二）までの担当掛や主な触書、囲穀量などを記した、社倉制度を分析するには最適な史料である。[15] それによると、社倉政策を推進する社倉掛には、祢津左盛が文政七年七月、新たに召し出されて、「山野奉行御救方兼」に就任している。同年九月には道橋奉行も兼務し、同年一一月には社倉取立掛に就任している。前歴のない祢津が、山野奉行と道橋奉行を兼ね社倉取立掛に就任するのは、幸貫の抜擢人事であろうと考えておきたい。また、同年に野中量左衛門が「山野方留役被仰付社倉掛被仰渡候」とある。奉行クラスの社倉取立掛と掛クラスの社倉掛の二人体制で、社倉政策を進める機構はスタートした。[16] 当初諮問した先は郡方―勘定所元〆役のラインであったが、それと同格の社倉取立掛―社倉掛を別置したことに着目しておきたい。

開始時の計画としては、以下の史料が伝わっている。

〔史料4〕[17]

社倉囲米目論見下帳

口演

此度

御内命を蒙奉候趣者、家督以来夫々政治向取調いたし見候処、大凶年饑饉抔といへる時ニ至り、領内之民相救可中手当といへる事、是迄其ならし無之候、凡領内民拾弐万余之内六万余者年々夫食者囲も可有之候得共、残り六万余者一とせ半年之貯も無之者共ニ而、其月其日之致渡世を其価を以て者翌月翌日之食を求んとする躰の者多かるへし、若シ饑饉なとニ至り候時者、其日々ニ雇（カ）はれへき方も無之、其月其日之料を取へき所も希にして剰江物之価者尊く成一日之価にて一日之夫食を求候事之叶はさる時に至り、なほ頻りに食乏しく前後途を失ひ他国江乞食に出、或者又心荒々敷者ハ徒党なとして騒々敷事なと仕出シ、罪を得る様なる事をなすへきも覚束なし、凡饑饉といへる者者、六七拾年には何れ之国江も運り来ル事之よし、古老も語り伝ひ申候、然れハ天明中の饑饉より者四拾年にも及ぬれハ、今二三拾年之ないがいニハ、又かゝる大凶作抔も運り来れるも覚速（ママ）なし、依之其節之而当として古しへ宋の世之朱子といへる学者之考にて社倉といへる事を目論見て其世之人を救たる事あれ者、夫に習て其の手当なすへきよし、其社倉之仕方之御書物を御渡し被　遊、右之振ニ而手廻り有之者修善に志し有へき者と力を合せて何卒是を取建、夫を手本として在々所々之他領迄も右之振に相習候ハヽ、僅之饑饉なと有之候共多くの人を救、莫太之功徳たるへきなり、修善の手柄たれハ其志之厚からん事を専一とし、其人々の量ニよりて財之多少に者拘わらす力の及へき所を以テ多成就之功を建へきなり、不得心之族江者押て加ゆる事なかれとの
難有
御趣意に候、修善之思召も候ハヽ、御同志被下様に所希候、其趣法者左ニ記し申候、

中年（文政七年）出金名面

（中略、仕法内容詳細あり）

寅ゟ向か年々社倉江百俵宛囲増
拾ヶ年過元籾共弐千俵ニ成、弐拾ヶ年過三千俵ニ成、

社倉拾ヶ所相建候得者、凡三万俵之囲俵出来申候、末々右ニ而者大抵御領内之民拾弐万余を相救候手配出来いたし候、先此度者右手配候手初にして修善の地形石居候、末々何方御力を御荷担下され候様と深く希事候、

九月

口演と題した史料が、八田家文書と藩政史料に二点伝わっている。これは「御内命を蒙」った社倉取立掛の祢津が、「同志」宛てに協力を求めた史料である。どこからが祢津の考えで、どこまでが藩主幸貫の指示なのか判然としない部分も多いが、「社倉之仕方」という書物まで与えられていることを考えると、最後の目標の部分まで、幸貫の考えが反映されたものと考えておきたい。後段の出金計画の始まりが申年であるから、文政七年九月、祢津が召し出されて二か月後に示された内容となる。社倉制度の趣旨や具体的プランを以下説明している。

まずは、宋の朱子を持ち出し、社倉法の書物を幸貫から渡されたという点が強調されている。そして、修善＝囲穀のおこないを「手廻り有之者」＝有徳の者に期待するという、家中および領民の「善意」に基づいた計画である。「不得心之族江者押て加ゆる事なかれ」との、強制はしないとの文章が印象的である。

そして、実際の囲穀の目標数字を算出している点が興味深い。領民一二万人のうち、半数が半年分の貯えがない者と想定し、籾およそ三万俵の囲穀があれば、二、三〇年に一度は起こる大凶年でも飢饉の憂いがない、としている。そのためには、修善の出金を募り、一〇年で籾二〇〇〇俵、二〇年で籾三〇〇〇俵の社倉を一〇か所建設する、という計画である。そして、これに「同志」するよう、広く呼びかけたのである。

「申上」では、同年一一月に四家老によって幸貫の思召しにより社倉の取り立てが始まるので、有志の面々が多少とも社倉に積み入れるようにと仰せ渡しがあり、家中では積み入れが始まった。領内は社倉掛・野中と文政一〇年に「山野方留役助社倉掛」になる北島理兵衛と海沼与惣兵衛の三人に廻村を命じている。廻村の際に、「積入籾代金ニ而

初発上納仕候、尤村方ニ寄り籾子ニ而囲置度旨相願候村々ハ任其意候」とある。これは、祢津の計画にあった修善と同様に、「各誠志申談御仁意相違候」と領民の善意を期待した呼びかけであった。

2　郡方による「下支え」と連携

『勘定所元〆日記』には、善意を期待した呼びかけと同時期である文政七年一一月、次のような記載がある。

〔史料5〕(18)

口上覚

未秋中分量御用達金　　十一月廿日　　○桑原村

四拾三人之内人別三拾弐人

三役人・右惣代壱人

一金拾九両壱分

今年御返済分

○三分拾弐匁七分五厘

（四か村省略）

〆弐両壱匁五分

右者当申年より弐拾ヶ年賦御返済之分差上切仕度旨願出候間、御趣意申含、丸印之分年々籾子ニ取計、社倉之方江相廻可申奉存候、

これは、桑原村の未年（文政六年）分量御用達金の二〇年賦返済金として、金三分余があり、同様の四か村分を合わせて二両余を籾にして村の社倉に廻すこととし、残りの一九年分も同様にするという内容である。本来は村に返済されるべきものであるから「差上切」という扱いとなる。

同様な事例に、戌年（文化一一年）発起の無尽金割戻分の三六年間返済分を村の社倉に廻すことが、保科村他三か村でおこなわれている。また、西寺尾村では一〇年間の冥加金上納が社倉籾へと廻されている[19]。このように、分量御用達金や無尽金の返納を約しつつ、それを社倉へと積み立てる方法は、これらの返納が毎年順調でなかった現実を考えると、藩の資産の移し替えといった性格が強いものである。西寺尾村の冥加金上納の場合は、上納先の「変更」に過ぎない。そしてこれらの方法は、前節第2項でみた勘定所元〆役の見解④「御上より少々茂御手伝被成下候ハヽ」という提言を採用したものであった。

また、同年一二月に鬼無里村文六が、悴への相続願に付金一〇両分として籾四〇俵を社倉に積み入れ、さらに分量金返済及び無尽金割戻しの合計金三五両余を社倉への上納金とした[20]。これについて、祢津左盛から郡奉行の金井左源太に「右者社倉上納金人別御帳面之通御請取申候」と請取が出された。「此請取当御役方ニ仕廻置」とあるので、この請取が勘定所元〆役に廻され、分量金と無尽金割戻しの帳簿に償却処理がなされたものと考えられよう。できるだけ社倉籾・金の積み増しを図るという目的のもとに、社倉取立掛と郡奉行間で連携して対処しているのである。さらに、次のような事例が挙げられる。

〔史料6〕[21]

口上覚　　　　　　　　山平林村

一大豆五斗入弐表
一同弐斗五升入弐表
一縄六拾五束弐把
右之通差上申度旨願出候段、御代官申聞候間、御趣意申含、社倉方江相廻可申奉存候、此段奉伺候、以上

十二月
廿三日出ス、廿五日御下
御四人（郡奉行）

これは、山平林村の毎年の上納物である、大豆と縄を郡方から敢えて社倉方に廻すという郡奉行伺である。[22] 同様に、同年一二月に小納戸柳沢新右衛門からの金一〇〇両の上納を、「慥請取、社倉方江相廻申候」としている。[23] これは、勘定所元〆役・矢野倉惣之進による「覚」として記されている。以上から、本来は郡方への上納物や上納金を社倉方に極力廻して積み増しを図る様子を伺うことができよう。

3　修善路線の行き詰まりと郡方への所管替え

第1項と第2項で検討してきたような、修善を基調としつつ、郡方がバックアップした形で社倉の積み増しを図る路線では、社倉一〇か所、籾およそ三万俵という目標には至らなかったようである。文政一〇年八月六日に家老小山田采女仰せ渡しの内容によると、「非常之備社倉被仰付置候得共、積入未多、御安心無之候」と現状を説明し、先般勝手向き逼迫に付申し出があった預け物は、社倉方へ冬までに上納するように、としている（「中上」）。

また、これに先立つ同年五月一九日には、村の社倉についての具体的な内容がはじめて指図されている（「中上」）。それによると、①社倉を自普請で建てる村へは、社倉籾から普請入料を下付すること、②社倉籾の貸出については、追って沙汰すること、③個別に貯え置いた穀物もなるべく村の社倉に積み入れること、の三点が重要である。このように、社倉一〇か所という方向から、各村に社倉を建設することを促す路線に大きく方向を転換したのである。この触れは社倉掛から出されたが、社倉建設に関わる下籾については郡奉行に問い合わせるよう指示も出されている。村の社倉という方向性は、前節第2項で勘定所元〆役の見解⑤で示されていたものであった。

以上のように、当初の祢津計画は文政一〇年には大きく修正されている。そして、文政一三年閏三月「社倉方一式郡方江御引渡」となり、社倉取立掛は廃され、社倉掛は郡奉行の配下となる機構替えがおこなわれている。[24] 表1にその時の引継目録をまとめた。村社倉が、社倉政策のなかに位置付いていることが確認できよう。

表1　文政13年 社倉取建掛の資産一覧

No.	内容	数量
1	正金	1,216両余
2	大嶋磯右衛門、入安兵衛江預ケ金証文	6通(873両余)
3	長詰拝借金御貸出証文 内4通年延証文	18通(417両余)
4	長詰親類請証文・御知行所村受証文	1綴
5	御無尽掛元帳	1帳
6	長詰拝借御貸出元帳	1帳
7	御家中上下御勝手向江差上方元帳	1帳
8	社倉金御貸出元帳	1帳
9	村々積入籾請印帳	1帳
10	村々貯籾元帳	1帳
11	下ケ金元帳	2帳
12	御家中幷村々不納元帳	1帳
13	申年ゟ丑年迄惣一紙御勘定帳	4帳
14	右同断 請払控帳	6帳
15	桜之御馬場御土蔵御普請御入料御勘定帳	1帳
16	村社倉相建候分留帳	1帳
17	村社倉積入籾元帳	3帳
18	社倉目論見下帳	1帳
19	村々ゟ差出候書面類	1綴

出典：『松代真田家文書』う766(文政13年閏3月 社倉方一式引渡帳)
註：史料には備品類も書き上げているが省略した。

おわりに

以上、松代藩における社倉政策について、導入前の検討過程と導入後の行き詰まり、郡方への所管替えまでを見てきた。当初、勘定所元〆役は社倉の導入について慎重な姿勢を崩さず、諮問に答える形でいくつかの提言をおこなった。一方、幸貫の抜擢人事によって社倉取立掛に就任した祢津は、独自の計画を立て実施に移すが、当初から郡方の「下支え」と連携を必要とし、最終的には祢津の計画を大きく修正した政策に形を変え、郡方に引き継がれた。

以上のような過程は、先行研究ではまったく明らかになっていないものであった。また、これまで幸貫のリーダーシップによって始まったと考えられていた社倉政策も、当初から郡方の深い関与があってはじめて成り立っていた。そして、その連携のあり方も、難渋村の場合のように、郡奉行のもと勘定役と代官が対等な立場で分担と連携をおこなうのではなく、藩主の意向を全面に受けた社倉取立掛の政策がうまくいくように「下支え」するような連携のあり方であった。

以後、天保四年（一八三三）の飢饉を経て、高懸で村の社倉が充満していく展開が見られる。これは、第一節第2項で勘定所元〆役が「一躰村方江高懸申含候より外無之儀御座候得共」と当初から述べていた方法（①）の実現であった。天保期以降の展開については、今後の課題としたい。

註

（1）　拙稿「文化・文政期の松代藩の在地支配構造」（荒武賢一朗・渡辺尚志編『近世後期大名家の領政機構』岩田書院、

二〇一一年）、拙稿「松代藩難渋村対策の制度的変遷」（福澤徹三・渡辺尚志編『藩地域の農政と学問・金融』岩田書院、二〇一四年）。なお、本書第三章でも、「松代藩難渋村制度における指定・解除の実態の検討」と題し、指定・解除を受ける村の側から検討をおこなった。
（2）拙稿「序章」（福澤徹三・渡辺尚志編『藩地域の農政と学問・金融』岩田書院、二〇一四年）。
（3）小関悠一郎『〈明君〉の近世』（吉川弘文館、二〇一二年）、金森正也『藩政改革と地域社会―秋田藩の「寛政」と「天保」―』（清文堂出版、二〇一一年）。
（4）拙稿前掲註（2）。
（5）松田之利は、幸貫が財政逼迫よりも社倉を優先するという発想に、松平定信の影響を見ている（「真田幸貫の初期藩政」『市誌研究ながの』一〇、二〇〇三年）。
（6）吉永昭「紬市の構造と産物会所の機能」（『歴史学研究』二〇四、一九五七年）、松田之利「松代藩専売制の歴史的意義」（『史潮』九七、一九六六年）など。
（7）最近の成果の集大成である『長野市誌』四・近世Ⅱ「水害と諸災害―凶作と飢饉―」の項（二一一頁）でも「これより先文政八年（一八二五）の凶作をきっかけにして、八代藩主幸貫の社倉囲い米の目論見書が触れ出されていた。社倉の整備は村によって遅速はあったがしだいに進み、天保飢饉のとき生かされた」とあるが、事実はこれとは異なる。
（8）綱川歩美「十八世紀後半の社倉法と政治意識―高鍋藩儒・千手廉斎の思想と行動―」（清水光明編『「近世化」論と日本』勉誠出版、二〇一五年）。
（9）小関裕一郎「真田家の系譜・事蹟編纂と鎌原桐山の思想」、小田真裕「松代藩家中と天保七年飢饉」（ともに渡辺尚志・小関悠一郎編『藩地域の政策主体と藩政』岩田書院、二〇〇八年）、小田「善光寺地震後の「奇特者」をめぐって」（前掲註（1）『藩地域の農政と学問・金融』）。

（10）松代藩の開発政策については、まとまった研究成果はない。

（11）長野市誌編さん室『松代藩災害史料』第一三巻、三五頁。

（12）長野市誌編さん室『松代藩災害史料』第一三巻、三五頁。なお、「凶作之節不及飢渇様毎度申渡置候」について、他の史料では確認できないが、今後の課題としたい。

（13）長野市誌編さん室『松代藩災害史料』第一三巻、三五頁。

（14）下札の部分（史料3中の○印部分）は以下のとおり。この部分の△の場所に、二つ目の下札がある。

本文之趣前々申渡置候凶年囲夫食之儀、無心得違取計置候哉、申渡候後格別之凶年茂無之候得者、心弛之村方茂自然有之候而者如何之事ニ候間、無△等閑様可相囲候改等茂可致候間、其旨可相心候、万一差支之義有之村方ハ早速可申出旨触示候歟、又者月割上納村方罷出候節、御代官等ニ而申渡候哉、夫共本文之趣申渡候方可然哉、先御内々奉伺候、

△「（下札）先此趣触示此節致候方可然奉存候、其上等閑之節も候ハヽ、本文三ヶ条目之趣囲方申付候方も可然哉、先触示候方可然哉と存候」

（15）『松代真田家文書』う七七四。以下、これまで紹介されたことのない史料なので、本章の対象とする文政期の部分について全文を掲げる。なお、本章でこの史料による場合は「申上」と略記する。

「（表紙）社倉掛之儀申上

二月　　野中喜左衛門

北島理兵衛」

初発

文政七申年社倉取建掛被仰渡候、　祢津左盛

同年山野方留役被仰付社倉掛被仰渡候、　野中量左衛門

「（下げ札）

御郡方之方

文政九戌年社倉掛　竹内六郎兵衛

高橋牧右衛門

同十亥年社倉取建掛　奥津権右衛門

同年山野方留役助社倉掛被　仰付候、小頭　北島理兵衛

同　海沼与惣兵衛

同十亥年社倉取建掛　片岡此面

同十二丑年山野方留役被仰付社倉掛被仰渡候、北沢大蔵

同十三寅年御武具方調役被　仰付候、　野中量左衛門

同十三寅年御徒士江御番入被　仰付候、　北沢大蔵」

一同十三寅年社倉方一式郡方江御引渡被成申候、

（天保期省略）

文政七申年

国家凶荒之備可有之事ニ候処、故障有之、是迄其事ニ不被及候内、御勝手追年御不如意相成、殊更当節御暮方甚御難渋候得共、此備ハ御家中御領内為肝要之

御急務と　思召候ニ付、社倉御取建有之候、依之有志之面々小俵籾子之多少社倉江積入候様被仰出候、各誠志申談

御仁意相達候者可為御備慌候、可被得其旨候、以上

十一月

恩田靭負

真田図書

鎌原伯耆

小山田采女

前書之趣被仰出御座候付、御家中積入御座候、尤御郡中村々之儀ハ野中量左衛門・北島理兵衛・海沼与惣兵衛右三人ニ而廻村申含仕、積入籾代金ニ而初発上納仕候、尤村方ニ寄り籾子ニ而囲置度旨相願候村々ハ任其意候、

文政十亥年

弐

一非常之備社倉被

仰付置候得共、積入未多御安心無之候、依之向後ハ銘々家内人数ニ応し穀類ニ不限凡粮ニ可相成品も（カ）廻り次第貯置可申候、右者社倉積入候共可任其意候、且又先般御勝手向御逼迫ニ付申立候差上物、面々江御預ケ被置候分社

倉方江相廻り候様被　仰出候、年々冬迄之内上納可致候、
右之趣致演説候様御用番小山田釆女殿被仰渡候付、如斯御座候、以上

八月六日　　　　綿貫新兵衛

壱

凡渡世之備者米穀ニ在之、冠（寇カ）賊之備は兵馬ニ有之、凶作之年御領内之御手充行届騒擾之則
公儀之御闌役相整候時ハ仮令朝夕御暮方
御逼迫ニ候而茂
御安心有之候、御手充届兼御闌役整兼候時者、仮令御暮方御有余有之候而茂
御安心無之候、此段面々心得可被在間被
仰出候先般御勝手御逼迫ニ付御家中御宛行之内御用在度旨申立候品迄社倉被相廻候様被　仰出候茂右之　御趣意
ニ候間可被得其旨候、以上

八月六日　　　小山田釆女
　　　　　　　恩田靫負
　　　　　　　真田図書
　　　　　　　鎌原伯耆

文政十亥年

村方社倉自普請者年中納置候籾代金相下ケ普請入料ニ致度願出候者、願之通申付請負候籾子年々社倉江積入候様可被申渡候、

　但年々積籾改、手附差出可被申候、

一追々村々社倉相建候之様可申含候、尤出来迄ハ受通之籾子年々代金ニ而受取置可被申候、

一社倉籾貸出し候事、負而可及差図候、

一積入之受致置候分ハ此上申含ニハ不及候、銘々貯之事者随分致出精村社倉相建候村方者（カ）成丈右江入置候様可被申渡候、

　五月十九日

　社倉掛り中

追々社倉相建候村方江元籾被下候間、郡奉行江問合可被申候、

　五月十九日

　前条之趣被　仰出御座候、

（天保期省略）

右之通御座候、此段申上候、以上

　二月　　社倉掛　野中喜左衛門

　　　　　　　　　北嶋理兵衛

(16)『真田家家中明細書』の両人の記載は以下のとおりである。

祢津左盛（玄米三人御扶持）

文政　七年　七月　被召出山野奉行御救方兼

　　　　　　九月　道橋奉行山野奉行兼

　　　　　十一月　社倉取立掛り

同　　八年　十月　操練掛

同　十三年　一月　山野奉行兼帯幷社倉掛共御免

天保　二年十二月　御勘定吟味役

野中量左衛門（御切米五斗入一〇俵、中一人下一人玄米一人）

文化　七年十一月　玄米二人御扶持被下、御膳立

文政　七年閏八月　役替山野方留役

　　　　　十二月　嫡子勤御免之処依申立相勤

同　十一年十一月　跡式

同　十三年　一月　御側組御徒士江番入

　　　　　　三月　武具方調役

天保　二年　一月　役夫調役地方懸社倉方兼、御役中給人格

同　　九年　一月　一代給人格、御奥支配添役

(17)『八田家文書』二二九、『松代真田家文書』う七七六。

（18）長野市誌編さん室『松代藩災害史料』第一三巻、一四〇頁。
（19）長野市誌編さん室『松代藩災害史料』第一三巻、一四一、一四二頁。
（20）長野市誌編さん室『松代藩災害史料』第一三巻、一五七頁。
（21）長野市誌編さん室『松代藩災害史料』第一三巻、一五九頁。
（22）郡奉行伺については、拙稿前掲註（1）「文化・文政期の松代藩の在地支配構造」を参照されたい。
（23）長野市誌編さん室『松代藩災害史料』第一三巻、一六〇頁。
（24）『松代真田家文書』う七七六。

〔附記〕　脱稿後、渡辺尚志「備荒貯蓄にみる百姓・領主関係」（同編『相給村落からみた近世社会』岩田書院、二〇一六年）を得た。蓄えられた籾・金の帰属や領主の責任など重要な論点を含んでおり、今後天保期の展開を検討するうえで考えていきたい。

第五章　松代藩道橋方の組織と水論処理
――天保年間の八幡堰一件を事例に――

金澤　真嗣

はじめに

本章は、これまで未解明であった松代藩道橋方について、その組織と水論処理に焦点を当てて検討するものである。同部局は、伝馬人足、道橋通船、用悪水、山林竹木などを管掌し[1]、道橋奉行―道橋方元〆―道橋方手附を職制系統とする（図1）。このうち用水については、最近の成果である『長野市誌』において、Ⓐ道橋奉行は郡奉行とは別個に置かれて強い権限を持つこと、Ⓑその職務は、①水利施設の見回り、②堰普請の許認可、③その他水利関係の諸問題（水論など）の受理と処理になること、と整理されている[2]。

しかしながら、道橋方の研究蓄積は極めて乏しい。その理由は、真田家文書中に同部局が作成・取得した史料が体系的に残存していないことによるものと思われる。残存している史料も、郡方に移管ないしは写として伝来してきたものが多く[3]、『長野市誌』で整理されている概括的な説明以上のことは、ほとんどわかっていない[4]。そこで、真田家文書に残る関連史料を用いつつ、まずはその人員構成を明らかにすることとしたい（第一節）。

次に、道橋方の職制を解明する第一歩として、同部局による水論処理に着目する。とくに本章では、地方文書に残

図１　松代藩職制系統図（部分）

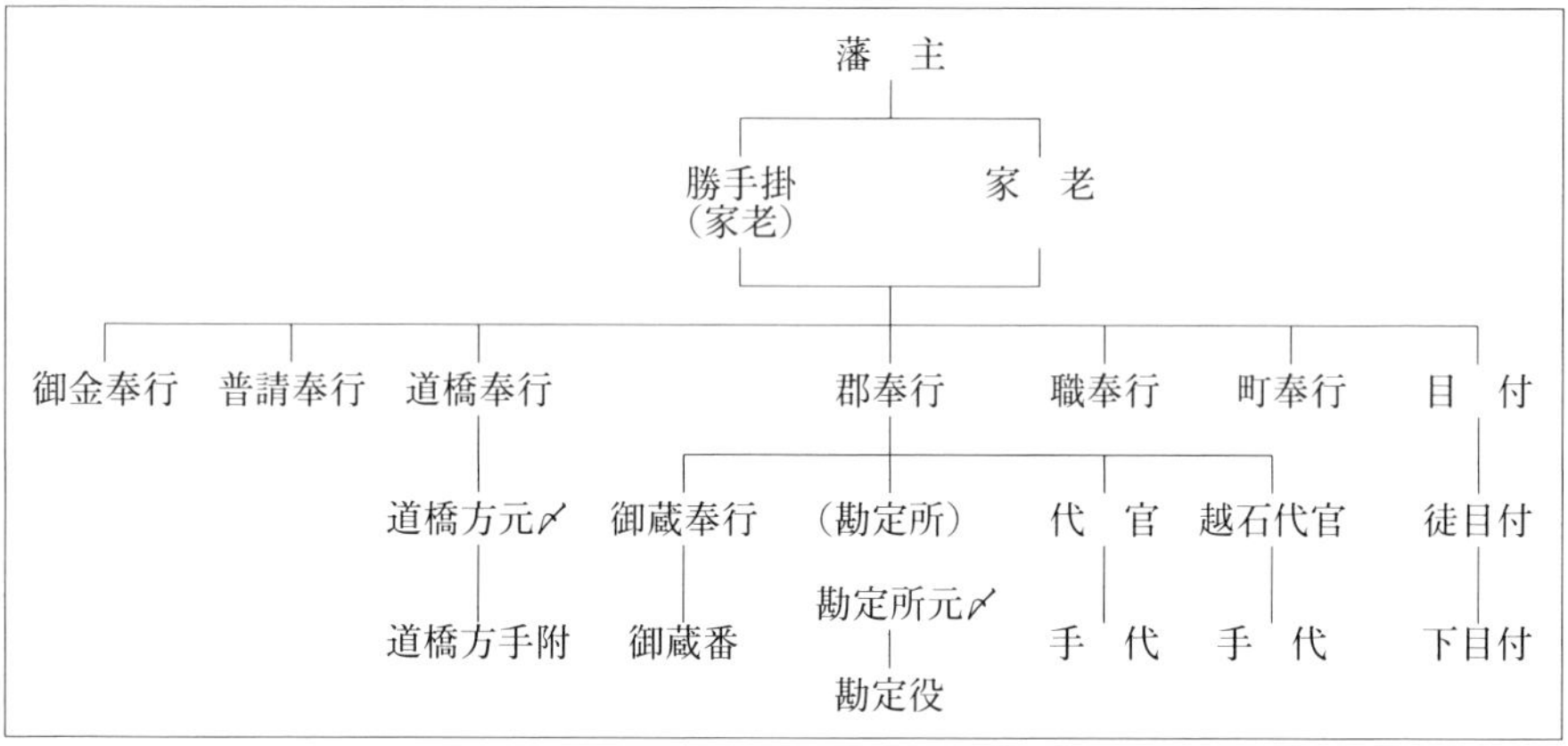

出典）福澤徹三「文化・文政期の松代藩の在地支配構造―郡方支配の藩政機構分析と難渋村対策を中心に―」（荒武賢一朗・渡辺尚志編『近世後期大名家の領政機構』岩田書院、2011年）20頁。

る日記史料を分析素材に用いて道橋方役人の訴訟対応を追っていくことにより、真田家文書の欠を補いたい。また、これまでの藩地域研究においても訴訟の問題は重点的に扱われてきたが[5]、主として在地支配を広く管掌する郡方に関心が集中してきた傾向にある。郡方と同様、藩と村との接点に位置していた道橋方を分析の俎上に載せることは、こうした成果を相対化するうえでも有効であろう。右の関心にもとづいて、幕領・藩領が混在する地域で生じた、天保年間の八幡堰一件を取り上げて考察を加えていく（第二・三節）。

本論に入る前に、用水争論の解決過程について確認しておきたい。そもそも水論は、画一的法規を適用できず、地形水行の変化に伴う再論の可能性が高いため、不確実な裁許による権威の失墜を回避する策として内済による解決が奨励されていたことは広く知られている（内済の原則）[6]。川島孝によれば[7]、その解決過程は、①出訴以前の段階、②訴訟係属の段階、③解決の段階の三つに分類される。本章との関連で注目しておきたいのは、②の内済交渉時に、担当役人による形式的な吟味（内済交渉の経過聴取・交渉の再指示）と実質的な吟味（訴訟当事者の見解に対する奉行所役人の判断）が行われていた点である。すなわち、出訴後から内済に至るまでの過程で、裁判所役人が審理の方向性を示し、訴訟当事者を内済へと誘導していたのである。[8]

あらかじめ述べておけば、本章で取り上げる八幡堰一件は、江戸表に提訴されることなく国元で解決された事例だが、川島が掲示した奉行所役人の吟味とは異なる①の段階から藩役人による指導が行われている。この点に注視しつつ、以下、本論に移りたい。

一　道橋方の人員構成

1　道橋方全体の人数

本節で用いる史料は、国立史料館編『真田家家中明細書』（東京大学出版会、一九八六年。以下、『家中明細書』）と「御目見以下支配明細書」（真田家文書あ四三～四五。以下、『支配明細書』）である。前者は、御目見以上の役人の履歴史料「家中（分限）明細書」を編集・刊行したもので、記載年代はおよそ文化・文政期以降である。後者は、各部局で作成された御目見以下の役人の履歴史料で、作成当時に所属していた者の俸禄・経歴などが記載されている。現在、真田家文書中には約六〇点現存しており、[9]このうち道橋方のものは、安政二年（一八五五）・文久元年（一八六一）・慶応元年（一八六五）付の三冊が残っている。まずは、右の史料を参照しながら各役職の人数を把握し、そのうえで道橋方全体の人数を明らかにしていく。

(1)道橋奉行

道橋方を支配する道橋奉行は、『更級埴科地方誌』に掲載の安政六年付「松代藩の役人表」[10]では二名となっているが、真田家文書を見る限り、三名着任している事例も確認できる。『家中明細書』から奉行職を務めていた藩士の知行高を抽出すると、一〇〇石台を中心に六〇石から三六五石まで分布している。

⑵道橋方元〆

次席の道橋方元〆については、御目見以上の者を表1に、御目見以下の人数を表2にまとめた。前者は、就任・退任時期に不明な点が多く、正確な人数を特定することは困難である。「松代藩の役人表」では「徒士席道橋方元〆」として二名配置されているが、真田家文書中の関係史料も瞥見すると、表1のうち最大で七名(№6～11)の勤務期間が重複している。[11] ひとまず、御目見以上の元〆は、徒士層の藩士二～七名が就くポストであったと考えておきたい。

他方で表2をみると、御目見以下の元〆はすべて足軽であり(表の小頭・支配小頭格は足軽)、例年四名はいた模様である。なお、俸禄に関しては、一五俵二人扶持を下限かつ最多として、二五俵二人扶持を上限としている(表1・表3)。

後職	備考
御勘定吟味方留役(弘化2.3)	
	道橋方元〆頭取(文政5.7)
	父吉原大八の跡式相続(文政11.8)
道橋方元〆差免(明治2.10)	道橋方元〆小頭
御側二番組御徒士(嘉永6.7)	父久保式太の跡式相続(嘉永2.11)
句読方頭取(文久元.6)	道橋方元〆頭取給人格(安政6.4)
	道橋方元〆頭取(安政6.4)
	道橋方元〆頭取助(安政6.4)

表１　徒士格の道橋方元〆

No.	名　前	就任年月日	俸　禄	格　　式	前　　職
1	宮川長大夫	文政 3.12.21	15俵２人扶持		
2	吉原大八	文政 5. 7. 6	20俵２人扶持	徒士格(文化3.12)	御買物役(文化14.8)
3	寺沢松三郎	文政 9.11.20	15俵２人扶持	一生之内御目見格(文政9.11)、永格(天保6.7)	
4	吉原伝蔵	文政11.10. 5	20俵２人扶持		道橋方元〆見習(文政9.11)
5	久保式太	天保11.12.27	20俵２人扶持		御側一番組(天保6.4)
6	石坂市郎右衛門	天保13. 3	15俵２人扶持	一代御目見席(安政3.1)	
7	久保喜作	嘉永 2.11.10	25俵２人扶持		道橋方元〆見習(弘化4.12)
8	小林柔介	安政 6. 4. 2	25俵２人扶持		学校文学会頭(安政5.6)
9	春日安治		15俵２人扶持	一代御目見席(嘉永2.12)、永格(慶応元.12)	
10	中沢義市		15俵２人扶持	一生御目見席(嘉永3.5)、永御徒士席(安政5.12)	
11	野中軍兵衛		20俵３人扶持	一生御目見席(嘉永2.12)、永御徒士席(安政6.2)	

出典）国立史料館編『真田家家中明細書』（東京大学出版会、1986年）、安政２年「御目見以下支配明細書」（真田家文書あ43）。

註）　括弧内は就任ないし許可年月を示す。

勤続年数	備　考
15	元手附
15	元手附 松本芳之助父
12	
5	松本喜文治倅
5	
25	永苗字上下御免
26	永苗字上下御免
19	永苗字上下御免
18	
0	
43	永苗字上下御免
24	一代上下御免
21	
19	
17	
16	永苗字御免
13	
10	山崎弥兵衛倅
8	
8	
6	
6	永苗字御免
3	
2	
0	
0	
1	道橋御役所番
0	竹山御藪見
25	
8	

表2　御目見以下の人数

役　職	階　層	安政2年(1855)	文久元年(1861)	慶応元年(1865)
道橋方元〆	小頭	1	1	1
	支配小頭格	3	2	2
	見習		1	1
	小　計	4	4	4
道橋方定附	支配小頭格	1	1	1
	支配足軽	3	3	3
	(足軽同心)	18	19	18
	足軽並御庭方杖突	1		
	支配足軽並仲間小頭	1	1	1
	支配雇足軽	1		1
	その他	1		
	小　計	25	24	24
道橋方仲間	仲間	2	2	2
	小　計	2	2	2
合　計		31	30	30

出典)「御目見以下支配明細書」(真田家文書あ43〜45)。

表３　慶応元年 御目見以下の道橋方役人一覧

No.	名　前	居 住 地	年齢	役　職	階　層	俸　禄
1	吉池与市		43	道橋方元〆	支配小頭格	20俵２人扶持
2	松本喜文治		67	道橋方元〆	支配小頭格	15俵２人扶持
3	峯村七左衛門	埴科郡荒町	44	道橋方元〆	小頭	18俵２人扶持
4	松本芳之助		32	道橋方元〆見習		４俵
5	宮下軍蔵		26	道橋方定附	支配小頭格	15俵２人扶持
6	山口勇之助	埴科郡西条村	54	道橋方定附		15俵２人扶持
7	山崎弥兵衛	（埴科郡肴町）	69	道橋方定附		15俵２人扶持
8	倉嶋茂左衛門	埴科郡西条村	54	道橋方定附		15俵２人扶持
9	五明甚左衛門		43	道橋方定附	支配御足軽	10俵下２人扶持
10	月岡万作		16	道橋方定附	支配御足軽	15俵２人扶持
11	中沢義兵衛		85	道橋方定附		15俵２人扶持
12	理兵衛	［　　］村	53	道橋方定附		15俵２人扶持
13	峯之助		43	道橋方定附	支配御足軽並御仲間小頭	２両下２人扶持
14	藤兵衛	（埴科郡離山）	53	道橋方定附		15俵２人扶持
15	忠太		43	道橋方定附		
16	佐藤市治	埴科郡新御安口	42	道橋方定附		15俵２人扶持
17	友蔵	埴科郡鍛冶町	56	道橋方定附		15俵２人扶持
18	山崎小兵衛		41	道橋方定附		５俵
19	兵左衛門	埴科郡紙屋町	45	道橋方定附		15俵２人扶持
20	鶴三郎	埴科郡外田町	29	道橋方定附		15俵２人扶持
21	平助	更級郡西寺尾村	28	道橋方定附		15俵２人扶持
22	荒木富之助	埴科郡馬場町・同心町	33	道橋方定附		５俵
23	秋之助	埴科郡西条村	23	道橋方定附		15俵２人扶持
24	熊治郎	埴科郡西条村	27	道橋方定附		15俵２人扶持
25	富左衛門	埴科郡肴町	32	道橋方定附		15俵２人扶持
26	吉三郎	（埴科郡荒町村）	30	道橋方定附		15俵２人扶持
27	荘五郎		20	道橋方定附	支配御足軽	５俵
28	梅吉		21	道橋方定附	支配雇御足軽	５俵
29	兵作		47	道橋方御仲間		13俵
30	新八		56	道橋方御仲間		13俵

出典）慶応元年「御目見以下支配明細書」（真田家文書あ45）、同２年「御足軽住所帳」（同前文書あ163）。

⑶道橋方手附（定附）

表2より、道橋方手附は、二四、五名いたこと、足軽・仲間（中間）が就いていたことがわかる。表3も参照すると、足軽の基本給とされる一五俵二人扶持が俸禄の基準であったと考えられる。ただし、足軽のなかでも、道橋方御役所番と竹山御藪見を務めていた者は五俵であり（表3No.27・28）、また、仲間は金二両下二人扶持と（No.13）、階層や職務に応じて差があった。[12]

⑷道橋方仲間

職制系統を示した図1からは抜け落ちているが、手附の下位にはさらに道橋方仲間が存在する。役職名の通り、仲間二名が任命された。表3No.29兵作とNo.30新八の俸禄を確認すると、一三俵が基準のようである。

以上の検討をもとに、各役職の人数と俸禄を整理しておく。

⑴道橋奉行………知行取の藩士二～三名。一〇〇石台を中心に六〇石から三六五石まで。
⑵道橋方元〆……御目見以上の徒士格が二～七名、御目見以下の足軽格が四名。一五俵二人扶持を下限かつ最多にして二五俵二人扶持まで。
⑶道橋方手附……足軽・仲間層から二四～二五名。階層や職務によって異なるが、一五俵二人扶持が標準。
⑷道橋方仲間……仲間から二名。一三俵が基準か。

右の人数を合計すれば、一九世紀前中期の道橋方は、三四～四一名ほどからなる組織であったと推定される。

2　各役職の分析

次に、使用史料の性格をいかして、御目見以上とそれ以下を基準に役職ごとの人員構成上の特徴を検討していく。

(1) 御目見以上【徒士格の道橋方元〆】

表1から、①徒士（No.4・5・7・8）、②足軽から徒士（御目見格）へと身分上昇を果たした者（No.3・6・9・10・11）の二つに分類することができる。No.1宮川長大夫とNo.2吉原大八も②に該当する可能性が高いが、詳細は不明である。

はじめに①について。No.2吉原大八とNo.4吉原伝蔵、No.5久保式太とNo.7久保喜作は親子で、かつ子の伝蔵と喜作は、跡式相続を経て道橋方元〆見習からキャリアをスタートさせていることから、世襲による相続である。しかし、喜作の場合、元〆就任後わずか四年で後職に異動しており、必ずしも家職として成立していたわけではなさそうである。No.8小林柔介に関しては、前職が学校文学会頭、後職が句読方頭取と、用悪水や交通関係の業務を担当する道橋方にしては異色の経歴であり、元〆の職に就いていたのもわずか一年足らずである。

次に②について。前職がいずれも空欄になっているのは、典拠とした『家中明細書』が御目見以上の藩士のみを掲載するためで、No.3・6・9・10・11は、もともと足軽出身の人物である。たとえば、No.6石坂市郎右衛門は、安政三年に一代御目見席となるまで足軽小頭として元〆を務めていた。さらに石坂は、天保一三年（一八四二）から明治二年（一八六九）までの二七年間にわたってその職を全うしている。このほか、No.9春日安治は、天保五年時点では道橋方手附の職にあったが、[13]のちに元〆へと昇進し、さらに嘉永二年（一八四九）には一代御目見席を認められている。史料上で春日の名前を最後に確認できる下限は慶応元年なので、[14]少なくとも三〇年以上は道橋方に勤続していたということになる。このように、②のタイプは、長期間勤めるなかでその能力を認められ、足軽から徒士へと出世したパターンと考えられよう。

以上より、徒士格の道橋方元〆のなかでも、勤続年数が短く次のポストに早々と移動する①ではなく、勤続年数が長く足軽から徒士へと身上りした②のタイプが、専門職として実務の中心を担っていたと想定できる。

⑵御目見以下【足軽格の道橋方元〆、道橋方手附、道橋方仲間】

慶応元年の「支配明細書」から作成した表3を用いて、御目見以下の役人を考察したい。三〇名いるうちのNo.1〜12・14〜28が足軽、No.13・29・30が仲間である。これを役職ごとに区分けすると、元〆は足軽のなかでも苗字持ちの小頭と支配小頭格の者で占められること、他方の手附(定附)は苗字持ちと無苗字の足軽がおり、また、支配御足軽並御仲間小頭など足軽以外の階層も存在することがわかる(なお、仲間は足軽の下位に位置する年季奉公人とされているが[15]、詳細は不明である)。

ここで、松代藩の足軽について先行研究[16]をもとに確認しておきたい。同藩の足軽は、家老・奉行などの上級家臣の付同心として同心組に編成される。この同心組は一組一〇〇名前後を単位とした一〇組に編成され、さらに組の中は一組一〇〜四一名を単位とした小組に編成されている。この小組ごとに一名配置されていたのが小頭である。表3の支配小頭格と支配御足軽の詳細は不明だが、苗字を許されていることからみて、小頭相当の階層であろう。

また、松代藩の場合、城下町や周辺農村に居住しながら城下へ通勤し、職務に従事するという「在郷足軽制」を採用していた点に特徴がある。実際に表3を参照すると、道橋方に所属していた足軽も、城下町(荒町・肴町・離山・新御安口・鍛冶町・紙屋町・外田町・馬場町・同心町)と城下近辺の農村(西条村・西寺尾村)出身者で占められている。徒士格の道橋方元〆のうち②のタイプも足軽出身者であることを勘案すれば、道橋方に所属する人員の大半は、城下町とその周辺農村を供給源とした、足軽に依存していたことがうかがえる。

次に、勤続年数を示した表4[17]より、九〜一六年と長期にわたり勤務していた者が多かったことがわかる。元〆の最長勤続年数は松本喜文治で一五年、手附は中沢義兵衛で四三年である。表3の勤続年数と格式との関連についても言及しておくと、先のNo.11中沢義兵衛は四三年間勤務し永苗字上下御免を、No.7山崎弥兵衛も二六年間勤務し永苗字上

表4　勤続年数

○安政2年(1855)

役　職	0〜10年	11〜20年	21〜30年	31年〜	中央値
道橋方元〆	2	1	1		9
道橋方定附	14	8	2	1	9
道橋方仲間	1	1			9.5
合計	17	10	3	1	9

○文久元年(1861)

役　職	0〜10年	11〜20年	21〜30年	31年〜	中央値
道橋方元〆	1	1		1	15
道橋方定附	11	8	3	1	11
道橋方仲間	1		1		12.5
合計	13	9	4	2	13

○慶応元年(1865)

役　職	0〜10年	11〜20年	21〜30年	31年〜	中央値
道橋方元〆		2		1	19
道橋方定附	13	6	4	1	9
道橋方仲間	1		1		16.5
合計	14	8	5	2	12.5

出典)「御目見以下支配明細書」(真田家文書あ43〜45)。
註1）道橋方元〆見習の1名と就任年月が不明の2名を除いた数値。
註2）勤続年数には昇進以前の役職の年数も含む。

下御免を藩から許可されている。彼らのように一五年以上勤続してきた苗字持ちの足軽は、実務能力に秀でた人物だったと考えて間違いないだろう。そのなかで足軽から徒士にまで昇進したのが、表1の石坂市郎右衛門や春日安治なのである。

ただし、留意すべきなのは、こうした足軽が一定数存在する一方、手附(定附)の勤続年数でもっとも多いのが一〇年以下である点である。表3を確認してみても、数年程度の短い者が少なくなく、そしてその多くは無苗字の足軽である。この事実は、御目見以下の道橋方役人が、長期にわたって勤務しキャリアを積み重ねていく専門家集団としての一面を有する一方で、足軽という奉公形態に規定された流動的な性格も併存させていたことを示している。

最後に、跡式相続と親類関係について整

表５　跡式相続と親類関係

No.	名　前	役　職(就任年月)	跡式相続(相続年月)	親 類 関 係
1	松本喜文治	道橋方定附(文政10.5)→道橋方元〆(嘉永3.4)	支配小頭格定附竹岡甚七郎跡式(文政10.5)	
	松本芳之助	道橋方元〆見習(万延元.12)		松本喜文治悴
2	宮下吉大夫	道橋方定附見習(天保6.11)→道橋方定附(天保15.3)	父軍蔵跡式(天保15.3)	
	宮下軍蔵	道橋方定附(万延元.10)→隠居(文久元.5)→道橋方定附(文久2.8)	父宮下吉大夫跡式(万延元.10)	宮下吉大夫悴
3	清水富右衛門	道橋方定附(天保5.2)	支配御足軽定附万作跡式(嘉永元.2)	
4	吉池与市	道橋方定附(弘化3.6)→道橋方元〆見習(嘉永2.12)→道橋方元〆(嘉永3.4)	父吉郎兵衛跡式(嘉永3.3)	
5	峯之助	道橋方定附(天保15.12)	従弟元吉跡式(嘉永5.2)	
6	小林健吾	道橋方定附(嘉永5.8)	父保介跡式(嘉永5.8)	
7	山崎小兵衛	道橋方定附(安政2.7)		道橋方定附山崎弥兵衛悴
8	喜代五郎	道橋御役所番(安政3.1)	跡式(安政3.1)	
9	五明甚左衛門	道橋方定附(弘化4.5)→退役(万延元.7)→道橋御役所番(万延元.8)→道橋方定附助(万延元.10)→道橋方定附(万延元.12)	小林健吾跡式(安政4.1)	
10	清大夫	道橋方定附(嘉永3.2)	父清大夫跡式(安政6.2)	
11	月岡万蔵	道橋方定附(天保6.7)	支配御足軽定附清水□左衛門跡式(安政6.12)	月岡万作養父
	月岡万作	道橋方定附(慶応元.5)	養父月岡万蔵跡式(慶応元.5)	月岡万蔵悴
12	佐藤市治	道橋方定附(嘉永2.12)	父佐金治跡式(文久3.1)	
13	荘五郎	道橋御役所番(元治元.4)	跡式(元治元.4)	

出典)「御目見以下支配明細書」(真田家文書あ43～45)。

理した表5を確認しておく。No.1〜2・4〜7・10〜12は親類関係によって、No.1・3・9・11は足軽株の購入[18]によって相続している。なかでも前者による相続については、「支配明細書」に記載の五一名のうち一三名、約二五％に上る(ただし、「徒弟跡式」とあっても血縁関係になく、実際には株の買得による相続だった可能性もありうる)。また、No.4吉池与市が道橋方定附→道橋方元〆見習→道橋方元〆、No.2宮下吉大夫が道橋方定附見習→道橋方定附のコースをたどっているように、下位の役職や見習からキャリアをスタートし、徐々に昇進していく世襲足軽も存在する。事例が少なく、かつ幕末の一時期のみを検討対象としているため留保が必要だが、一部の足軽のなかで家職化していた可能性がある。

小　括

本節での分析から、道橋方役所で実務を担当していたのは、城下町とその周辺農村出身の道橋方元〆と手附、すなわち足軽層と足軽から身上りした徒士格の者だったと理解してよいだろう。また、足軽といえば年季奉公人・日用層とのイメージが一面ではあるが、道橋方の場合、こうしたイメージのみで把握することは難しい。すなわち、長期にわたり同一部局に勤務し、キャリアを積み重ねるなかで職務に応じた技能を習得した、専門家集団としての性格を有するのである。

以上の検討を、道橋方と同じく在地支配を管掌する郡方と比較しておきたい。道橋方の人数は三四〜四一名ほどになるが、この人数は郡方と比べると格段に少なく、たとえば、郡方では文政年間に一二五名が所属しており[19]、このうち勘定役の人数に限ってみても、同一〇年時点で三六名にも上っている[20]。また、郡方で実務を担う代官や勘定役が御目見以上の格式であるのに対して、道橋方元〆と手附は御目見以下の足軽層が中心である。したがって、郡方と比較する限り、道橋方は小規模な組織で、かつ人的基盤も町人・百姓出身の足軽層に依存した脆弱なものであったと考えられる。

二　八幡堰一件(1)—天保二年—

1　対象地域の概観

第二・三節では、幕領と松代藩領が錯綜する地域で生じた天保年間の八幡堰一件を素材として、道橋方の水論処理を検討する。主な使用史料は、北長池区有文書（現在の長野市北長池）に残る日記群で、この日記から道橋方の訴訟対応を明らかにしていく。

はじめに対象地域を概観しておく。八幡堰一件が生じた地域は、裾花川[21]・犀川・千曲川に囲まれた扇状地で、善光寺の門前町と村落部からなる（以下、図2参照）。この地域の主要な用水源は裾花川で、善光寺町に隣接する妻科村で取水される。取水された用水は、同村内の「大口」と呼ばれる分水口において、八幡堰と山王堰の二つの幹線水路（＝堰）[22]に分流する。このうち八幡堰は、さらに同村内で北八幡堰と南八幡堰に分流して各村を灌漑したのち、最終的には千曲川に排水される。この南北八幡堰の分水地点が本一件の論所である（現在の信濃毎日新聞社裏手に位置）。

南北八幡堰を灌漑用水とする村は二七ヶ村に及ぶ。表6はこれらの村を一覧にしたものである。南八幡堰の水掛り高（＝灌漑田高）が記載されているNo.1～10が南八幡堰流域の村であり、記載のないNo.11～27が北八幡堰流域の村となる。ただし、南八幡堰流域に位置しながら北八幡堰からも取水している村が大半であり、かつ南八幡堰を用水源として依存する割合も区々であった。このことは、訴訟時の各村の対応に温度差を生じさせる要因となる（後述）。さらに支配関係もみると、北八幡堰には、上流から下流域に松代藩領、末流に幕領（中之条代官所・中野代官所）が、他方の南

図２ 八幡・山王堰の概念図

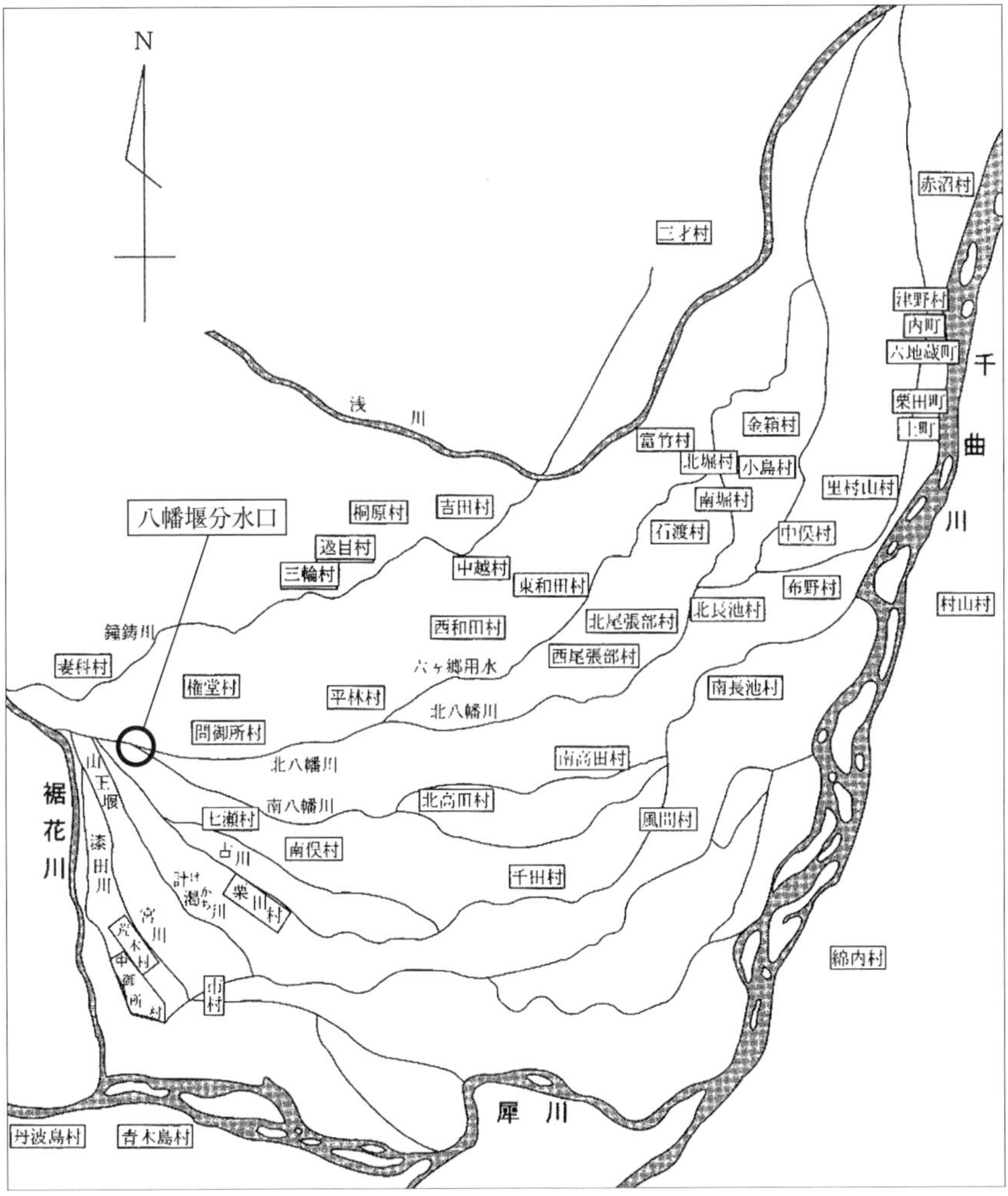

出典）『長野市誌』第三巻 歴史編 近世一（長野市、2001年）687頁。

表 6　八幡堰流域の諸村

No.	町村名	支配（天保 9 年頃）	天保郷帳	水掛り高	
				八幡・山王堰	内南八幡堰
1	妻科村	松代藩	636.680	100.000	10.000
2	問御所村	椎谷藩飛地領	188.223	49.000	23.140
3	七瀬村	善光寺領	406.174	231.610	67.580
4	北高田村	松代藩	964.850	638.045	105.000
5	上高田村	松代藩	969.018	232.327	177.090
6	下高田村	松代藩		558.692	302.800
7	風間村	松代藩	690.926	327.773	180.223
8	西尾張部村	松代藩	537.500	447.789	310.000
9	南長池村	松代藩	486.960	399.700	296.549
10	北長池村	松代藩	873.677	363.782	282.725
11	西和田村	松代藩	976.000	232.432	
12	東和田村	松代藩		363.275	
13	北尾張部村	松代藩	493.012	437.337	
14	石渡村	松代藩	402.380	316.729	
15	南堀村	松代藩	354.500	202.090	
16	北堀村	松代藩	354.240	189.180	
17	小嶋村	松代藩	730.414	468.937	
18	布野村	松代藩	411.700	190.900	
19	中俣村	松代藩	652.069	468.465	
20	里村山村	松代藩	608.120	413.637	
21	富竹村	中之条代官所	911.201	500.000	
22	金箱村	中之条代官所	355.337	146.000	
23	長沼上町	中之条代官所	508.445	1,690.744	
24	長沼栗田町	中之条代官所	446.519		
25	長沼六地蔵町	中之条代官所	549.881		
26	長沼内町	中野代官所	260.145		
27	津野村	松代藩預所 中之条代官所	921.790		

出典）「裾花川用水掛り村々田高附覚」（刀根川千尋家文書）、天保 3 年「御用水路組合田高調村々連印帳」（北長池区有文書第38封-1）、同 9 年「差上申済口証文之事」（同前文書第19封の2-5）。

註）　妻科村と七瀬村の水掛り高は、元禄 4 年「用水村々高附之覚」（北長池区有文書第13封-2）をもとに修正した。

八幡堰は、越後椎谷藩飛地領・善光寺領・松代藩領が配置されている。当該地域は、松代藩領を中心に複数の所領が混在しつつも、流域に応じて偏在していたといえる。

本一件においてキーパーソンとなる長沼上町（中之条代官所）の松江善右衛門、里村山村（松代藩領）の小坂市三郎、妻科村（松代藩領）の石黒伊兵衛・源左衛門についても説明を加えておきたい。八幡・山王堰を用水源とする三三ヶ村（村数は時期や数え方により異同がある）の間では、八幡堰と山王堰の分水地点である大口の維持管理を目的に八幡・山王堰組合が組織されていた。(23) この組合では、幕領の触元を松江家が、松代藩領の触元を小坂家が代々務める慣行だったようである。触元の職掌については別途検討を要するが、組合で普請を行う場合、松江家が幕領の長沼用水組合（後述）と小坂家に普請の連絡を入れ、小坂家は松代藩領の各村宛てに廻状を発給していたことが種々の史資料(24)からうかがえる。また、のちにみるように石黒家は小坂家とともに普請の世話役を務めていた。

2　一件の経過

一件の当事者は、南八幡堰流域の南八幡堰用水組合（表6 No.1～10の松代藩領・椎谷藩飛地領・善光寺領諸村。以下、南八幡）と、北八幡堰流域の長沼用水組合（No.21～27の中之条代官所・中野代官所諸村。以下、長沼）である。前者は、共同で人足を負担し普請を行うなどして、南八幡堰流域を管理していた。(25) 後者については同時代史料を欠いており、現時点での詳細は不明であるが、北八幡堰末流域を中心に管理していたと推察される。

この一件は、天保二年（一八三一）五月三日に八幡・山王堰組合による普請が行われた際、里村山村の小坂市三郎と長沼上町の松江善右衛門が、北長池村（松代藩領）出役小左衛門に対して、南八幡堰側の分水口が崩れていると立会を申し入れたことから始まった。(26) 触元の両人が申し入れをしたのは、南八幡が管理する南側の分水口が崩落し、北八幡

図3　八幡堰の分水口

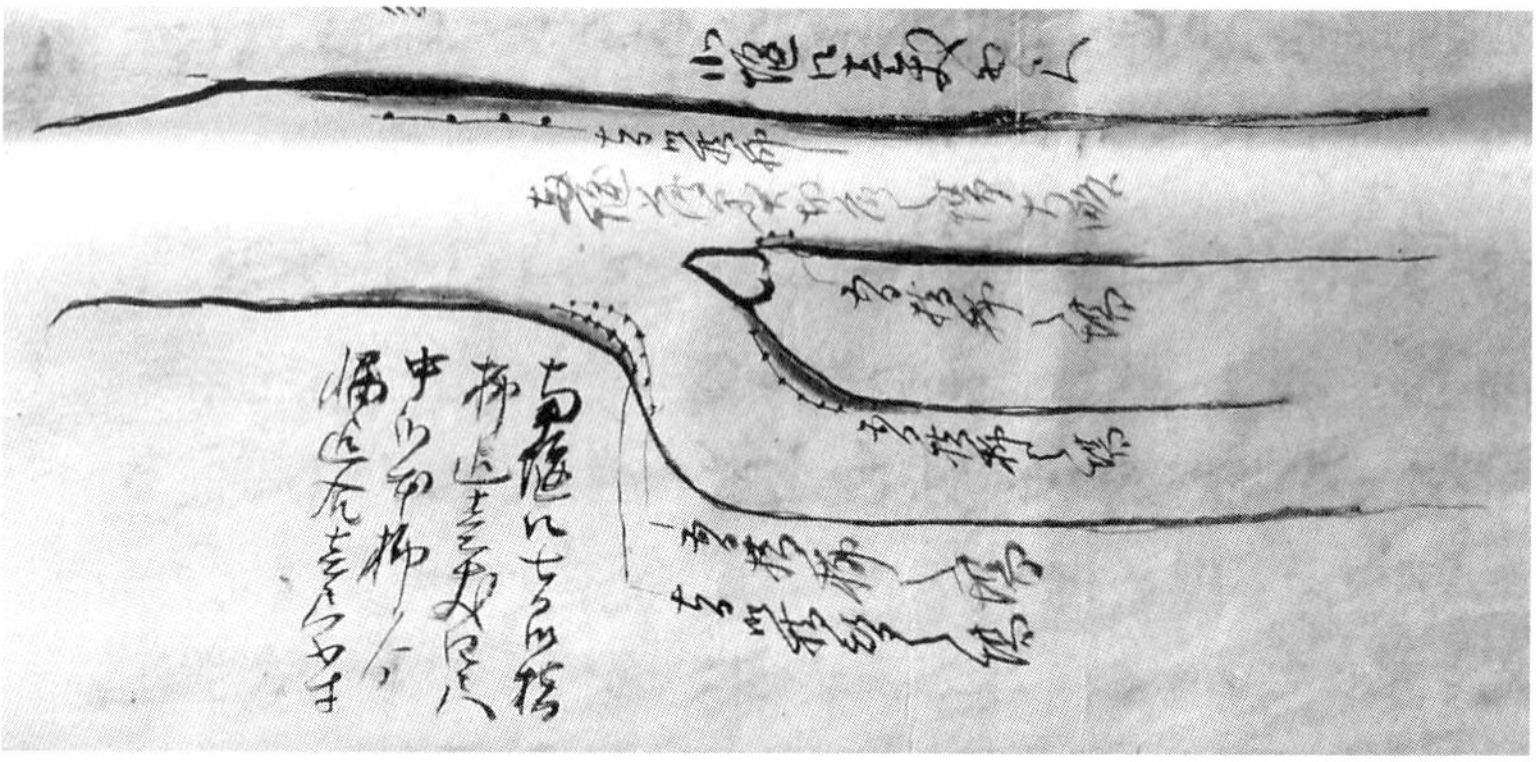

出典）「八幡堰分口一件日記」（北長池区有文書第13封-12）。

堰側への流水量が減少したため、その是正措置として普請を実施しようと考えたからであろう（図3は八幡堰分水口を描いたもので、上側が北八幡堰、下側が南八幡堰である）。

右の申し入れを受けて、小左衛門は、自らの一存では決められない、かつその間に何かあれば市三郎に掛け合うと返答している。以下、北長池村の村役人が作成した日記から、その後の展開をたどっていく。

〔史料1〕(27)

一其後日限不詳候得共、市三郎・善右衛門両人ニて、町先打杭籌懸取繕候趣及承候処、荒塊之節見廻人足共罷越候処、右取繕之義ニ付引払仕、右杭車屋共江預置候趣申聞候、依之其後村山村市三郎、小左衛門方江罷越、如何之訳を以町先取繕候処引払候哉、如何敷も候ハ、私方へ可申聞候処、無其義不都(1)束之義之由懸合候処、右引払之義当村ニ而者頼不申候趣挨拶致置候、依之御役所江右之趣、当村小左衛門・永左衛門、南長池村寿吉度々御訴申置候、然処其後村山村市三郎ゟ右場所立合致呉候様申聞候ニ付、当組合ニ而者、村山村市三郎幷当組合ニて得与立合致呉候様挨拶候処、市三郎不承知之由頻而申切候ニ付、当組合ニ而者、長沼与立合致候訳無之由申聞置候、(2)依之立合之趣御役所江相伺候処、不及立合、万一異論等有之候而者迷惑之訳も有之間、其趣心得候様御元〆吉原伝蔵様ゟ御達有之候、其後度々村山ゟ申越候得共取敢不申処、翌年天保三辰年四月十九日、長沼村善右衛門、十二組幸右衛門方へ罷越申口、去年中八幡堰分口之義、去年之侭打捨ニ候而者私共も難立間、何れ御組合御談之上、来ル廿四日立合取極候趣申、殊ニ御役元へも可参候得共其元の宜敷申頼趣申、善右衛門引取候ニ付、同廿一日夜内寄合、下高田村唯右衛門、南長池村寿吉、上高田村長右衛門、西尾張部村善左衛門、当村金兵衛・荘左衛門出席候処、一同迚も此上御上御苦悩ニ可相成間、不立合罷有候趣可然旨取定、一同引取候、

附廿一日南長池村寿吉与右立合候処、広候得共調兼候ニ付、何れ伺候方可然奉存、廿二日寿吉伺候処、立合不及、立合候得者異論相成候間、其旨相心得候様被仰出候ニ付、廿二日寄合之趣取定候、[3]

小左衛門の返答後、市三郎と善右衛門が相談もなく南八幡堰の分水口に打ち杭をしたため、南八幡の者がその杭を抜き取り、善光寺後町の町宿車屋嘉右衛門宅に預けた。こうした南八幡側の行動に対して、市三郎は、何かあれば私に掛け合うべきところ不束であると抗議している。触元の両人は杭を施して水行を調整しようと試みたのであろうが、当事者の合意を得ずに打ち杭をしたため、南八幡側の反発を引き起こしたのである。また、この件については、南八幡の北長池村と南長池村の三名が「御役所」＝道橋奉行所に何度か報告している（傍線部(1)）。

市三郎は引き続き長沼・南八幡・市三郎の三者による立会を提案している。提案に対して南八幡は、長沼と立会う理由がないとして、長沼を除いた二者による立会を希望したようだが、市三郎に断られたため道橋奉行所へ伺いを立てたところ、道橋方元〆の吉原伝蔵から、①立会には及ばない、②万が一異論があっては迷惑なのでその旨を心得ることを旨とする達しを受け取った。そして、吉原の指示に従い、その後の市三郎の提案にも取り合わずにいた（傍線部(2)）。ここで市三郎が三者による立会を要求したのは、崩落した箇所の普請仕法により南北八幡双方の分水量に影

響が生じるため、三者の合意にもとづく普請が不可欠だったからであろう。他方の南八幡は、崩落は少々あるものの普請は必要ないとの立場であったことから（「欠崩者少々有之候得共格別之目障り者不相成」[28]）、長沼の立会＝普請の実施を拒んでいたのである。なお、吉原伝蔵は徒士格の元〆で（表1）、以後一貫して応対していることから、八幡堰一件を担当していたと考えられる。

以降、約一年進展はなかったが、翌年四月一九日、善右衛門は北長池村に来村し、五日後の二四日に立会を行うことを提案している。善右衛門の提案を受けて、南八幡のうち上高田・下高田・北長池・南長池・西尾張部の五ヶ村は、二一日に寄合を開催し、立会を拒否して出訴する意向を固めた。そして翌日には、南長池村の寿吉が吉原に再び伺い、吉原は、①立会には及ばない、②立会うこととなれば異論になるのでその旨を心得ることを指示している（傍線部⑶）。二三日に開かれた南八幡の寄合では、「先日御出之節仰置之義組合談合候処、兎角不都合候間、来ル廿四日立合之趣御延引之趣挨拶候処、承知之由ニ候」と、吉原の指示内容を組合中で相談したうえで、善右衛門に立会の延期を伝え、了承を得ている。

同月二五日には、先の五ヶ村に風間村を加えた六ヶ村で再度寄合が開かれた。この席で南長池村は出訴することを引き続き主張したものの、北長池村は、「当村ニ而内談致見候処、御苦悩ニ相成候而者村方為ニも相成間敷間、和談之歩楯可然内談取定」と、出訴は村のためにもならないゆえ、内済で内談すべきだと村内で決定したと主張している。この北長池村の主張にほかの組合諸村も同調したため、同日中に北長池村栄左衛門と長沼上町善右衛門との間で両者和談の意向が確認されている。当時、水論が原因で難渋に陥っている村も発生していたことから[29]、組合各村は、訴訟費用の負担による村方の疲弊を恐れて出訴回避で利害が一致した結果、内済の方向で話がまとまったものと看取される。

そして、二七日の大口普請の際、北長池村出役与五兵衛と善右衛門との間で話し合いが持たれ、内済に向けた準備を進めることが正式に決まった。その後、南八幡は、触元の市三郎に普請仕法と立会について相談し、論所となっている分水口の普請仕法を決定し、かつ長沼との内済交渉を進める扱人を市三郎に依頼している。しかし、五月六・九・一一日の三回にわたって依頼したものの、市三郎は聞き入れなかった。南八幡は一貫して長沼との立会を避ける意向であったのに対し、市三郎は長沼も加えた三者による立会をこの段階でも主張していたため（「内見立合之一条斗ニ有之候趣」）、両者の溝が埋まらず、それゆえ市三郎は扱人を引き受けなかったとみられる。

　こうした市三郎の返答を受けて、一一日には、下高田・北長池・南長池の三ヶ村五名による内評のうえ、「大口水取揚普請世話役」[30]を務める妻科村（松代藩領）の石黒伊兵衛に扱人を依頼することを決定した。この翌日には、「右ニ付伺、助十郎・南長池村寿吉出役、吉原伝蔵様へ伺書以申上候処、何れ口上ニて伺候方可然、依之右内評之始末御聞置之事」と、元〆の吉原に伺書を提出し、「右内評」、すなわち扱人を伊兵衛に依頼する旨を報告し、了承を得ている。

〔史料2〕[31]

一十五日、（中略）然処妻科村伊兵衛殿罷越申条は、扨八幡堰分口町先之義ニ付、段々御組合村々長沼村与異論之様子ニ付、甚私堰上ニ罷有、気之毒之至ニ付、何卒立入双方和談為致度存心ニ致（至）候、私存寄ニ者、右町先江打杭七表（俵）等致候ては難済間、右町先江石臥有形ニて規定致度存候、依之御組合何卒御承知被下候様被申聞ニ付、何れニも御尤之至極、（後略）

　内評から四日後の一五日、組合全村と妻科村伊兵衛が会談し、史料2の通り伊兵衛は扱人を引き受けた。伊兵衛が扱人を引き受けた理由は、自身が堰の上流に住んでいることを述べているように、妻科村が当事者と直接的な利害関係にない井元村であったことが大きい（妻科村地内は裾花川の取水口で、八幡堰と山王堰の分水地点でもある）。また、市三郎と同様、当地の水利慣行に長じた普請世話役を務めていたことが、そもそも扱人として適任だったのだろう。一一日の内評で伊兵衛への依頼を決めていたのも、普請世話役としての立場が関係していたと考えられる。

会談において、伊兵衛は分水口に石を伏せ込むことを提案しており、南八幡の組合各村は自村で相談のうえで一七日に返答する手筈となった。翌一六日、南長池村と西尾張部村は道橋奉行所に前日の伊兵衛との会談内容を報告している(「右之訳御役所へ南長池村・西尾張部村伺之事」)。そして一八日には、南八幡全村と伊兵衛との間で、先の提案に関して寄合が開かれた(当初の一七日から一日ずれた模様である)。その席において伊兵衛は、「先日御談之町先石置之義、長沼村へ談合候処承知ニ付、何れ御組合ニて御承知被下、私へ御任置被下候様御頼申旨有之処」と述べ、長沼から石を敷設することの了承を得ていた伊兵衛は、自身に普請仕法を一任するよう南八幡側へ求めた。これに対して南八幡側も了承し、翌日には分水口の普請が行われ、一件は終結することとなった。

小　括

本事例で注目しておきたいのは以下の三点である。

第一に、出訴以前の段階から道橋方役所と村との間で緊密な関係が構築されていたことである。南八幡の組合各村は、分水口の立会について道橋方元〆に伺いを立て、その指示を仰いだり、一件の経緯や内済の進捗状況を報告したりしていた。他方、組合の伺いに対して元〆の吉原伝蔵は、立会を回避するよう指示を出すことで、幕領の長沼用水組合との間で係争化するのを防ごうとしていたと考えられる。

第二に、八幡・山王堰組合の触元と世話役の役割である。普請世話役の妻科村石黒伊兵衛は、扱人として本一件を解決した中心人物であった。触元の里村山村小坂善右衛門も、南八幡が扱人として当初依頼していた事実から首肯される通り、紛争解決の主体となり得た人物である。水利慣行に長じた有力者が、所領を越えて展開する水論の解決に果たしていた役割は重要である。

第三に、用水組合内部の複雑な利害関係である。南八幡堰用水組合では、南八幡堰の水掛り高の大きい西尾張部・下高田・南長池・北長池・上高田の五ヶ村が、出訴や内済の方針を決めたり、善右衛門や吉原へコンタクトをとったりしていた。すなわち、用水への依存度に応じて各村の訴訟対応は区々なのであり、組合の意思決定の中心は依存度の高い右の村々であった。

なお、一件後の同組合では、不明であった各村の水掛り高が調べられ、訴訟費用や普請人足の負担方式が従来の村高割から灌漑石高割へと移行している(32)。水論を契機として水利慣行に変化がもたらされたのである。

三　八幡堰一件(2)―天保八年―

1　一件の経過

一旦は終息したものの、五年後の天保八年(一八三七)六月二六、七日頃、何者かによって南北八幡堰の分水口が切り広げられていたことが発覚した(33)。図3において薄墨で描かれているのが、切り広げられた箇所である。以下、一件の経過を追う。

発覚後の七月二日、松代藩領の里村山村触元小坂善右衛門(市三郎子か)と同藩領妻科村普請世話役の石黒源左衛門(伊兵衛孫)は、分水口の普請を南八幡堰用水組合(以下、南八幡)に申し入れた。これに対して南八幡は、原状回復以外の普請を認めることはできないと返答し、さらに翌三日に開かれた同組合の寄合では、以降は組合全村で評議し対処する旨を申し合わせている(「評義之義者此上組合一同可成丈申談可致様」)。他方、北八幡堰流域の長沼用水組合(以下、長沼）は、二日に長沼上町の甚三郎（触元松江善右衛門子か）の私宅で寄合を開き、その後、善光寺大門町の町宿池田屋に集まっている(34)。また、翌日に北八幡堰流域の幕領（中之条代官所・中野代官所）と松代藩領の村々一同で分水口を見分している(35)。町宿で会合を開き、利害を共有する北八幡堰流域の各村で見分している点からみて、北八幡堰諸村は出訴する意向をすでに固めていたと考えられよう。そして四日には、南八幡の南長池村久右衛門と善右衛門・源左衛門との間で南八幡堰側の普請仕法が話し合われたものの決裂し、これを受けた北八幡堰流域の諸村は、松代藩に提訴した模様である(36)。

以下では、前節と同様に北長池村村役人作成の日記を参照しつつ、出訴後の松代藩道橋方の訴訟対応を検討していく。

〔史料3(37)〕

一同（七月五日）七ッ時頃、両堰分両人ニ而見分ニ罷出候処、組合村々見分致罷帰り途中ニ而合申、夫ゟ分口見分致居候処、(1)御出役様方御出被成候ニ付一通り御伺申上候、夫ゟ車屋嘉右衛門之方ニ組合村々罷居候ニ付、当村ニ而も右之場へ申出候、一同(2)内談仕候、即刻御出役様御立帰り有之、双方和談与致し殊（事）済ニ致候様御理解有之候ニ付、一通り御請申上候処、右分口へ指柳致置候間見分致否御申聞様被仰聞候ニ付、組合一同見分致候処、当組合堰口へ左右へ御立有之、八幡堰待居北へ御立有之、左之通り、

七月五日、「両人」＝北長池村出役の栄左衛門と久作が、分水口を見分していた際、「御出役様」＝道橋方元〆の吉原伝蔵と野中軍兵衛が出張してきたため、書面で内々に伺いを立てた(38)。そして、善光寺後町の町宿車屋嘉右衛門宅において、吉原と野中は口頭で内済を指導したとみられる（傍線部(1)）。この時、吉原と野中は、南北双方の分水口に差柳（指柳＝打杭）を施している（傍線部(2)）。図3のうち「五日指柳之場」と書かれている箇所がその場所で、元〆の両人

は、南八幡堰側を中心に柳を敷設することにより、流水量の是正を図ったのであろう。

しかし、後掲の史料8で「往古ゟ分水候間数議定者無御座候得共」と示されているように、分水口の堰幅について明文化された規定が存在していなかった当時、合意もなく差柳を敷設し配水量を決定することは、当事者の村からすれば到底承服できるものではなかった。それゆえ、五日以降は差柳の位置をめぐる議論へと争点が移行しており、藩役人による水利秩序への直接的な介入が問題を複雑化させることとなる。なお、元〆の二名は車屋宅に前日の七月三日から出張しているが、少なくとも同月一〇日まで善光寺の町場に止宿し、そこで以降の指導や吟味を行っていた。

さて、差柳の件については、帰村後に村役人や年寄らと相談のうえで見分し、返答するようにとの口達が道橋方元〆よりあった。そこで翌六日、南八幡は善光寺石堂町の茶屋太兵衛方で寄合を開いたのち、道橋方元〆の止宿先に出向き、差柳撤去の希望を口頭で伝えた。それに対して元〆は、「又々種々御理解有之候ニ付」と返答している。

七日には元〆の止宿先に召喚され、分水口の見分が行われた。この時、組合が「此度御普請之処御目印種々迷惑之趣」を訴えたところ、元〆は南八幡堰側の差柳を土手沿いに動かし、北八幡堰側に新たに差柳を施した。図3で「七日御指柳(之場)」と書かれているのがその箇所で、要は北八幡堰に注ぐ水量を減少させ、反対に南八幡堰の水量を増加させる処置がとられたのである。しかし、南八幡の要望を一定程度聞き入れた処置を行ったにもかかわらず、納得することはなく、七日と八日に南八幡は再度元〆に訴えている。訴えを受けて翌八日には、組合のうち北高田村・西尾張部村・北長池村連名による返答書の作成が元〆から命じられた。次に、史料4の返答書と返答するまでの経過を記した史料5の日記を確認しておきたい。

〔史料4〕[39]

(端裏書)
「七月十日御出役様江差上ル

善光寺ニ而　甚重郎
出役　亥作
「　　」」

乍恐以書付御答奉申上候

御用水八幡堰町居之場所双方堰口切落し候処、異論罷成、依之大口水取揚普請世話役妻科村伊兵衛孫源左衛門・里村山村善右衛門両人ゟ奉願候ニ付、今般御出役被成下置、論所御見分之上柳之條ニ而目印御付被下候上、種々御理解被成下置候得共、御受仕兼候ニ付存意御尋御座候、

此段、右御目印之場所拝見仕、組合村方一同篤与及相談候処、両堰共切落し候ニ付右已前ゟ水行狂ひ、長池堰之方是迄ゟ水行減候得者、流末故御用水差支ニも相成可申(※貼紙)哉与奉存候ニ付重々奉恐入候得共組合一同御請難仕段御訴訟奉申上、一躰当村之儀者両堰掛合有之候得者、何分此上　御勘弁被成下置候様奉願上候、以上

天保八酉年七月

北長池村
中沢組
名主　留吉
組頭　金兵衛
中組
名主　重兵衛
組頭　富蔵

十二組
名主　達右衛門
組頭　長治郎
西尾張部村
名主　喜左衛門
組頭　喜右衛門
長百姓　藤七

御出役衆中様

（貼紙）
「哉与奉存ニ付、只今迄組合一同罷出御請難仕段御訴訟申上奉恐入候、一躰当村之義者両堰掛合有之候得者、何分此上　御勘弁被成下置候様奉願上候、以上」

〔史料5〕(40)
一九日、北高田村者答書別、同村者八幡懸り多く有之候ニ付元〆様江御伺、西尾張部・当村者答書連名ニ而差上置、夕方、久作・甚十郎、太兵衛迄出役、

出役
金兵衛
（甚カ）□右衛門
亥作
久作　泊り

（中略）

一十日、元〆様江甚十郎亥作参り、前日差上候答書御書入成被下候ニ付認直シ差上候処、印形致候様被仰候ニ付、今朝御触ニ付松代江印形持参仕候旨申上候処、西尾張部村ニ印形為致差出候様被仰候ニ付、答書西尾張部村藤七江渡し遣し候、右之趣久作殿江咄シ置、九ッ過甚十郎亥作罷帰り候、跡ニ而扱人千田村新助栗田村杢左衛門横山源十郎、組合村江一件、

十七日迄之日延、

出役　金兵衛　甚十郎

久作　亥作

元〆に提出した史料4の返答書で北長池村と西尾張部村は、水量が減少し難渋するため、差柳は承服し難い旨を主張している。返答書後半の文章は貼紙で訂正されており、この訂正された貼紙の箇所が、史料5で示されている元〆の添削部分である。右の史料から、文書作成のプロセスについて以下の点を指摘しておきたい。

第一に、当初北高田・西尾張部・北長池の三村連名による返答書の作成を命じられていたが、北高田村の水掛り高を道橋方元〆に伺った結果、西尾張部と北長池の二村連名に変更されている。北高田村は村内が複数の集落に分かれているため、全村の水掛り高六三八・〇四五石のうち、五分一組三三石と久保組七二石の合計一〇五石[41]のみが、南八幡堰の水掛り高であった(表6)。つまり、同村は北八幡堰に用水を依存する割合がほかの南八幡組合各村よりも大きく、そのため南八幡側として返答書に署名するのが適切か否か伺い、元〆方に指示を仰いでいたのであろう。

第二に、元〆が返答書を添削していた点である。まず捺印していない返答書を北長池村と西尾張部村が七月九日に提出したのち、元〆が添削を加えて翌日に返却している。次に、両村は添削内容を反映させた返答書を再び提出し、そのうえで捺印をするという手順を踏んでいる。こうした藩役人による文書作成への関与は、代官が村の願書を添削し、さらには郡奉行へも回覧したうえで書き直しを命じていた事例と類似している[42]。道橋方元〆の上役である道橋奉

行の関与は不明だが、道橋方も村が提出する書類に添削を加えて指導していた事実は重要である。

さて、藩は栗田村・千田村・横山村から扱人を指定しており、この扱人に妻科村の源左衛門を加えた四名が仲裁役となって、以降の内済交渉が進められていく（主な交渉場所は石堂町の茶屋太兵衛方である）。交渉過程では、扱人の栗田村杢左衛門と千田村良水が、南八幡に対して分水口を原状回復するための普請を提案したものの、南八幡側は「御扱人中元通り之処御存有之候哉」と返答している。堰幅の明確な規定が存在していないため、「原状」の中身をめぐり合意を形成できずにいたのである。

交渉が行き詰まりをみせる最中、杢左衛門・良水と源左衛門が藩の意向（「御上様御内意之趣」）を背景として普請を迫った結果、南八幡は、扱人方で事前に作成した普請仕法を図面で確認したうえで、提案を承諾するように態度を軟化させている。道橋方は、扱人を通じて交渉過程に関与していたことがうかがえる。

八月六日には、扱人が絵図面を作成して南八幡に確認を行い、組合各村で相談のうえで普請の可否を決める手筈となったが、五日後の一一日、道橋奉行所は南八幡の四名を召喚し、「扱人衆申聞候趣ニ而和談仕候様御理解被仰含」と、扱人の趣意で和談するよう内済へと誘導している。奉行所から半強制的な実質上の内済命令を下されたことを受けて、南長池・上高田・下高田・西尾張部の四ヶ村・四名は、道橋奉行馬場介作に内済の趣意書[43]を提出し、馬場は「猶此上心得違等申候ハヽ、厳重申付方有之旨」を申し渡している。こうして普請の実施が決定したが、今度は源左衛門から南八幡に長沼が普請に反対したとの連絡が入り、結局普請は頓挫する結果となった。

〔史料6〕[44]

一八月十九日、分口一件御訴御聞置ニ付、亥作・長次郎松代江出張候処、元〆宮川様御出役ニ而被仰候者、組合村ニ而不及訴処念入候、扱人ニ而可申出候処、何れ扱人ニ出合候ハヽ、此方江早速可罷出様申通候様被仰渡候、

右の史料から、破談となった際、北長池村の二名が松代へ出張し、元〆の宮川長大夫に内済が破談した旨を報告していたことがわかる。報告に対して宮川は、南八幡側では訴訟せず、扱人に出会ったら自分(宮川)の所に来るように言うよう命じている。奉行所は、扱人を通じて内済を指導するだけではなく、訴訟当事者に対しても口頭で直接指導を行っていたことがみてとれる。

同月二五日には、以前提案した普請仕法に修正を加えた案を源左衛門が提示し、その案を「御内々御役所江申立」てることを組合の寄合で決定している。実際、二八日には元〆の吉原に「御伺内々御聞置」をしている。また、伺いの際に南八幡の村々は、北八幡堰の分水口にも打杭(=差柳)すべき旨を上申している。この上申を受けて吉原は、①立入人に掛け合ったうえで北八幡堰側にも打杭をすること、②①をしなければ南八幡堰側の杭を撤去してよい旨を返答している。吉原の返答を得た南八幡は、源左衛門と扱人に右の件を相談するが拒否され、翌九月四日に再び吉原に「御聞置」に伺っている(ただしこの時吉原は不在だった)。ここでも、交渉の進捗状況を報告することを通じて、奉行所と村との間で直接コンタクトをとっていた様子が確認できる。

2　内済成立

以降の経過については、史料上の制約から詳細は不明だが、翌天保九年二月まで日延となったのち(45)、再度内済交渉が進められたと推察される。

〔史料7〕(46)

八幡堰分口一件付、此度長沼村ゟ中ノ条江願出、来ル七日場所為見分出役有之ニ付、立合之義懸合有之候、中ノ条ニ而ハ善光寺へ出向有之由ニ付、自分義も同所最寄江出役可致与申入候間、宿用意可致候、且右ニ付尋之義有

之間、明五日訴答共壱両人ツヽ申合、当　御役所江可罷出候、以上

四月四日　　　吉原伝蔵

南長池村ニ外組合

小嶋村

布野村ニ外組合

史料7は、元〆の吉原から松代藩領の八幡堰流域諸村に通達された文書の写である。内容は、四月七日の論所見分に備え、①中之条代官所役人が止宿する善光寺近辺で宿の用意をすること、②五日に出頭することを命じている。この時には、南北八幡の村で相談し、大門町の江戸屋を宿泊先に決めている[47]。また、これ以前の三月二〇日、中之条代官所手付百瀬新兵衛、松代藩道橋方元〆吉原伝蔵、同藩預所安岡安左衛門、椎谷藩出役、善光寺領代官今井磯右衛門による論所見分が実施されている[48]。江戸表へ提訴することなく、領主役人共同で訴訟を処理していったものとみられる。

そして、四月二二日には国元で内済が成立した。次にこの内済証文を示しておこう。

〔史料8[49]〕

差上申済口証文之事

信州水内郡長沼五ヶ町外拾八ヶ村ゟ同郡長池村外八ヶ村江相掛、善光寺朝日山腰煤華川ゟ引取候用水堰幅切広ヶ候一件ニ付、今般　御立会場所御見分之上、当時御糺中扱人立入双方得与承糺候処、往古ゟ分水候間数議定者無御座候得共、双方立会之上実談を以分水仕来候処、去酉六月中堰浚之節堰幅切広ヶ候ゟ事起候義ニ而、行違之義者扱人貫請熟談内済仕候趣意、左ニ奉申上候、

一堰幅切広ヶ候場所元形ニ杭木相建取繕、絵図面為取替候上者、已来心得違無之様分水可致事、
但字八幡堰長沼五ヶ町外十八ヶ村江引取候用水堰幅壱丈五尺壱寸程、同長池村外八ヶ村江引取候用水堰幅壱丈
壱尺四寸五分程、当時有形ニ御座候事、
一分水口堰浚之義者、先規之通双方立会可申事、
前条之通熟談内済仕、偏ニ
御威光与難有仕合ニ奉存候、然ル上者、右一件ニ付双方共重而御願筋毛頭無御座候、依之訴答幷扱人一同連印済
口証文差上申候処、如件、（後略）

内済の内容は、分水口の堰幅を、北八幡堰側は一丈五尺一寸程、南八幡堰側は一丈一尺四寸五分程にするというものので、堰幅の明確な規定が設けられている。なお、扱人には、中之条村（中之条代官所）の取締役与惣左衛門、坂木村（同上）の取締役儀左衛門、丹波島村（松代藩領）の年寄勘左衛門の三名が名を連ねている。こうして最終的には、水論を契機に内済証文で規定された分水慣行が成立する形で一件は終結した。

小括

前節での検討結果も踏まえて整理しておきたい。

第一に、八幡堰一件における道橋方の対応は、内済へと誘導することを基本としていた。そのなかで注目されるのは、道橋方が、村の内々による伺いとその応答を起点として内済の進捗状況を把握し、時には当事者を口頭や文書で直接指導しながら内済へと誘導したり、文書の添削を行ったりしていたことである。第二・三節で明らかにした右の事実を整理すれば、次のようになろう。

【村】口頭や書面による伺い・報告――→【道橋方】①口頭による指導
②（①＋）文書の提出命令

【村】文書の作成・提出――→【道橋方】文書の受理（場合により文書の添削と再提出の指示）と指導

また、訴訟係属段階において、裁判所役人による吟味（内済勧告）が行われていたことは知られているが[50]、道橋方役人は、出訴以前／以後を問わず、一貫して村の訴訟行為に対して強い指導性を発揮していた。以上の対応を、松代藩の水論処理の特徴として指摘しておきたい[51]。

第二に、本一件からは、同一水系に幕領などの他領が混在していた当該地域で、「自領中心主義」「自領第一主義」[52]にもとづき松代藩が水論を処理していたとは想定し難い。差柳を敷設したことにより争論が複雑化した事実にみる通り、領主役人が水利秩序へ直接的に介入することは、地域社会の反発を招き、かえって紛争の解決を困難にさせるリスクとなる。今回十分に明らかにすることはできなかったが、扱人を通じてあるいは直接に当事者の指導を行いながら、他領の役人と共同で処理することが、支配違いの水論における基本的な対応策だったと考えられる。

おわりに

各節の内容は小括に譲るとして、最後に課題と展望も含めてまとめておきたい。

第一に、村の訴訟行為に対する強い指導性は、在地支配に関わる松代藩の部局一般において見出せると想定される。代官の宅役所が「村の訴訟の窓口」として機能し、内済への誘導、訴願書の添削を行っていたが[53]、道橋方役所も村との緊密な関係に依拠して同様の対応をとっていたことは、すでに明らかにした通りである。かかる特徴は、紛争処理の担い手に中間支配機構が存在した他藩(54)とは異なり、直接村と対峙する関係にあった、同藩の在地支配制度に由来するものと考えられるのではないだろうか(55)。

第二に、紛争解決に果たした地域有力者の役割である。原則として、支配違いの水論が生じても、個別領主は裁判権を持たないため、他領の訴訟方を召喚・審理する権限はない(56)。したがって、広域かつ支配関係を越えた対応を必要とする水論を解決するためには、内済成立に尽力した石黒家に象徴されるように、地域社会の交渉力と合意形成力が前提になる。この前提に依拠することで、松代藩道橋方も、広域に及ぶ支配違いの水論を処理することが可能であったと理解すべきであろう。中間支配機構を設置していない松代藩においても、地域秩序の維持に果たした組合村や有力農民の役割と在地支配制度の特徴とを併せて検討していく作業が今後一層必要であると思われる。

第三に、道橋方の組織と郡方との関係である。この点に関して、次の史料を確認しておく。

〔史料9〕(57)

見出

郡役人足之儀ニ付申上

道橋方

当御役方取計向数多御座候中ニ茂別而重立候儀者人足を用水路幷川除御林等之儀与奉存候、甚(ママ)中茂人足遣之儀者
村方一統江拘、殊御用之□ニ□何国迄之□役茂申付差配仕候儀、尤不□□ニ而従先年一手切ニ而御役方取□来□
□　□御郡方等ニ而茂□書持送□　□外人□　□之儀者□而当御役方ニ而取斗申候、一躰□　□
役相建候已来享保年中迄、大凡五十年程之間者御条目之通無紛相勤来候儀与奉存候、其後享保七ゟ同十六迄九箇

年之間、御郡方ニ而道橋方兼帯相勤候故、彼是混雑之基者此時節ゟ発起仕候哉ニ茂奉存候、（後略）

右の史料は、天保五年（一八三四）に、道橋方が郡方に対して郡役の権限移譲を求めた際の記録で、虫損が激しく内容を読み取れない箇所が多いが、享保七年（一七二二）から同一六年の間、道橋方は郡方の「兼帯」とされていたことがわかる。また、文政八年（一八二五）成立の「御仕置御規定」[58]では、①用水・川除出入を管轄するのは道橋奉行であるが、②他領との出入や新堤・堰など「手広」にわたる案件は郡奉行へ相談し、立会吟味を行うことと規定されており（ただし、他領との出入でも案件が重大でなければ道橋奉行の管轄）、水論処理は道橋方の専管事項ではなかったことがうかがえる。郡方と比べて道橋方の規模が小さく、かつ人的基盤も脆弱であったのは、このような職制上における郡方との関係―管轄範囲の重複と権限の強弱―が大きく関わっていたことが想起されよう。もっとも、詳細な検討については今後の課題としたい。

註

（1）『信濃国松代真田家文書目録（その四）』（国立史料館、一九八六年）一二七頁（笠谷和比古執筆）。

（2）『長野市誌』第三巻　歴史編　近世一（長野市、二〇〇一年）六六六～六六七頁。

（3）この点に関しては、前掲註（1）書、一二七～一二八頁も参照。

（4）脱稿直前の成果では、原田和彦が松代城下における道橋方役所の所在地を特定している。また、道橋方の残存史料の少なさについても言及している。原田「松代藩・国元における行政組織とその場」（国文学研究資料館編『近世大名のアーカイブズ資源研究―松代藩・真田家をめぐって―』思文閣出版、二〇一六年）を参照。

（5）渡辺尚志編『藩地域の構造と変容』（岩田書院、二〇〇五年）では、核心的テーマに採用されている。

（6）大竹秀男「近世水利訴訟における「内済」の原則」（『法制史研究』一、一九五一年）、岩村等「内済・勧解・調停―水利の場合について―」（『法の科学』四、一九七六年）、小早川欣吾『増補 近世民事訴訟制度の研究』（名著普及会、一九八八年。初版一九五七年）など。
（7）川島孝「近世用水争論の解決過程―河内国新大和川上流右岸を対象として―」（『歴史研究』一六、一九七四年）。
（8）この点、大平祐一が、裁判所役人が審理で示した方向性にもとづいて扱人が和解へと誘導させる内済の性格を裁判の「あと始末審」と評価しており、注目される。大平「内済と裁判」（藤田覚編『近世法の再検討―歴史学と法史学の対話―』山川出版社、二〇〇五年）を参照。
（9）近年、「支配明細書」を利用した成果が発表されているが、具体的な分析は行われていない。宮澤崇士「真田家文書からみる松代藩組織構造と「物書」役」（前掲註（4）書所収）を参照。
（10）更級埴科地方誌刊行会編『更級埴科地方誌』第三巻 近世編上（更級埴科地方誌刊行会、一九八〇年。鈴木寿執筆）八一～八三頁。
（11）道橋方元〆のみならず、道橋方全体の人数においても、「松代藩の役人表」に記載されているデータには偏りがあると思われる。なお、宮澤崇士は、前掲註（10）『更級埴科地方誌』に掲載の職制表に注意を喚起している。宮澤前掲註（9）論文を参照。
（12）西澤武彦「松代藩足軽（同心）について」（『信濃』六―一〇～一二・七―一～四、一九五四・五五年）。
（13）「口上覚」（国文学研究資料館所蔵「信濃国松代真田家文書」く八七八）。
（14）慶応元年「子郡役出人足御勘定帳」（同上文書え五六八）。
（15）前掲註（10）『更級埴科地方誌』七一頁。

(16) 以下、松代藩の足軽については、西澤前掲註(12)論文、前掲註(10)『更級埴科地方誌』、宮澤崇士「松代藩下級家臣団に関する一考察—御雇組・後見・松原者—」(『長野市立博物館紀要(人文系)』一四、二〇一三年)を参照した。

(17) 表4では、安政二年→文久元年→慶応元年と、時代を下るほど勤続年数が増加する傾向にあることから、安政二年以前に人員の大幅な入れ替えが実施されていた可能性がある。

(18) 西澤武彦によって、「足軽株」として株化され、金銭で譲渡されていたことが報告されている。西澤前掲註(12)論文を参照。

(19) 福澤徹三「文化・文政期の松代藩の在地支配構造—郡方支配の藩政機構分析と難渋村対策を中心に—」(荒武賢一朗・渡辺尚志編『近世後期大名家の領政機構』岩田書院、二〇一一年)。

(20) 古川貞雄「松代藩御勘定所元〆役・御勘定役史料」(『市誌研究ながの』七、二〇〇〇年)。なお、福澤徹三「松代藩難渋村対策の制度的変遷」(福澤徹三・渡辺尚志編『藩地域の農政と学問・金融』岩田書院、二〇一四年)も参照。

(21) 裾花川は、「煤花川」「煤鼻川」とも呼ばれるが、本章では裾花川に統一する。

(22) 当該地域では用水路のことを「堰《セギ》」と呼ぶことが多い。また、一般に「堰《セキ》」と呼ばれる構造物は「梁手」「簗手」、分水口のことを「土居」「土井」などと呼ぶ。

(23) 明和六年には、これらの村々で組合村議定が制定されている(「御用水定書之事」栗田区共有文書。長野市公文書館所蔵マイクロフィルム紙焼きを使用。『長野市誌』第一三巻 資料編 近世、長野市、一九九七年、史料番号二五〇に収録)。

(24) 同上史料の議定では、「長沼村ゟ里村山村日限前々之通触出し申候ハ、」と規定されており、また、当地の水利慣行を記した、明治一九年『慣行調書』(『長沼村史』長沼村史刊行会、一九七五年、四〇四~四〇九頁に収録)には、「…総て長沼組合の内長沼大町(用水灌漑担当人を云ふ)触元より期日を定め、長沼組合および旧二十二ヶ村組合の内村山村触元（用水灌漑担当人を云ふ）へ通達し、而して其触元より関係村々（用水灌漑担当人）へ通知するの例なり」との記述がある。実際、小坂家には右の普請廻状が現存している。
(25) 安永八年「南八幡堰組合六ヶ村用水堰堀浚自普請覚積帳」（北長池区有文書第五封-四）など。
(26) 以下、とくに断りがない限り、本文中の事実関係は「八幡堰分長池堰町先異論ニ付村山村長沼村江懸合一件日記」（北長池区有文書第一〇封-二-二）による。
(27) 同上史料。
(28) 天保三年「御用水路組合田高調村々連印帳」（北長池区有文書第三八封-一）。
(29) 福澤前掲註(20)論文。
(30) 「八幡堰分口一件日記」（北長池区有文書第一三封-一-二）天保八年七月九日条。
(31) 同上史料、五月一五日条。
(32) 前掲註(28)史料、天保九年「南八幡堰組合拾ヶ村御普請人足元帳」（北長池区有文書第三八封-二）。
(33) 以下、とくに断りがない限り、本文中の事実関係は前掲註(30)史料による。
(34) 天保八年「長池外五ヶ村与弐拾四ヶ村御用水一件扣」（刀根川千尋家文書。長野市公文書館所蔵マイクロフィルム紙焼きを使用）。
(35) 同上史料。
(36) 同上史料には、「七月四日、早々松代御役所江御届ヶ申候ニ付」との記述がある。
(37) 前掲註(30)史料、天保八年七月五日条。
(38) 天保八年「乍恐以書付御内々御聞置奉申上候」（北長池区有文書第一四封-四）は、その時の書面であると考えられる。

(39) 北長池区有文書第一三封-一。
(40) 前掲註(30)史料、天保八年七月九日、一〇日条。
(41) 弘化二年「二枚橋一件」(五分一区有文書。長野市公文書館所蔵マイクロフィルム紙焼きを使用)。
(42) 種村威史「松代藩代官の職制と文書行政」(前掲註(20)書所収)。
(43) 天保八年「乍恐以書付奉申上候」(北長池区有文書第一三封-八)。
(44) 前掲註(30)史料、天保八年八月一九日条。
(45) 前掲註(34)史料。
(46) 北長池区有文書第一三封-七。
(47) 同上史料。
(48) 前掲註(34)史料。
(49) 北長池区有文書第一九封二-五(『長野県史』近世史料編 第七巻(二) 北信地方、長野県史刊行会、一九八一年、史料番号八二三に収録)。
(50) 大竹前掲註(6)論文、春原源太郎「山村水論の特色と訴訟手続法—信州筑摩郡古見村・今井村評定所公事日記を中心として—」(『信濃』一七—八、一九六五年)、川島前掲註(7)論文。
(51) 無論、藩が村の訴訟行為を常にコントロールしていたと主張するものではない。藩による情報収集や指導にも限界があったことについては、前掲註(5)書第一編の各論において示されている。
(52) 喜多村俊夫『日本潅漑水利慣行の史的研究 総論篇』(岩波書店、一九五〇年)四〇〇・四〇四頁。貝塚和実「近世後期の地域社会の形成と領主の動向—利根川中流域の水論を中心に—」(『地方史研究』二六五、一九九七年)も参照。

（53）　種村前掲註（42）論文。
（54）　たとえば、水戸藩の大山守と山横目は、郡方役人との連携の下、当事者に対して内済を勧奨することを通じて紛争処理の一端を担っていた（籠橋俊光「紛争解決と中間支配機構—水戸藩大山守・山横目の訴訟・内済への対処について—」『近世藩領の地域社会と行政』清文堂出版、二〇一二年、第二部第三章）。
（55）　松代藩の紛争処理の特徴については、熊本藩と比較しながら、種村前掲註（42）論文においても言及されている。
（56）　この点に関しては、喜多村前掲註（52）書、大竹前掲註（6）論文、小早川前掲註（7）書など、数多くの先学によって指摘されている。
（57）　天保五年「午御用日記　上」（真田家文書い一二八五）。
（58）　真田家文書あ六九七（藩法研究会編『藩法集5　諸藩』創文社、一九六四年に収録）。
［付記］　本章作成にあたっては、北長池区の皆様に大変お世話になった。記して御礼申し上げる。

第二編　藩地域の武士と町人

第六章　天保期松代藩における学問・知識の展開と「風俗」改革
――山寺常山の交友と思想を中心に――

小関悠一郎

はじめに

本章は、松代藩士山寺常山の交友と思想に関する検討を中心に、学問・知識をめぐる藩士各層の交友関係の実相と、それを一つの基盤として打ち出された天保期松代藩政の理念を明らかにしようとするものである。

右の課題について検討する際に注目されるのは、一八世紀半ば以降、社会の変動により動揺した「仁政」的秩序の立て直しを目指して各地で実施された幕藩政治改革の動向である。「仁政」思想をはじめとする近世日本の政治文化やそれを支える書物・出版に着目して新たな成果を生み出した近年の政治史・思想史研究[1]は、近世中後期の政治改革にも新たな光を当てることになった。すなわち、これらの改革が「明君」「富国」「教化」などの政治理念を強調して行われたことが次々と明らかにされ[2]、上記の政治理念とそれに基づく諸政策によって実現されるべき改革の目標が、政治・行政的慣行から社会的慣習・生活習俗に及ぶ「風俗」の立て直しに置かれていたという事実が明らかにされたのである[3]。

これらの成果を踏まえて言えば、近世中後期の政治改革の展開を次のような流れとして想定してみることもできるだろう。①「近世化」を突き詰める方向で、「風俗教化」「富国安民」を理念として、経済・社会・教育面を中心に「仁政」の再編を図った一八世紀後半の藩政改革（中期藩政改革）→②中期藩政改革を前提として行われ、大政委任論や鎖国祖法観などにより、対外・朝幕関係・歴史認識等の再編が図られた幕府寛政改革（およびその影響下に実施された諸藩政改革）。本章では、こうした観点も交えて、文政・天保期松代藩政の位置についても視野に入れて考察を行いたい。

その際、右に述べたいわば「風俗」改革という視点をいかしつつ、さきの課題にアプローチしたい。「風俗」改革という観点から藩政（その理念）を考察する際に重要なことは、（中国等で）「風俗」を論じた経世論が全般に、社会秩序の実現とそれに向けた人々の社会的実践のあり方を問うものだったとされていることである(4)。この意味では、藩政について考察する際の焦点は、松代藩政の担い手がいかなる政治的・社会的契機により、どのような知的基盤に基づいて、藩政に取り組み、社会秩序の実現を目指したのか、という点になろう。このような課題は、政策主体の学問・知識と藩政との関連を問う近年の研究動向(5)とも重なるものである。

本章ではまず、当該期の松代藩政について、藩主真田幸貫の明君評判を軸に検討した上で（第一節）、山寺常山を中心に学問・知識をめぐる松代藩内外の交友関係を解明し（第二節）、それが天保期松代藩政の理念や藩士の政治意見・実践といかに結びついていったか明らかにして（第三節）、天保期松代藩政の特徴について考察していきたい。

一　藩主真田幸貫の明君評判と文政・天保期の松代藩政

近世後期の松代藩政はどのような展開を見せていただろうか。この点を考える上で最も重要な政治動向の一つは、文政六年（一八二三）八月の真田幸貫の藩主就任とそれを契機とする総合的な改革政治の実施である。ここで幸貫本人の強い意向・指導により行われた改革の内容を列挙しておけば、藩士への武芸奨励触（文政七年）、昌平黌の儒学者長野豊山の招聘（天保四年〔一八三三〕）から、下級武士・「浪人格」の把握（文政七年）・武器所持農民の調査（同一〇年）、軍役の設定（同九年）、さらには、白鳥神社関係政策による真田家先祖の顕彰（同七・八年）や事蹟編纂事業の展開、社倉建設（文政七年〜）などが注目されてきており、他にも『武道初心集』の校訂・刊行（同五年）、『御仕置御規定』の制定（同八年）、糸会所・産物会所の設置（同九年・天保四年）なども知られている[6]。真田家先祖の崇敬策を強化しつつ行われた軍備増強をはじめとする諸政策は、「挙藩軍事体制」の構築と言われる一方で[7]、士風の振起や民政指針の獲得という問題意識を強く伴うものでもあった。

　こうした政策内容の一方で、文政・天保期の松代藩政に関して見落とせないのは、藩内外の人々によって幸貫が「明君」「賢君」と見なされ、同時代的に高く評価されていた、という点である。というのは、江戸時代における君主の一つの理想を示す「明君」「賢君」の語による評価は、当時の人々が藩政に何を求めていたかということをよく反映していると考えられるからである。また、その影響力という点を勘案すれば、幸貫の治世を単に松代藩政のみの問題としてではなく、幕藩政治全体の問題として考えることにもつながる。

　では、真田幸貫は同時代にあってどのように評価されていたのだろうか。幸貫を紹介するにあたってよく引かれる水戸藩の学者・藤田東湖の文章をあげておこう[8]。

〔史料1〕

病中書懐呈松代侯執事　有序　　藤田東湖

数年前、彪嘗過平山鋭二、談偶及当世諸侯、鋭二曰、承平日久、士気卑弱、況若富貴之人、所謂生於深宮之中、長於婦人之手者、往々皆是、以僕所聞。独松代侯好文尚武、愛賢下士、一世之賢君也。後二三年、訪川路弥吉、川路謂彪曰、聞子之君励精図治、国事一新、不知所交如何人。彪未対、川路曰、蓋与松代城主交、以某所視、三百諸侯、未有松代之賢過者、以子之君之明、交於松代之賢、其切磋之益、想不亦多乎。彪於是始鋭二之説為不妄、

（中略）

右呈松代侯詩、天保丙申（七年）之冬所作、余力疾把筆呈之於侯、侯使其侍医渋谷秀軒来問疾（中略）因憶当時風俗衰敝、識者慨之、松代侯之抵礫川邸也、我老公特命彪及川瀬教徳侍宴、（中略）侯出当宰輔之任、有志之士、亦往々抜擢、姑以彪所交数之、岡本江州・矢部駿河・川路左衛門・羽倉外記・江川太郎左・林鉄蔵・平山鋭二之倫、或以材能任要路、或以武技蒙寵栄、佞臣屛跡、俗吏破膽、翕然有中興之勢。老公方在藩、聞之大喜、益竭心於国政、其於天下大事。（中略）

乙巳（弘化二年）七月晦　東湖居士識於小梅邸蹇斎

これによると、天保初年頃、幕臣で兵学者として知られる平山兵原の子平山鋭次郎は東湖に対して、当時の諸大名のなかで真田幸貫のみは文武を好尚し、賢士を愛する「一世之賢君」だとの評判を語り、その後、川路弥吉（聖謨）も、三百諸侯で幸貫が最も賢明だとし、東湖が仕えた徳川斉昭の「明」と幸貫の「賢」が交わって切磋すれば、その益は大きいだろうと述べたという。事実、徳川斉昭は、幸貫や松浦静山（平戸藩主）・大関増業（黒羽藩主）らと交わり、幸貫らを天下の三畏友として厚遇したという(9)。声望高かった幸貫とは、鍋島斉正（佐賀藩主）・島津斉彬（薩摩藩主）らをはじめ諸大名が交わりを結んだと言われる(10)。

こうした幸貫を取り巻く交友関係は、天保期の「明君」「賢君」グループと呼ぶこともできよう。かくて、右の大名グループでの交友と相俟って当時の著名・有能な学者や幕臣らに賢明の君主と見なされ期待をうけた点、また、幸

貫が幕府老中に就任した際、彼らを登用して「中興之勢」を出現させたと捉えられた点（史料1破線部）で、幸貫治世下の松代藩は、近世後期の政治史を考察する上で小さくない位置を占めていると言えよう。

　幸貫の明君評判形成・交友関係に関してもう一つ注目されるのは、学問に通じた松代藩士の活動がその文柱として大きな役割を果たしたと見られることである。例えば、詩文家あるいは幕府代官としても知られる林鶴梁の「与二松代侯一書」（天保年間カ）[11]には、「長孺嘗側聞。閣下以不世出之才、博究天下之書、不挟諸侯之尊。以接天下之才。蓋一代賢諸侯也。然未得聞其詳。其後長孺与閣下之臣渋谷碧・山寺久道等相識。因得悉之」とある。「側聞」により幸貫＝「不世出之才」との評価を持っていた林鶴梁は、松代藩医渋谷碧（修軒・竹栖、史料1も参照）・山寺久道（源大夫・常山）を通じた幸貫に関する情報を得て初めて、幸貫＝「一代賢諸侯」と確信するに至ったと言えよう。

　また、こうした状況は、松代藩士の意識にも影響を及ぼしたと推察される。例えば、真田宝物館蔵山寺家文書には「当鍋島侯の御詩作…此位之御作御座候御身ニ而ハ、此丈之事ハ被成申候。羨敷事ニ御座候。…桐山先生（松代藩重臣鎌原氏）へ為御見可申上奉存候」と書き込まれた「佐賀侯・水戸相公席上作」の詩が残されている。また、佐久間象山は弘化二年（一八四五）六月六日付の家老恩田頼母宛の書簡で、「何卒西国にては鍋島侯、東国にては松代様と申様に天下の士の心を帰し候程に、御家政をも美しく仕度候…」と述べ[12]、鍋島斉正とその評判を強く意識して松代藩政に論及している。このように、学問に通じた松代藩士の活動は、藩内外において、「明君」「賢君」グループの大名（幸貫・斉昭・斉正ら）の評判形成とその浸透に大きな意味を持ったと言えよう。

　さて、文政・天保期の松代藩政を考察するにあたっては、右に述べた諸点とともに、以下の点にも注意しなければならない。それは、真田幸貫が、実父松平定信（楽翁）を支えとし、定信の治世を模範とした政策を打ち出したことが明らかにされている点である。特に、先に見た先祖崇敬策や事蹟編纂、武備の充実策、藩士の武芸奨励、凶作対策などは幸貫が定信に倣ったものとされている[13]。家老鎌原桐山が「寛政維新ノ日、楽翁源公ノ名、天下ヲ震シ、農商徒卒、公ノ績ヲ称セザル者莫シ。…節倹ノ典、賑貸ノ恵、□設ノ宜、風化ノ速…」と述べているように[14]、定信を模範とする意識は松代藩士にも一定程度共有されたものだった。幸貫治世下の松代藩政が、一八世紀後半の幕(藩)政治改革を意識して実施されたことは、見落とすことのできない重要な事実であると言えよう。

以上から、真田幸貫治世下、文政・天保期の松代藩政は、前段階の改革に強く規定されながら、同時期の「明君」「賢君」の治世と相互的な影響関係を持ちつつ行われたものであると考えられる。天保期を中心とする幕府・諸藩の政治改革の性格を考察する上でも、極めて重要な位置を占めていると考えられるのである。

二　学問・知識をめぐる松代藩内外の人的関係

1　山寺常山について

本節では、山寺常山(源大夫)に着目して、文政・天保期の松代藩における学問的・文人的交友関係の一端を明らかにしたい。山寺常山(一八〇七〜七八。久道・信龍、字子彰、通称源大夫、号常山・懼堂・静修斎)は、代々松代藩士だった山寺家に生まれ、兵学を平山兵原に、経学を古賀侗庵、詩文を鎌原桐山に学び、松崎慊堂・佐藤一斎・藤田東湖らと親交があったことが知られる。松代藩では、目付役(文政一一年(一八二八))・道橋奉行(天保二年(一八三一))・世子傅役(天保七年)・寺社奉行・郡奉行・側役頭取などを勤めた。天保一二年、真田幸貫が幕府老中になり海防を担当してからは兵学の講義を藩士に行い、安政元年(一八五四)の米艦来航にあたっては、熊本藩の長岡監物や藤田東湖と画策するところがあったという。このように、山寺常山は、学問と藩政、さらには幕末期にかけての政治史的動向にも関与した人物であり、天保期の松代藩政と学問・知識・情報をテーマとする本章の考察にとって重要な人物なのである。

山寺常山に関しては、『山寺常山先生年譜』が最もまとまった伝記的記述を持っているが、戦中期に飯島忠夫が編んだ『山寺常山伝』上下が未刊に終わったこともあって、その松代藩政における活躍に比して十分な考察が加えられてこなかったと言える。近年、真田宝物館には『山寺常山伝』を含む、山寺家文書および塩野家文書（常山子孫）が収蔵されたので、本章ではこれらを利用して以下の考察を進めたい。

2　松代藩における学問と交友関係

ここではまず、山寺常山の交友関係から検討してみよう。表1は、『常山先生詩稿』[15]巻之一～三に登場する人物に着目して、同書に収められた文政九年から天保一四年までの詩文の題と年代を一覧にしたものである。号のみの人名表記も多く、人物特定が困難な者も多数含まれるが、この表から常山が学問的・文人的交流を持った人物の大まかな傾向をつかむことはできる。

そこで、現段階でその属性が判明している人物について概観すると、ひとまず、①松代藩主・重臣層〈№9・10・16・17・19・57・64・66・69・76〉、②常山と同階層の藩士ら〈7・13・30・31・37・45・46・55〉、③扶持取層〈1・23・28・29・34・36〉、④藩外の学者ら〈26・32・40・49・68・70・75・77・78、「常山人名表記」欄に網かけで表記〉、⑤その他僧侶等、にわけることができよう。

これらの中で特に目を引くのは、高川楽眞〈1〉・佐久間象山〈7〉・鎌原桐山〈10〉・鎌原高岡〈19〉らの登場回数の多さだろう。とりわけ、鎌原桐山については、常山が後年振り返って次のように評価していることが注目される。

表1　山寺常山の交友関係一覧

No.	常山人名表記	名称〔生没年〕	禄高・役職等	常山詩文題・年代	備考
1	楽眞先生・高川楽眞	高川泰順（字子信、号楽眞）〔一七九二―一八五二〕	玄米一五人　文政6・3、御側医	「題樂真先生詩巻」（文政9）／「贈楽眞先生、用先生元旦詩韻」（文政11）／「次韻楽眞先生秋尽之作」「用楽眞先生見題詩巻之韻」「次韻楽眞先生冬夜読書」（文政12）／「病中作、兼呈楽眞先生、二首」（天保6）／「次韻呈楽眞先生二首」（天保7）／「次韻寄高川楽真五首」（天保10）／「詠兗堂君及芳洲・楽真・雲濤三子春雪唱和詩…」（天保11）／「高川楽眞恵書幷所自書宋文信国詩一幅…」（天保13）	文化13・4に召し抱え。
2	玄莽			「哭玄莽」（文政9）	
3	前嶋権三郎			「哭前嶋権三郎」（文政9）	
4	濤斎兄			「寄濤齊兄」「謝濤齊兄恵筆」（文政9）／「濤斎写墨梅一幅見恵、題之併謝」（文政10）	
5	南嘯兄 東福南嘯 尾南嘯	宮尾南嘯〔?―一八三四〕		「謝南嘯兄借与『圓機活法再煉』」（文政9）／「四月廿四日、訪南嘯途中口号」「訪東福南嘯（六月十九日）」（文政10）／「訪南嘯途中口号、同佐微明」（文政11）／「上巳与竹鳳岡、金雪庵、菅旭斎、尾南嘯、同宴日央上人之楼」（天保5）	没年は『山寺常山先生年譜』の記事による。
6	林翁			「謝林翁恵屠蘇」（文政9）	
				「贈扇佐微明兄」「佐微明近得九子墨。一日携来示予。賦而贈…」（文政9）／「三月廿五日、清水寺賞桜花、同石大佐啓二子」（文政	

7	佐微明兄 佐啓 滄浪兄	佐久間修理（象山）	高一〇〇石 天保2、御近習役（同年御役御免） 天保12、学問所頭取（翌年御免） 天保14、御郡中御横目役	10）／「訪南嘯途中口号、同佐微明」「佐微明至、連対賦即事」「同鎌曰唯・佐微明・藤田番、清水寺賞花」「復佐微明」（文政11）／「次林至静偶成之韻、答佐微明見寄書」（文政12）／「左微明見似読管子作、余頃日読孟子、卒用其韻、賦比示之」「帰途次先生及佐久間子迪韻」（天保元）／「辛卯二月十二日、与佐子迪同遊南郊、得二絶」（天保2）／「送佐久間子明遊学江戸（名啓、一名大星、号象山）」（天保4）／「丙甲上巳、和答滄浪兄書懐見寄」「同金雪庵、佐滄浪、宴於龍静山杏林館、…」「…一夕滄浪兄見訪…」「答象山兄倒韻之奇」「子迪兄見恵降神香、厥明焚之…」「丙申重陽、同…佐久間象山…、登城東清瀧山、帰途遊実相禅院…」「次韻謝答象山兄見賀生児」「寄子明（四月九日、与子明同応恩田大夫招…）」「再歩前韻、酬子明」「四歩原韻、奉酬桐山先生、兼示子明」（天保7）／「七月既望、与滄浪兄会寺内松濤、恩田氏宅観月」（天保13）	
8	竹村君			「奉賀竹村君大孺人八十八誕辰」（文政10）	
9	恩田大夫君			「奉賀恩田大夫君七十初度」（文政10）	
				「奉賀桐山先生校訂幽谷韻余刻成」「訪桐山先生邸（八月九日夜）」（文政10）／「陪鎌原先生、与諸君同遊自然窩、酔酣作短歌一篇」（天保元）／「次韻桐山先生見寄之作」（天保	

10	桐山先生 桐山夫子 牛渚大先生	鎌原桐山	高一〇〇〇石	2)／「奉贈桐山夫子」「三歩原韻、奉酬桐山先生」「四歩原韻、奉酬桐山先生、兼示子明」「丙申重陽、同…従桐山鎌原先生、登城東清瀧山、帰途遊実相禅院…」(天保7)／「奉寄桐山鎌原先生」(天保8)／「奉和桐山先生…」(天保10)／「庚子臘月朔、与二三子、同蒙桐山夫子寵招、…」(天保11)／「春贈牛渚大先生」「陪宴桐山先生牛渚高園」(天保12)	大平喜間多収集資料え-4『遠哀集』に「寛政庚申之夏、桐山氏謄写于牛渚楼鳳楼」とあり。
11	渡邉十大夫	渡邉十大夫		「送渡邉十大夫之東都」(文政10)	『桐翁年譜』に「(天保7)十月二日、長沼流兵法印可巻物、松木束・渡邉十大夫へ相渡」とあり。
12	藤田番			「送藤田番之東都」(文政10)／「同鎌曰唯・佐微明・藤田番、清水寺賞花」(文政11)	
13	石大	石倉大膳	高六〇石 天保5、御納戸役 天保8、御目付	「三月廿五日、清水寺賞桜花、同石大佐啓二子」(文政10)	
14	篠原氏			「賀篠原氏大孺人八十誕辰」(文政10)	
15	周斎			「与周斎宴檄廬」(文政10)	
16	第下	真田幸貫		「四月十八日奉陪第下駕、至望月豊卿宅、席上恭賦」(文政10)	
17	望月豊卿			「四月十八日奉陪第下駕、至望月豊卿宅、席上恭賦」(文政10)	
18	佐氏			「夏日会佐氏別業、雑咏」(文政10)／「会佐氏徳星堂、同諸子賦」(文政11)	

19	鎌原曰唯 鎌原高岡	鎌原石見貫正	高一〇〇〇石 天保7、家督 天保14、御家老職	「寄鎌原曰唯（遊学在東都）」「次鎌原曰唯見寄韻」「次鎌原曰唯見寄韻、謝借与蔵書」（文政10）／「次鎌原曰唯偶成詩韻以贈」「同鎌曰唯・佐微明・藤田番、清水寺賞花」（文政11）／「再用前韵、謝答鎌原曰唯見寄之作」「和鎌原高岡見寄之作三首」（天保元）／「鎌原高岡見似…」（天保2）／「首夏十二日、与高岡、蘭渓、雪庵、旭斎、日央諸子、同宴弊廬」（天保5）／「奉酧高岡大夫見賀生児」（天保7）／「余移家於江都三年、四月某日、先友鎌原君輔三郎逝…其兄高岡君…」（天保10）	
20	榊原侯			「正月二十八日有君命、至矢代駅、労榊原侯帰国」（文政11）	
21	中村叔玉			「午時宴村叔玉宅、賓主僅三人」（文政11）／「謝中村叔玉見遺五雲箋数刀」（天保元）	
22	稲村氏			「贈稲村氏」「再与稲村氏」（文政11）	
23	林単山	林丈左衛門清憲（字孔彰、号単山）〔一七六六－一八三六〕	玄米一〇人・役料一人 文政3、御儒者、御役席御取次々席	「贈林単山」「謝林単山見訪（三月七日、此詩有別意、事見単山酬書）」（文政11）	文化9・11に儒者として召し抱え。
24	小林土斎			「次韻小林土斎見贈以答」（文政11）／「喜土斎・冽斎見訪」「次韻土斎」（文政12）	
25	今井冥斎			「十月十四日、喜今井冥斎来話」（文政12）	
				「十一月二十日、安貞館席上、贈方壺老人、	

26	方壺老人	渡邉禮司	尾張致仕儒臣	老人通称渡邉禮司、尾張致仕儒臣也」(文政12)	
27	安貞館			「十一月二十日、安貞館席上、贈方壺老人、老人通称渡邉禮司、尾張致仕儒臣也」(文政12)／「二月六日、安貞館小集、分題、五首」(天保元)	
28	小林至静 小林徳方	小林柔介至静(字徳方、号畏堂)(?-一八六九)	役料一人・切米二五俵・籾二人(高直一八石七斗二升四合)文政4、小僧役／文政13、御目付方調役兼御広間帳附／天保9、一代給人格／天保12、御鍵番兼御内玄関番／天保15、御普請方改役 ※弘化2以降、句読師・次小姓・文武舎助教・学校文学会頭等歴任	「次林至静偶成之韻、答佐微明見寄書」(文政12)／「小林至静憐余邸居粛索、齎其所蔵之書画来、…」「代簡与至静」(天保元)／「和答小林至静」(天保5)／「題至静詩巻尾」「寄至静」(天保7)／「送小林至静浴信州某地」(天保8)／「読小林至静澡余漫吟」(天保11)／「寄小林徳方」(天保12)	『山寺常山先生年譜』明治2、大平喜間多収集資料こ-57「同盟詩稿」に記事あり。
29	今井冽斎	今井亀馬(字子冽、号寒泉・冽斎)(?-一八三四)	徒士	「次韻今井冽斎席上之作」「喜士斎・冽斎見訪」「次韻冽斎」(文政12)／「贈今井冽斎」(天保2)／「贈今井冽斎(正月十七日)」「上正眼山、会亡友今井冽斎之葬」「哭亡友今井冽斎、二首」(天保5)	名称等、飯島忠夫『山寺常山伝』(山寺家文書)による。
30	叔父蘭谿君	北澤蘭谿		「同四叔父蘭谿君新居」(文政12)／「謝叔父蘭谿見おくる信州産蕎麪」「夜訪蘭谿叔父」(天保元)／「拝岳翁蘭谿北澤君墓下」(天保4)	
				「寄題渋谷竹栖新居」(文政12)／「渋谷洒侯	

31	渋谷竹栖	渋谷修庵（竹栖）	高一〇〇石・役料玄三人／文政6、家督文政8表御番医文政11御側医	「見贈宋文天祥正気歌墨刻、不勝喜激、率然成章、以謝厚誼」（天保7）／「読渋谷洒侯書、修飾所貯双刀、…」（天保12）	
32	古賀先生	古賀小太郎（侗庵）		「二月八日、委質初謁古賀先生」「早同竹内錫命到古賀君塾、途中口号」（天保元）	
33	館典簿			「送館典簿帰松城」（天保元）	
34	竹内錫命	竹内八十五郎翔（号池水）	（高直三四石七合七勺）／文政7、跡式・句読師／文政12、一代給人格／天保14、一人扶持加増	「早同竹内錫命到古賀君塾、途中口号」（天保元）／「八月十日金児子譲開宴迎豊山先生、竹内錫命及久道陪焉…」（天保4）	一七八〇―一八七一。
35	蘭岳表叔			「賀蘭岳表叔誕男」（天保2）	
36	飯島紀卿氏	飯島楠蔵紀卿（号二水）	役料玄二人／天保13、被召出金五両玄三人・御近習役	「清幽斎小集（斎係飯島紀卿氏之別業）」（天保2）	
37	世子近習高山仰	高山仰（文左衛門）	高八五石／文政1、御小姓・御近習／文政5、家督・御納戸役／文政6、御近習／天保2、若殿様御近習役／天保3、若殿様御側御納戸兼／天保5、若殿様御側役／天保8、御役御免／天保10、御側御右筆	「送世子近習高山仰之江都（二首四月廿二日夕）」（天保2）／「送高山氏為世子側役之江都」（天保5）／「庚子暮春念一日、与…高山、同宴於菅沼氏旭斎…」（天保11）	号孔斎カ。
38	安楽拙庵師			「訪安楽拙庵師、席上分韻」（天保3）	
39	安原			「贈安原応辞」（天保3）／「贈安原応辞」（天保7）	

40	豊山先生	長野豊山		「八月十日金児子譲開宴迎豊山先生、竹内錫命及久道陪焉、先生有詩、以謝主人、久道敢攣其礎」「同十二日、陪遊豊山先生於寺内氏松濤軒」「中秋望前一日、従豊翁…遊小森村大窪生亭」「癸巳仲秋、同豊翁及諸客、…観月」（天保４）
41	興津権右衛門	興津権右衛門		「癸巳春三月初伍、与郡奉行興津権右衛門、勘定吟味祢津左盛、同僚馬場介作、藤井喜内、同巡観犀川堤防修築之処、偶得四絶」
42	祢津左盛	祢津左盛		「癸巳春三月初伍、与郡奉行興津権右衛門、勘定吟味祢津左盛、同僚馬場介作、藤井喜内、同巡観犀川堤防修築之処、偶得四絶」
43	馬場介作	馬場介作		「癸巳春三月初伍、与郡奉行興津権右衛門、勘定吟味祢津左盛、同僚馬場介作、藤井喜内、同巡観犀川堤防修築之処、偶得四絶」
44	藤井喜内	藤井喜内		「癸巳春三月初伍、与郡奉行興津権右衛門、勘定吟味祢津左盛、同僚馬場介作、藤井喜内、同巡観犀川堤防修築之処、偶得四絶」
45	寺内氏松濤軒	寺内多宮（号松濤軒立左）	高一〇〇石・三人扶持／文政6、御近習兼御刀番／文政8、御側御納戸御普請奉行御側組御徒士頭兼帯／文政9、御勘定吟味兼御普請奉行／文政11、家督／天保2、御預所御郡奉行助／天保3、役料一五石／天保	「同十二日、陪遊豊山先生於寺内氏松濤軒」（天保4）／「対翠廬（寺内松濤別業、三月朔日）」（天保12）／「七月既望、与滄浪兄会寺

			5、町奉行御預所郡奉行御勘定吟味兼・役料一五石増／天保6、町奉行郡奉行御預所郡奉行兼／天保8、御預所郡奉行兼帯御免／天保9御勝手元締兼	内松濤、恩田氏宅観月」（天保13）	
46	立田子存 立田静山 龍静山杏林館 立田玄道	立田玄道	高一六五石／（文化12、御側医）／天保3、家督／天保4、役料	「次立田子存雨後韻」（天保4）／「同金雪庵、佐滄浪、宴於龍静山杏林館、…」「丙申重陽、同…立田静山…、登城東清瀧山、帰途遊実相禅院…」（天保7）／「謝立田玄道饋…」（天保10）／「庚子暮春念一日、与…静山…、同宴於菅沼氏旭斎…」「翌日宿追分駅亭、和龍田静山送別之作、以謝高誼」（天保11）	
47	小森村大窪生			「中秋望前一日、従豊翁…遊小森村大窪生亭」（天保4）	
48	小山田壽太郎			「哭小山田壽太郎」（天保4）	
49	樫宇林公	林皝		「奉謝樫宇林公賜不忘軒扁榜字」（天保4）	林述斎第二子。
50	日央上人			「贈日央上人」「首夏十二日、与高岡、蘭渓、雪庵、旭斎、日央諸子、同宴弊盧」（天保5）／「魯酒壱樽贈日央上人、繫之以詩（閏七月廿四日）」（天保7）	
51	白井氏率性斎	白井至静ヵ		「左伝会業白井氏率性斎席上題盆梅」（天保5）	大平喜間多収集資料さ53-1「臨晴社詩稿」に、「白井至静」の漢詩記載。
52	郡村和田生			「宿郡村和田生家」（天保5）	八幡村分村郡村

53	上山田村小平生			「与上山田村小平生」（天保5）	上山田村で天保～明治に活躍した人物に、小平良八―久十郎―甚右衛門、小平宗左衛門（『更級郡埴科郡人名辞書』）。
54	竹鳳岡			「上巳与竹鳳岡、金雪庵、菅旭斎、尾南嘯、同宴日央上人之楼」（天保5）	
55	金児子 金雪庵 金児貞賢	金児丈助貞賢（号雪庵）	高一二〇石／文政4、御勘定吟味／文政7、役料二人・家督／文政9、御預所郡奉行／文政10、御勘定吟味兼行／文政12、御郡奉行御預所郡奉行兼／天保4、御預所郡奉行兼帯御免／天保5、御勝手元締兼帯／天保9、役料一〇石加増／天保12、二〇石御加恩・御預所郡奉行兼帯	「八月十日金児子讓開宴迎豊山先生、竹内錫命及久道陪焉、先生有詩、以謝主人、久道敢攀其礎」（天保4）／「上巳与竹鳳岡、金雪庵、菅旭斎、尾南嘯、同宴日央上人之楼」「首夏十二日、与高岡、蘭渓、雪庵、旭斎、日央諸子、同宴弊廬」（天保5）／「同金雪庵、佐滄浪、宴於龍静山杏林館、…」（天保7）／「庚子暮春念一日、与…雪菴…、同宴於菅沼氏旭斎…」（天保11）／「国老猴山恩田君満七十壽辰、以三壽觥奉賀、係之以詩（代金児貞賢）」（天保13）	
56	菅旭斎	菅沼九兵衛正身ヵ（号旭斎）		「上巳与竹鳳岡、金雪庵、菅旭斎、尾南嘯、同宴日央上人之楼」「首夏十二日、与高岡、蘭渓、雪庵、旭斎、日央諸子、同宴弊廬」（天保5）／「庚子暮春念一日、与鶴麓…、同宴於菅沼氏旭斎…」（天保11）	
57	赤澤蘭渓	赤澤助之進安実（号蘭渓）	高四〇〇石／天保5、御番頭／天保10、家督／天保13、	「首夏十二日、与高岡、蘭渓、雪庵、旭斎、日央諸子、同宴弊廬」（天保5）／「丙申重陽、同…赤澤蘭渓…、登城東清瀧山、帰途遊実	鎌原桐山の第二子。

			御中老職	相禅院…」(天保7)	
58	鎌仲實			「次鎌仲實元旦韻」(天保5)	
59	無為禅師			「和答無為禅師」「訪無為禅師、席上分韻(霜月念六)」(天保5)／「余在江都四年、三月奉使来松代、寓故宅、無為和尚見訪…」(天保11)	
60	高田氏			「次高田氏韻」(天保5)	
61	岩下翁	岩下清酒カ		「岩下翁結一庵、吾公名曰一圓庵、賦題其壁」(天保6)	
62	陽庵翁	白川陽庵カ		「謝陽庵翁見訪且見恵書幷米帖」(天保6)	
63	望月勤斎			「送望月勤斎遊学於江都」(天保7)	
64	恩田大夫 猴山恩田君 恩田執政 恩田氏	恩田		「寄子明(四月九日、与子明同応恩田大夫招、恩田氏丹其門、世称赤門)」(天保7)／「国老猴山恩田君満七十壽辰、以三壽觥奉賀、係之以詩(代金児貞賢)」「賦得松竹梅、壽恩田執政七十」「七月既望、与滄浪兒会寺内松濤、恩田氏宅観月」(天保13)	
65	松園先生 鎌原松園			「閏月十八日謁松園先生、頗奉清談、帰家賦二十韻、呈之以謝」「次韻奉謝松園先生見和」「酎松園大夫見賀児生」「丙申重陽、同…鎌原松園…、登城東清瀧山、帰途遊実相禅院…」(天保7)	
66	真田松声	真田図書貫義〔?–一八五二〕	高七〇〇石 文政9、依願御家老御免 天保7、御家老職兼若殿様	「丙申重陽、同真田松声・鎌原松園・赤澤蘭渓・石倉虎吟・佐久間象山・立田静山、従桐山鎌原先生、登城東清瀧山、帰途遊実相禅	諡「松聲院殿覚夢楽只居士」(伏島家文書2-4-4-0

			御傳	院、亦一時之盛会也…」（天保7）	「真田系譜」）。
67	石倉虎吟			「丙申重陽、同真田松声・鎌原松園・赤澤蘭渓・石倉虎吟・佐久間象山・立田静山、従桐山鎌原先生、登城東清瀧山、帰途遊実相禅院、亦一時之盛会也…」（天保7）	
68	平山先生	平山鋭二郎隆富		「奉賀平山先生蒙嘉奨」（天保7）／「丁酉臘月、運籌堂終講之日賦此、奉呈平山先生兼示諸友」（天保8）	
69	世子			「丁酉春日、奉侍、世子第下燕居、応命（当時先生為世子傅）」（天保8）／「陪世子邀宴唐津侯、席上和侯元旦作」「陪世子奉送唐津侯之国」（天保9）	
70	唐津侯			「陪世子邀宴唐津侯、席上和侯元旦作」「陪世子奉送唐津侯之国」（天保9）	
71	勝楽桐堂上人			「贈勝楽桐堂上人（戊戌五月廿五日）」（天保9）	
72	伊澤君（美作守、号兌堂） 兌堂君	伊澤美作	薩摩藩	「神駿行、贈伊澤君（閏月十一日、称美作守、号兌堂」（天保9）／「詠兌堂君及芳洲・楽真・雲濤三子春雪唱和詩…」（天保11）	
73	鶴麓老人			「凍麪歌贈鶴麓老人」（天保9）／「庚子暮春念一日、与鶴麓…、同宴於菅沼氏旭斎…」（天保11）	
74	土岐氏			「過土岐氏別墅」（天保9）	
75	兵原平山先生	平山兵原		「余弱冠就兵原平山先生学韜鈐、及帰松代、聚徒講習、…」（天保9）	

76	先友鎌原君輔三郎	鎌原輔三郎		「余移家於江都三年、四月某日、先友鎌原君輔三郎逝…其兄高岡君…」（天保10）	鎌原桐山の第三子。
77	林長孺	林鶴梁		「戯贈林長孺」（天保10）	
78	藤田東湖	藤田東湖	水戸藩	「寄藤田東湖」（天保10）／「送水戸藤田子虎従君公就藩」（天保11）	
79	竹沙老人			「己亥冬至、謝竹沙老人、贈梅花両枝」（天保10）	
80	高川元操			「賀高川元操遊学」（天保10）	
81	東陽			「庚子暮春念一日、与鶴麓・雪菴・静山・東陽・高山、同宴於菅沼氏旭斎、二更会散、帰路転途、訪清…」（天保11）	
82	芳洲			「詠兊堂君及芳洲・楽真・雲濤三子春雪唱和詩…」（天保11）	
83	雲濤			「詠兊堂君及芳洲・楽真・雲濤三子春雪唱和詩…」（天保11）	
84	北澤孝卿			「北澤孝卿、盍簪之十四年、始挙一男、…」（天保11）	
85	恩田重	恩田重見カ		「栽桃（恩田重見恵二株）」（天保11）	
86	賢斎師			「訪起雲閣、賢斎師所居」「再用前韵、謝答賢斎師」（天保12）	
87	恩田時孝			「奉賀王父尊大人七十壽辰（代恩田時孝）」（天保13）	
88	全斎堂兄			「謝全斎堂兄見恵顔魯公家廟碑墨本四幀」	

				（天保13）	
89	亀屋主人			「亀屋主人、簷下掘井得清泉而喜甚、於是徵歌詩於四方、以自祝云、予亦与徵、公事鞅掌、宿諾三年、毎会汗背、…謝疎慢之罪」（天保13）	

『常山先生詩稿』巻之一～三（真田宝物館塩野家文書1-5-1～4）により作成。
禄高・役職については、『真田家家中明細書』により、文政・天保年間を中心に記載した。

〔史料2〕（嘉永六年、『詩稿』巻之四）

桐山師逝後、毎欲一述哀情、（中略）会遇一周忌辰、甫得以詩祭之。師道偉雄藩、文気仰朝曦。（中略）曾受暁公顧、聿補応公治、真是不世遇、善政感雨施、教化依仁術、世道覚清夷、風俗振頽廃、礼儀培陵遅、（中略）愛士如酒色、求言似渴飢、文運漸開闢、武紀亦扶持、備荒丁寧喩（先生自撰備荒喩）、将頒於封民、未果）、衍義切実思（頒六諭衍義大意於封民）、建廒募社穀、（中略）門下多儁傑、平啓（佐久間大星、文名震於天下）文武奇、龍也恩遇渥、独愧能無為、開匣泣遺墨、回頭懐侍随、茶筵又詩席、或時賜酒卮、春花又秋葉、（後略）

右の史料からは次の諸点を読み取ることができよう。①多くの優れた門人を持ち、松代藩内における学問の一中心にあったこと（「師道偉雄藩」「門下多儁傑」）、②幸貫らの藩主を補佐して、特に教化・世道・風俗・礼儀といった分野での「善政」に功をあげ、文武の振興をもたらし、領民に対しては『備荒喩』や『六諭衍義大意』の頒布・社倉建設を実現したこと[16]、③常山らとは茶の湯・酒宴・詩会・観光などを通じて交友する一方、家老として「愛士」「求言」の態度で藩士らに接したと見なされたこと、である。

もちろん、これは没後に桐山を悼んだ常山の漢文での表現であるから、これを鵜呑みにするわけにはいかない。しかし、史料の内容は、桐山が、文政期の歴史編纂・救荒政策において重要な役割を果たし、天保期以後も、救荒や領民褒賞等の政策立案過程で関連する桐山の著述が参照・活用されるなど、学問・知識と藩政運営を結びつける役割を果たしたことを明らかにした近年の研究(17)とよく符合するものであると言える。したがって、文政末～天保初年にかけて、桐山は松代藩において、学問・政治の上での指導者的地位にあり、藩士らからもそのように見なされていたと想定することができるが、本章ではこの点についてより具体的に検証してみたい。

まず注目されるのは、常山の『詩稿』に多く登場する高川楽眞・佐久間象山・鎌原高岡らである。一五人扶持で文政六年に側医となった藩医・高川楽眞は、鎌原桐山の詩文集『隠居放言』の序文を著した人物であり、常山が「文名震於天下」（史料2）とした佐久間象山はそもそも一〇〇石取の藩士で桐山・常山と多くの詩文のやりとりをしている。他方、鎌原高岡は石見貫正の名で知られる桐山の嫡子で(18)、天保七年高一〇〇〇石で家督、同一四年には家老職に就いた。このことから、桐山を中心に、重臣層から知行取・扶持米取の藩士が、一定レベルの学識を持し、相互に交友を深めていたことが窺われる。さらにこうした事態が、彼らにとどまらない広がりを見せていることも見落とせない。

『詩稿』に含まれる「丙申重陽、同真田松声・鎌原松園・赤澤蘭渓・石倉虎吟・佐久間象山・立田静山、従桐山鎌原先生、登城東清瀧山、帰途遊実相禅院、亦一時之盛会也…」（天保七年）のごとき表題の詩はそのことをよく示していよう。文政・天保期に家老・世子傅役をつとめたびたび幸貫に上書して意見を述べていた真田図書（松声〈66〉）、鎌原桐山の第二子で天保一〇年高四〇〇石で赤澤家を継いだ赤澤助之進安実（蘭渓〈57〉）、高一六五石で側医を勤めた立田玄道（静山〈46〉）、佐久間象山らがともに、清瀧山に登り帰途実相禅院で宴会を催したのであり、この時の詩文は桐山の『隠居放言』にも収められている。

また、『詩稿』の「上巳与竹鳳岡、金雪庵、菅旭斎、尾南嘯、同宴日央上人之楼」「首夏十二日、与高岡、蘭渓、雪庵、旭斎、日央諸子、同宴弊廬」(天保五年)の詩文題からは、鎌原高岡・赤澤蘭渓・山寺常山と、金児貞賢(雪庵〈55〉)・菅沼正身(旭斎〈56〉)・日央上人らの交友が知られ、「寄子明(四月九日、与子明同応恩田大夫招、恩田氏丹其門、世称赤門)」(天保七年)、「国老猴山恩田君満七十壽辰、以三壽觥奉賀、係之以詩(代金児貞賢)」、「賦得松竹梅、壽恩田執政七十」、「七月既望、与滄浪兄会寺内松濤、恩田氏宅観月」(天保一三年)等の詩文題からは、重臣恩田頼母・靫負と常山、佐久間象山(子明)・金児貞賢・寺内松濤らが、観月の会や慶賀の時に集まり詩文を詠じていたことがわかる。

これらの交友関係の特徴は、第一に、文政・天保期の松代藩政において重要な役割を果たした家老たちが、いずれも学問・詩文に理解を持ち、それを通じた藩内交友関係に相当の位置を占めていたことである。第二に、中士層にあっては、藩主・世子の側役や傅役、あるいは郡奉行等の藩領支配行政の要職に就いた人物が多いことである(常山・金児貞賢・寺内松濤・菅沼旭斎ら)。また、桐山第三子輔三郎が亡くなった際、常山が「先友鎌原君輔三郎」〈76〉と述べているように、重臣層とそれ以外でも「友」としての関係になり得ていることも注目されよう。以上のように、文政・天保期の松代藩政は、重臣層から扶持取層に至るまで、学問・詩文の教養を身につけた藩士らが中心となって担っていたことが明らかになるのである。

松代藩では藩校創設は幕末期になるが、右のような事態の基盤となったと想定されるのが鎌原桐山らの私塾である。この点について、「鎌原桐山入門帳」(19)をもとに作成した表2を参照しながら検討しておこう。入門帳には、入門者の氏名、入門時期・年齢、句読を授けた書物名、文義を喩した書物名が書き上げられている。書き上げられた入門者は寛政一一年(一七九九)から文化九年(一八一二)までの六五名、概ね一〇歳前後で入門しており、『孝経』や四書から句読を授けられたものと見られ、五経や六韜三略に及ぶ者もいる。

表2「鎌原桐山入門帳」より入門者一覧

No.	入門者氏名	入門時期	年齢	授句読者	喩文義者	氏名	禄高
1	竹村為吉族政、出継鈴木氏更名重雄	寛政11・9・24	10	大学・中庸・論語・孝経大義・古文後集・詩経・礼記		竹村杏村	
2	鈴木仁之助、出継小林氏重久	寛政13・1・20	8	大学・論語・中庸・詩経			
3	真田音人信収・後更六郎信昌、出継出浦氏改助昌	寛政13・2・3	12	孝経・大学・詩経・易経・春秋・礼記			
4	鎌原龍太郎重龍・改称司馬・字子雲	寛政13・2・3	9	孝経・論語・中庸・学記・坊記・表記・大学・緇衣・詩経・孟子・家語・尚書			
5	山浦久太、出継高久氏・称伊之助僖在	享和元・6・9	12	論語・孟子・孝経・（甲子夏五）易経・書経・礼記・大学・中庸・詩経・春秋・国語・孫子・呉子・司馬法・尉繚子	大学	高久伊之介	切米三〇俵
6	菅沼房治郎正房・字巽夫	享和元・6・9	10	孝経・論語・礼記（中庸・大学）・書経・（甲子四月）詩経・易経・春秋・文選・家語・周礼・左伝	論語・緇衣・尚書・中庸・論語徴・史記		
7	樋口直之助兼直・後与兵衛	享和元・8・21	9	孝経・論語・詩経・礼記		樋口与兵衛	切米四〇俵・七人扶持
8	厚木玄庸昌吉・字（空白）・後更杏伯	享和元・12・16	9	孝経・論語・孟子（乙丑）・公羊伝・詩経・唐詩選・礼記	孟子	厚木蘭瑞カ	

9	矢野三郎太・後称唯美清恆	享和2・4・28	12	孝経・論語・礼記(甲子正月)・大学・書経	学記	矢野唯美	高一三〇石
10	寺内友之進安為	享和2・4・28	12	孝経・論語・詩経(甲子正月)・易経・春秋・礼記・孫子・呉子・司馬法・尉繚子			
11	十河政幾久貞邑・後更貞朝・後称半蔵	享和2・4・28	11	大学・孝経・論語・中庸・詩経		十河半蔵	御蔵前高四〇〇石・同心一〇人
12	西澤源治常明・後改称丹蔵(文化五年戊辰春　月以病卒時年二十)	享和2・5・14	14	孟子・礼記・詩経・書経・易経(始于甲子中春終于中夏)・春秋(甲子中夏)・家語			
13	寺内仙三郎、出継奥村氏安茂・後改名貫平	享和3・1・7	9	孝経・論語			
14	闞田半五郎雅信、出継長谷川氏称源四郎	享和3・①・24	15	孟子・書経・易経・礼記	論語・孟子		
15	竹村三郎安括・字子羽・号南山(文化乙卯春、出為山寺氏嗣・更名久敬・字平仲。文化六年己巳二月十九日以病終時〔　〕諡義敬)	享和3・10・17	29	武備志・文選・家語・唐詩選・説苑	筆疇・顔氏家訓・説苑・論語	山寺	高一六〇石
16	中島三右衛門	享和4・1・15		詩経			
17	平林喜代為孝	享和4・2・12	13	孝経・論語(甲子四月)・礼記・易経・詩経・中庸・春秋・孟子			
18	白川又市親房、文化乙卯春出為長井氏嗣子・更知房	文化元・3・7	11	孝経・論語・中庸・大学・詩経・書経			

19	伊東堅次郎周直・後称隆治	文化元・4・8	10	孝経・論語・中庸・詩経・礼記・孟子・孫□・呉子・司馬法・書経・尉繚子・三略・六韜・□□・書経・易経		（伊東隆治）	高二〇〇石
20	金井力馬清武・後更清次	文化元・4・8	8	孝経・論語・小学・詩経			
21	（前）相澤郷助	文化2・⑧・15		書経			
22	（后）伊奈熊蔵紀正・後称祢津熊蔵直慎・文改甚平	文化3・1・9	12	孝経・論語		祢津神平	高五〇〇石
23	片岡榮治郎	文化3・2・22	10	論語			
24	須田富三郎・後改称文左衛門春裕	文化元・8・8	14	論語・孟子・孝経・書経			
25	矢島左殿助重雄	文化3・1・18	16	古文後集・詩経	論語	矢嶋左殿助	高三三〇石
26	河埜彌一兵衛壽秀・後与左衛門	文化3・10・27		中庸		河野弥一兵衛	高八〇石（内二〇石蔵前）
27	久保九十郎利嘉	文化3・8・20		詩経		久保九十郎	高一〇〇石
28	藤井喜内忠清	文化3・10・27	16	春秋・書経・詩経・文選	表記	藤井喜内	高一〇〇石
29	大熊外守	文化3・10・27		孟子			
30	海埜岩次郎	文化3・11・16		論語			
31	金子次郎四郎忠澄・字子敬・号滄州	文化3・10・5	26	礼記	孝経・筆疇・学記		
32	矢澤千十郎・後称監物・頼尭	文化3・4・19	11	論語・中庸・詩経・書経・大学・礼記		矢澤監物	高一四〇〇石
33	池田要人昌昭	文化3・11・16	11	大学・孝経・論語・中庸・尚書・孟子・詩経・古文前集・礼記・小学		池田要人	高六〇〇石

34	和田弥次郎政盛	文化4・1・7	21	礼記	坊記		
35	窪田新平貞久・字子方（文化四年丁卯五月廿三日病卒、謚俊恊、享年十八）	文化3・10・3	17	家語			
36	阿藤逸利秋義・後更賢逸	文化4・1・28	18	礼記・春秋・文選	孟子・小学	阿藤賢逸	二〇人扶持
37	樋口安之助・更称一角	文化4・1・7	10	孝経・論語		樋口一角	高二三〇石
38	宮下小平太虎重	文化4・3・2	17	詩経・書経・易経・礼記	論語		
39	近藤弥吉孝常	文化4・3・2		唐詩選			
40	矢澤修理誠正・後称数馬	文化4・5・2	11	論語・中庸		矢澤数馬（斎宮）	高三〇〇石
41	長谷川藤五郎時總	文化4・6・28	14	論語・孝経・大学		長谷川藤五郎	金一〇両・籾三人・玄米一人（高直五一石五斗四升六勺）
42	小山田采女之堅	文化5・3・5	10	孝経		小山田采女	高一二〇〇石・同心三〇人
43	小野肇	文化5・3・5	9	孝経・論語・孟子		小野肇	高一二〇石
44	真田図書重之	文化5・5・8		孝経・論語・大学・中庸		真田図書	高七〇〇石
45	長谷川翁介一保・更称美記・又更称龍輔	文化5・6・8	14	中庸・論語			
46	高山藤太郎	文化5・4・24	8	孝経・論語・孟子・詩経			
47	小山田千太郎茂永・後称菅右衛門	文化5・6・8	14	論語		小山田菅右衛門	高一〇〇石

48	桑名剛之助(同年十二月廿四日病卒、謚瑞香暎芳居士)	文化5・7・1		書経			
49	高橋政治郎安□	文化5・12・3		論語・尚書			
50	宮島友之進	文化6・4・15		文選			
51	小幡熊十郎・後更外記	文化7・2・1	10	孝経・論語		小幡外記	高五〇〇石
52	藤田智恵三郎・後称千十郎	文化7・8・26		大学・論語			
53	堤左之助	文化8・1・7	10	孝経・論語・孟子			
54	窪田瀧蔵	文化8・2・7		論語・孟子・詩経			
55	矢野貢清平	文化8・2・9	10	孝経・論語			
56	中村八郎	文化8・②・15	12	孟子			
57	眞田勝介	文化8・8・5	11	孝経			
58	春原玄三朝英	文化8・8・5		左伝		(春原玄三)	納二八俵・玄三人・籾三人
59	青木直馬・後称五郎兵衛	文化8・11・19	12	論語		青木五郎兵衛	高四〇〇石
60	西村幸記	文化8・11・19	9	孝経・論語			
61	佐藤小忠太	文化8・11・19	9	孝経・論語			
62	ト木鶴司定員	文化9・2・29	14	孟子			
63	僧瑩澂東福寺村専精寺住持	文化8・8・23		詩文章			
64	初司塩崎村農民姓　名	文化		詩文章			(農民)
65	福田要五郎勝直	文化9・3・21	14	礼記			

「氏名」「禄高」の項は、『真田家中明細書』による。
年月日の丸数字は閏月。

注目されるのは、これらの門人が、真田図書〔44〕や小山田采女〔42〕、矢澤監物〔32〕のような重臣層から、山寺久敬〔15〕のような中士層、高久伊之介〔5〕ら扶持取層までの松代藩士各層に及んでいること、中には「塩崎村農民」（姓名不詳〔64〕）のように農民までもが含まれていることである。とりわけ、真田図書がさきにふれた真田松声と同一人物であり、山寺久敬が常山の父であることなどは、桐山の私塾が山寺常山の交友の範囲を深く規定していることを端的に示す重要な事実であるといえよう。こうして、『詩稿』から浮かび上がる文政・天保期の松代藩内における学問的・文人的交友関係は、鎌原桐山のような松代藩における学問の中心を占めた人物の私塾を基盤として、当該期以降活躍した重臣以下藩士各層に及び、一部に農民層を含むものだったといえよう。

　このような基盤による藩内交友関係について注目されるのは、それがいくつかの結社の成立につながっていったと考えられることである。『詩稿』に「読松城旧社詩巻」（天保元年）という表題の詩が見られるように、それはまず、文事を中心的な活動内容とする詩社として結成されたと想定される。常山が記した「松城旧社」及びその「詩巻」については判然としないが、例えば鎌原文庫に収められた「同盟詩稿」（大平喜間多収集資料こ-五七）、「臨晴社詩稿」（同さ-五三-一）などもそうした「詩巻」の一角をなしているだろう。

　両史料とも正確な成立年次は不明であるが、「同盟詩稿」には小林徳方（至静・畏堂、表1〈28〉）、鎌原高岡らの四名、「臨晴社詩稿」には鎌原仲らの詩が収められている。このうち、小林至静に関して常山は、「題至静詩巻尾」（天保七年）、「読小林至静澡余漫吟」（天保一一年）の詩を作っており、学問的・文人的交友関係を背景に成立した書物（詩文集）に大きな関心を寄せている。松代藩において作られた漢詩文集（『幽谷韻余』（余韻カ））が関心の対象となっていたことを示す「奉賀桐山先生校訂幽谷韻余刻成」（文政一〇年）も、藩内ネットワークの中での漢詩文に対する関心の高さを示していよう。なお、常山と交友関係にあった今井冽斎〈29〉の如蘭社がいくつかの書物を版行したとされていることも[20]、こうした結社活動に基づく書物の成立を示す事例といえよう。

以上のような漢詩文に対する関心の一方で、かかる結社では必ずしも詩作にとどまらない活動が見られることも一層注目される事実である。「左伝会業発会日作」（天保四年）、「左伝会業白井氏率性斎席上題盆梅」（天保五年）とあるように（『詩稿』）、一定度継続して行われたとみられる『左伝』等の古典を読む「会業」がそれである。これは、「左伝会業発会日作」の中で常山が「同心結社開経業…松代他日出英雄」と述べているように、単に趣味的・学究的というのみでなく、「英雄」の輩出も念頭に行われたものだった。

こうした傾向は、結社化には至らない交友の中でも見られることである。例えば、「寄子明四月九日、与子明同応恩田大夫招、恩田氏丹其門、世称赤門」（天保七年）という常山の詩（先述）を示された佐久間象山（子明）が常山の人間性・資質を高く評価した上で、「心術本正学、語言道先王、中心労国事…」と述べているのは、交友の中で経学・詩文から「国事」に至る議論がなされていたことを示唆している。「次林至静偶成之韻、答佐微明見寄書」（文政一二年）の詩に、「遺政如迂稍走新、不憂風俗只憂貧、具臣誰抱男児節、老吏漫知婦女仁、…」という記述があるのは、彼らの中で「風俗」や「男児節」が議論の対象となっていたことを端的に示すものだといえよう。

かくて、鎌原桐山・山寺常山らを中心とする文政・天保期までの松代藩内における学問的・文人的ネットワークの展開は、そこから藩政を担う主体を生み出しつつあったということができよう。そして、こうした中で、「岩下翁の庵に幸貫が「一圓庵」と命名した際、常山が「明主命名意、永世勿遺忘」と述べているように（「岩下翁結一庵、吾公名曰一庵、賦題其壁」天保六年）、学問・政治への関心が高かった幸貫を「明主」（明君）としてそこに期待する意識が醸成されていったのである。常山が「哭小山田壽太郎」（天保四年）で「朝錬英鋭演武場、夕慣詩書学舎中。皆謂此郎成器後、出為干城入啓沃《（＝国家の守護者となり意見を具申する）》」と述べているように、こうした期待は重臣層にも向けられたものだったといえよう。

3 藩内外のネットワークと書物の〈知〉

さて、山寺常山の交友関係で見落とすことのできないのは、特に天保期以降顕著になる藩外の学者らとの関係である〈表1 №20・26・32・40・49・68・70・72・75・77・78等〉。ここでは、常山らに特に影響を与えたと見られる人物を中心に、その交友関係について検討してみたい。

ここではまず常山が後年、松代藩の学問の展開について述べた文章を見ておこう。

〔史料3〕（山寺常山「書春雨草紙後」明治九年）

（前略）公以下学業荒廃。（中略）文化中、聘林門学士林憲（字某号閑斎、封内屋代村産人。初松崎慊堂、当応我藩之聘、而憲以父母之国、乞代之、慊堂譲之。世高其義、真可惜也）。文政中、至于感応公襲封、始以宋学為甲令、而有建学之議。時有司訴国用窮乏、経費難支。於是行破格之省略。至天保中、学議再起。龍（＝常山）建議謂、学之所以行、在師儒得其人、敢請先択師儒。公聴納焉。使臣龍試迎長野豊山。（後略）

これによると、文化期以前「荒廃」していた松代藩の学問は、常山も交友関係を持った松崎慊堂から譲られた林単山を招聘した後、幸貫の建学・学者招聘の意向を受けて、常山が「師儒」として長野豊山の招聘を「建議」し実現させたという。常山にとって長野豊山の招聘が、極めて重要な出来事だったことが窺われる。天保期においても常山がこうした認識を持っていたことは、次の史料によって知られる。

〔史料4〕

送㆔豊山長野先生還㆓江門㆒序

弊藩移封於松代。于今二百有余年矣。明主良輔、世々相継。忠厚為㆑風、淳朴為㆑俗。但地在東北之辺陲。去京邈矣。文気尚閿。雖時有読書者、概皆陋劣偏固。而其識見多井底之蛙耳。寡君襄封。励精求治。親聴庶政。百度将興。十一年命曰、為政在得人、得人在振斯文。振斯文在得其師。於是乎、使臣久道聘先生。設学舎於城門之南。以教子弟。（後略）

常山が「明主良輔」が相次いだという松代藩の歴史に目を向けつつ、当時の松代藩の学問状況を必ずしも盛んではないと見ていたことは、破線部に明らかであろう。そうした中で、襄封一一年目（天保四年）の幸貫の意向により、常山が「師」を招聘することになったのである。『詩稿』に、「八月十日金児子譲開宴迎豊山先生、竹内錫命及久道陪焉、先生有詩、以謝主人、久道敢攣其礎」、「同十二日、陪遊豊山先生於寺内氏松濤軒」、「中秋望前一日、従豊翁…遊小森村大窪生亭」（天保四年）などの詩が示唆するように、こうした幸貫の意向への共感は、金児貞賢・寺内松濤ら常山同様に松代藩の民政を担った層に広がりを見せていた、と推定されることも見落とせない点である。

では、このように「学議」（史料3）が起こる中で、常山はどのような意識から教学政策に取り組んだのだろうか。注目されるのは、「明主良輔」の存在により、「忠厚」「淳朴」の「風俗」が実現されるとしていることである（史料4）。こうした意識は、次の史料にも表れている。

〔史料5〕

天保四年春、奉命将聘豊山先生、赴于江戸、三月幾望、宿板橋駅、述懐七首、録三。（一首略）

当今時務不二他求一。建学一途是遠謀。教育積年人傑出。区々経済誰須レ憂。

技与レ衆同豈国工。丈夫誰不レ忘二奇功一。釣レ名求レ利非二吾意一。素願唯茲在レ易レ風。

史料から、常山は、「風ヲ易ヘル」という願望を持って長野豊山の招聘に取り組んでいたことがわかる。このことは、先述した史料2や「次林至静偶成之韻、答佐微明見寄書」（文政一二年）において、常山が「風俗」に言及していることとも符合する。

その意味で注目されるのは、水戸藩の藤田東湖〈78〉も、例えば史料1において「風俗」を問題としていることであろう。常山は、天保八年頃に東湖と初めて会見したとされるが[21]、その後、東湖に送った「送下水戸藤田子虎扈二従君公一就上藩」において、「世道属二衰晩一。汚俗澆二神州一。大人東海興。誰是献二嘉謀一。良弼時入レ夢。済レ川有二楫舟一。格レ非責雖レ大。在…」と、世の衰えと「汚俗」の蔓延に対して、「嘉謀・良弼」の必要性を説いている。「仮二名経界一、行二掊克一。更建二泮宮一、事二文墨一。誰識周官制度明。総是関睢麟趾徳」(「寄藤田東湖」)と、学校・学問により「周官制度」を明らかにしたという東湖を高く評価していた常山は、東湖との交友によって、「教育」「建学」を基本とする「風俗」醸成の必要をより強く意識したと見ることができよう。

このように、長野豊山や藤田東湖とのやりとりは、常山に「風俗」改革の不可欠性を確信させた面があると思われるが、それは必ずしも、両者と全く別個にやりとりした結果というわけではないと見られる。常山の政治意識には、江戸・松代での人的ネットワークが交差する中で交友関係を持った人々に共有された政治論から影響を受けたという面があるように思われるのである。常山宛佐久間象山書簡(天保五年一〇月)を見ておこう。

〔史料6〕(『山寺常山伝』上)

貴兄の義は一斎翁とも毎度致談話候。翁も貴兄には致感心居候。此間水戸藩藤田虎之助と申生に面会候所、是も兼て貴兄の英名をば承知にて、余程の人才にて御出之由。何か致拝顔度とて致渇仰居候。是藤田生は彼『勧農或問』を書候人の子にて豪士に御座候。小生先達てより知面に相成、折々致出会、及経済之談話候所、大に面白御座候。貴兄にも御目に掛度存居候。扨兼ての料見には、都下には定て人才も沢山可有之存候所、存知之外尠き物に御座候。因ては吾藩貴兄等の御座候をば大幸至極と存候。益々御勉励被成、追而国家之大用に御当被成候様致期望所に御座候。云々。

史料によると、江戸で佐藤一斎に入門していた佐久間象山は、一斎との間で度々常山の話題に及んだといい、象山が初めて藤田東湖に面会した際、すでに東湖は常山の名を聞き及んでいたという[22]。このことは、ネットワークに連なる人々の間で、人物評などにおいて共通の認識が持たれるようになる過程の一端を示しているといえよう。右の史料でさらに注目されるのは、折々面会した象山と東湖の間で「経済之談話」が主要な話題となっていること、また、その前提として『勧農或問』（藤田幽谷著）のような経世書の内容が常山も含めて共有されていたことである。

このことは、和漢の古典や基本的な教養書にとどまらない、同時代に成立した書物（経世書）が藩内外での交友関係において共通の議論（「経済之談話」）の前提とされ、常山らが連なったネットワークがそうした書物の媒介となっていたことを示唆していよう。佐藤一斎に宛てた次の常山の書簡もそのことを示すものと言える。

〔史料7〕（一〇月二二日付、『山寺常山伝』上所収）

一簡奉啓上候。厳霜之候御座候処、倍御多祥被為在、奉恭壽候。其後兎角御疎遠罷過、申訳無御座、先日中就立帰出府、佐久間修理へ相托御訖奉申上候。今程同人可申上と奉存候。扨同人へ托し兼候儀有之、別段奉願候。先年来、諸藩之為に学校を手軽に取建候制度書控、御撰著被為在哉。願くは文学計に無之、武芸両様兼備の調を望に御座候。中井竹山翁、建学私議などと申物、如何様之物に御座候哉。未一見不仕候。諸藩之儀も、十年前在府中、色々心懸候得共、手狭にて不行届候。会津の日新館、萩の明倫館等、二百石に御座候へ共、規模広大にて、迚も難企及候。島原之稽古館など恰好にて、規則書様之物も少し借受候得共、不詳候。老大先生御撰著に候得ば、更に妙、左様無御座候共、年来御見聞の内、可然趣向之所御座候ハヾ、模倣仕度ものに奉存候。（後略）

右の書簡で常山は、昌平黌の教官として鎌原桐山も入門した佐藤一斎に対し、学校創建のために参考となる一斎の著述の有無、中井竹山の『建学私議』の内容等について、会津藩日新館以下に関して自身が得ていた知識を前提に問い合わせているのである。常山の学問的・実務的取り組みがこうしたやりとりを踏まえて行われたものだったことは、次の史料にも表されていよう。

〔史料8〕（一二月四日付常山宛佐藤一斎書状、『山寺常山伝』上所収）

（前略）然ば、爰元貴邸へも不相替参講、本望此事ニ御座候。段々貴兄御近況、御出府の方々へも御尋申候而、略々伝承。然ルニ兎角紛忙のミニにて、其後一簡も不呈、背本意候。御海涵被下度候。○此節、孫子御会業之由。末書之類御記し被遣、致承知候。其内李子参同、至極よきものの様被存候。昌平に有之、先達より借り置申候。拙義此三冬何かと籠居候ゆへ、折悪敷色々混雑、遂ニ曠度と相成、最早余日無之候間、来年之事ニ致し可申候。呉子副詮計にては□も不致候間、何卒孫武へも掛り度ものと、一と工夫致し居候事ニ御座候。○侯家御先世様方之真文称謂、御尋被成、右は是迄仏之追号御公字を配し唱へ来申候。御実名へ公字ハ一体当り不申候。併、本邦之習、都而実名へ公を付け申候。水府など、私諡之下に公字を配し候事は元より宜敷、私諡無之時ハ姑ク釈号を諡と心得申候外、有之間敷候。右等布酬旁、御消息承知仕度と如是ニ御座候。（後略）

ここで佐藤一斎は、常山らによる『孫子』の「会業」にふれ、『孫子』に関する書物について評した上で、自らの読書の方針を常山に伝えている。同時に、常山の問合せを受けたとみられる大名家先祖の呼称について、(23)一斎は水戸藩の事例に言及しつつ自らの意見を教示している。このように常山は、藩外の学者らの著述や見解を取り入れることで、自らの学問的・実務的取り組みにあたっていたといえよう。

このような形での藩外の学者の影響は、常山らを一つの媒介としながら、松代藩に広がっていたと考えられる。常山と親密な交友関係にあったとみられる昌平黌の儒者古賀小太郎（侗庵、表1〈32〉）は、常山に宛てた書簡の中で、「…

御同藩真田図書殿、備前烈公親筆…手ニ被入度情願之趣、同人《(カ)》ニ承諾仕候」（山寺家文書M41-6-2）、「貴藩真田大夫之御所望ニ依て備前へ申遣し漸芳烈公之善本手ニ入呈進候ニ付、御同人より反覆懇到之御謝詞被仰聞」（山寺家文書M41-4-2）、「…竹内子を以可被仰聞之旨承知仕事候…備之烈公墨蹟之儀ニ付懇々之諭《(カ)》…」（山寺家文書M41-2-2）などと述べている。

真田図書（松声）が「明君」として知られた岡山藩主池田光政（芳烈公・烈公）の親筆の入手を懇望して常山を介して古賀侗庵に依頼し、入手に至ったことがわかるが、注目されるのは、真田図書が天保六年七月の幸貫への上書において世子教育の重要性を説いた際、「古賀先生ハ実学の様子ニ及承候間、月ニ四五度も御招有之、…紀伊頼宣卿、義公、烈公等の御実徳の趣□御耳近く御話有之」と論じていることである[24]。学問的ネットワークを介した書物（光政の親筆）の入手と藩政意見の内容とは、深く結びついていたのである。

かくて、藩外の学者らを含めたネットワークによってもたらされ共有された書物や議論は、経学・詩文から政治に及ぶものであり、それらの諸側面において当時の藩政を担った松代藩士の学問的態度・問題関心の形成に大きな意味を持ち、彼らを介して松代藩政を規定する意味を持ったと言えよう。『詩稿』に、「謝南嘯兄借与『圓機活法再煉』」（文政九年）、「次鎌原曰唯見寄韻、謝借与蔵書」（文政一〇年）、「次韻小林土斎見贈以答」（文政一一年、本文に「彼我何憂無富貲、破書相借互相披、…」とある）、「小林至静憐余邸居粛索、齎其所蔵之書画来、…中有朱文公家訓印譜、…閲之、道理之蘊、文章之美、及篆刻之奇古、使人竦然起敬、油然起孝、…」（天保元年）、「渋谷洒侯見贈宋文天祥正気歌墨刻、不勝喜激、率然成章、以謝厚誼」（天保七年）などの詩文が含まれていることは、常山がこうした内外の関係性を媒介する役割を果たしていたことを示している。

以上の検討は常山の詩文と書簡をもとにしたものだが、書簡や書物を媒介とした、江戸（の学者）とのつながり・松代での交友、それによる共通の問題関心の形成という、藩内外のネットワークの具体相をより豊かにイメージするための補助線として、本節の最後に、鎌原桐山の日記に基づいて作成した表3にふれておきたい。表3は、家老だった鎌原桐山が天保三年六～一二月に記した日記[25]から、書物に関する記事を中心に関連する会読等の記事を抜き出したものである。

表からはまず、鎌原桐山が、真田図書・恩田頼母ら重臣層を中心に、山寺常山や佐久間象山、窪田・竹村・白井・青木ら藩士とみられる人物と、頻繁に書物の貸借を行っていることがわかる。貸借された書物をジャンルとして見れば、経書・経学関係（『三礼口訣』『五経』『左伝』『四書講義』『伝習録』『集義外書』等）や漢詩関係（『覆醤集』『五山堂詩話』『幽谷余響』等）、軍記・歴史書（『三王外記』『常山紀談』『川中嶋五戦記』『前太平記』『日本史』等）、教訓書（『家道訓』『廿四訓』）、武技関係（『鉄砲茶話附尾問答』『射礼秘書』等）などとなる。今井洌斎（表1〈29〉）の如蘭社が版行の中心となり、常山が題辞を記した『活字酌古論』等も目を引く（後述）。これらのことからは、ある程度幅広いジャンルの書物が桐山や常山のような蔵書家を中心に藩内のネットワークにおいて、貸借されていたことが知られよう。

次に注目されるのは、「江府ゟ御状并『逸史』二冊到来」（七月一五日）のように、江戸からの書物の送付を示す記事が相当数見られることである。右の記事の後、一八日には「捨蔵へ丈遣」とあるから、中井竹山『逸史』二冊は佐藤一斎（捨蔵）から送られたものであったかもしれない。また、こうして到来した書物が、「真田・恩田江江府ゟ到来之書物遣」（同二八日）のように、桐山から真田図書らに手渡されていることは一層注目されよう。鎌原桐山は、山寺常山同様、藩外の人物とのつながりにより入手した書物を藩内の人々に媒介する役割を果たしていたといえよう。一一月二八日には「頼母殿へ『勧農或問』遣」とあるように、佐久間象山が「経済之談話」の前提とした『勧農或問』もこうした関係性によって共通の知識とされていったのである。

表3　鎌原桐山「天保三年壬申日記」より学問・書籍関係記事抜粋

月日	記事内容	備考
6・16	河原へ『地名考』三冊遣。	
6・19	源大夫殿ゟ薄被贈。	
7・3	司馬殿江書物返す。／林先生へ伺、書物返。	
7・6	山寺へ参、『覆醤集』相返す。	石川丈山著、漢詩文。
7・10	源大夫殿より梅一籠到来…『三礼口訣』同人へ遣。	
7・15	江府ゟ御状幷『逸史』二冊到来。	
7・17	山寺ゟ『(三礼)口訣』被返。『家道訓』三巻遣。	
7・18	捨蔵へ丈遣。	
7・19	真田ゟ用水貯之義演説被為見、囲水立関へ出置候様申付。	
7・20	山寺ゟ『家道訓』被返。『雑俎(カ)』五冊遣。	
7・24	林家今日ゟ輪講相初候。	
7・27	林江輪講参、今日『中庸』相済。／江府より御状到来幷品々到来。／書物品々到来。	
7・28	真田・恩田江江府ゟ到来之書物遣。／窪田江『草木育種』二巻遣。	
7・29	図書殿ゟ昨日為見候書物被返、『閑散(カ)余録』遣。	
7・30	真田ゟ書物被返、則茶遣。／司馬殿へ『史料凡例』・『名目抄』相借。	
8・1	真田ゟ別条被返、書物二冊遣。	

8・3	明甫子へ『中庸』返。	
8・4	月並講釈。／林輪講。／司馬へ『余音』前後部遣。	
8・6	図書殿ゟ『三斎記』・『井伊余（カ）状』・『五経』被返候。	
8・7	林輪講、『左伝』。	
8・9	高久瀬平殿へ『石城之解』・江戸ゟ之御出銀指出。	
8・12	平左衛門殿ゟ『五山堂詩話』借候。	
8・13	真田ゟ別条被返、『聞見集』・『三王外記』遣。	
8・14	林輪講。／『聖堂拝礼式』三枚到来。	
8・15	藤（カ）田へ『附尾問答』返。	『鉄砲茶話附尾問答』
8・17	月並講釈出。	
8・18	林輪講。／司馬殿へ『開宗（カ）』・『左伝』返。／『名目抄』・『史料凡例』被返候。／重蔵殿へ矢澤先生追善三□、『廿四訓』遣。	
8・19	窪田へ『三国志』返す。	
8・24	林輪講。／先生へ到来之詩為見候。	
8・27	『余音』其外書物風入済候分相仕廻。／林輪講風邪ニ付不参。	
8・28	竹村へ『射礼秘書』返、二冊。	
9・1	白井氏江『聖像拝礼之式』壱枚指遣。	
9・2	真田へ『幽谷遺響』遣。	

9・4	御城講釈。／林輪講。	
9・5	昨日、主馬殿より雑書借用。	
9・7	真田氏へ聖堂拝礼式遣。	
9・8	林先生為候詩被返候。	
9・19	青木氏へ『常山紀談』三巻相借。	
9・20	図書殿より『幽谷余響』被返。	
9・24	林左近将監様「赤壁律之詩」為見候。	
9・30	望月へ『集義外書』遣。	
10・4	御城講釈。／林会読。	
10・6	『類函』御側御納戸江指出。□之部御用之由申来候ニ付。／司馬殿へ『閑散余録』遣。	
10・7	御殿より指上候書物御下ヶ。／司馬殿へ『楽器考』遣。／源大夫殿より書物被返。『川中嶋五戦記』遣。	
10・9	山寺へ到来之詩為見候。	
10・11	斎宮殿より「窓の月」到来。	
10・13	御状七通到来。／書物も到来。	
10・15	山寺より陸稼書『四書講義』借候。	
10・16	恩田江書物二冊遣。／望月書物五冊被返。	
11・2	図書殿へ林注『左伝』三巻返。同人より別条被返。	
11・4	御城講釈。	

11・6	子雲（カ）子へ到来之詩文為見候。／源大夫殿被参、会業相談。	
11・7	司馬殿より『前太平記』借。	
11・9	『書経』一巻縫殿殿へ遣。	
11・11	同人（山口）へ『戦場百ヶ条』借。	
11・18	御城講釈。	
11・19	司馬殿へ「赤壁律詩」・『品物図考』。	
11・20	子雲（カ）子より『前太平記』借。	
11・23	山寺より『活字酌古（カ）論』被贈之。	
11・25	山寺へ陸稼書『四書講義』返す。／佐久間氏会読相談ニ被参候。	
11・27	明便書状幷書物も指立候。	
11・28	頼母殿へ『勧農或問』遣。	
11・29	司馬殿へ書物返。	
11・30	司馬殿より『刀剣考』相借候。	
⑪・4	御城講釈。／林会業。	
⑪・5	暮時より『周易』会読。／明便書状幷書物指立候。	
⑪・7	林会読。	
⑪・10	望月ニ而『伝習録』会読。／同日、玄伯殿ニ而『易経』会読。	
⑪・12	靭負殿より書物三冊被返候。	

⑪・14	佐久間へ『日本史』為見候。	
⑪・17	林会読延引。／月並講釈。	
⑪・19	飯嶋会読。／子迪へ『日本史』一巻遣。	
⑪・20	風気会読相断。	
⑪・21	『伝習録』会読。／茶書二部到来。	
⑪・22	山寺より「心環誌（ヵ）」到来。	
⑪・23	澤先生へ参、茶書二冊遣候。	
⑪・24	林輪講風気ニ付断。	
⑪・27	林輪講。	
⑪・28	真田より書物被返。『刀剣考』同人へ遣。／大熊へ会読参。	
⑪・29	御状七時過到来。／書物も到来。	
⑪・30	立朴殿宅ニ而会読。	
12・3	真田へ『官論秘鑑』遣。	
12・4	御城講釈。／林輪講。 …／『易経』会読風邪ニ付断。	
12・6	望月会読夕に留夜ニ入罷帰。／『源氏外伝』相借。	
12・8	会読。	
12・11	大熊会読。	

月日の丸数字は閏月。

以上、本節での検討から、文政・天保期の松代藩においては、学問に関心を高めた重臣以下の藩士各層が藩政の担い手の大きな部分を占めていたこと、その背景として鎌原桐山らの私塾や結社の存在の重要性、また、山寺常山らの学問的交友関係に基づく媒介により藩外の学者らからもたらされた書物や議論が藩士に共有されていったことが、浮かび上がったといえよう。

三　「風俗」改革の実践

1　「風俗」改革の取り組み

本節では、見てきたような学問動向と藩政の結びつきについて、藩政展開の中で常山がどのような実践を行っていったのかということを中心に検討してみたい。その際、前節の検討からも垣間見られることとして、常山が「風俗」の改革を志向していたと考えられる点に着目してみよう。「風俗」改革という点に関してはすでに、天保期に家老鎌原桐山が士風の振起を一つの主要な目的に、藩の事業として歴史書編纂に取り組んでいたことが明らかにされている。

ここで注目したいのは、同じ天保年間、常山が複数の書物出版に関与していたことである。『山寺常山伝』によれば常山は、陳龍川『龍川先生酌古論』（天保五年（一八三四）、如蘭社版）、大道寺友山『武道初心集』（同年、恩田氏蔵版）、文天祥『指南録』（天保九年序、未刊）、平山兵原『鈐林巵言』、『文文山（＝文天祥）正気歌』、『君子小人相反図』等の出版に関与したというのである。関連して、常山が鎌原桐山著『武学童蒙須知』（天保、未刊ヵ）に序文を寄せていることも知られる。そこで、これらの書物の版行（成立）に関与した際の常山の問題意識を検討してみよう。

まず、常山が佐久間象山に『朱子年譜』の異本を送った際に著した「跋異本朱子年譜」（天保一〇年）を見ると、常山は「吾友佐久間子迪、奉朱文公学篤矣。…如当時文公之於陳龍川、其所以裨益予者、洵為不少。…」と述べており（『山寺常山伝』下）、常山・象山が朱子学（「正学」）を奉じていたことがわかる。これは『武学童蒙須知』が朱子の『童蒙須知』にならった書名であることとも通じていよう。さらに、右の跋文に登場する陳龍川（陳亮）こそは、今井冽斎らが版行した『龍川先生酌古論』の著者である。常山は同書の版行に際して「龍川先生酌古論題辞」を著しているが（天保五年）、そこでは陳龍川と『龍川先生酌古論』について、「龍川先生ハ南宋孝宗ノ時ニ在テ慷慨激烈忠義無双ノ士ニシテ、朱文公ノ親友ナリ。…此篇ハ…用兵ノ成敗ヲ論スルコト尤痛快ナリ。実学ノ徒、誠ニ必読ノ書ナリ」と述べている。金の侵略に押されて南宋が講和したことに慷慨した豪傑の士とされる陳龍川が「文武道一也」として「用兵ノ成敗」を論じた『酌古論』に接した常山が、それを「実学ノ徒」の必読書と極めて高く評価していることは注目されよう。常山は、朱子学を「正学」として奉じるというにとどまらず、国外勢力による侵略という国家的危機に際して、いかに軍事的な備えを確立するか、という関心から宋学関係の書物に接していたといえよう。『龍川先生酌古論』に加えて、『鈴林卮言』『武学童蒙須知』には、そうした兵学的関心が明らかであるし、『文文山正気歌』『武道初心集』も、そうした中での主体形成と関わって受容されたものと考えられる。

実は、右のような問題意識に基づいて、松代藩の現実に働きかけようとした際、常山が前面に押し出したのが、「風俗」改革という観点だった。例えば「吾桐山夫子視政之暇、手録此編、蒙士輩熟読而諳記之」（常山題辞）という『武学童蒙須知』について常山は、「吾邦中葉、戦国風俗朴実、事尚直捷」（同）と記し、戦国時代の「風俗」を意識しつつ、「士風復古之理、亦将胚胎於此」（同）と記して、同書が「士風復古」の起点となることを述べている。常山が「風俗」「士風」の改革の実践という意味づけの下に長野豊山招聘（天保四年）にあたったことは既に述べたが、藩としての事業にとどまらない「風俗」改革の動きが重臣層を一中心として見られ、常山もそれを担っていたといえよう。

「刻指南録序」（天保九年）には、「士風之於節義、民俗之於仁厚、天下何物易之。…恭以吾世子有斐公、天資仁厚、欽慕東照大君節義養士之風久矣。…今際会幕政更張、士風再振之日、其於国家培養風俗之意、蓋将有所益焉。豈惟松城多士之幸已哉」と述べて、「士風」における「節義」、「民俗」における「仁厚」を最重要事として、幕政更張（改革）での「風俗」の「培養」にも共振するものとして世子の命による『指南録』の版行を称賛している。

以上のように常山は、朱子学的・兵学的関心を併せ持って、昌平黌の儒者や藤田東湖らも高く評価した書物の版行に取り組んだといえよう。そして、「実学の徒」の必読書たるこれらの書物が持つ現実的効用を人々に説明する際に、中核的な理念とされたのが「風俗」（「士風」「民俗」）の改革ということであった。(26)

2　天保期藩政と山寺常山

では「風俗」改革という理念は、常山が現実に藩政に関与する過程でどのように現れてくるのだろうか。天保期における常山の藩政に対する見解を最も総合的に読み取ることができる史料として、『山寺常山伝』上所収の「謹而言上」がある。これは、当時世子傅役だった常山が、幸貫に対して差し出した言上書である。以下長文になるが、前半の総論的部分を引用する。

〔史料9〕

謹而言上

近々御帰城御相違も被為在間敷奉存候得者、奉別之期相迫り候付、平常之胸蘊悉皆書綴奉申上候。毎以過分非職之儀と可被為思召奉恐入候得共、日頃之御恩過徹心魂、此時に於て不奉申上候ては終身之遺恨、不忠之至りに付、不顧固陋、僣踰之罪を犯し、屢奉申上候。既に先達て御孤立・御吝嗇之儀を以書取奉申上候。以来時々奉申上、御吝嗇之儀に付て、彼是御口実も被為有候へ共、努々私之一己独慮に無御座、衆庶之輿論に付、最以御体認被成下度、第一奉存候。必御外廷之儀には無御座、御一己御浅近之上を御省察被成下、御眼前之事に就て、自然と衆庶之感動仕候御機権、如何程も可有之奉存候。扨又此上は、謀臣を御定被遊候に御座候。粗御内含も有之哉に奉伺候。孰れにも御一決被
遊、名実御正、十分に御委任有之、十分に御実意を御示し被遊、譬ば如此奉申上候直言を、乃御示し被遊候て、如此に申せと御座候得ば、前に鑑み御座候事故、必無忌憚所、可奉申上候。直言と申儀、甚易き事に御座候へ共、古今に多く無御座物にて、人々に能仕り候事に決て無御座候得ば、世々之人主直言極諫之士を被愛候を美事と被立候と相見申候。如何様被愛候ても、実は其人々之病根に当り候事故、先は被嫌候訳に相成候故、人毎には不申候物と奉存候。良薬苦口、金言逆耳、古より今に至り候迄、真の直言を申候得ば、果て其病に当り候故、不被聞入候。行違候様にて、不被聞入候歟、又は彼是と被拒候歟、悉皆病に当り候て、被愛兼候に落入申候。左様に候得ば社人主之上にて容諌を第一之美称と仕り候儀と相見申候。
一世子第下、乍残念至極、何分御庸劣に被為入、奉恐入候。併図書初、有志之者、挙而奉補佐候者、御大過失無之様には可仕奉存候。右に付ては、此上之御政務、何卒上下一統に不忍之心を生じ候様、毎年御賢慮を被為用、御国政に預り候者、小利を不見候而、如何にも遠大之志を構ひ、御国民之盛衰帰叛に心を留、御役人共之正邪を弁へ、御役人共は如何にも篤実慷慨にて、思慮深遠に構、清廉潔白を旨といたし、仮初にも酒食に耽り、日送り仕事に相成不申候様に急と御仕置有之、扨又民間奢侈之風俗、厳敷御停止有之、是迄之絹服を綿服にいたし、是迄之畳は藁筵にいたし候様、厳敷御制度相立、誰見候ても、淳朴質素、不問して松代領たるを知り候様に仕度物と奉存候。扨又物毎始終相貫不申候ては、成就無之物に御座候。既往一旦の御油断は無為方候得共、以後往々幾久

無油断様、呉々も御用心専一に奉存候。毎以御沙汰之通、人之上に立候て、佚楽を而已心掛候て、只管無事苟安を望候ては、其志卑劣至極にて、形は貴人に御座候ても、心は賤夫に御座候。兎角、上に立候者は、是非々々国初之諸名将、諸物頭之千辛万苦を相嘗候事を常に亀鑑にいたし、相励可申事肝要と申儀、急と御座候ては却て扞格難入候訳も御座候間、御燕席にて御引見有之、御物語有之度奉存候。

一心と口と相違仕候ては、人は服し不申候。口に仁義を説候ても、心が仁義に無之候へば、事は被行不申候。心に仁義を懐き候迚、事に顕れ不申候へば、其功無御座候。御初政以来、励政求治之御心は、山々被為有候に御相違毛頭無之候得共、御政事之上に就て論じ候へば、第一言路不開、文学猶闇シ、武芸衰廃、士気不振、其上興利之説盛に被行候て、年来御省略御座候ても、其余財を以て御心願之義迚、御費し被遊候て、果て相叶不申候へば、奉恐入候得共、下説には如此御国政にては天下之事と申候ても、又如此より外御出来被遊間敷、左候へば、全く御過挙に相当り、此御過挙を誰一人不奉諫候は、乃言路不開等之弊政之令然候義にて、御孤立之害、如此に至り申候。仍て既往之事は、上下一同之過失に付、自今以後再励政求治之思召ニ候はゞ、諸事更始して、御掛り被遊候に無若奉存候。更始は又新に初め候訳にて、是迄之所を不残破算いたし、約束をいたし替候に御座候。総て約束は一年三年五年と限り、約束通りに参り候時は、不悋財褒美いたし、人々の倦労れ不申候を肝要と仕り候由、古老も申置候。扨御初政以来、御省略之御約束有之、未御施恵は無之内に賄賂に御費し被遊候ては如何様之御口実御座候ても、御慙徳に相成、人心服し不申候。仍て此所にての御約束にては、中々被行申間敷候。御省略ハ御省略にて、御施恵は御施恵と申様に無御座候ては、御法度相立申間敷様奉存候。総て下々之倦み労れ不申候様、掛引仕り候を経済之上手とは可申奉存候。扨又金主を見付、借財を上手にいたし候を有司之長技と心得候様に相成候とは、残念至極之義と奉存候。

冒頭の部分は、幸貫の政治姿勢・行状に関する意見で、常山は「御孤立」「御吝嗇」と言われる幸貫の行状について既に言上していたという。また、「御孤立」との関連も想定されるが、「直言極諫之士を被愛」・「容諫」の姿勢の重要性を説いている。「孤立」に関してその具体的内容は知られないが、三段目では家中に対して倹約の約束をしたにも拘わらず「御恵」はなく、それどころか老中就任を目指した「賄賂に御費」が批判されているから、強力な指導力を発揮しようとした幸貫の姿勢と相俟って、「賄賂」出費がかさむ状況に対する反発が家臣団の中に存在していたと推測される。ともあれ、末尾近くにある「御初政以来、励政求治之御心」の語によって理解されるように、襲封以来の幸貫の為政を松代藩政における大きな画期として評価しつつも、それが天保期に至って「言路不開、文学猶闇シ、武芸衰廃、士気不振、其上興利之説盛に被行」という形で行き詰まりを見せているというのが、天保年間半ばの常山の現状認識であった。全く同様の認識は、天保六年の真田図書の上書にも見られ[27]、当該期の藩政担当者の少なくとも一部には共有された認識だったことが窺われる。

他方で常山は、言路や文武・士気といった藩主・藩士の問題ばかりでなく、「御国民之盛衰帰叛」、さらに「御国民」に直接相対する「御役人共之正邪」に意を用いなければならないことを主張する。「民間奢侈之風俗」を、誰が見ても「不問して松代領たるを知り候様に」「淳朴質素」にしなければならないというのである。天保末年以降、常山が郡奉行などとして民政に尽力したことを考えれば、見落とせない記述である。

省略した言上書の後半で常山は、以上のような問題を念頭に、「士気を振起候は治国の最第一義に御座候」と、士気の振起を治国の最重要課題と位置づけつつ、「言路」「文学」「武芸」「士気」「興利之説」についてより具体的に対策を論じている。注目されるのは、その中で常山が、「右五ヶ条の御約束相立候はゞ、人情風俗も追々相直り可申候。此二十年来、人情風俗の浮薄に相成候事、一段と相分り申候由」と述べていることである。すなわち常山は、藩主の行状を起点に「言路」以下の諸点について改革を施すことの最終的な目的を、「人情風俗」の立て直しに置いているのである。真田図書も指摘する家臣の間での藩政への反発や士気の低下、天保飢饉を受けた領民・近領の不穏な動向は、こうした「人情風俗」の問題を切実なものとさせていたといえよう。このように常山は、鎌原桐山門人・世子傅役など、立場に応じた取り組みを遂行しながらも、終始一貫して「風俗」改革への意思を持していたのである。

3　山寺常山と民政

こうした中で天保一四年、常山は預所郡奉行となり、民政を担うことになる。常山が郡奉行としての心構えを著した「使無堂記」により、「風俗」改革の意思が民政においてどのように表れるのか検討しておこう。

〔史料10〕（『山寺常山伝』上所収、返り点は原文のママ）

使　無堂記

凡天下之務。制二之於未然一。則功省而事不レ跲。制二之於既然一。則慮煩而效不レ著。余於二聴レ訟之際一。益信下其所二
以然一之理上焉。忠信明決。無下若二子路一者上。而孔子称レ之曰。片言可二以折一レ獄者。其由也与。以レ余観レ之。抑末
也。成人則必不レ然。孔子曰。聴レ訟吾猶レ人也。必也使レ無レ訟乎。此其本也。本豈易レ言哉。嘗試言レ之。蓋其所二
以成一レ本者有二五事一。曰整二伍法一。曰二民産一。曰崇二教化一。曰正二風俗一。曰修二志書一。五事各有レ目。曰正二戸籍一。詳二
郷約一。養二良家一。抑二雑戸一。通二有無一。救二患難一。所三以整二伍法一也。勧二農桑一。禁二遊惰一。尽二地力一。順二水利一。
便二運漕一。通二交易一。所三以厚二民産一也。択二郷師一。頒二箴訓一。養二老幼一。褒二孝義一。旌二貞節一。所三以崇二教化一。尚二
直実一。鋤二姦兇一。守二倹素一。防二奢靡一。禁二賭博一。戒二淫酗一。所三以正二風俗一也。正二地図一。明二賦課一。考二古蹟一。
詳二沿革一。疏二物産一。弁二方言一。所三以修二志書一也。由レ此立レ本。因以及二繊悉一。則民皆弁二義方一。信二長上一。而知二

其所レ向焉。果然。豈亦有二可レ訟之事一乎。彼謂二之文具一而不レ講。惟言下我之明徳既明。大畏二民志一。則訟不レ待レ聴而自無上者。余未レ信レ之。今也国家無事。君明相賢。将二大有レ為之時。余也狂愚。叨不二自量一。陳レ力就レ列。敢励二駑鈍一。与二二三同僚一。協レ心戮レ力。日夜討論究議。有二固不レ出二於五事之外一也。庶幾以答二邦君欲レ使下斯民至中于無訟之域上之盛意甲矣。余作二郡宰一三月。於二賓館之南一。構二一堂一。以為二聴訟之所一。因命レ之曰二使無堂一。

天保十四年癸卯五月　　松代郡宰源朝臣信龍撰

ここで常山は、訴訟が起きることの無い状態に民を導くことを理想として民政に取り組む決意を表明している。それを実現するために基本となるのが、「伍法」「民産」「教化」「風俗」「志書」であるといい、史料の中盤では、そのためのより具体的な施策が述べられている。ここでは「風俗」は基本となる「五事」の一つとされているが、「五事」の具体的内容を見れば、教化策や地誌編纂など、これまで「風俗」の語と密接に結びつく動向として知られるものが多いから、常山が全体として目指していたことは「風俗」改革だったと言ってよいであろう。

次に、こうした決意のもとに勤務にあたった常山が、それに関わって民政への取り組みについての感想を記した書簡をみてみよう。

〔史料11〕（渋谷修軒宛書簡、天保一五年カ、『山寺常山伝』上所収）

（前略）扨々不相替劇勤不レ得二寸暇一罷在候。乍去何之事業も無之、東是西非を判し候得共、惣而埒もなき事共、停滞無レ之を旨といたし候迚、根本を培養いたし候事に至り候ては、甚粗略にて慚愧罷在候。幸に君徳之余光、民風淳厚、客歳も頗歉歳に候処、隣境には彼是人心恟々之事無にしも非候ひしが、邦内に於ては、税斂を寛うし、又は社倉を開き、獄事も惣寛典に従候等にて、弥以万民安穏に迎陽致、於二小生輩一も、僥倖に善治之誉れを分候も、恐悚之至奉レ存候。殊更小生之手には、囹圄も空虚に相成候。同僚は年来故に、彼是七人も有レ之、其外遠島代り之囚四人計御座候。此等職事に関係いたし候事、為レ非二他故一御洩申候得共、必々御他見被レ下間敷候。扨々実以埒もなき事之是非を争候者なとは存候得共、夫子之聴レ訟吾猶レ人と被レ仰候も、仲由之片言折レ獄と被レ申候も其訟獄も古今一轍之埒もなき事なるべし。そは忠信明決如二仲由一にて、初て片言折獄するに足り、大聖如二夫子一して、必也使レ無レ訟乎と被レ仰候程之事、只々不文不才、重任に辜負候事而已、恐悚罷在候。出精次第、見来之争訟を断尽候は可レ為候得共、使レ無レ訟候様に根本を培養いたし候事、尤難き事と奉レ存候。依て所二希望一を以て聴事之堂に使無と題し、人伝有レ之、二条殿下之御染筆を乞置候ひしが、未得二出来一不レ申候。何分も使無之御切磋被二成下一候奉レ希候。〇黄庭堅食時五観とか申規文御座候由。横幅（巾九寸五分、長四尺二寸五分余、但鯨尺呉服サシ也）如レ此ニ何分御染筆奉二希上一候。食席之壁上に掛、自警且子孫にも遺訓仕度奉レ存候。何分奉二希上一候。

（後略）

これによると、郡奉行となった常山は多忙を極め、「埒もなき」訴訟の裁定（「東是西非を判し」）に尽力しており、「何之事業も無レ之」、「根本を培養いたし候事に至り候ては、甚粗略にて慚愧罷在」という状況だったという。「風俗培養」の重要性を説いていた常山が、郡奉行となった時、訴訟の処理に忙殺され、「使レ無レ訟候様に根本を培養いたし候事、尤難き事」との感慨を抱いていたことが窺われる。

このことは、松代藩地域の研究において明らかにされてきた「強情者」などの動向が、常山の目に右のように映っていたことを示すものとして興味深い。一方で、常山がこうした激務の中、「弊風」の改革を目指して、褒賞や盲人組織の改革に尽力したことも、これまでに明らかにされてきている[28]。また、右の史料で常山が言及した飢饉や社倉に関連して、寺内多宮（松濤）らも「風俗」の改革を念頭に民政にあたっていたことも知られる[29]。

このように、訴訟処理や政策立案の過程で作成される文書においても、常山らが「風俗」の語を用いていることは、本章で検討してきた学問動向が「風俗」改革という藩政理念をもたらし、現実の民政に至る諸局面において藩政の担い手の意識と行動を規定していったことをよく示しているといえよう。

おわりに

本章で明らかにしたことをまとめておきたい。

第一節では、文政・天保期の松代藩政は、前段階の改革（中期藩政改革[30]・幕府寛政改革）を強く意識しながら、藩士間での学問的交友関係を重要な媒介として、同時期の「明君」「賢君」（水戸藩主徳川斉昭、平戸藩主松浦静山・黒羽藩主大関増業、佐賀藩主鍋島斉正・薩摩藩主島津斉彬ら）の治世と相互的な影響関係を持ちつつ行われたものだったことを明らかにした。

第二節では、山寺常山の漢詩集を中心に、鎌原桐山の門人帳・日記をも用いて、松代藩内外のネットワークの具体像を示すことにつとめた。検討から浮かび上がったことは、当該期の主要な家老たちが学問・詩文に理解を持ちそれを通じた藩内交友関係に相当の位置を占めていたこと、中士層にあっては藩主・世子側近や藩領支配行政の要職に就いた人物も多くネットワークに連なっていたことである。また、こうした関係を支えたのが鎌原桐山らの私塾や、詩文会・経書等の会読を行うとともに国事の議論も生まれた結社の活動であり、常山・桐山らは内外の書物を媒介する役割を担うことで、藩政への活用、藩外の人物との共有が可能な学問・知識の藩士における受容を可能にした。彼らのこうした役割は、藩外の著名な学者―古賀侗庵・佐藤一斎・藤田東湖ら―との結びつきによるところが大きかったと言える。

第三節では、家臣の間での藩政への反発や士気の低下、天保飢饉を受けた領民・近領の不穏な動向が「人情風俗」の問題を常山らにとって切実なものとさせたこと、そうした中で常山は、「士風」における「節義」、「民俗」における「仁厚」を最重要事として、終始一貫して「風俗」改革への意思を持しており、その実践として朱子学的・兵学的関心から「風俗」醸成に資すると見た書物の浸透(版行)の取り組みに積極的に協力し、民政においては訴訟の起こらないような「風俗」の醸成を目指して褒賞や盲人組織改革に取り組んだことを指摘した。

以上のように、学問・知識と藩政理念という観点から見れば、文政・天保期の松代藩政は「風俗」改革というべき性格を持っており、藩中枢に松平定信らへの崇敬が顕著という意味でも、一八世紀後半の政治改革の延長上に位置するといえよう。一方で軍備増強策の焦点化、対外危機への対応を重視した「賢君」との交流、洋学摂取・海防策を課題とする象山の登用などは、危機の深まりをうけて現れた新たな政治動向と見ることもできる。幕末期にかけては常山も、「仁厚」と「富強」(安政期の藤田東湖死去に際して)・「国富兵強」(文久期の幕政改革に接して)への望み・期待を表明していくことになる(31)。今後こうした政治意識・理念の変容を、藩政・藩地域の実態との関係を十分視野に入れて考察していくことが課題となろう。そのためにも、民政の諸局面にまで及ぶ「風俗」改革という視点の有効性を本章で示したつもりである。

註

(1) 若尾政希『「太平記読み」の時代』(平凡社、一九九九年)、小川和也『牧民の思想』(平凡社、二〇〇八年)、深谷克己『偃武の政治文化』(校倉書房、二〇〇九年)等。

(2) 金森正也『藩政改革と地域社会』(清文堂出版、二〇一一年)、小関悠一郎『〈明君〉の近世』(吉川弘文館、二〇一二年）等。

（3）小関悠一郎「明君像の形成と「仁政」的秩序意識の変容」（『歴史学研究』九三七、二〇一五年）、同「細川重賢明君録からみえる熊本藩政改革」（稲葉継陽・今村直樹編『日本近世の領国地域社会』吉川弘文館、二〇一五年）。なお、辻本雅史「幕府の教育政策と民衆」（辻本・沖田行司編『教育社会史』山川出版社、二〇〇二年）は幕府寛政改革が「風俗」教化を基本理念としていたこと、小川和也「近世後期の「藩学」と「改革」」（『歴史学研究』八七二、二〇一〇年）は長岡藩で「士風」＝「風俗」の改革が志向されたことを明らかにしている。

（4）岸本美緒『風俗と時代観』（研文出版、二〇一二年）。

（5）渡辺尚志・小関悠一郎編『藩地域の政策主体と藩政』（岩田書院、二〇〇八年）第一編、小田真裕「善光寺地震後の「奇特者」をめぐって」（福澤徹三・渡辺尚志編『藩地域の農政と学問・金融』岩田書院、二〇一四年）、小川前掲註（1）書、早田旅人『報徳仕法と近世社会』（東京堂出版、二〇一四年）等。

（6）『長野市誌』第四巻（二〇〇四年）。

（7）松田之利「真田幸貫の初期藩政」（『市誌研究ながの』一〇、二〇〇三年）、『長野市誌』第四巻。

（8）ひとまず『北信郷土叢書』七巻による。

（9）真田宝物館には、斉昭が幸貫・静山・増業を自邸に招いた際の様子を描かせ、幸貫宛斉昭書状・幕府儒官佐藤一斎賛を貼り込んだ「感応公併黒羽平戸二侯肖像徳川斉昭賛」（天保一一年）が所蔵されている。

（10）大平喜間多『海防の先覚者眞田幸貫伝』（昭和刊行会、一九四四年）。

（11）飯島忠夫『山寺常山伝』（真田宝物館蔵山寺家文書）所収。

（12）信濃教育会編『増訂　象山全集』第三巻（信濃毎日新聞社、一九三五年）二一九〇頁。

(13) 松田前掲註(7)論文。
(14) 小関悠一郎「真田家の系譜・事蹟編纂と鎌原桐山の思想」(渡辺尚志・小関悠一郎編『藩地域の政策主体と藩政』岩田書院、二〇〇八年)。
(15) 真田宝物館蔵塩野家文書。常山の孫にあたる塩野氏の筆写になると思われるペン書きの文書であり、原本の所在は不明である。その点、史料としての利用には十分な注意が必要だが、書式や内容、他の史料との整合性から、本章では原本の内容を反映しているものと判断して使用することにする。
(16) 常山は、『備荒喩』の「封民」への頒布について「未果」としているが、知行所には頒布している(前掲拙稿)。
(17) 小関前掲註(14)論文、小田真裕「松代藩家中と天保七年飢饉」(前掲『藩地域の政策主体と藩政』)、同「善光寺地震後の「奇特者」をめぐって」(福沢徹三・渡辺尚志編『藩地域の農政と学問・金融』岩田書院、二〇一四年)。
(18) 「先君諱成、字曰唯、号高岡、公賜偏諱、因改貫正、天保丙申嗣家、命改称石見…」(大平喜間多収集資料と-三八-五)。
(19) 大平喜間多収集資料う-三四。後付けの表紙に「鎌原桐山　入門帳」とあり、その裏に「此一冊は桐山先生の入門帳と思はる。バラ〳〵に散乱せるものを取り集めて綴之／大平喜間多誌」とある。したがって、現時点では桐山の門人を記載したものか厳密には確定できず写しの可能性もある。しかし、筆跡は桐山のものと見られ鎌原家に残されていることから、桐山が寛政～文化期における松代藩士の句読入門・修得状況を把握していたことは間違いないと思われる。
(20) 飯島忠夫『山寺常山伝』下(真田宝物館蔵山寺家文書)。
(21) 飯島忠夫『山寺常山伝』上(真田宝物館蔵山寺家文書)。
(22) なお、林鶴梁は常山宛書簡の中で、「東湖より加様申来候」として、「過日は松代藩山寺氏へ対面、畢竟御紹介ゆへと奉謝候。翌日貴宅へ被罷出候てのこと、尚又宜敷御致意可被下候。僕閲天下之士亦多矣。佐賀藩の永山、諸藩中第一の良友と存候処、趣は違ひ候へ共、山寺の器局、不知与永山孰伯仲、愉快無此上奉存候」と記した東湖の書簡を紹介している（『山寺常山伝』上）。
（23）なお、常山は、嘉永三年、『松代志』編纂の頭取に任命されている（『山寺常山伝』上下）。
（24）真田図書「上書稿」（伏島家文書一-三-一-一〇）。伏島家文書については、利根川淳子「伏島家文書について」（『松代』一四、二〇〇一年）参照。
（25）大平喜間多収集資料。鎌原桐山の日記として現在のこされているのは取り上げた一冊のみである。
（26）『酌古論』は長野豊山・佐藤一斎が、『文天祥正気歌』は藤田東湖が評価していたことが知られる。
（27）真田図書「上書稿」。
（28）山田耕太「松代藩領の盲人」（渡辺尚志編『藩地域の構造と変容』岩田書院、二〇〇五年）。
（29）小田前掲註（5）論文、同註（17）論文。
（30）本章では十分ふれられなかったが、鎌原桐山や真田図書には上杉鷹山を明君と見なす意識が明らかである。
（31）『山寺常山伝』所収の常山詩文による。

第七章　鎌原桐山『朝陽館漫筆』の基礎的研究
――松代藩家中における記録の蒐集と継承――

古畑侑亮

はじめに

日本における一九世紀前半は、「編纂書の時代[1]」と呼ばれ、幕府のもとで『寛政重修諸家譜』や『徳川実紀』をはじめとする様々な編纂書が編まれた[2]。その影響を受け、各地の藩においても系譜や事蹟、あるいは歌書などの編纂事業が活発に行われていく[3]。

「編纂書の時代」は、「随筆の時代[4]」でもあった。近世後期には、個々人の手によって膨大な量の随筆が生み出されたのである。揖斐高氏によれば「随筆」とは、「様々な事柄や寓目した書物や記録の中から、著述者の関心の赴くままに記事を拾い出して書き留め、気が向けばそれに考証や感想を付け加えたような著作を総括的に指し示す言葉」である[5]。武家の手になるものでは、幕臣大田南畝の『一話一言』五六巻、平戸藩主松浦静山の『甲子夜話』二七八巻、京都町奉行所与力神沢杜口の『翁草』二〇〇巻などが大部な随筆として代表的である。

しかし、井上泰至氏が「江戸時代の随筆は、その記録性・抄出性・考証性ゆえに、レファレンスブックとしては読まれても、正面から論じられることは少ない[6]」と指摘するように、随筆そのものが中心的な史料として取り上げられることはいまだ少ない(7)。

『大田南畝全集』の編集・校正にあたった揖斐氏は、随筆『一話一言』について解説した上で、「江戸後期を代表する文人が数十年にわたって、何を見、何に関心を持っていたのかという、その知的好奇心の在りかた、広がり、流れ、断絶のリズム、そのような『一話一言』の全体が、南畝自身の意識しなかった所で自ずから呈示しているもの、そこにまず注目するべき(8)」であるとする。氏の見解は、ある人物が随筆に集積したものを分析することの重要性を示唆している。

松代藩地域研究においては、小田真裕氏が、松代藩士岡野石城（一七四五―一八三〇）の随筆『翠篁館漫筆《すいこうかんまんぴつ》』の典拠を明らかにし、松代藩特有の学問状況の上に石城の思想が位置付き、随筆に記された彼の議論が「奇特者」の褒賞基準の検討のために参照されていたことを指摘している(9)。今後は、このような随筆の知識を活用した事例を発掘していくとともに、各随筆の全体構成や集積された知識・情報の内容を明らかにしていく必要がある。

石城の弟子のひとりに、鎌原桐山（一七七四―一八五二）がいる。字は子斎、諱は重賢、通称は伯耆、のち石見。桐山は号である。禄一〇〇〇石、同心三〇人。経書詩文を岡野石城、岩村藩儒（のち幕府儒官）佐藤一斎に学んだ。射法・騎法・槍法・刀法・兵学・礼法など文武百般に通じ、点茶・故実・横笛も奥義に達していたとされる。松代藩の藩儒として真田幸弘・幸専・幸貫の三代の藩主に仕え、文政六年（一八二三）から天保七年（一八三六）まで家老を務めた。文化政期・天保期における松代藩の系譜編纂・事蹟編纂事業で中心的役割を果たした人物でもあり、それら編纂事業を含めた藩政改革との関わりの中で、彼の思想が明らかにされてきている(10)。

師の石城と同様、桐山も随筆を遺している。文化五年（一八〇八）から嘉永四年（一八五一）までの四三年間をかけて著述した随筆『朝陽館漫筆(11)』（以下、『漫筆』）である。

〔史料1〕[12]

朝陽館漫筆は既に其題名の示す如く、著者の随見随聞の漫録である。収むる所古文書あり、金石文あり、奇聞逸事あり、人物伝あり、口碑伝説あり、また詩歌の類及び考古絵図等をも得るに随つて筆録せるものにして総て百六十二巻といふ浩瀚な著述である。

これは、『北信郷土叢書』第一巻「例言」の一条目に記された『漫筆』についての説明であるが、簡にして要を得たものとなっている。

鎌原家に原本が秘蔵されていた『漫筆』は、昭和九年（一九三四）に北信郷土叢書刊行会によって活字化された。以来、郷土史をはじめとして、松代をフィールドとした研究に使用されるようになる。一九五七年に出版された『新日本史体系　別巻　日本史研究法』では、中部諸藩の藩政に関する史料として、真田家文書や『真武内伝』、『日暮硯』と共に必見の史料であるとして書名が挙げられている。[13]八〇年代以降も、北村保氏の研究をはじめとして、『更級埴科地方誌』『長野市誌』等の自治体史において、松代藩の城下町や年中行事の様子を復元するための文献として活用されてきている。[14]さらに、出土物の模写図や、怪獣・海魚等の絵図・風説が多く収録されていることから、前近代における考古学や蒐集物という観点からも部分的に紹介されている。[15]

しかし、『北信郷土叢書』に収録されたのは巻之三七までであり、[16]活字化されているのは、『漫筆』全一六二巻のうち四分の一に過ぎないことに注意しなければならない。

北村氏は、『漫筆』巻之八六が天保七年飢饉時の施行記録として構成されていることに注目し、松代藩による施行の実態を明らかにしている。[17]氏は、「名詞と数詞を多く並べた無味乾燥の記録であるが、桐山が給所の百姓を含めて被害者全体を思う気持ちが感じられる」と記しており、性格の異なる巻の存在と共に、『漫筆』に収録された記録類を分析することの重要性を教えてくれている。

しかし、このような研究があるにも拘わらず、松代藩研究において引用される記事は、活字化された巻之三七までに偏っており、『北信郷土叢書』以来、『漫筆』自体の分析が深められないまま部分的に使用されている観がある。

以上を踏まえ、筆者は『漫筆』巻之一から巻之一六四までをすべて通覧し、表1「『朝陽館漫筆』未翻刻巻目録一覧」および、表2「『朝陽館漫筆』項目分類一覧」を作成した。章末に収録したので、随時参照願いたい。

本章では、『漫筆』の書誌学的な情報を確認した上で、全体の項目を分類し、時期ごとの特徴と、内容の変化の概要を明らかにする。その上で、桐山による記録の蒐集および集積された記録の後代への継承について検討を行う。以上の基礎的な分析を通して、随筆という史料から松代藩家中における記録の蒐集と継承のあり方の一端を明らかにすることが本章の課題である。

以下、（　）内は割注、［　］内は筆者による補足、□・傍線は筆者による。巻数と項目番号は巻○№○の形で示した。巻三七までの項目は『北信郷土叢書』に基づき、巻三八以降の未刊分は表1による。

一　『漫筆』の全体構成

1　『漫筆』の基本的書誌

『漫筆』は、「大平喜間多収集資料鎌原文庫」の一部として真田宝物館に収蔵されている。大平喜間多氏は『松代町史』を編纂した松代の郷土史家である。その遺族のうめを氏から寄贈された時には、二つの桐の箱に収められていたとのことで、「大平うめを氏寄贈資料目録」掲載の写真からは、各箱に三枚ずつの貼紙が確認できる。

〔史料2〕（18）

・「鎌原文庫　第一　朝陽館漫筆」
「「桐山翁」（朱筆）　漫筆　天　従第「（虫損）　」」
「従第一号至第百号「内九十三巻欠本」（朱筆）」

・「鎌原文庫　第二　朝陽館漫筆」
「「桐山翁」（朱筆）　漫筆　地　従八三至百四十」
「従第百一号至第百六十二号「うち百五十六巻欠本」（朱筆）」

現在は桐箱から出した状態で保存され、鎌原文庫あ-一-一～二五、あ-二-一～二〇、い-一-一～二〇、い-二-一～二七と文書番号が振られている（以下、『漫筆』については文書番号を省略）。

『漫筆』の基本的な書誌情報をまとめると、次のようになる。

大きさは、二四・八×一五・八センチの半紙本サイズ。全巻を通してほぼこの大きさである。

表紙は、無地茶色表紙の四針眼。左肩に題簽が貼られ、「漫筆　〇〇之〇」と墨書される。全巻のうち七割は二巻で一冊となっており、例えば巻六一・六二の題簽は「六十一之二」と書かれる。題簽は、無枠・単辺・双辺の三種類があるが、剥離しているものも多い。

この表紙は、綴じ目と反対側のみを糊付けした切付表紙による改装のため、糊付けされていない上下から原装の表紙をのぞくことができる。原装表紙は、本文と同じ料紙が用いられ、左肩に打ちつけで「漫筆　〇〇之〇」と墨書されている。

七割方の巻には、表表紙見返しあるいは本文初丁に目録がつけられ、多くの場合、二巻分の目録が並んで記されている（ただし、虫損のために目録が確認できない巻もある）。

史料1で『漫筆』は、全一六二巻とされているが、実は、巻一六四が存在する。同巻の表紙は改装が施されていないものの、判型は同一である。『北信郷土叢書』では、改装がなされていないことから、巻数に含めなかったと考えられる。

2『漫筆』の起筆と構成内容の変化

『漫筆』巻之一は、二首の漢詩から始まっている。

〔史料3〕[19]

朝陽館漫筆巻之一　〔戊辰己巳〕

戊辰冬至　〔文化五年〕

葭萩陽復テ忽チ飛翻。因テ憶フ去年孤門ニ掛シコトヲ。愚父ノ痴獃昔日ニ同ク。孩児ノ智慧朝昏ニ異ナリ。筆墨ヲ提携メ方ニ纔ニ歩シ。詩書ヲ指点メ更ニ言ント題ス。且喜ビ且慚還《マタ》自ラ笑フ。姑ク万慮ヲ将テ金樽ニ寄ス。

因に去歳冬至の作を記す。

冬至ノ日弄璋ノ慶有リ。熊羆昨夜夢ニ祥ヲ呈ス。雲物今朝一陽ニ転ス。門左ノ桑孤筆色ヲ含ミ。掌中ノ璋玉輝光ヲ益ス。安ソ知ン再氏犂牛ノ子ナルコトヲ。更ニ憶フ謝家庭樹ノ芳。喜フ爾生辰至日ニ逢フヲ。鎌原ノ福祚茲レヨリ長セン。

長男が生まれて一年が経った「戊辰冬至」の日に、桐山は漢詩二首を冒頭に記し、『漫筆』の筆をとり始めたのである。これ以後、『漫筆』の中で桐山が自身の詩を記すことはほとんどない。序の代わりに冒頭に記された漢詩二首は、『漫筆』起筆の事情を何かしら物語っているのではないだろうか。

まず時系列に沿って二首目の概容を示す。一九年に一度の朔旦冬至の日に長男が生まれた。息子はきっと国に重用される立派な人物になるに違いない。彼が新たな年の始まる冬至の日に生まれたことは喜ばしい。鎌原の家運はこれより長く続くだろう。

次に一首目。その翌年の冬至の日、一年前に息子が生まれたことに思いをはせた。昔と変わらず出来の悪い父親と違い、息子の「智慧」の成長は著しい。筆と墨を持たせ、はじめて歩き、詩書を一つ一つ指し示させ、さらに何か言おうとまっすぐにこちらを見つめてくる。私はその様子を喜ぶ一方で、父親としてふさわしくない自分を恥じ、自ら笑ってしまった。しばらく酒樽に寄りかかり、様々に考えをめぐらせた。

酒を汲みながら桐山は何を考えたのか、詳細は未詳である。現段階では、父親となって息子の成長を目にし、自らの身と引き比べたことが、随筆を著述し始めるひとつのきっかけとなったものと考えておきたい。

筆者は、『漫筆』の項目を、情報の種類によってA日記、B伝聞・伝承、C記録、D来書、E書物の五種類に分類した。以下、項目ごとに内容と変化をみていきたい。

Ａ 日記

漢詩の次には、行を空けずに次のような記述が続く。

〔史料４〕[20]

十二日、大英寺峌峒上人の許へ茶の招に応して行く。路次の水鉢など雪に埋み柄杓さえ見へぬばかりにていと趣あり。（中略）客の第一は矢澤頼容、第二は某、第三は矢野清武、第四は竹村安休、詰は大澤先生なり。予つと《土産》に平安嵐山の桜木もて作れる盞に土佐光貞が画ける桜花の蒔絵せると、竹の盞托に夕がほのまき画せるとを贈りければ、上人悦びて中酒の時取出しもてはやされけるに、座中も春色を添寒さも打忘れて興に入りぬ。幾望密雪新に霽ければ、蓬萊［桐山の愛馬］に鞭を揚、祢要《祢津要三郎》、片主《片岡主計》、竹金《竹村金吾》、竹七《竹村七左衛門》、山税《山寺税》等と轡を並べて郭門をはせ出、雪の中泥の途をも厭はずして一茶の頃、堂島を過、赤坂のわたりまではせ着ぬ。予め期したる事ありければ、路より取て返し空同［崆峒］上人の皓月《大英寺》の庵を訪ひ、紺園にてしばし馳馬し、夫より上人を誘ひ伊勢街なる八嘉《八田嘉右衛門》が別荘に至る。主人とくより待わびて大義《大瀬義八郎》と共に門に迎へ楼上に案内し、家醞をひらき宴を設け、くさ〴〵の佳肴を饗せり。（中略）恩斉《恩田斉宮》、青浪《青木浪江》は膝栗毛に遅れ馳に至れば金総《金児総左衛門》、西三《西澤三郎四郎》も尋で階を上りぬ。灯火持出る比にもなれば盃の数重りて、或は歌ひ或は舞ひ、筑紫琴などかきならし、酔を尽くして帰りぬ。夜半夢断へ酔醒てありし事共おぼろながら思ひめぐらせば、酩酊のさまはづかしく、心の中賓之初筵を賦しつゝ又々残りの夢を結びき。

文化五年の一一月一二日、桐山は、大英寺の住職・崆峒上人の許へ茶会に招かれたり、早駆の後に伊勢町の御用商人八田嘉右衛門(21)（一七七一―一八四八）の「別荘」へ酒宴に赴いたりなどしている。八田家では、歌えや舞えやの大宴会に盃の数も相当重なったのであろう。帰宅後、夜半に目を覚ました桐山は、酒宴での酩酊のさまを恥ずかしく思い、宴会での乱れを戒める「賓之初筵」（『詩経』）を心ひそかに賦している。

この記事に限らず、『漫筆』には茶会や酒宴に関する記事がしばしばみられる(22)。それらの会には、藩士だけでなく、僧侶や町人等も加わっている。本書第六章の小関論文では、学問や詩文を通じた家老層と中士層のネットワーク関係が明らかにされている。また、小田真裕氏は、俳諧等を通した村落上層民との文化的交流が、藩士同士では得ることのできない在地の情報と接する機会となったことを指摘しているが(23)、茶会や酒宴を通した藩士と僧侶、上層町人との交友についても考えていく必要がある。

その後も、巻一No.7「三月廿日の降雪」、巻一No.8「秀出生」、巻一No.9「活文長老来訪」、巻一No.10「秀七夜」と日記的な記事が続く。巻一No.8・10は、次男の秀が生まれ、命名、初夜までの日記である。このような記述は、巻一に顕著であり、巻二以降、その割合は少なくなる。さらに巻五八以降は、日記的な記述がされても藩の行事を記録する側面が強いものとなっている[24]。

B　伝聞・伝承

巻二から九は、日記的な記述を凌いで、人からの聞き書きの占める割合が多いのが特徴である。巻一No.5「秘伝秘法」、巻一No.6「山中橋詰村の旱藕《カタクリ》」等の実用的な知識について、あるいは巻一No.73「瓦屋根の始り」等、松代藩領内の風俗の移り変わりや、巻三No.44「儒者菊池南陽」をはじめとする人物の逸話等が記されている。

それらの中では、記事の最後に「…とぞ」と伝聞であることが示されるのみで、情報元が明かされていないものが多いが、人物名が明記されたものの中で引用回数が多いのは、長谷川南篁（源之助、藩の碩学と称せられた）五七項目、宮下重明（松代藩士）二〇項目、幽谷道人（千丈実厳、長国寺住職）一〇項目、落合重郷（瀬左衛門、松代藩士）九項目、岡野石城（内蔵太、松代藩士）七項目、春原浅右衛門（松代藩士）五項目である。桐山は、幽谷道人に詩文を、重郷に神道流の剣術を、石城に経書詩文を学んでおり、師にあたる人物や自分よりも年上の人物から聞いた話を書き留めたものが多いと言える。

巻一〇以降、項目数としては少なくなるものの、伝聞・伝承による情報は、天保一二年（一八四二）の巻一〇五まで断続的に現れている。しかし、巻一〇六以降は、それが全く見られなくなる。

C　記録

『漫筆』の中で最も大きな割合を占めるのは、記録類である。桐山は、幕府からの達や沙汰書等、様々な行政文書を記録している。

しかし、筆写されるのは、現用文書に限らない。巻一No.12「南部津軽昇進」では、「去歳戊辰の冬十二月十八日県官より南部津軽二侯へ命ぜられし書見出しまゝに爰に記す」と、一年前に将軍家から南部家・津軽家へ通達された書を筆写している。

また、巻七には、次のような記述がみられる。

〔史料5〕(25)

反古の中より見出しまゝ茲に記す、三井寺よりいかゞして出しや由来知べからず。

三井寺之霊鷲権僧正近衛殿江参上候処、折節虫干有之古き玄関帳有之、左の通記候故写置。（中略）

右年代正暦三年より今年寛政六甲寅まで七百九十八年也、六十六代　一条院の御代に当る。

ここで桐山は、寛政期に筆写していた「玄関帳」からの抄録を再収録している。

その後も折に触れて記録の再収録は続く。文化七年（一八一〇）に著述された巻七から一九では、全二九四件中、安永年間の記録が九件、天明年間が四〇件、寛政年間が五七件、文化元年から六年までが三七件、リアルタイムで収録された文書は、四六件だけである。文化年間の半ばにおいては、『漫筆』の起筆以前に書き留めていたもの、あるいは「反古」となっていたものの中から必要と思ったものを『漫筆』の中に再筆写・再編輯する作業を行っていたものと考えられる。

もう一点注目されるのは、過去の覚書や日記類からの抜書を行っている点である。巻一八No.14からNo.35では、「小幡助市家に古き覚書あり、其内に珍敷事抄出す」として、松代藩士小幡助市(26)の家に所蔵されていた覚書から抄録を行っている。文政一二年（一八二九）に書かれた巻五九No.1には、「明暦日記抄」からの抄録がなされている。文末には、「此抄ハ赤沢助之進〔安輝〕家蔵にして先祖の自筆といふ」と記されており、同書が当時、御城代を務めていた赤沢助之進[27]の所蔵になるものだったことがわかる。赤沢家には、天保一〇年（一八三九）に桐山の二子が養子に入っている。桐山は、知人の家の所蔵文書を見せてもらうなどして、記録の蒐集を続けていたのである。

天保の後半には、記録類が内容のほとんどを占めるようになる。さらに、巻六七をはじめとして、一巻が丸ごと一つの事件に関する記録類で構成された巻も現れ、『漫筆』において、記録類の編輯が重要な位置を占めていたことがわかる。

D　来書

桐山が人から得た情報は、直接人から聞いた情報以外に、書簡による情報がある。書簡からの情報が現れるのは、巻七からである。巻七No.4「東都の大雪」では、昨年の冬は江戸で大雪で凍死した者もあり、「陽春の風色」もないと、「東都の某より申越しぬ」と書いている。また、巻七No.42「幸弘公七十御賀」では、文末に「東都某書柬写」と記されており、どちらも江戸からの情報を書簡から写していることがわかる。

『漫筆』全体では、江戸からの来書が一七五項目と突出しており、京都が七項目ある以外は、大坂・名古屋・奈良・備前等が一項目ずつとなっている。二五八項目中、江戸からのものが七割を占めているのである。その内容は、必ずしも江戸での出来事に限定されず、各地の情報が盛り込まれている。ここから江戸で蒐集された諸国の情報を江戸藩邸の者が国元へと送っており、それを桐山も受け取っていたのではないかと推測される。

書簡からの情報の筆写は、項目数の増減はあるものの、断筆にあたる巻一六四まで継続される。

E　書物

全体の中で記録類の次に大きな割合を占めるのは、書物からの抜書である。巻五八・六九・七〇・七五等、巻によっては、ほぼ書物からの抄録のみで構成される巻もみられるようになり、文化八年から天保五年頃にかけて積極的に書物からの抄録が行われたことがわかる。

天保の後半においては、あまり見られなくなるものの、晩年の嘉永年間には再び増加する。

嘉永年間に書かれた『漫筆』は、それまでと様相が異なっている。例として巻一四六を挙げる。

同巻の明赤茶色表紙の題簽には、「漫筆〔海国必読〕一百四十六」と墨筆されているが、その下の原装表紙には、「海国必読」とのみ墨筆され、「漫筆」の文字はない。

表紙をめくった目次には、「備辺新政　弘化四年丁未／紅夷告密　弘化元年甲辰／英払覗覦　弘化三年丙午」と三種の書名が並び(28)、右下に「桐山蔵書」の朱印が捺されている。巻末には、「嘉永二年夏日朝陽館主人謄写［印］「乙酉七十六翁」」の奥書が付されている。このことから、「海国必読」は、もともとは『漫筆』に入れることを想定しておらず、独立した書物として筆写されたものであったと考えられる。

さらに装丁をよく見てみると、綴じ糸で綴られている部分より手前に綴じ穴の痕跡が見える。同巻は一度、綴じ糸まで除いて改装されているのである。

他にも、巻一四四〈雑記〉、一四七〈灾異録〉、一五一〈拙堂文稿〉、一五三「国事深慮論」、一五四「深慮論訳読(29)」、一五五〈山村災後御巡覧記〉、一五八〈醜夷雑説〉、一五九「雑記」には、いずれも綴じ穴の痕跡がみられる。これらは、写本あるいは著作として綴ったものをあとから改装し、『漫筆』の一部として収録したものと考えられる。

このように、桐山の晩年には、自らの写本や著作の一部を『漫筆』に収録する作業が行われた。いわば晩年の『漫筆』は、「叢書」化していくのである。

二　継承される記録

1　随筆の抄録

『漫筆』に抄録されている書物の中では、随筆が目立つ。

例えば、『漫筆』巻六〇№24「風火合運」には、次のような記述がみられる（傍線部分は、引用ではなく桐山自身の文章を示す）。

〔史料6〕

伊勢貞丈大人随筆洗革巻曰、閏三月ある年の十日前後の内に丙丁ありて下段くゑ日あるを風火合運歳と名づけ、春冬は中に及ハず、夏秋といへ共火災を恐れ慎むべし、子孫の者よく〳〵暦を見て必とも知るべしと有り

文政十三年庚寅年三月

八日ひのへ寅　開　くゑ日

九日ひのと卯　閉　さい下しきくゑ日

所謂当年ハ風火合運年に当れバ世人火之元大切に火災を恐れ慎べき事、

桐山は、故実家として著名な伊勢貞丈の随筆『洗革』から「風火合運年」について抄録し、今年はその年に該当するから、火の元に気をつけて、火災に対して警戒意識をもたなければならないと記している。

『漫筆』巻一における、長男・次男の誕生日についての漢詩・記事にも見られたように、桐山は月日の巡りあわせを非常に気にしていた。ここでもそのような五行説・運気論に関わるような情報を随筆から引用しているのである。

この記事はどのような状況の中で抄録されたのだろうか。その経緯を『漫筆』から追ってみたい。

文政一二年(一八二九)三月二一日、江戸神田佐久間町河岸(現千代田区)の材木小屋から出火、日本橋・京橋・芝一帯が類焼した文政の大火が発生した。桐山は、二二日付の「来書」を二五日に松代で受け取っている(巻六〇No.5)。

翌一三年には、二月一八日付で、「御目付より火消役御夫番火事場見廻火付盗賊改へ御達左之通」として「御老中若年寄火元見の言」が達されている(巻六〇No.19)。

さらに「文政庚寅二月江戸町御奉行被仰渡」(巻六〇No.20)、「庚寅二月」町触(巻六〇No.22)と、江戸の町に対して立て続けに「火防御触」が出されている。

松代で御用番を勤めていた桐山は、それらの写しを国元で受け取り、『漫筆』に書き留めていた。先程の巻六〇No.24「風火合運」の抄録は、これに続くものであり、文政の大火の騒ぎの中で記されたものだったのである。このように『漫筆』では、前後の記事を追うことで、書物や記録を抜書した状況を明らかにできるものが多い。

『漫筆』では、貞丈の随筆の他にも、桂川中良『桂林漫筆』(巻五六No.23)、三熊花顛・伴蒿蹊『続近世畸人伝』(巻七五No.3)、大田南畝『南畝莠言』(巻一四〇No.25)等、江戸や京都の著名な人物による随筆からの引用がなされている。

しかし、桐山が抄録を行っているのは、有名な随筆に限らない。巻二八No.5「筆海抄」では、『筆海』なる書物からの抄録がなされている。書名の下に「竹内定皓漫筆」と記されていることから、『筆海』は、松代藩士にして国学者の竹内定皓[30](一七四七―一八二一)の随筆であることがわかる。桐山は、定皓から松代藩士池原元右衛門の紀行『松の落葉』を借りるなど、両者は書物を貸借し合う関係にあった(巻三一No.13等)。

同書からはさらに、巻二八No.1「秀吉公の御書」、巻二八No.13「長窪宿問屋持伝の書」、巻二八No.15「茶師稲葉宗祐」、巻二八No.16「風鈴に可然歌」と引用がなされている。また、同じく定皓の随筆『和歌浦の玉藻』からも「余川十五七百村」「湿除の焚もの」「五斗味噌五加茶」「蹴鞠初其他雑詠」「月遷和尚」「磁石」「殺生石」「寝惚先生の狂歌」「福島村天神宮」「遊歌が奉るうた」「善光寺古筆」「可圓が歌」（巻二八No.19〜31）が引用されている。

項目名を見てもわかるように、定皓の随筆からは、主として松代と関係する古文書や古歌が筆写されている。それらに加えて、実用的な知識についても抄録されている。

巻三八No.2に抄録されている『落合保考先生留書』は、松代藩の中級家臣・落合瀬左衛門重郷（一六五一―一七三三）が聞き集めた逸話集である。綱川歩美氏は同書を「奇異異聞に対する好奇心」に支えられた「奇談雑筆」であると位置づけている。(31) つまり随筆の一種である。彼の著作は後代まで筆写・参照されているが、桐山もそれを自らの随筆に筆写していたのである。(32)

その他にも「棠陰先生」なる人物の「漫筆」（巻五〇No.13）や、田中与十郎(33)『海東随筆』（巻五九No.9）等、真田家家中の手になる随筆からの引用がみられる。

このように、桐山は、様々な随筆を筆写する中で、家中の手になる随筆からも抄録を行い、そこに収められた記録や知識を『漫筆』に引き継いでいたのである。

2　継承される『漫筆』の記録

桐山は、様々な記録類や随筆を蒐集・参照することで『漫筆』を編んでいたことが明らかとなったが、『漫筆』自体は参照されることがあったのだろうか。

天保九年（一八三八）に始まる松代藩の事蹟編纂事業においては、『先公御事蹟稿』正編六二巻が編纂された。「先公御事蹟稿首」を見ていくと、引用書目中に「貫忠漫筆」の名で『漫筆』の名が挙げられているのを見つけることができる。さらに、本文中では、例えば「信綱寺殿御事蹟稿」の中で次のように引用されている。

〔史料7〕[34]

○鎌原貫忠桐山漫筆　馬喰町次郎左衛門カ話ノ条ニ、次郎左衛門か先祖ハ高梨十一家の内にして、元祖を町田長兵衛正村と云、（後略）

同記事は、寛政一一年（一七九九）と文化六年（一八〇九）に高梨十一家の末裔馬喰町次郎左衛門なる者が桐山に話した内容を記録したものであり、『漫筆』巻三No.51に収録されている。

〔史料8〕[35]

馬喰町次郎左衛門なる者は予が室老両角又右衛門と竹馬の友なり、寛政己未二月九日召見て説話聞きし事有、今茲己巳二月再び召見て委細に問て左に記す。

次郎左衛門が祖は高梨十一家の内にして、元祖を町田長兵衛正村といふ、（後略）

天保期の事蹟編纂には、桐山自身も体裁の考究を行う等大きな役割を果たしていたことから、桐山自身の著作が参照されるのは当然かもしれないが、『漫筆』の中に収録されていた記録が、真田家の歴史を叙述する上でも利用されたのである。

江戸期においては、他に『漫筆』が参照された明確な事例は今のところ見つけられていない。しかし、明治に入ってから『漫筆』を筆写していた人物がいる。元松代藩士高野武貞（菼叟、一八一八―一九〇七）である。国立国会図書館には、武貞が筆写した『朝陽館漫筆抄』[36]二〇巻三冊が残されている。第一冊には、巻一から四、第二冊には、巻五から八、第三冊には、巻一二から二四と、文化五年から八年の間に桐山が記した『漫筆』の中から記事が抄録されている。各冊には、冒頭に目次が付され、記事の頭に朱丸で囲まれた通し番号が振られている。

第一冊では、巻三のはじめに、「明治十丁丑二月鈔」と記されている。㊄「松代藩諸物濫觴」等地元の風俗に関する記事や、㊆「藩士知行高文化己巳分限帳」等、藩士や藩制に関わる記録が引用される。また、「南篁話」「石城話」等の項目が立てられ、桐山が師匠等から聞いたB伝聞・伝承の情報が筆写されている。その中に、『先公御事蹟稿』で引用されていた「次郎左衛門の話」も抄録されている。欄外には、「武貞按高梨氏の当国を去タルハ遙ニ前ノ事ナル可シ、元和八年頃其所有邸地アルヘカラス、只旧邸趾ト云マテノ事ナラン」と朱筆で情報に批判が加えられている。また、㊉「典厩墓」では、巻三No.55「武田信繁の墓」の「百四十年前見樹院殿の望にて典厩寺典厩信繁の墓石を鎌原縫殿〔石見子名重継、予が八世の祖〕建立す」との桐山の記述について、「武貞按大鋒公典厩寺ニ賜フ文書承応三年七月トアリ、然レハ寺建モ碑ヲ樹ルモ此前ニ在シナラン、百四十年前ト云ハ誤リ、百五六十年前ナリ」と考証を加えている。

第二冊では、目録中の「十七　文化己巳封内人員」に「追加明治二己巳人口」と加筆がなされていることが注目される。当該丁を開いてみると、『漫筆』巻五No.1の「松城封内文化六己巳人員」を筆写したものに、それと対応するように「明治二己巳」の村ごとの人口が加筆されている。それに続けて、山方と里方に分けた「人員」の合計の記録「(朱筆)按安政三年丙辰ノ調ナルヘシ、距今茲明治十年丁丑二年也」、さらに、「(朱筆)「明治二年己巳十二月上申」松代封内四郡十万石地」、「松代藩士卒戸数人員男女区別調　明治二年己巳」が併せて筆写されている。

第三冊の㊃「五明村西教寺仏胎内所出古文」(『漫筆』巻二No.8)は、松代藩の祐筆富岡知明の書簡を筆写したものである。知明は、仏像の胎内から出てきた古文書を引用した上で、文中の「嘉禄三年」の年号について、「今寛政十年マテ四百八十一年」と書いている。桐山は、それに「五百七十二」と朱で訂正を入れている。さらにそれを筆写した武貞は、桐山の説を採用し、欄外に「明治廿四年マテ六百六十五年」と書き加えている。

以上から、『朝陽館漫筆抄』は、明治一〇年から二〇年代にかけて著述されたものであると言える。その中では、桐山が蒐集した情報や古文書が筆写され、武貞の批正が加えられていた。明治の世にあって武貞は、桐山が『漫筆』に集積した前時代までの記録を、批判を加えながら引き継ごうとしていたのではないだろうか。

武貞は、文化元年（一八一八）、高野権右衛門（武治）の長男として生まれ、佐久間象山・山寺常山等に学んだ。師弟関係の上では、桐山の孫弟子にあたる人物である。「好んで国史野乗武備兵制職官礼法等の書を読み、博聞強記を以て」知られた。物頭使役、取次役、郡中目附、武具奉行等を歴任、維新の際は「藩の督学に挙げられ兼て軍事を議した」という。廃藩置県の後は、家を子武敏に譲って隠居し、「読書を以て自ら娯んだ(37)」とされる。

幕末期においては『含章雑鈔』『元治甲子紀聞』『滔々録』『不懲迷語』等、膨大な量の随筆・風説留の類を残している。その他にも、『松代藩御仕置御規定』『松代武事関係記』『松代藩御軍役人数積』等の著作があり、これらはいずれも国立国会図書館に所蔵されている。

このうち『松代藩御仕置御規定』には、「嘉永四年歳次辛亥初秋念二日謄写子弘毅堂北牕下／高野武貞治郷氏」との奥付があり、『松代武事関係記』の初丁肩には、朱筆で「文久二年壬戌」との記述がある。武貞は、幕末の頃から松代藩の法制や真田家の事蹟に関心をもち、記録類を蒐集・編纂していたのである。

おわりに

本章では、鎌原桐山の随筆『朝陽館漫筆』の全項目を、A日記、B伝聞・伝承、C記録、D来書、E書物に分類し、時期ごとの内容の変化の概要を明らかにした。巻一では、日記的な記述が、巻二から九にかけては、伝聞による情報が目立つが、『漫筆』の中心となっていくのは、記録類である。桐山は、それまで書きためていた文書の写しや、知人から借用した日記類等を筆写し、『漫筆』に記録を集積していた。その後も、古い記録を見出すたびに『漫筆』に書き留めていったことが確認できた。

記録類の次に多くの比重を占めるのは、書物からの情報であったが、その中で最も多く抄録されている書物は、随筆であることも明らかとなった。桐山は、多くの随筆を引用する中で、松代藩家中が著した随筆からも抄録を行っていた。一方で、『漫筆』自体も、天保期の事蹟編纂事業の中で引用書目のひとつとされ、桐山が蒐集した記録が藩の歴史叙述の材料として組み込まれることとなった。さらに、明治前期に入ると『漫筆』は、元松代藩士によって筆写・参照されることになる。

本章は、『漫筆』の全体像を初めて明らかにした点と、随筆を分析することで、個人による記録の蒐集と、それが後代に継承されていく様を明らかにできることを提起した点に意義があると考える。しかし、情報の種類によって分類した各項目の内容については表面的な分析に留まった。とくに、書物からの抄録は、桐山の読書の実態に迫ることのできる史料となる。『漫筆』には、一二五〇点を超える書物が抄録・筆写されており、鎌原文庫等に遺された蔵書と併せてそれら抄録された書物の分析を行っていく必要がある。

また、本章ではほとんど取り上げられなかったが、天保の後半以降の『漫筆』においては、「風説留」としての性格が強くなっていく。来書による情報は、江戸からのものがほとんどであったが、江戸の藩邸を通して各地における事件の風説や災害情報等がもたらされるようになるのである。ちなみに、桐山の門弟のひとりでもある松代藩士山寺常山[38]（一八二一―一八七八）は、嘉永六年（一八五三）から明治元年（一八六八）にかけて随筆『如座漏船居紀聞』[39]四七巻を残している。同書は書物の抄録よりなる附録三冊を除いて、全て公私の文書や覚書・風説によって構成されている。

藩地域における随筆は、幕末には「風説留」[40]的性格をより強めていくのではないかと今のところ展望している。

また、家中による記録の蒐集は、藩における記録の蒐集・管理にも関わってくる。今後、随筆という史料を藩政史料や地方史料と併せて使用していくことで[41]、藩地域における記録の蒐集と活用、継承の実態について分析を深めていく必要がある。『漫筆』を筆写した武貞は、『松代藩史』や『松代地誌』等、郷土史の先駆ともみなせる著作を執筆し、『松代藩慣例概略』を山寺常山・飯島勝休等とともに編纂している。彼ら元松代藩士たちによる藩史研究の中で、随筆に集積された記録が、どのように活用されていったのか／いかなかったのか、解明していかなければならない。

以上は、今後の課題である。

註

（1）高橋章則「近世後期の歴史学と林述斎」（『日本思想史研究』二一、一九八九年）。
（2）高橋前掲註（1）論文、白井哲哉『日本近世地誌編纂史研究』（思文閣出版、二〇〇四年）他。
（3）長谷川成一「近世東北大名の自己認識―北奥と南奥の比較から―」（渡辺信夫編『東北の歴史 再発見』河出書房新社、一九九七年）、岸本覚「近世後期における大名家の由緒」（『歴史学研究』八二〇、二〇〇六年）、谷口眞子「小牧・長久手の戦いの記憶と顕彰」（藤田達生編『近世成立期の大規模戦争』戦場論下、岩田書院、二〇〇六年）、他。
（4）揖斐高『江戸の文人サロン』（吉川弘文館、二〇〇七年）。
（5）揖斐前掲註（4）書。
（6）井上泰至『サムライの書斎―江戸武家文人列伝―』（ぺりかん社、二〇〇七年）。
（7）佐藤悟「考証随筆の意味するもの―柳亭種彦と曲亭馬琴―」（『国語と国文学』七〇（一一）、一九九三年）、井上啓治

『京伝考証学と読本の研究』（新典社、一九九七年）、拙稿「幕末・明治における「好古家」の随筆受容—武蔵国の在村医小室元長の場合—」（『書物・出版と社会変容』二〇、二〇一六年）、他。随筆の研究史に関しては、拙稿を参照。

（8）揖斐高「細推物理の精神」・「『一話一言』について」（『大田南畝全集』第八巻・一六巻、岩波書店、二〇〇〇・二〇〇一年）。

（9）小田真裕「善光寺地震後の「奇特者」をめぐって—家中の議論と藩地域の学問—」（渡辺尚志・小関悠一郎編『藩地域の政策主体と藩政』岩田書院、二〇〇八年）。小田氏からは、『翠篁館漫筆』（東京都立図書館所蔵特別買上文庫中山久四郎旧蔵資料二三三九—一・二）の紙焼きコピーを見せていただいた。

（10）松田之利「真田幸貫の初期藩政」（『市誌研究ながの』一〇、二〇〇三年）、小関悠一郎「近世後期における「大名評判記」の受容をめぐって」（『「大名評判記」の基礎的研究Ⅱ』基盤研究（A）「日本における書物・出版と社会変容」プロジェクト報告書、二〇〇七年）、同「真田家の系譜・事蹟編纂と鎌原桐山の思想」・小田真裕「松代藩家中の天保七年飢饉—寺内多宮を中心に—」（渡辺尚志・小関悠一郎編『藩地域の政策主体と藩政』岩田書院、二〇〇八年）。

（11）書名の「朝陽館」は桐山の私塾で、山寺常山・佐久間象山らを輩出した。

（12）「例言」（北信郷土叢書刊行会編『北信郷土叢書』第一巻、松代町、一九三四年）一頁。

（13）北島正元「近世史料の種類と性質」（和歌森太郎編『新日本史体系　別巻　日本史研究法』朝倉書店、一九五七年）二三〇頁。

（14）大平喜間多編纂『松代町史』上・下（松代町、一九二九年）、『更級埴科地方誌』第三巻　近世編上・下（更級埴科地方誌刊行会、一九八〇・一九八一年）、北村保「松代藩士の見聞録にみる江戸後期の松代城下町」（『松代』創刊号、一九八八年）、同「城下町松代旧記鈔」（『松代』一〇、一九九七年）、長野市誌編さん委員会編『長野市誌』第四巻歴史編近世二（長野市、二〇〇四年）。

(15)『長野県史』考古資料編 第一冊（長野県史刊行会、一九八一年）、『これなあに!?：江戸時代の好奇心』（真田宝物館、二〇〇八年）。

(16)『北信郷土叢書』は、第一期一二巻を刊行したところで終了した。

(17)北村保「天保飢饉時の松代領内の施行について」（『松代』一二、一九九九年）。

(18)「大平うめを氏寄贈資料目録」（真田宝物館所蔵、仮目録）。

(19)北信郷土叢書刊行会編『北信郷土叢書』第一巻、一頁。原漢文。原本に記された訓点に従って筆者が書き下した。以下、同叢書からの引用にあたっては、原本と対照して表記や形式を一部改めている。

(20)北信郷土叢書刊行会編『北信郷土叢書』第一巻、一～二頁。同叢書では、No.1「戊辰冬至」、No.2「茶会」、No.3「酒宴」と項目が立てられているが、『漫筆』目録では三つをまとめて「冬至」とのみ項目を記している。

(21)伊勢町八田家に関しては、本書第十章の大橋論文を参照のこと。

(22)表1を参照のこと。文政六年から弘化四年までの桐山の日記記事が記されている『年譜 下』（大平喜間多収集資料鎌原文庫さ-六二）においても、茶会と酒宴の記事は晩年まで多くみられる。

(23)小田前掲註(10)論文。

(24)同巻がまとめられたのは、桐山が家老に就任した文政六年であり、職務との関係も考えられる。

(25)北信郷土叢書刊行会編『北信郷土叢書』第二巻、一九五頁。

(26)『真田家中明細書』の小幡助市の項目には、二五〇石。文久元年家督。元治元年御奏者。慶応三年御番頭役とある。年代から考えて、この先代にあたる人物かと推察される（国立史料館編『真田家家中明細書』東京大学出版会、一九八六年、四五頁）。
（27）赤沢助之進。高四〇〇石。寛政五年家督。文化四年御用人役、文化一四年御役料五〇石。文政八年御中老職、文政一一年御城代（国立史料館編『真田家家中明細書』東京大学出版会、一九八六年、五頁）。
（28）「日本古典籍総合目録データベース」（http://base1.nijl.ac.jp/~tkoten/）で「海国必読」を検索すると、一〇巻一〇冊の叢書の『近時海国必読』が出てくるが、これとは収録された書が異なる。
（29）桐山による『国事深慮論』の国訳。
（30）江戸生まれ。寺社奉行等を務める。松代に招聘された賀茂真淵門下の大村光枝（一七五三―一八一六）に国学（和学）を学ぶ。また、冷泉為泰（一七三六―一八一六）に歌学を学び、和歌を好んだ（『更級埴科地方誌』第三巻 近世編下、一九八一年、五一一・五一四頁）。
（31）綱川歩美「元禄・享保期松代藩の家中意識―落合保考を中心に―」（渡辺尚志編『藩地域の構造と変容』岩田書院、二〇〇五年）。氏は、同書から伝聞や説話、人物に対しての、真偽や善悪の判断力である「考証力の必要性」を導き出している。
（32）他にも、『漫筆』巻一三九№10で、「落合翁漫筆」から「石塔洗」の記事が抄録されているのを確認できる。
（33）田中与十郎。切米金四両籾三人扶持。安永七年跡式寛政六年書役。文化七年御右筆。文政三年役料一人扶持（国立史料館編『真田家家中明細書』東京大学出版会、一九八六年、一八〇頁）。
（34）「信綱寺殿御事蹟稿」（『新編信濃史料叢書』第一六巻、信濃史料刊行会、一九七七年）。
（35）『北信郷土叢書』第一巻、八三～八四頁。
（36）請求記号八三六―一六。「国立国会図書館デジタル・コレクション」（http://dl.ndl.go.jp/）にて閲覧。後出の『松代藩御仕置御規定』（八三六‐一八）、『松代武事関係記』（八三六‐一〇）についても同データベースを参照した。
（37）　大平喜間多編纂『松代町史』下（松代町、一九二九年）六七〇～六七一頁。
（38）　常山については、本書第六章小関論文を参照。
（39）　書名は、『呉子』治兵編に由来。東京大学史料編纂所所蔵。請求記号 貴別架‐6。昭和二五年に塩野定子氏によって寄贈された。本史料の存在については、小関悠一郎氏よりご教示いただいた。
（40）　宮地正人『幕末維新期の社会的政治史研究』（岩波書店、一九九九年）、太田富康「ペリー来航期における農民の黒船情報収集―武蔵国川越藩領名主の場合―」（『文書館紀要』五、一九九一年）、岩田みゆき『幕末の情報と社会変革』（吉川弘文館、二〇〇一年）、落合延孝『幕末民衆の情報世界　風説留が語るもの』（有志舎、二〇〇六年）他。
（41）　岩崎義則氏は、松浦静山の三男で平戸藩一〇代藩主熈の『亀岡随筆』を「家老日記」等と併せて分析することで、隠居大名による表助成や城中祭祀の創出について明らかにしている（岩崎義則「幕末平戸藩における隠居の表助成について―松浦熈「亀岡随筆」の分析より―」『史淵』一四五、二〇〇八年、同「安政五年平戸城「年中祭式帳」について―隠居大名が創出した城中祭祀素描―」『史淵』一五二、二〇一五年）。氏の分析方法は、藩地域の研究においても有効であると考える。松代藩の家老日記については、太田尚宏「家老職における執務記録の作成と保存」（国文学研究資料館編『近世大名のアーカイブズ資源研究―松代藩・真田家をめぐって―』思文閣出版、二〇一六年）を参照。

［付記］　本章の作成および史料調査にあたっては、真田宝物館の職員の方々、とくに降幡浩樹氏、溝辺いずみ氏、山中さゆり氏には大変お世話になった。末筆ながら、心から感謝の気持ちを申し上げたい。

表1 『朝陽館漫筆』未翻刻巻目録一覧

凡例

・真田宝物館所蔵『朝陽館漫筆』により筆者作成。北信郷土叢書刊行会編『北信郷土叢書』（松代町、一九三四～一九三五年）に翻刻・収録されていない『朝陽館漫筆』巻三八から一六四の目録を一覧にした。巻九二、一五六、一六三は欠巻。また、巻七七、八四は、目録に加えて本文も前後が欠落しており、項目名をとることが難しいため除くこととした。

・各巻冒頭に巻数と作成年を示した。各巻の初丁には、桐山によって作成年が記されていることが多く、基本的にそれに則った。作成年は、『朝陽館漫筆』として綴じられた年であり、筆写年が異なるものが綴じ込まれている点には留意が必要である。

・表紙の題簽に「漫筆　巻之○○之○」以外の記載があるものは「　」内に記した。また、原装表紙にも表題があるものについては、それを〈　〉内に記した。

・基本的に各巻に付された目録の項目名をとり、適宜本文項目名によって補った。ただし、虫損等によって目録・本文項目名がないものについては、本文の内容から筆者が項目名をつけ、［　］で示した。

・目録に記載のない項目については、分量や内容から筆者が重要と判断したものに限って収録することとした。

・固有名詞を除いて、漢字はすべて常用漢字に直した。

・□は虫損等により判読不可能な文字を示す。虫損が激しく、文字数も不明な場合は…で示した。

・〔　〕内は割注を示す。目録に項目名はあるが、本文が存在しないものについては、項目名の後ろに×を付した。

巻三八　文化一〇年　1出雲大社虫喰文字　2再修蓮廣碑　3東都七不思議　4長崎へ紅毛舟着岸　5東都狂言師妻木兵蔵茶振舞　6小旗乗馬割　7島屋　8続畸人伝　9東都の巷説　10露西亜　11景徳大明神　12藩中黄金家　13南部侯御届　14［御遷宮に付開善寺へ御祈禱料御増］　15仁田次郎殿

巻三九　文化一〇年　1竹千代君御献立　2善光寺騒動　3御入部行列　4花扇記　5東都両替　6白鳥御普請に付賞賜　7犀北騒動封書　8脇坂屋代千外別条　9竹千代君御七夜御献立　10日光御名代　11四瞳子の児　12三村金斉　13杉本茂十郎

巻四〇　文化一〇～一一年　1日光へ竹千代様御名代行列　2竹千代初夜　3［南部藩損耗］　4尾張郡古碑　5木百年妻墓碑　6御誕生御祝儀御能御番組　7干菓子の詩　8松城の市　9流鏑馬　10上條村義経の書　11和菓子□石以上献上但三　12和蘭陀人献上物　13諏訪宮幷弁財天開帳　14三月主上より勅使を以て竹千代君へ被進之品　15［公方様大納言様年頭之御祝儀幷竹千代様御誕生祝］　16［肴町］　17［越後長岡西本願寺末正覚寺持参の宝物］　18摂州大坂陣首帳　19春原浅右衛門先祖二百年の忌辰法会を修行の時　20［三月廿二日小山田主膳暴病にて死去］　21［千丈碑文］

巻四一　文化一一年　1□七宝　2……　3元和二百回忌　4五月竹千代様御幟拝見被仰出〔西丸御次第書〕　5白鳥宮献備　6猿頭硯　7景徳大明神宗源神宣写　8〔竹千代様御宮参被遊御立寄に付〕　9皓月山大英寺大蓮院殿御霊屋鑑の銘　10美濃国加納重瞳子の児　11江州彦根石田亡霊の碑　12麻疹記　13〔町年寄に褒賞〕　14〔日光本坊其外御修復御用〕　15〔越後国白川領百姓騒動　雷電為右衛門奉納の報土寺鐘　大坂弓流行〕　16〔両国花火〕　17〔佃島火業稽古〕　18〔松平丹波守様槍柄〕　19〔直姫様御道具到来〕　20〔南部様相撲御覧〕　21〔中川様御国百姓騒動〕　22森木・村田〔一件〕　23〔蝦夷地緋熊仕留の事〕　24〔大御前様熱海へ御湯治〕　25前島嫡子

巻四二　文化一一年　1御境廻　2焦花記　3秋の七種万葉集に出つ　4〔懸り御用置付日記焼失ニ付達〕　5〔出浦半平孫英太郎の祝に送り候幟の六文銭に付〕　6〔厳島大明神大鳥居〕　7〔東都御城中へ入り願書指出の男〕　8〔大熊氏所蔵古書留〕　9〔峯姫君水戸様へ入に付献上の御提重代金　紀州徳本行者来る〕　10九月廿一日御能組　11〔戸川隠岐守様家族入水〕　12東照宮二百回御忌に付諸侯献上

巻四三　文化一一年　1甲戌祭礼馬割　2諏方祠角觝　3水道方絵図　4宮下兵馬実父ハ善光寺町医塚田良泉　5城巽林　6戸隠遊の記　7遊女瀧川奉納の倭歌　8蓮乗寺塔銘　9寛政中打毬定書　10保科騒動　11性と年を探る法　12火術書付　13〔成林丈右衛門へ入門〕　14日光御名代四品御外進ニ付御賞賜　15上杉禅正家来×　16騎射の記　17諸御公用御入料　18景徳大明神御神号御入料　19海野典禅寺　20京極〔長門守様〕黄金仏　21高野山蓮華定院焼失　22猫島火術　23〔湯屋にて美服を盗みし女召捕〕　24〔御金奉行〕長谷川氏逼塞　25〔土井大炊頭歌〕　26〔古代の石碑〕　27峯姫君水戸様へ御入輿の仰出　28暦の御触　29因州の長寿　30〔浮腹巻図〕　31〔松代大降雪〕　32真田志摩御加恩　33於索髪

巻四四　文化一一～一二年　1名に用ゆる文字　2門の片扉を開　3謎語坐頭　4〔狼童子を喰い殺す〕　5〔四方赤良江都大雪歌〕　6脇坂侯御咎　7上田領海野宿禅可睡斎派興善寺御由緒申立書面　8江都来書　9文昌帝君陰隲文　10〔薩摩中将老第下へ御振廻〕　11江都別条書　12〔正月幸若舞御聞〕　13〔上野御本坊焼失に付差扣の事〕　14伊奈備前の書　15豊前小倉騒動　16守部正鷲壬寅除夜偶作并引　17林祭酒墓碑

巻四五　文化一二年　1晦翁墨帖　2御郡中横目三井翁　3三本松碑　4開善寺馬場　5杵関舎利　6水門橋　7鬼無里道　8祭礼馬割　9深川通し矢　10堂上方御歌　11森氏の変　12日光御名代〔井伊家・柳原家〕　13歳世翰藪　14幸若正本目録　15佐渡の医師保科玄碩　16〔朝鮮飢饉に付対馬へ米一万石〕　17弓矢立合　18四六文鑑　19〔福田要五郎入水〕　20小倉侯へ被仰付　21明和年間祭礼馬割　22天明飢饉の狂歌　23浩然文而雅談　24東坡集

巻四六　文化一二年　1奉幣使祝詞　2蹴鞠上覧　3御紋尽　4宗対馬守　5〔一心斎達磨図讃〕　6日本国中祭番附　7松代の三

筆　8景徳公御祭　9開善寺棟札　10甲州行人の咄　11［天真公御葬送行列］　12国々名物尽し　13後桜町院御葬送行列

巻四七　文化一三年　1世子御引越前御振舞御饗応飾付御献立　2両国ニて見物の鯱鯨　3［紀州行者徳本松代に来る］　4御転任御兼任ニ付御能組　5南部坂の鶴　6［上田領中原村名主久蔵］　7東都茶人睡鷗　8高倉殿行列　9萍踪嘉話　10呉服橋　11白川侯より致来曼荼羅掛物　12小笠原館治郎　13東都中町方へ触　14蜂の巣の火　15時田屋の猫　16大風　17尚歯会　18津軽氏茶の詠　19雪荷派弓術　20草鹿

巻四八　文化一三年　1草鹿の額　2犀川の荒地　3人魚　4御役人里詞評　5観世一代能　6御北君の塚　7観世能舞台焼失　8流鏑馬　9勧進角力　10酒徳の詠　11の字の歌　12近代の名歌　13徳本瀬川問答　14春原翁山に上る心得　15鎌鉈の柄　16刹那　17魚鑰　18押字　19由緒　20予借　21名敷　22宗　23織田

巻四九　文化一四年　1本居日野贈答　2諭俗詩　3松平太郎左衛門　4吹毛索疵　5筆叢抄　6桓譚伝　7永帳　8関羽軍の書　9扶桑記　10［後漢書抄録］　11条書　12鉄物錆を留る法　13弥川大矢数　14［江戸朝顔流行］　15［春原翁弓の法他］　16本　17三十三間堂堂帳　18華陽皮相　19天真公御遺物　20［高槻藩執政の節険］　21書画会　22久米寺虫喰　23摩尼

巻五〇　文化一四年～文政元年　1甲組類鑑抄　2説郛経　3群談採餘抄　4青標帋　5［後漢書抄録］　6紫宸殿の白癩　7阿蘭陀の献上物　8天明江戸満水　9甲州恵林寺　10［後漢書抄録］　11李杜　12天満宮讃　13棠陰先生漫筆

巻五一　文政元年　1諏方の御柱　2東海駅旅人通道中図会　3白川侯御歌　4旅人道中図会　5座敷幷書面振被仰出　6大判金　7家事任長［後漢書］　8前田大臣御うた　9竹村金吾遠馬　10兆殿司　11鬼無里日記　12魏慶法臘書　13竹村大明神　14水戸殿御供不法　15諸家御賞賜　16御即位御祝義　17本居大平　18せわしきうた　19弘法三十二相　20松城種々の濫觴　21御即位の御使者名面　22江都の光り物　23万治武鑑　24錦城与天民書

巻五二　文政元年　1薩州分限帳　2董宣か語［後漢書］　3物故［後漢書］　4宮原道向　5清正・政則の刀　6永帳の文字［後漢書］　7揚倫の書［後漢書］　8果下馬［後漢書］　9丁丑戊寅祭礼　10錦町料理　11幽谷餘韻稿筆者　12読谷山王子の和歌　13外国人の和歌　14太宰府額字之記　15岩田洲尾　16享保画師　17宮下兵馬　18水砂児　19日記の書様　20松村十右衛門　21魏慶入山　22御即位次第　23イギリス舟

巻五三　文政元年　1升庵文集　2紀録彙編　3鶴林玉露　4五胡小説　5天中記　6天香楼偶得　7寄国寄所寄　8清異録　9丹鉛総録　10陳眉公読書鏡　11墨池瑣録　12民間示兒録　13窓のすさみ　14消閑雑記　15伊達正宗陣場丁数　16補陀和尚の書幷詩　17陽関三畳　18不用機数　19転封奏事　20求聞秘書

巻五四　文政元～二年　1戊寅西条騎射の記　2筑摩の埋木　3ギヤマン　4青貝柄の鎗　5信玄公御書　6田中御湯治　7己卯

小旗乗　8古大日方勘介末期の願　9宇都宮の足軽　10杉本茂十郎　11秋田浪人相沢嘉六　12町火消へ申渡　13小笠原主殿頭殿　14関嵐　15萩藩失火の刑　16雄藩封内戸口　17秋田学校規条　18御役人役者評　19楠公の賛　20清瀧観音堂炎上　21幸村公御書　22喜連川殿矢の根　23人麿の歌碑　24其角手簡　25木村長門守の書　26蝮蛇の薬　27癰瘍の薬　28疱瘡目に入たる薬　29其角十七回　30金澤彩山　31楽翁公宝舟の賛　32町方小便桶　33無著禅師

巻五五　文政三年　1茶法　2高田馬場流鏑馬　3姥捨のうた　4琵巴池の榧　5真顔等狂歌　6字画の大小　7松本侯へ御褒詞　8泰雲寺勧化　9諏方の常次郎　10八丈島の記　11厚田の縁起　12官板書目　13和田氏由緒　14弓矢の立合　15天明飢饉狂歌　16聴雪詩　17新宅の祝誼　18奥平侯溜詰　19宗家御加増　20小笠原主殿頭取替ニ付被仰付　21江都来書　22山王法楽能　23江戸落頌　24林祭酒の申渡　25御施茶　26海野源左衛門　27塩野菊兵衛　28高橋五郎左衛門　29信濃七不思義　30痢病の薬　31役者落頌　32雷　33景清の書　34詠時事詩　35覚草　36脇坂侯へ被仰付　37青物奉公人請状　38老の身の八景　39乞児月見のうた　40男女心中辞世　41立田山の詠　42老若の争ひ　43謎歌　44十万億度の入費　45難題の歌　46俳諧の評　47狂歌　48謎　49津庵の詠　50大小論　51自在鍵の賛　52江戸下りの歌　53天明落頌　54風邪角力取組　55名号和歌

巻五六　文政三年　1寿歌　2半井卜養　3近松門左衛門　4嵯峨釈迦開帳　5庚申祭礼馬割　6荒神町角力　7森菊洞子覚書　8風砲　9岩瀬勘平夫妻の碑　10公義御倹約触　11膳所の大鳥　12天狗の弟子平馬　13浅間山の碑　14赤穂義士の碑　15嘿翁朝川先生碑銘　16一橋公七十の賀　17元姫君へ献上物　18鬼無里木地師の話　19祭毛穎文　20文照院殿十七箇条　21風邪流行に付御救　22猪の目貫　23石敢当　24桶狭間吊古碑

巻五七　文政四年　1長崎御鉄砲方揚火　2清水御門の古碑　3東都筑波山護国寺宝物　4小田原藩敵討　5一寸案文続篇　6群書類従巻第四百七十五雑部三十一　7諸家御昇進　8供立の御達　9斎田仁左衛門　10上村何右衛門の詠　11善光寺開帳　12「在城二百年祝に付御領分へ酒振舞覚」　13加州侯御参勤御免　14御褒美籾　15県居翁美酒歌　16延享御政務譲　17水野侯御加増　18西丸御過酒の御誡　19蝮蛇除の法　20鵬斎酒の詩　21百文銭遺方　22三十八文銭遺方　23御手伝　24富小路三位の哥　25姑蘇の鑑　26御城碁　27松前侯旧知拝領　28小路御懐妊　29酒井家落頌　30日光ぜめの詞　31長袴の鎗　32裸の鎗　33花押の七点　34東叡山の鐘　35富士の詩　36弾左衛門謀を以て御旗本より養子を取義　37菅像弁　38鬼子　39柳営管弦　40神祖宮趾之碑

巻五八　文政六年　1波合記附録　尾抄御軍法　2千年山御伝略　3西丸松平外記刃傷　4佐賀侯ニて御仕置　5白石先生紺珠　上　6小堀遠州公障泥の好　7永井道存茶入　8人日立春の詩　9墨梅の詩　10兼像の法　11随園詩話　12一休のうた　13簷曝雑話　14寓簡上　15孔雀裘　16香祖筆記　上　17燕石襍志　18香祖筆記　下　19寓簡　下　20猗覚寮雑記　21南濠詩話　22釣磯立譚　23四朝見聞録　24妙々奇談序　25家人家子　26仮名世説　27宋儒詩　28牢屋　29三度養子　30依田備前守我意　31婚姻再縁の問合　32出

火の節足袋　33着服の問合　34御清御定　35殿中席順　36太刀目録寄所　37草廬雑談　38坂東屋　39紺珠 下

巻五九　文政一二年　1明暦日記　2落合保考先生留書抄　3正極江戸鑑　4大納言様御宮参の記　5大奥ニ而火附いたし候少女一件　6紅葉山霊芝　7学問の賞　8公辺御沙汰書　9海東随筆　10艸木育種抜書

巻六〇　文政一二～一三年　1和姫君様御婚姻　2遺老物語　3高橋作左衛門　4柘植清左衛門　5己丑三月江都大火　6熊本藩の誡　7御宮参　8水戸侯倹約　9道中奉行より大番頭へ書簡　10土生玄碩　11水戸侯〔一〕　12館林侯　13二本松侯　14増上寺　15地理根元用悪水両道猛帍代板之銘〔御普請役市村氏御代官へ申立候書〕　16庚寅柳営会　17林侯狂歌　18蛮船　19御老中若年寄火元見の言　20〔一〕火防御触　21水戸侯〔二〕　22〔二〕火防御触　23於吹上御庭相撲上覧　24風火合運　25神田橋狼藉　26御開所破り　27江都諸侯方御屋敷神社参詣場　28深川三十三間堂日矢数　29高橋一件御仕置　30去三月中都下大火之火元御仕置

巻六一　文政一三年～天保元年　1屋松礼問答　2寛文御紋尽　3琉人来聘之期御届　4裕姫君御出産　5紀州へ御駕被遣　6山本仁大夫　7疝の灸　8重蔵逐電　9遊女藕生　10小櫛七十郎　11労症の祈願　12御三卿方御簾中通行　13小倉留守居御咎　14土州敵討願　15秘書廿一種目録　16西国大風　17遊女出産　18幽霊の茶湯　19京都地震　20加州御婚儀　21儀姫君御通行　22京都地震破損所　23高松侯通松花　24石塔洗

巻六二　天保元年　1風怪状　2江戸総人数　3小刀の鐺　4士分孝心の賞　5揚火　6曾呂利狸歌　7西丸大手変事　8櫛花の引札　9年号の勘申　10津軽家逼塞中火事之事　11轅　12肥後の大男　13御昇進御悦の歌　14津軽の評判　15阿波侯御養子　16館林侯為御知　17江府異聞　18強姪の御咎　19唐国戦争　20紅葉山霊芝　21硫黄島　22唐船　23紀州騒動　24江戸繁盛記　25道中海道名称

巻六三　天保二年　1阿蘭陀人風説書　2講釈師燕稜　3浜御遊塩製　4松浦静山射芸上覧　5膳所敵討　6若君様御目見　7都下巷説　8溶姫様君御引揚ニ付献立　9大目付伺　10横山氏妻へ宣命被下　11孝行奇特の賞　12産死　13柳営被仰渡　14郡屋頭三之助御咎　15高田侯へ御褒賞　16長岡侯御隠居　17御数寄坊主御仕置　18鳥の話　19御城基　20伊東主膳御仕置　21御代官家来乱心　22櫛田公へ被仰渡

巻六四　天保二～三年　1芸者御咎　2落頸　3青山公上京達申又賦　4京御文　5楽翁公御年賀　6新皿屋敷　7吉田の長寿　8良夜の歌　9新敷田の狐妖　10［観世］一世能　11松前侯へ被仰渡　12菅沼織部正　13萱原検校　14遠藤家へ御沙汰　15堀田公へ被仰渡　16御用飛脚　17上野御文僧　18盲人御褒賞　19長崎より女召連候御咎

巻六五　天保三年　1大樹公六十御賀　2淫婦姦夫殺害　3御坊主御咎　4公家衆参向　5盲人智玄　6水野公献金　7智玄御仕置　8水野公被仰付　9紀州公御贈位　10鎌倉遠馬　11大川橋に掛居候者御咎　12庄内侯献上　13水野公へ御賞賜　14誠心流　15

柳営被仰渡　16蜀山人詩文　17大赦の色　18偸盗の伺　19巣小僧　20鷹司公　21徳之助君　22変死の女御捌く　23御名の文字　24八百善料理　25奥州の悪党　26小人騎馬

巻六六　天保三年　1二本松砲術の賞　2仏性寺　3市中の道場　4阿南入乱　5箱館金兵衛仕置　6切支丹之計　7姫路侯御願　8小笠原長時年回追善　9埴野侯伝　10流人道中人馬　11日光准后御内願　12紀州御贈位　13松本侯御高拝領　14多産　15櫻田侯草鹿　16奥坊主御仕置　17石川五右衛門ゆで釜　18埴野侯堀田摂津守御うた　19天狗　20御役人評判　21手廻御仕置　22阿波館林被仰付　23朝日丹波

巻六七　天保三年　1琉人来聘

巻六八　天保三年ヵ　1龍の宮夢物語　2西丸大手変事御咎　3松前侯　4江戸つき尽し　5異国船

巻六九　1資治新書　2料理通　3史料巻之四　宇多天皇寛平元年八月十日〔己巳〕夕左大臣融雑談事　4姑妄聴之抄〔閲微草堂筆記〕　5漁隠叢話　6花月楼雅宴序　7離合詩〔石林詩話〕　8拆字〔春渚紀聞〕　9潜邱箚記　10狼邪代酔編　11媚幽閣文娯　12武経総要　13新行小詞〔復雅歌詞〕はやりうた　14群書類従　15鷦鷯栖吟草山園雑典　16一斎国字書　17落穂集　18駐歩泉碑記　19群書類従入費

巻七〇　1唐通辞平野繁十郎書簡解　2草鹿射手日記　3諸国廃城考五十巻　4白石遺稿目録　5集異記　6雑話筆記　7蒼梧随筆　8逸史　9通語　10升庵文集　11丹桂籍　12萬首唐人絶句　13佛説摩訶酒抄楽経

巻七一　天保三年　1狸妖　2河鹿　3喜代姫君様御引移御道具献立　4内藤九郎兵衛御咎　5山田寿之助　6笠間留守居　7姫路侯へ被仰渡　8小南市郎兵衛　9両国隠売女　10鮮人の詩　11自堕落先生　12贋銀　13慶長金　14老婦の産　15函館金兵衛　16御預所村名　17小太郎様御宮参御行列　18諸家屋敷替　19庄内洪水　20相馬大作　21内府様京都へ之御名代酒井左衛門尉様御行列　22加賀侯旅中人数　23軍陣の弓弦

巻七二　天保三～四年　1久留米騒動　2海上日記　3南部侯御願　4最樹院様七回忌御法会　5穴八幡流鏑馬　6近藤重蔵一件申渡書写

巻七三　1御鷹の鶴　2紀州御遊　3若君御加冠　4岸和田雷火　5一橋御医師杉村元碩切腹　6柳営御歌会　7導引村岡道胤　8出し衣　9越後高田侯御褒美　10大名苗字割〔判事物〕　11大関阿武松狂歌　12神田多町火事　13高田山三頂仏　14高田之馬場上覧　15仙台御家督　16松浦静山公御振舞　17和姫君御住居　18東海道川崎禅宗光善寺加持　19紀州御廉中芝居御見物　20加州之亭へ御成　21紅葉山霊芝　22萩侯本所沙村の園　23佐伯城主蔵書　24学問出精御褒賞　25女子の鼻そき　26天明中田沼侯御咎

巻七四　天保三～五年　1回文の詩　2闇雲愚抄　3和州八瀧村古銅器掘出　4〔大垣地震に付山崩幷破損〕　5出羽奥州殊の外違

作　6明石侯御手当　7酌人入牢　8播州一揆　9彦根侯［井伊氏触書］　10町人の施物　11異流宗派御咎　12雑説諸々　13時入太鼓　14不動堂建立　15奥羽飢饉聞書　16唐船積込取決　17江戸大火　18大隅守祖父栄翁公神祭　19士の仕込　20祖父拝領の御召致之品着用許可　21火事防火　22仙台藩□□御願

巻七五　1随意録　2年山紀聞　3続畸人伝　4后宮名目　5東林廣記　6随意録　7続近世畸人伝

巻七六　天保四～五年　1行列帳　2［鎌原家由緒に付山口助左衛門考］　3［神札挟込］　4東国違作　5笄橋の賊　6［亀山村百姓後家突落］　7［冨士郡天間村大洪水］　8町奉行名代　9［類焼之屋敷御普請無之ニ付］　10［冨士郡天間村大洪水］　11［諸侯へ米供出］　12［富士山ぬけ］　13［石出帯刀押込］　14［門外に御金箱遺棄］　15［対馬守難渋御届書］　16［火災時往来］　17［屋敷替］　18津軽侯異国船　19［村上大和守家来押込］　20［江戸御回米仰渡］　21虚無僧御条目　22加茂神主季鷹　23廣澤百回忌　24［来翁遺物］　25加賀守殿御普請　26水戸殿より越前守へ御届書　27浜御遊拝覧

巻七八　天保六年　1佐賀城焼失　2佐賀侯関札狼藉　3沼田侯示し文　4加茂季鷹　5内府公大崎へ御成阿波の茅棟上ケ　6堀家辺の賊　7信州騒動　8沼津侯の槍　9姫路藩士敵討　10湯嶋の不法者　11夏目御咎　12孫子字数　13猩々の子　14水戸侯御うた　15龍野侯　16労痎伝戸病根切薬　17御移替御内意　18大小戯句　19諸侯官位昇進　20濱田館林棚倉移来　21九鬼医者配酒　22西湖志　23薩摩献金　24米沢侯拝賜　25毛利甲斐守城主格増高　26［一橋肥前一件相済］　27水戸藩御買上書目　28佐賀一橋一件御裁許　29辻切　30追剝

巻七九　1黒川村騒立　2雲州侯・大垣侯献金　3大垣御褒詞　4升島一件　5白毛城　6八朔大風　7西山織部　8甲州騒動　9稲荷山騒動　10神田敵討　11未聞有徳志施集　12御政務譲之事仰出　13柳営御役替

巻八〇　天保七年　1大坂町人申議　2屋敷替　3将軍宣下御用掛　4御役替　5伊勢神馬　6春日神木　7築地鏡供養　8甲州騒動下　9大垣侯御褒美　10龍野侯　11江戸廻米之大元奥州大々之違作　12岡崎辺騒動　13棚倉老侯御咎　14神通力國吉　15新田川井村古証文　16真島村古証文　17柳営御沙汰　18凶年江戸風説　19江都落頌　20当世善悪評判記　21［京橋辺穀屋米売の張札一件］　22柳営御沙汰　23［石見国松原浦八衛門竹島渡海目論見ニ付］　24桑名・忍両侯溜詰　25［天保七］丙申諸侯御損耗高　26大田原侯其外江戸風説　27［石見国松原浦八衛門］竹島一件御仕置　28水油一件　29川浚御用済御褒美

巻八一　表紙・目録欠　［仙石騒動ニ付］

巻八二　天保八年　1柳生侯柳生主膳正苗字立戻伺　2朝比奈弥次郎切腹　3浅草敵討　4力士小野川手柄×　5鯖江侯上野献灯一件×　6熊本藩堀平太左衛門×　7赤穂義士送文×　8将棋戯文×　9俳人一茶集抄×　10天官賜福×　11一向宗三箇条×

巻八三　1天保改元御規式之次第　2小野川手柄一件　3［柳営御沙汰］　4荒歳米価一覧　5番付　6高く払ひませう直落し　7

［北上州・武蔵・江戸飢饉風説］　8江戸四里四方町数［日々米入用高書上］　9［近年奸臣権を執、下情上へ不通、中下旗本御家人困窮］　10［津軽侯抔藩中誠ニ困窮ニて飢死人多き由］　11［大塩様者何方にか隠れ居べく　京都飢餓状況］　12［公義雲州大社へ五穀豊穣祈禱仰付］　13［霰　雹降り被害　不審の足跡］　14佃島沖火業稽古　15［上州盗賊］　16［諸侯昇進］　17［不行届に付隠居申付］　18北野天満宮松園より松本嘉十郎江来書　19諸国一流豊年順気当　20西十一月二日付江都より来書　21加茂季鷹市川白猿に贈歌　22吉原丸焼謎歌　23天保九年大小暦　24久能山繰廻金

巻八五　天保八年　1仮名世説　2玉かつま　3桑名侯江都大塚邸楽則の碑　4丁酉柳橋　5佐倉侯家中へ御書下　6桑名風雨　7諸侯昇進　8飯山騒動　9西尾侯牽馬　10二月江戸来書　11柳営御役人評判　12巣鴨の御駕籠訴　13房総・豆州・江戸大風雨被害　14京西御門路廣如上人江戸参向　15砲術基礎　16梅花奇詠百題

巻八六　1賑恤録

巻八七　天保九年　1西丸炎上　2越前侯大御台様御目見　3内田家削封　4西丸地形土取　5六合舟渡口論　6当季薬法　7戌四月柳営御役替　8西丸炎上に付狂歌　9西丸御普請ニ付被仰出　10町方食物に付御喩し　11御旗本へ仰渡　12西条山種松　13松城町方小溝埋　14戌四月小田原町火事　15戌閏四月糀町火事　16都下風説　17中村侯為御知　18豊年草　19南部怪物　20西丸御普請　21織田家賞事　22都下女子櫛笄　23権家　24佐賀侯詩

巻八八　天保九年　1西丸火防御賞罰　2海雷幣　3戌四月柳営御役替　4甲州三州騒動ニ付御賞罰　5水戸侯命令　6佐渡騒動　7織田家風説　8［諸国風説］　9上田藩松平図書　10佃島沖海上萩野流火術　11八戸侯城主格　12松平靭負賜死　13豆州敵討　14築山［祐太郎］斬罪　15江戸火事　16蜂に螫れぬ呪　17朝日焼の茶盌

巻八九　天保一〇年　1己亥柳営御会　2大御所様西丸へ御引移之義被仰出　3南部大雪　4南部金山　5南部飢饉　6モリソンと申イギリス舟　7［風聞不宜者役義取放］　8諸家留守居御賞罰　9林家　10甲州川々御普請御褒賞　11諸侯位階昇進　12薩侯昇進　13松平大隅守宰相昇進　14秋葉祭礼破船　15諸侯御判物被下　16屏風御進献　17ストンマシイネ　18御能組

巻九〇　天保一〇年　1佐州騒動　2御巡見　3西丸御普請加増　4尾州侯逝去田安君相続　5寅年男子生胆　6宗勝揚屋入　7紀州藩太田信吉大矢数　8京都おどり　9孝義状　10高田侯海岸御固人数書

巻九一　天保一〇年　1山中大黒花の怪　2都おどり　3江都落頌　4法印季文賀歌　5群之助殿西丸御移徙ニ付御褒美　6林氏奉賀詩　7有馬侯　8丸亀大男　9尾州大橋善之丞伺書　10竹腰殿示書　11尾州藩吉田平内申立　12無尽し　13独見　14松山侯挟箱長刀　15群之助殿御廻　16亀戸青山開帳　17渡邉登等御咎　18［豆州無人島開発］　19［石神井村の百姓三宝院へ雨乞に付］　20［越後国二五六村両角ある馬］　21鍋島某　22浜御遊料理被下　23西丸表御普請御手伝　24准今川状　25江都風説　26肥前平戸侯異鳥

巻九二　天保一〇年　1宇都宮赤羽村大蛇　2唐津騒動　3織田家御咎　4大御所様中風　5大奥姫君様御誕生　6請所損毛　7越後狸狩　8立坊被仰出　9岡氏茶筵　10戸隠猫又　11自然湯　12尾張侯任官　13鷲尾前侍従達無者　14下馬沙汰　15西丸御普請出来

巻九四　天保五年「延享祭礼馬割」

巻九五　天保一〇～一一年　1西丸御普請ニ付御褒賜　2岡崎城の狸　3黄道人　4都下剱客　5京の雪　6諸侯方御昇進　7御旗本御加増　8三宅家渡邉登　9川越侯拝借金　10武家屋敷内勧請神仙之事　11庚子柳営御会　12屋敷替　13尾州侯水府侯江戸御発駕　14増上寺学頭揚屋入　15江戸の雪　16御役人役者見立　17浄観院様御送葬御行列　18飯田の義女　19江戸名家一覧　20水戸黄門壁書　21薩公御手覚金　22西丸御普請　23尾藩水藩御褒美　24立坊御祝　25右大将様御疱瘡　26流鏑馬　27善光寺開帳

巻九六　天保一〇年　1西丸御普請ニ付被下物御高　2林大内記元日詩　3梅木村土中の金　4遠藤勇五郎日矢数　5芝切通の居ざり　6雨宮村古井　7中野大火　8水戸様住居焼失　9飯倉敵討　10諸家水損御届　11佃沖火術　12朝鮮御用取扱　13養老扇　14寺院へ御触示　15善光寺参りの犬　16仏家呉音の事　17岡村善太郎手射　18殷の爵　19佐々木道太郎へ　20木村重成室出産　21利休并楽吉左衛門二百五十回忌茶筵　22小室紀聞

巻九七　1閑田耕筆抄　2千蔭田道公のうた　3簷曝雑記抄　4松城池塘記　5蜀山人辞世　6池五山詩暦　7蔭喜うた　8天民致仕作　9汁饗　10連歌　11鵬斎酒の詠　12宇佐美駿河守の碑　13馬陵翁手柬　14阿部仲麿　15空山道人詩　16義之書　17女史18文鳳楼の詩　19明取士良法　20明道先生秋日詩　21伊川の語　22妙術博物筌　23居家秘用抄

巻九八　1安藤氏兵器記　2小倉水難　3井上様衆より水難為御知　4［西国水難］　5和田倉御門番人御咎　6附普字解　7庚子九月江戸大風雨　8岡侯溺海　9豊後府内水難　10荘内奇獣　11福島勝楽寺　12明石侯□万石…×　13川越庄内長岡御取替　14井上公御加判　15青山公大坂御城代　16江戸風説

巻九九　天保一一年～一二年　1根岸肥前守七十寿詞　2イギリス人図　3岩下華本堂百射　4千宗室茶筵　5庚子十二月諸侯任官　6桜馬場犬追物　7同丸物大略　8癸巳御城御能　9掛香法　10侯家先侯称謂　11小笠原佐渡守　12［矢津監物卒中風］　13辛丑の春余寒　14堂館亭庵　15恩田木工　16禅宗位牌石塔　17横棚静松寺略記

巻一〇〇　天保一一年　1仙洞故院御葬送行列　2阿片烟草　3寧波府島乱　4海外新書　5幸豊公御境廻御道順

巻一〇一　1幸専公御境廻

巻一〇二　1大御所様薨御一件　2豊後府内破船　3韻鏡伝授所引札　4川越侯御直諭　5荘内百姓歎訴　6上州女子奇産　7廣大院上野御参詣　8日光御名代　9林肥後守并御例向御役御覧御咎　10中野石翁　11萱原検校×

巻一〇三　天保一二年　1下曾根金三郎上書　2辛丑四月柳営御役替　3水野蔵房御役御免　4於美代の方　5西丸一件落頌　6御例向御役御免　7御大老御免　8御役替　9御医師御咎　10御政事御改革　11暦書簡　12大坂義犬　13辛丑時候　14掛川侯御役御免　15牧村東斎　16西丸御縁組　17矢部氏町奉行　18町方へ被仰渡　19［法蔵寺密通］　20モルチール筒　21町奉行宅意趣打　22屋敷替

巻一〇四　天保一二年　1大名小路へ御引移　2柳営御役替　3諸侯定席　4水戸藩咎　5御供立御改　6御屋敷図　7御役替　8江戸風説　9五島修理亮　10御役替　11万石以上之供立　12乗馬上覧　13屋敷替　14吟味事御職聞　15高田刃傷　16荘内藩士御咎　17浅原大仕懸もの　18泰姫君様　19萱原検校　20御役替　21老人へ賜物

巻一〇五　天保一二年　1義奴傳蔵伝　2上田倹約触　3辛丑九月柳営御沙汰　4唐津侯御届書　5囲籾　6柳営御沙汰　7御番方出勤願　8御番拝領　9町学校　10水戸弘道館　11諸人横山左仲　12御倹約触　13御堀の魚釣　14姫君様へ御献上物　15別所佐七　16青山左衛門尉裁断　17柳営御役替　18火之用心　19東明宮　20西丸老女の斎

巻一〇六　天保一二年　1御役人武芸上覧　2代金献上　3御番所屛風　4西丸右大将様御婚礼　5下高札十一月御役替　6御医師供方弁当代　7御城棋　8七福神　9毛利侯茶の湯　10御祝義御触　11頭巾の触　12威応寺廃寺　13学問所講談　14十一月御役替

巻一〇七　天保一二年　1孝盲金弥　2孝子定五郎　3富突幷凧　4孝子幸次郎　5御改称ニ付献上物　6五山下馬所　7月切之駕籠　8公事裁許裏書画図等　9藤簀張腰懸　10御役替　11御三卿供立　12芝居場所替　13御能組　14琉球人御用懸　15御役替　16廣大院様従一位　17御老者部屋番　18芝居三座場所替　19出張神仏　20雑説　21知恩院門頭　22学業心得　23御役替　24菱垣回船問屋　25諸侯叙任　26御役替　27ない尽し　28諸大夫伺　29御礼日心得　30姫路侯御鞍鎧拝領　31御役替　32京都異事　33謎暦　34江戸大雪

巻一〇八　天保一二〜一三年　1老中宅へ家来立入事　2御旗本之面々老中宅へ罷越候事　3水戸公在国　4足軽羽織　5関東川々御手普請　6加州学校　7辛丑紀事　8公事料帋　9医学館　10嫡子被召出　11官位昇進内願　12芝居場所替　13諸色直段　14日野殿御饗応　15水戸領人殺し者追払　16［自身番貼紙］　17川之手当　18贋金銀

巻一〇九　天保一三年　1日光御参詣被仰出　2加州侯世子元服　3留守居駕籠　4年始　勅使　5廣大院様従一位　6宣下　7御能組　8日光御道中被仰出　9料理茶屋酌取女　10矢部駿河守御預　11株札問屋仲間組合之唱停止　12筒井氏御役御免　13矢部氏改易　14鎌倉遠馬　15日光御供

巻一一〇　1御役替　2御能　3鳥取侯御目見　4慊堂御目見　5銭さし押売　6日光御参詣ニ付被仰出　7万石以下町屋敷　8

御老者乗馬上覧　9鎌倉遠馬　10御役替　11焼火之間御番　12雑詠十絶　13酒価　14羅漢寺筋御放鷹　15野菜初物　16博奕×　17古河侯岩槻侯御暇×　18駒場追鳥狩×　19御裏方様御暇　20御抱之者養子　21家作　22町屋敷売買　23博奕御咎　24松平阿波守湯治　25日光御供旅装幷人連　26仁科甚十郎諍論裁許

巻一一一　天保一三年　1熨斗目名義　2煎茶式　3一斎進講　4奇特者　5町方葬礼仏事心得　6商物直下　7五月柳営御役替　8古河岩槻両侯御暇　9御用掛御拝領物　10馬売買　11糀町学問所　12新板書籍　13子共手遊　14婦人の番　15歌舞妓海老蔵　16ちよぼくれ　17呉服直段　18水練場　19ない物尽し　20六月柳営御役替　21…召出

巻一一二　天保一三年　1丁銀　2［町屋借宅改革］　3…金銀　4筒井鳥居御咎　5水野美徳　6御内書御奉書　7岡山侯家督　8御役替　9水野備前守　10呉服師　11乗馬上覧　12哥舞妓　13新版書籍　14［石灯籠他御停止］　15異国船取扱　16御代官北条氏申喩　17［水戸追鳥狩甲冑行列］　18勧修寺宮武佐宮　19［神童］　20矢部殿死去　21宇田浦異船　22吉原灯籠　23女芸者　24孝心奇特者　25武者修行

巻一一三　天保一三年　1壬寅七月柳営御役替　2岡山侯元服　3淀侯家督　4増上寺御褒美　5川渡御褒賞　6川越忍両侯海防　7御手充御借金　8異国船取計御改正　9金銀通用　10十五夜営中御囃子　11川越忍両侯へ再諭　12寺院内願　13加州木屋　14［市川正次郎出奔］　15野暮点詩　16八月柳営御役替　17犬追物上覧　18屋敷町人ニ借候事　19屋敷内人数延引　20陣羽織拝領御歌　21回向院狂歌

巻一一四　天保一三～一四年　1増上寺御褒賜　2日光准后上京　3宝蔵院鎗術　4九月江都気候　5長州宇田浦異国船　6九月柳営御役替　7小役人御番衆武術上覧　8江都藩第山鳥　9加役方組内心　10聖徳太子開帳　11猿若町被仰渡　12薬種売方　13商物正札付　14奇特御褒美　15十月柳営御役替　16御軍役人数揃

巻一一五　天保一四年　1歌仙　2七月都下諸侯屋敷替　3御旗本上知之衆御蔵米御引替　4七月柳営御役替　5井上改易　6斉藤七次郎被召出　7朝鮮聘使於大坂御行礼被仰出　8深谷虎次郎自殺　9大坂女子阿蘭陀よりの文　10庄内侯の武器　11御役人遠国御用之節供連　12八月営中御役替　13諸家御用願贈物　14勅使参向　15江川氏住宅　16五糸地合　17江都来書　18印旛沼御普請入料　19大坂町人へ御用金　20御老中飛地之分　21城付と引替願　22唐土紅毛舟積薬種　23八九月営中之御役替　24隅田川勅使遊覧　25［東本願寺門跡の話］

巻一一六　1九月柳営御沙汰　2浜松侯加判御免　3松本贋金銀　4十月柳営御沙汰　5角力上覧　6十一月十二月柳営御沙汰　7［江戸大火］　8［卯の冬江都落頌］

巻一一七　天保一三年ヵ　1随園詩話　2成島図書頭上書　3睡餘小録　4恵の露乃記　5尾藤先生素餐録抄　6吟窓雑録　7白

石書翰　8中井漢翁手柬　9小西湖詩　10赤城名臣賛　11久留米犬追物記
巻一一八　天保一三年ヵ　1佐賀侯与水戸侯贈答詩　2琉人参府ニ付申合　3琉人参府　4琉人楽帖　5浜松侯乃うた　6武器長
歌　7鶴林玉露抄　8天使隅田川舟逍遥　9知恩院様御薨乃記
巻一一九　1江州騒動　2公賜　3婦人衣服　4町人衣服　5日光道中入用の品直段　6上田足軽訴訟　7異国舟取計　8風迫触
9三本帆の舟　10廻船　11直待　12産物ト売相場書　13大革　14御趣意湯　15改暦御賞賜　16川越忍両侯拝借金　17柳営御役替
18日光御修復　19精宮　20十一月御役替　21犬追物上覧　22御城棋　23犬追物御褒美　24上田在町争訟　25御囃子　26十二月御役
替　27寺院幷願人取締　28下田奉行　29羽田奉行　30権現様御延日御祝　31浜田侯席　32妻木和三郎斬罪　33人宿へ被仰渡　34人
参
巻一二〇　1池田烏殿切腹一件略記
巻一二一　天保一四年　1御流御囃子組　2秦姫君様御逝去　3正月御役替　4越前侯邸焼失　5林祭酒元日詩　6館林侯辞職
7二月御役替　8大的上覧御褒美　9東宮御元服　10東照宮御誕生干支　11御儒者甲府へ被遣　12琉球来聘　13イギリス唐土と和
平　14西方の白気　15大坂町奉行申諭　16猿若町御手覚金　17川越忍両侯へ海防被仰付　18西丸御役人御咎　19市川播磨守　20文
政中西丸刃傷御仕置　21大宝山鹿狩
巻一二二　1雄若様御入学之記　2二月御役替　3上田侯罷官　4津侯通鑑献上　5屋敷地之事　6不主堂御修復　7忍侯へ屋敷
地被下　8神奈川辺御見分　9［日光御供向足並上覧］　10長崎風聞　11韮山の書束　12宇都宮鉄卒堵婆　13阿蘭陀献上　14白気之
考　15関東悪党召捕方　16御医師御褒美　17三月御役替　18土佐侯御家督　19御目付叙爵　20久次美佐渡守立身　21御改政相撲
22略暦　23大黒舞　24閣義遠馬　25上埜御霊屋御建鑓　26学問御褒美　27三月御役替　28御船手頭御咎　29在町家作　30御祝義御
能　31御加恩　32五月御役替
巻一二三　天保一四年　1癸卯五月以来柳営御沙汰　2島津侯書籍献上　3諸家御用頼　4水戸侯へ被遣物　5江川太郎左衛門御
鉄砲方　6末姫君様御臨月　7仙台の力士之立山　8尾張郡古碑　9水戸侯江上意　10弓銃に寄而和歌　11西丸へ御膳被進　12参
勤交替　13末姫君様御出産　14御代官上ケ金　15御預所御役人拝領物　16長岡医師被召出　17印旛沼　18揚火之心得　19目切駕籠
願　20新潟奉行　21百人組　22与力同心用頼
巻一二四　天保一四年　1六月以来柳営御沙汰　2浜松侯御褒美　3飯田侯御加増　4江戸十里四方之私領御引上　5金の分銅
6江戸気候　7吉原遊女常磐木　8日光御用相勤候面々御褒美　9嘉定御祝　10平岡文次郎上ケ金ニ付拝領物　11参勤交替　12錦
画類摺方幷歌舞伎役者紋所　13町方家作　14宮津侯西尾侯筆扣

巻一二五　天保一三年　1天保甲辰柳営御沙汰上　自正月至九月
巻一二六　天保一三年　1天保甲辰柳営御沙汰下　自十月至十二月
巻一二七　天保一三〜一四年　1隅田河遊覧記　2宇津呂比　3琉球人のうた　4品川軒宿売女　5江戸御本丸御殿炎上　6井上因碩上書　7大坂軒町遊女直江上書　8水戸侯御隠居一件
巻一二八　1天保甲辰蘭船一件
巻一二九　弘化二年　1弘化乙巳柳営御沙汰自正月至四月
巻一三〇　弘化二年　1弘化乙巳柳営御沙汰自五月至七月
巻一三一　1享保日光［上］御社参御行列
巻一三二　天保一四年　1享保日光［下］御社参御行列
巻一三三　弘化二年ヵ　1田安公茶莚　2歌舞妓役団十郎御褒美　3天徳寺怪鳥骨　4南品川鶏　5両国洪水　6青山大火　7神田大火　8鳥居甲斐守　9笠間藩争権　10水野越前守御咎　11大久保彦左衛門　12猪子悪五郎切腹　13鳥居甲斐御預　14後藤三右衛門死罪　15鳥居甲斐詩
巻一三四　弘化三年ヵ　1御本丸御普請絵振　2乙巳博人聚　3諸侯取替　4水戸宰相　5判事物　6本郷火事　7丹後国盲人鶴之部　8赤田石川山抜　9出石藩書簡　10松平隠岐守花葵紋付幕伺　11岩村田侯紋所伺　12新吉原遊女玉琴　13同遊女白岡大女　14講釈師龍馬　15無宿新助　16主上尊号年号　17主上罷誦経　18一橋外敵討　19高嶋一件　20［御沙汰書七月］　21安藤守十郎屋敷堀出し金
巻一三五　弘化二年　1〈自乙巳八月至丙午十一月〉
巻一三六　弘化二年　1〈自乙巳八月至丙午十一月〉
巻一三七　弘化二年「夷船新聞」
巻一三八　弘化二年「夷船新聞」
巻一三九　弘化二〜三年　1梅園日記序　2復古政事問答　3諸国名義考　4栗山文集自撰墓誌　5林銕蔵詩　6貴人十反　7勧忠記七巻　8貞姫君御歌　9乙巳林祭酒元日詩　10落合翁漫筆石塔洗　11鳥羽流算法　12月岡万里所蔵画像　13有功卿歌　14物あたりの薬法　15砕玉翁墓碑　16日本三鏡　17善光寺本坊什宝　18大坂表具屋狂歌　19摩島松南慎終詩　20聖像　21一斎翁丙午詩　22送象山序坪井信道　23利根川　24荒川　25大夫坊軍歌　26丙午祭礼他所処見物　27丙午七月暴風　28入峡中懐武田氏事　29海防八策　30陽明先生出身靖乱録

巻一四〇　弘化二年　1月星交暈　2頼万四郎詩　3今上崩御禁中儀式　4生目締鯨左衛門　5柳営御会　6西久保鳥骨　7難船　8金沢火　9尊超親王近衛内大臣御歌　10奉諡後月輪山陵宣命　11贈正一位故大相国源公宣命　12太上天皇遺詔　13倚廬諒闇次第　14公卿誄詞　15紹述文集抄　16詩仏詩　17一斎翁詩　18陳止斎文集抄　19佐賀侯詩　20迪彝編抄　21林祭酒詩　22楽翁公詩　23信濃奇区一覧抄　24慎夏漫筆抄　25南畝莠言抄　26長崎土産抄　27南汎録抄　28通鑑評抄　29慕香和歌集抄　30鈴林巵言抄

巻一四一　弘化四年〈柳営日乗〉

巻一四二　弘化四年〈柳営日乗〉

巻一四三　嘉永元年「蛮船」　1異国船ニ被助候阿波下総船頭申口　2丁未諸家御届　3丁未蘭人申上　4戊申諸家御届　5松前藩書簡　6蘭人差出候風説書　7戊申異船話

巻一四四〈雑記〉　1藝海珠塵目録　2孔氏談苑　3半村野人間談　4抱璞簡記　5蕉氏演叉　6吾師録　7茶餘容話　8修慝餘編　9叩舷憑軾録　10月山詩集　11月山詩話　12外国竹枝詞　13詩疑　14陶淵明集　15趙甌北墓誌銘　16陔餘叢考

巻一四五　嘉永二年「呻吟語」〈呻吟語・願亭記〉　1呂新吾呻吟語抄　2張楊園先生集抄　3栗山文集抄

巻一四六　嘉永二年〈海国必読〉　1備辺新政　2紅夷告密　3英払覬覦

巻一四七「災異録」〈災異録〉　1三代実録抄　2養天飢饉抄　3寛延辛未松城地震　4〔天明壬寅諸国地震〕寛政壬子島原大災　5文政戊子福岡大災　6同年長岡村上与板地震　7文政庚寅京都地震　8風怪状　9天保癸巳大垣地震　10弘化丁未大垣風水　11弘化丁未越後中津川水湛　12文政戊子島原・大村・佐賀・長崎・柳川・今治・小城・五島・日出大風雨　13同年三日市地震

巻一四八「己酉御沙汰書」

巻一四九「相撲隠雲解　漫筆」〈相撲隠雲解〉

巻一五〇「蛮船一件」

巻一五一「拙堂文稿目次」〈拙堂文稿〉

巻一五二　嘉永二年「雑記」　1天保十五年禁中国史御会　2廿二史箚記　明史　3退私録　4武靖公小野お通への御文　5柏崎　6伊達正宗のうた　7本草綱目獣部　8弘化丙午七月山田島寅京都よりの書翰　9弘化四年丁未正月御松囃子　10〔江戸火事〕　11〔松平周防守願書〕　12戊申の秋京都より来書写　13龍升天図　14〔江戸失火続〕　15〔西丸下青山様より出火〕　16〔青山下野守出火届〕　17〔阿部伊勢守様類焼見舞〕　18落頌　19勧進能興行　20〔勧進大相撲〕　21〔地京原村下組女子共狼仕留御褒美〕　22〔葛野の草〕　23〔強盗召捕〕　24宗良親王李花集　25〔落頌〕　26詠時詩　27江都雷雨　28〔江戸鳶喧嘩〕　29髑髏考

巻一五三「国事深慮論」

巻一五四「深慮論訳読」

巻一五五　嘉永二年「山村巡覧記」〈山村災後御巡覧記〉 1廣瀬村辺御帰掛御通行幷御左右村名等取調申立　2山中辺江御野掛御通行筋幷丁数附、御左右御遠見、村名等取調申上　3大岡村辺江御野掛御通行筋幷休泊、町数附、御左右御遠見、村名等取調申上　4封内巡覧行程記跋

巻一五七「雑記」 1南都春日社装飾馬　2信濃奇勝図彙稿　3庚戌御沙汰書　4島原大風雨　5有馬侯猥歌　6嘉永庚戌春調御領分長寿之者　7嘉永三年庚戌正月十四日柳営之御会　8市村ニて掘出候古銭

巻一五八「醜夷雑説」〈醜夷雑説〉 1己酉阿蘭陀風説書　2三歌　3寛政より天保迄異舶の事ニ付触面　4庚戌触面　5別州の武備　6高田海岸砲台　7石清水八幡宮臨祭詔詞　8御目付上阿部侯書　9江都風説　10代笠亭記　11乍浦集咏鈔　12海外新話代序詩　13軍役常用集抄

巻一五九「雑記」 1欣賞編目録　2白石遺稿目録　3唐音癸籤　4鉄細珊瑚　5日本刀歌　6十駕斎新録　7日下旧聞　8唐詩紀事　9樗園鎖夏録　10七言古詩日本刀歌

巻一六〇　嘉永二年ヵ「醜夷雑説」 1聖武記採要〔中ノ内〕抜書　2海島逸誌抄　3蛍蝿抄序幷引用書目　4諸国災変　5江都雷震　6虵身児　7河南古碑謎銘　8備前岡山洪水之記　9嘉永三年庚戌二月五日麴町より出火焼失附立申上　10薩摩御届　11阿部伊勢守様江山鹿素水上書之写　12浦賀御見分役人　13多古侯閉門

巻一六一　嘉永四年「家老の職　白川永久録撮要」〈白川永久録撮要〉 1家老の職　白川永久録撮要　2書白川永久録後

巻一六二「尊号廷議」

巻一六四「漫筆」 1公義江御届書面　2屋代松岡礼服問答之評　3泊酒筆話抄　4別条　5弁書　6重ねの色合　7雲丹製之玉子

表2　『朝陽館漫筆』項目分類一覧

巻	年	A 日記	B 伝聞・伝承	C 記録類	D 来書	E 書物	項目数	表紙色
1	文化5～6年春	38	27	15	6	4	90	土色茶色
2	文化6年	2	74	6		6	88	
3	文化6年		41	10		6	57	
4	文化6年	1	27	16		1	45	
5	文化6年	5	9	6		8	28	
6	文化6年	7	11	13		4	35	
7	文化7年	7	14	15	3	7	46	
8	文化7年	7	8	16	2	5	38	
9	文化7年	5	2	23	2	9	41	
10	文化7年		2	24	2	7	35	
11	文化7年			9	4	3	16	
12	文化7年			41	1	1	43	
13	文化7年		3	46	1	7	57	
14	文化7年	1	3	57		6	67	
15	文化7年	1	1	23			25	
16	文化7年	2	1	12	1	2	18	
17	文化7年	1		6			7	
18	文化7年	4	4	22	1	24	55	
19	文化7～8年	5		35	2	1	43	
20	文化8年	1		19			20	
21	文化8年		9	10	1	4	24	
22	文化8年	1	1	8		3	13	
23				2			2	
24				1			1	
25	文化8年	1		23	5	2	31	
26	文化8年	1	2	22	4	3	32	
27	文化8年			19	1	42	62	
28	文化8年	1		8		28	37	
29	文化8～9年	5		29		2	36	
30	文化9年	1		21	1	3	26	
31	文化9年	1		21	3	3	28	
32	文化9年	1	1	17	3	1	23	
33	文化9年			8	2	2	12	

巻	年	A 日記	B 伝聞・伝承	C 記録類	D 来書	E 書物	項目数	表紙色
34	文化９年	1	1	3	1	1	7	
35				1			1	
36	文化９年		1	30	3	2	36	
37	文化10年	3	1	15	3	1	23	濃赤茶色
以下、　未翻刻巻（巻之38〜164）								
38	文化10年	3	2	4	5	1	15	
39	文化10年	2		6	4	1	13	
40	文化10〜11年	3	1	15		2	21	
41	文化11年	1		9	14	1	25	
42	文化11年			6	4	2	12	
43	文化11年	5	4	13	9	2	33	
44	文化11〜12年	2	1	5	6	3	17	
45	文化12年		1	11	4	8	24	
46	文化12年		2	5	2	4	13	
47	文化13年	1		9	8	2	20	
48	文化13年		2	8	1	12	23	
49	文化14年		2	8	1	12	23	
50	文化14年〜 文政元年		1	3	1	8	13	
51	文政元年	2		9	3	10	24	
52	文政元年		7	6		10	23	
53	文政元年					20	20	
54	文政元〜２年		8	12	4	9	33	
55	文政３年		6	14	4	31	55	
56	文政３年	2	1	13	2	6	24	
57	文政４年	2	3	19	2	14	40	
58	文政６年			11		28	39	
59	文政12年			5		5	10	
60	文政12〜13年春			20	7	3	30	
61	文政13年〜 天保元年		4	13	4	3	24	暗焦茶色
62	天保元年			19	3	3	25	
63	天保２年			22			22	
64	天保２〜３年			15	3	1	19	
65	天保３年			24		2	26	

巻	年	A 日記	B 伝聞・伝承	C 記録類	D 来書	E 書物	項目数	表紙色
66	天保３年			21	1	1	23	
67	天保３年			1			1	
68	天保２年			4		1	5	
69				1		18	19	
70				2		11	13	
71	天保３年			22		1	23	
72	天保３～４年			5	1		6	
73			1	24		1	26	黄土色
74	天保３～５年			17	3	2	22	
75						7	7	
76	天保４～５年		2	21	4		27	
77		計数不可					?	
78	天保６年			23	3	4	30	
79			1	10	2		13	
80	天保７年			22	7		29	
81				1			1	
82	天保８年			8		3	11	
83			1	14	4	5	24	
84		計数不可					?	
85	天保８年			8	3	5	16	
86				1			1	
87	天保９年			16	6	2	24	
88	天保９年		2	13	2		17	
89	天保10年			16	1	1	18	
90	天保10年			10			10	
91	天保10年			19	5	2	26	薄焦茶色
92	天保10年			11	4		15	
93								
94	天保5年ヵ			1			1	濃黄土色
95	天保10年			20	7		27	
96	天保10～11年			16	5	1	22	
97				2		21	23	
98				10	5	1	16	
99	天保11年～12年			15	2		17	

巻	年	A 日記	B 伝聞・伝承	C 記録類	D 来書	E 書物	項目数	表紙色
100	天保11年			4		1	5	
101				1			1	
102				9	2		11	
103	天保12年			19	3		22	
104	天保12年		1	17	3		21	
105	天保12年		1	18	1		20	
106	天保12年			14			14	
107	天保12年			31	3		34	
108	天保12～13年			16	2		18	
109	天保13年			15			15	
110				25	1		26	
111	天保13年			18	1	2	21	
112	天保13年			19	5	1	25	
113	天保13年			18		3	21	
114	天保13～14年			14	2		16	
115	天保14年			21	3	1	25	
116				7	1		8	
117	天保13年ヵ			3		8	11	
118	天保13年ヵ			3		6	9	
119				34			34	
120				1			1	
121	天保14年			18	2	1	21	
122				28	4		32	
123	天保14年			21		1	22	
124	天保14年			13	1		14	
125	天保13年			1			1	
126	天保13年			1			1	
127	天保13～14年			3	2	3	8	
128				1			1	
129	弘化２年			1			1	
130	弘化２年			1			1	
131				1			1	
132	天保14年			1			1	
133	弘化２年ヵ			14	1		15	明赤茶色

巻	年	A 日記	B 伝聞・伝承	C 記録類	D 来書	E 書物	項目数	表紙色
134	弘化2～3年			18	3		21	
135	弘化2年			1			1	
136	弘化2年			1			1	
137	弘化2年			1			1	
138	弘化2年			1			1	
139	弘化2～3年			9		21	30	
140	弘化2年			11		19	30	
141	弘化4年			1			1	
142	弘化4年			1			1	
143	嘉永元年			7			7	
144				11		16	27	
145	嘉永2年					3	3	
146	嘉永2年					3	3	
147				11		2	13	
148				1			1	
149						1	1	
150				1			1	
151						1	1	
152	嘉永2年			13	7	9	29	
153						1	1	
154						1	1	
155	嘉永2年			4			4	
156								
157				7		1	8	赤茶色
158				7	1	5	13	
159						10	10	
160	嘉永2年ヵ			6	2	5	13	
161	嘉永4年					1	1	
162				1			1	明赤茶色
163								
164				3	1	3	7	改装なし
	合計	126	297	1826	258	617	3124	

巻数欄のアミ伏せの有無は、合冊の区分けを示す(例えば巻1・2、巻3・4で各1冊となる)。

巻93、156、163は欠巻。また、巻77、84は目録に加えて本文も前後が欠落しており、項目数の合計が不明なため計数不可とした。

北信郷土叢書刊行会編『北信郷土叢書』巻1～12(松代町、1934～1935年)および真田宝物館所蔵『朝陽館漫筆』巻1～164により、筆者作成。

第八章　天保期老中における手留の伝達と文書管理
――水野家・真田家を事例に――

吉川紗里矢

はじめに

二〇〇〇年代以降、岡山藩・尾張藩・松代藩を中心とする共同研究が、新たな「藩」研究を進めている[1]。近年では、これらに加え、藤堂藩・熊本藩・加賀藩の研究も行われ[2]、ますます「藩」研究は盛んになったといえるだろう。こうした「藩」研究に呼応するように、藩政アーカイブズの研究も共同研究という形で進展している[3]。それは個々の藩におけるアーカイブズ研究を蓄積するだけにとどまらず、一つの大名家文書に集中した形の共同研究も行われるようにもなった[4]。その中には、一藩のみで終結せず、藩から藩へと引き継がれた文書を取り扱う研究がある。幕府役職や課役に関する文書伝達・文書引継の研究である。前者は主に大友一雄氏によって進められ、奏者番や老中などを事例に、役職就任などによる文書伝達を明らかにしている[5]。後者は現在、岩淵令治氏によるものがあり、前者に比べて譜代大名・外様大名といった枠組みを超えて文書引継が行われていた点で注目される[6]。これらの文書は、幕府から課せられた任務を全うするために、藩と藩が協力した結果、出現したものである。この存在は、藩・藩関係を考える上でも重要なのではないか。本章はこうした意識を持ちつつ、老中手留に着目し、浜松藩水野家と松代藩真田家における伝達と管理を考察したい。

手留《てどめ》とは、近世の役職文書の表題として多々見られる用語である。この場合、幕府役人が職務内容を書き写した私的な記録を指している。そのため、旗本役の場合、冊子体の日記に「手留」と表記したものもある(7)。しかし、本章で取り扱う手留は老中の手留である。詳細は後述するが、役職日記の一部を抽出した折本である点、筆写過程を表記する点、収録内容が殿中儀礼である点で、老中手留は奏者番手留と共通する。

先行研究において、手留は奏者番を中心として展開している。それらの成果により、近世後期の奏者番は、複雑で繁多な殿中儀礼を正確に保存・収集・伝達するために、手留を作成したことが明らかになった。また、伝達と管理に関しては、師弟間における伝達と指導(8)、同僚間による伝達と交流、箪笥による管理(9)が解明された。師弟間・同僚間で手留流通を行うことで、奏者番は江戸幕府の儀礼職務を支えたといえるだろう。

さて、手留は役職日記をもとに作成された史料である。そのため、老中の手留を考察するには、老中日記に関しても言及する必要があるだろう。老中日記の研究は、斎木一馬氏の史料紹介(10)、上野秀治氏の研究から始まった。特に、上野氏は化政期以降に老中日記の書式が固定化した点、その背景に「御袖裏」と呼ばれる文書がある点を指摘している(11)。なお、日記以外の史料研究には、老中奉書(12)や付札(13)の研究が挙げられる。

近年では、かかる古文書学的研究方法に対し、アーカイブズ学的研究方法から老中関係文書を研究する動向が見られる。山中さゆり氏は、真田宝物館所蔵真田家文書の目録作成にあたって、老中関係文書を中心に目録を分析し、近世の現用段階を追究した。そこでは、本章に関わる老中関係文書は、現在、螺鈿六文銭入りの黒漆塗箱に入れられているが、天保一五年(一八四四)ではその大部分が「十二引出御箪笥」に収納されていたことを指摘した。手留に関しては、①「御留折本目録」にまとめられ、一から一〇、甲から癸までの二二通りの分類がなされた点、②箪笥には

「九之引出」（四帙）、「十之引出」（九帙）、「十一之引出」（一二帙）に収録されていた点、③番号ごとに包紙にまとめ

られている点を明らかにした[14]。

次に、大友一雄氏は、老中という役職を、老中本人だけでなく藩臣に支えられた「老中職」という新たな概念とし

て捉え直して、江戸藩邸での公用方役人の職務実態を解明した[15]。最近では、江戸藩邸という場や案詞奉行の役割に注

視しつつ、諸大名・諸役人—老中江戸藩邸—老中職・奥右筆—将軍という指揮系統に関わる文書を明らかにしている[16]。

老中日記に関しては、①就任時に二、三冊が伝達され、②老中共用の記録として扱われ、③月番・非番の注記が重要

である点を指摘した。手留については、以下の点を指摘している。①手留が横断的な老中間ネットワークによる情報

共有システムの中で整備された[17]。真田家の事例では、②手留を作成した役人（手留方）は激務であり、勤務改善要求を

藩家老に上申する程であり、十分に勤務を全うすることができなかった[18]。

先行研究は、文書伝達が主に老中間で行われ、公用方役人が老中という役職を支えたことを明らかにした。しかし

ながら、老中手留については、いくつかの課題も残されている。特に問題なのは、奏者番の事例で明らかになってい

る師弟間の手留伝達と手留管理が、現在の老中手留の研究において、いまだに明らかになってない状況である。これ

では老中手留の研究が不十分であるといえよう。

そこで本章は、浜松藩水野家・松代藩真田家における老中手留を対象とし、天保期の老中水野忠邦と真田幸貫が、

いかに手留を伝授し、分類し、集約したのかに関して考察を試みる。その際、目録による分類はもちろん、簞笥の構

造や帙による集約などの手留管理にも範囲を広げ、可能な限り現用段階から非現用段階に至る過程を追究したい。

本論に入る前に、水野家と真田家の役職就任状況を把握したい。水野家においては、天和期の忠春が奏者番・寺社

奉行を勤め、享保期の忠之が奏者番から老中まで勤めた。安永期の忠鼎は奏者番のみに止まったため、再び老中に就

任できたのは、文政・天保期の忠邦である[19]。他方、真田家は信濃松代藩主で、幸貫のみが本丸老中に就任した[20]。

一　水野家における老中手留の伝授と管理

まず、水野家文書における老中手留を考察するにあたり、その全体像を把握する必要があるだろう。そのため、『水野家文書目録』を用いて、手留群の全体像を確認したい。なお、ここでは、近世時に作成された目録を「目録」と表記する。

『水野家文書目録』では、水野忠邦・忠精時代の手留を「公用留」として分類する。「公用留」は全体で一通二五六冊二七一〇折あり、水野忠邦手留Ⅰ・Ⅱ・Ⅲ、水野忠邦諸掛留、水野忠精手留、将軍関係儀式留の六つに区分されている[21]。以下はその内容である。

①手留Ⅰ：近世段階の「目録」あり。主に将軍世嗣の宮参・老中として京都所司代を京都に連れていた時の日記を収録する。折本ではなく全て冊子形態であり、総三〇冊ある。

②手留Ⅱ：近世段階の「目録」と簞笥あり。西丸老中時代の手留と思われ、自留（自分の手留、忠邦自身の手留）と借写留（忠邦以外の老中手留）に二分し、それぞれ「目録」を作成。「目録」の分類では「正月之部」「不時御礼之部」「年中行事之部」「大納言様之部」など主題別に分類している。二冊六〇二折ある。

③手留Ⅲ：天保一四年（一八四三）一一月に作成された「目録」と簞笥がある。主に本丸老中時代の手留であり、手留Ⅱと似た分類がされている。ただし、「目録」は四冊あり、自留の「目録」と借写留の「目録」に加えて、「御法事一件目録」と「御移徙手留総目次」という別の独立した「目録」である。手留の総数は①②③の中で最も多く、

四冊一四七一折ある。

④諸掛留：近世段階の「目録」あり。これは水野忠邦がさまざまな御用掛に任じられた時に作成された記録である。日光参詣・代替わり・将軍薨御などの一件がある。全て折本ではなく冊子形態の総一三二冊ある。

⑤忠精手留：近世段階の「目録」なし。雁之間時代、奏者番時代、寺社奉行時代の、自留・借写留が中心である。『水野家文書目録』では編年別に分類している。奏者番時代の手留が二四〇折と多い。一通八九冊三八六折ある。

⑥将軍関係儀式留：「目録」一冊と一一九折の折本から成立する。家重期から家慶期までの老中日記から作成された。

なお、現在の「公用留」における秩序は、忠精時代の記録(⑤)を除き、「すべて水野家において整理され、目録まで作成されているので、その順に従って排列した」ものであり、「忠邦の手留を四つの項目にわけたのも、原史料の整理区分(22)」に基づく。

本章の検討対象は、②の西丸老中手留、③の本丸老中手留である。第1項で②と③に関する手留目録を分析し、第2項・第3項で②西丸・③本丸それぞれの手留分類の変遷と手留箪笥の構造に注目し、水野家における老中手留の管理を明らかにしたい。

1　水野家における老中手留と手留目録

水野家文書には、一〇〇〇点を超える手留とそれらを収納した箪笥が残されている。これほどの膨大な手留群はいかに作成され、管理されたのか。まず、老中手留の概要を把握し、その手留目録を明らかにしたい。

まず、老中手留を確認したい(写真1)。老中手留の表紙には、年月日・表題・筆写過程が記されている。筆写過程に関して、手留は詳細な情報を残す。最初に手留を作成した人物(「〇〇殿留」)か、あるいは手留の情報源とする人物

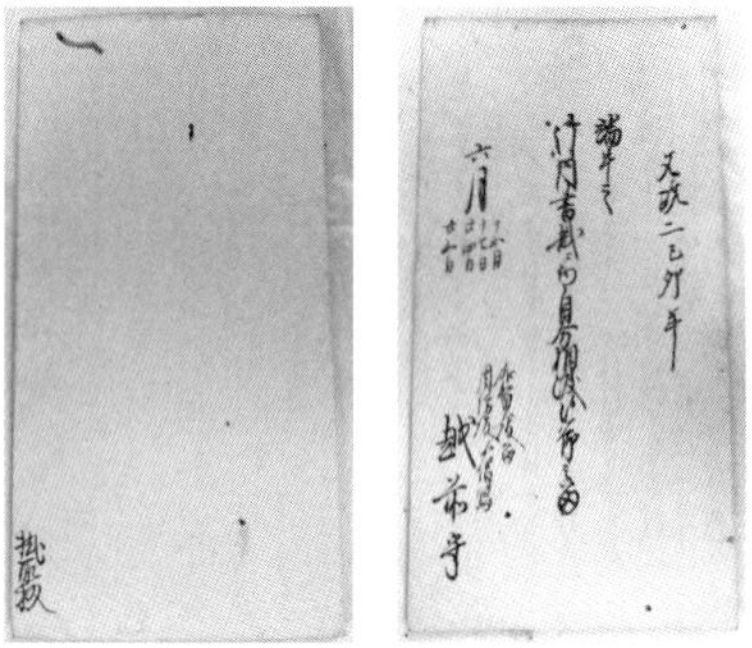

1　首都大学東京図書館所蔵

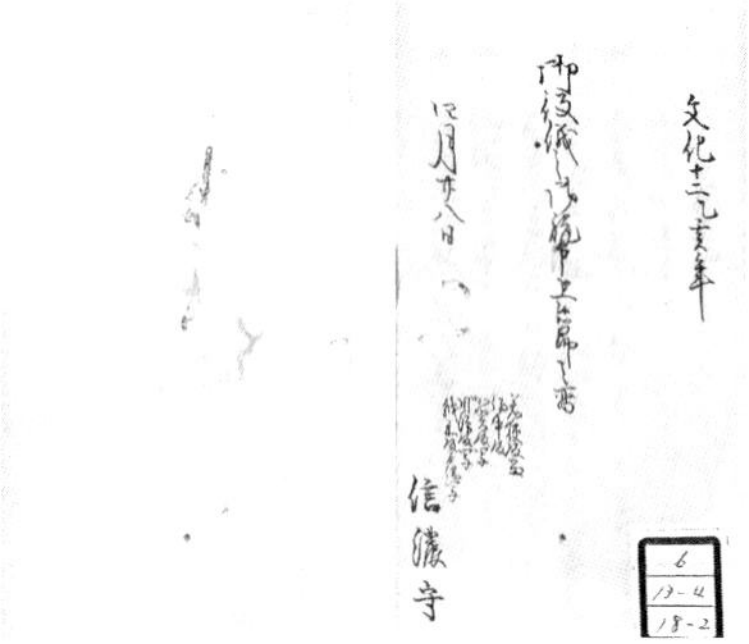

2　真田宝物館所蔵

写真1　老中手留　表紙(右)と裏表紙(左)

(「○○殿日記書抜」)を挙げる。つぎに、筆写過程に関わる人物(「○○殿写」など)を書き連ねる。最後に、物質的にこの手留を作成した人物(「越前守」「信濃守」)を記す。裏表紙には、西丸手留には何も書かれないが、本丸手留には「掛取扱」など分類を示すメモが記されている。史料形態や筆写過程の表示が似ているなど、老中手留は奏者番のものと類似している[23]。ただし、奏者番では名字も記される(例:水野左近将監)。それに対して、老中手留に名字はなく、殿を付ける(例:越前殿)ように呼称が異なる。

次に、水野家の手留目録を確認する。周知のごとく、水野忠邦は奏者番から老中首座まで昇進した。忠邦自身は文政一一年(一八二八)から天保五年まで西丸老中を、天保五年から天保一四年(初任)、天保一五年から弘化二年(一八四五、再任)まで本丸老中を勤めた[24]。水野家文書の残存状況から考えると、現存する忠邦の手留群は、水野忠邦の西丸時代と本丸時代(初任)の手留で構成されている。

老中手留の「目録」は表1のように分類できる。西丸と本丸双方の「目録」が三種類ずつある。その形態は竪帳が一冊ずつ、横半帳が二冊ずつある。

竪帳の「目録」は、「君上御手留目録」と「君上御留目録」である。「君上御手留目録」は、「西丸御留」という小口書きがある。ここから、前者は西丸の目録と分かる。また、前者には、「文政十一戊子年ゟ」と作成開始時期

表１　水野家における老中手留目録の名称と関係

		自分の手留	借写の手留
西丸老中時代	現用時目録	「君上御手留目録」【表２】	—
	非現用時目録	「御手留見出」　【表３】	「御借写御手留見出」【表４】
本丸老中時代	現用時目録	「君上御留目録」　【表８】	—
	非現用時目録	「自分手留総目次」【表９】	「御借写手留総目次」【表10】

が判明する。この年は忠邦が西丸老中に就任した年であるため、これは現用時目録であると考えられる。なお、他の大名家から借り写した手留をまとめた竪帳の「目録」は残存してない。一方で、後者の「君上御留目録」は本丸手留の「目録」である。収録年代は天保五年から天保一二年までである。

つぎに、横半帳の「目録」は四冊ある。「御手留見出」と「御借写御手留見出」は西丸手留箪笥に収録し、「自分手留総目次」と「御借写手留総目次」は本丸手留箪笥に収録している。それぞれ自分と借写の二種類の手留目録があり、西丸の目録を「見出」、本丸の目録を「総目次」と呼んでいたようである。これは目録の呼称を変えることで、混合を防ぐ役割を果たしたと思われる。本丸の「総目次」の表紙には、それぞれ「天保十四癸卯年十一月編輯」とある。この年は忠邦が本丸老中を罷免された時である。それゆえ、「総目次」は本丸老中時代の手留を整理した時に作成された「目録」であると考えられる。

そして、両方の「総目次」の巻末に「主簿　岩崎才八奉」と筆者名を載せている。『庶士伝後編』によると、岩崎家の中で天保一四年に公用方役人であったのは、岩崎茂実という人物のみである。岩崎才八は公用方右筆の岩崎茂実と思われる。岩崎茂実は横目列奥附の岩崎子羽の二男である。子羽の嫡男である宣雄は、押合方右筆見習（文化一四年〈一八一七〉八月一一日）、加役方右筆見習（同年九月一〇日）を歴任し、水野忠邦の奏者番・寺社奉行業務を支えた。文政五年には、「寺社方伝達之事」の功績により金二〇〇疋を頂戴する。天保八年五月一五日には公用方右筆に就任し、褒美として金三〇〇疋（天保八年）・五〇〇疋

（同一〇年）を戴くが、天保一〇年五月一八日に死去する。弟の岩崎茂実は、天保六年に公用方詰の歩士列となり、同八年五月二日、公用方右筆見習となる。同一四年の水野忠邦の離任後には御書方へ転じたものの、再任後には再び公用方右筆となっている。[25]

2　水野家西丸手留における目録分類の変遷と箪笥の構造

前項で、水野家における手留目録は、それぞれ作成時期と目的に応じて「目録」「見出」「総目次」と呼称を変えていたことが判明した。それらの手留目録はどのように手留を分類し、箪笥の配置とどのような関係にあったのであろうか。

西丸手留目録の分類を検討していこう。前項で見たとおり、西丸手留目録は、「君上御手留目録」[26]（表2）と、「御手留見出」[27]（表3）と「御借写御手留見出」[28]（表4）の三冊がある。

分類の変遷を分析する前に、基本的な目録の分類順を見ていきたい。最初に、年頭行事、日光や三山[29]などの参詣や代参を載せる。次に、徳川将軍家・御三家・御三卿にまつわる行事と、公家衆・宮門跡に対する御礼、老中が将軍代理の使者として派遣される時の行事へと続く。そして、通常の殿中儀礼や、役職の任命に関する行事に続き、「雑之部」で終わる。

次に、「君上御手留目録」（総数一六二点）と「御手留見出」（総数一六三点）を比較すれば、全体の数量に大きな差違がないが、分類の順番は変更している。例えば、「君上御手留目録」は、後半部に配置されていた「不時御礼之部」「遠御成之部」「公家衆之部」などを前に配置している。また、個々の分類の数量を比較すれば、「君上御手留目録」では「上野之部」が一番多く、「正月之部」や「紅葉山之部」も二〇点以上ある。一方の「御手留見出」でも、同様

表４　「御借写御手留見出（浄書本）」

No.	分類名	折数
1	年頭之部	35
2	御祝儀之部	28
3	日光之部	3
4	楓山　御宮　幷　惣御霊屋御参詣之部	26
5	楓山　御宮　幷　御霊屋御名代之部	7
6	上野御参詣之部	5
7	上野御名代之部	14
8	増上寺御参詣之部	2
9	御宮参之部	7
10	遷座御稔回御供粮之部	33
11	大納言様之部＊	23
12	殿中御先立之部	9
13	遠御成御供之部	20
14	拝見　上覧之部	3
15	公家衆之部	7
16	方々様御婚礼御安産御使等之部	18
17	宮門跡堂上方之部	7
18	御三家御三卿諸家之部	19
19	殿中之部＊	41
20	御広鋪之部	6
21	掛り取扱等之部	9
22	頂戴　拝見等之部　但御能等も加之	26
23	同列衆所司代御城代之部	15
24	若年寄幷御附御役人之部	6
25	凶事　非常之部	8
26	異国之部	2
27	雑之部	10

「御借写御手留見出」（水野家文書Ａ９-29）より作成。なお、＊には付箋（「欠十ノ廿三改」）の付いた手留が１つある。

表２　「君上御手留目録」

No.	分類名	折数
1	正月之部	20
2	年中行事之部	12
3	紅葉山之部	22
4	上野之部	27
5	増上寺之部	5
6	殿中之部	8
7	上使之部	6
8	御使之部	7
9	御誕生之部	1
10	御広敷之部	2
11	遠　御成御供之部	2
12	不時御礼之部	2
13	頂戴之部	14
14	拝見之部	2
15	御三家御三卿之部	4
16	御連枝之部	3
17	公家衆之部	4
18	自分取扱之部	5
19	所司代御用召加判之列被　仰付之部	7
20	遠忌明之部	5
21	雑之部	2
22	御礼之部	1
23	宮門跡堂上方之部	1

「君上御手留目録」（水野家文書Ａ９-141）より作成。なお、「君上御手留目録」は竪帳で、「西丸御留」と小口書あり。
折数は総折数を示す（以下同じ）。

表３　「御手留見出（浄書本）」

No.	分類名	折数
1	正月之部	20
2	不時御礼之部	2
3	年中行事之部	11
4	遠御成之部	3
5	紅葉山之部	21
6	上野之部	26
7	増上寺之部	5
8	公家衆之部	4
9	御連枝之部	3
10	御誕生之部	1
11	御三家御三卿之部	4
12	上使之部	8
13	御使之部	7
14	殿中之部	8
15	御広敷之部	2
16	自分取扱之部	5
17	頂戴之部	13
18	拝見之部	2
19	御礼之部	1
20	遠忌明之部	5
21	所司代御用召加判之列被仰付候部	9
22	雑之部	3

「御手留見出」（水野家文書Ａ９-６）より作成。

の傾向が見られる。

なお、「君上御手留目録」では、「雑之部」の後に、「御礼之部」「宮門跡堂上方之部」が新たに書き加えられている。他の目録では「雑之部」で終わるため、この点からも「君上御手留目録」が現用時目録であり、「御手留見出」は非現用時の目録であるといえよう。

そして、「御手留見出」と「御借写御手留見出」も比較してみよう。「御借写御手留見出」は総数三八九点である。御借写の手留は、自身のものよりも倍以上もあることが分かる。また、「御借写御手留見出」は、紅葉山と寛永寺に関する儀礼を参詣と名代に分割している点や、徳川家祥に関する儀礼（「御宮参之部」「大納言様之部」）や、西丸附役人の任命（「若年寄幷御附御役人之部」）、琉球使節に対する御礼（「異国之部」）など、独自に存在する分類が項目立てられている。さらに、御借写の「見出」の分類数は、「殿中之部」（四一点）、「年頭之部」（三五点）、「遍座御稔回御供粮之部」（三三点）が多い。この傾向は、自分の手留とは異なる。

なお、同じ部類で数多くの手留を有する場合、それは利用が多く、より多様化しやすかったため、記録化する必要があったと思われる。上記の手留目録によると西丸老中は、殿中行事、年頭行事、日光三山参詣名代、年忌法要、将軍世嗣および将軍家に関する儀礼、将軍による御覧と下賜行事などの儀礼勤務を把握することが肝要であったと思われる。

ところで、水野家では、老中手留を簞笥に収納することで、手留の管理をしていた（写真2上）。現存する奏者番手留簞笥[30]には漆が塗られなかったのに対して、この簞笥は黒漆塗りである。このフタには和錠がつけられ、厳重に管理されていたことが思い起こされる。そこには「西丸御勤中御手留　浜松」と朱漆で記している。

西丸簞笥は一二の収納スペースがあり、仮にA-1からD-3と割り振りたい（図1）。この簞笥は通常の簞笥と異な

図１　西丸手留簞笥の構造

<table>
<tr><td colspan="3">A－1</td></tr>
<tr><td rowspan="3">D－1</td><td rowspan="2">C－1</td><td rowspan="2">B－1</td></tr>
<tr></tr>
<tr><td rowspan="2">C－2</td><td rowspan="2">B－2</td></tr>
<tr><td rowspan="3">D－2</td></tr>
<tr><td rowspan="2">C－3</td><td rowspan="2">B－3</td></tr>
<tr></tr>
<tr><td rowspan="2">D－3</td><td rowspan="2">C－4</td><td rowspan="2">B－4</td></tr>
<tr></tr>
</table>

写真２　西丸手留簞笥

上：全体と「御手留目録」
中：D－２を引きだしたところ
下：A－１を引きだしたところ
（首都大学東京図書館所蔵）

表5　西丸手留簞笥と帙の配置

簞笥	帙の表紙	帙の裏
A-1	(「御手留見出」・「御借写御手留見出」)	—
B-1	正月之部	なし
	不時御礼之部	なし
	年中行事之部	なし
	遠御成御供之部	なし
B-2	紅葉山之部	なし
	上野之部	なし
	増上寺之部	なし
B-3	公家衆之部	なし
	御連枝之部	なし
	御誕生之部	なし
	御三家御三卿之部	なし
	上使之部	なし
	御使之部	なし
	殿中之部	なし
	御広敷之部	なし
	自分取扱之部	なし
	頂戴之部	なし
	拝見之部	なし
	御礼之部	なし
	所司代御用召加判之列被　仰付候節之部	なし
	雑之部	なし
B-4	大納言様之部	御借写
	同列衆所司代御城代之部	御借写
	若年寄幷御附御役人之部	御借写
	凶事非常等之部	御借写
	異国之部	御借写
C-1	雑之部	御借写
	西丸御座鋪向謁之図	御借写
	殿中御先立之部	御借写
	遠御成御供之部	御借写
C-2	宮門跡堂上等之部	御借写
	御三家御三卿諸家上使御使之部	御借写
C-3	御広鋪之部	御借写
	殿中之部	御借写
	上野御参詣之部	御借写
	日光之部	御借写
C-4	楓山惣御霊屋御参詣之部	御借写
	楓山惣御霊屋御名代之部	御借写
	上野御名代之部	御借写
	増上寺御参詣之部	御借写
D-1	御宮参之部	御借写
	拝見上覧之部	御借写
	公家衆之部	御借写
	方々様御婚姻御安産御使等之部	御借写
	掛り取扱之部	御借写
	頂戴拝見之部	御借写
D-2	年頭之部	御借写
	御祝儀之部	御借写
D-3	遷座御稔回御供粮之部	御借写

り、すべての空間に前板[31]がなく、底板のみが入っている。底板は滑らかに手留を取り入れするために工夫され、引出の役割を果たしている(写真2中)。また、上段のA-1は両方の「見出」が置かれていた場所である。そこでは、持ち運びなどで「見出」が揺れ動かないように囲いがある(写真2下)。

簞笥の内部に注目すると、すべての手留が帙で集約されている。帙の表紙には、「正月之部」「年中行事之部」など分類を示している。水野家では、同じ分類の手留を帙に集約することで手留を管理していたのである。また、その帙の裏側に「御借写」と墨書されたものもある。これは帙中の手留が、他の老中を情報源とする手留であることを示す。それに対して、記されてない帙の手留は忠邦自身の手留である。

簞笥の構造と帙の分類を示したのが表5である。帙の裏から、B-1からB-3が自分の手留、B-4からD-3までが借写の手留である。自留を収録したB-1からB-3と「御手留見出」（表2）を比較すれば、「御手留見出」の順番と同じである。それに対し、借写の手留を収録したB-4からD-3は、「御借写御手留見出」と対応していない。これは、自留部分と同じように目録順に配置していたものが、「年頭之部」のように増加していく手留に対応し配置換えしていった結果、現在の配置になったのではないかと思われる。

3　水野家本丸手留における収集と管理

水野家における西丸手留は、「見出」による分類と帙による集約の双方から成立していた。現秩序からは、帙の集約によって手留が簞笥内で配置換えされたといえる。それでは、本丸手留の管理はいかなるものであろうか。本項は、水野家文書の本丸手留の考察にあたり、目録の分類や帙の集約だけでなく、忠邦の本丸老中就任当時に伝授した手留に注目することで、本丸老中手留の手留収集の起点にあたる部分を明らかにし、さらに離任後の手留管理の状況まで追究したい。

天保五年三月一日、水野忠邦は本丸老中に就任した。忠邦は、江戸城内で師範松平康任から直接手留を渡された。その内容は書状形式の「手留目録」に記され、老中日記三冊、老中初役の心得一冊、儀式の行程を記した覚書五冊、火事番での心得一冊の計一〇冊の冊子と、役儀御礼（三折）、誓詞（四折）、引渡（二折）、早名代（一折）、急名代（一折）、三山の名代（五折）、評定所出座（二折）の計一八折の手留である（表6）。

表6　松平康任から水野忠邦に宛てた手留目録（天保5年3月1日）

No.	表題	留	数量	備考
1	火事番之覚	—	1冊	—
2	日記	大炊殿留	1冊	享和2年10月19日～29日
3	日記	備中殿留	1冊	文化14年8月25日～30日
4	日記	加賀殿留	1冊	文政元年8月2日～9月
5	初役之心得	加賀殿留	1冊	○
6	覚書	—	5冊	○　加賀殿ゟ借写
7	御役儀之御礼申上候節之留	若狭殿留・備中殿留・加賀殿留	3折	—
8	誓詞書抜	主殿殿留	1折	明和9年正月18日
9	誓詞相懸候節之留	若狭殿･加賀殿･自分（松平康任）	3折	—
10	御留守居為引渡両御広敷江相越候節之留	—	1折	○　出羽殿ゟ借写
11	御三卿家老引渡之留	—	1折	○
12	早　御名代心得	若狭殿留	1折	—
13	急　御名代之留	若狭殿留	1折	—
14	上野　御名代之留	—	3折	「八日廿日廿四日」「但廿四日之方加賀殿留」
15	紅葉山　御宮　御名代之留	備中殿留	1折	—
16	増上寺　御名代之留	加賀殿留	1折	「十二日」
17	評定所為見習出座之留	—	1折	—
18	評定所出座之留	加賀殿留	1折	—
—	都合十冊十八折	—	—	—

「浜田衆ヨリ伝達留」（真田宝物館所蔵真田家文書6-13-3）より作成。なお、備考は対象年代や書き込みを入れた。

伝達文書を詳しく検討しよう。老中日記は老中就任早々の内容を収録したものである。(32)『初役之心得』(33)も老中日記から作られた文書である。これらの冊子は、師範が本丸老中の新人を予習させる環境を与えただけでなく、水野家の公用方役人に老中日記作成の資料を与えたものと思われる。また、手留に注目すれば、役儀御礼や誓詞も就任直後に行われる儀礼であるため、同様の理由から師範が伝達したと考えられる。前項の西丸手留と比較すると、三山に関する手留がある点は共通する。情報源に注目すれば、大久保忠真（「加賀殿留」）の五点、酒井忠進（「若狭殿留」）の四点、阿部正精（「備中殿留」）の三点の順に多い。最も古いのは田沼意次（「主殿殿留」）の明和九年（一七七二）である。なお、評定所出座の手留もある点にも注目したい。本丸老中が江戸幕府の最高裁判所たる評定所に出席する際に、手留を用いていたのである。それは、厳粛な裁判の統括者として、規則正しくふるまうために必要だったのであろう。

次に、師範の案詞奉行山根作平からも手留を伝達していた。それは、水野家の案詞奉行の決定後に伝達された。その内容は、月次御礼（二折）、御成の留守番役（四折）、参勤御暇（一〇折）、本丸西丸への参上（一折）、日光准后との対面（一折）、嘉定（二折）、上巳（二折）、公家衆（六折）、上野（六折）、増上寺（五折）、紅葉山（三折）、月次講釈（一折）、月番の覚書（一冊）の計四四点である（表7）。次に、手留に関わった人物に注目すれば、これらのうち三六点が大久保忠真を情報源ないし経由した手留である。それゆえ、大久保忠真から影響を与えられていることが分かる。康任の師範が忠真の可能性もあるのではないか。

前後の手留を比較すれば、前者は老中本人が新人の期間で把握すべき手留群、後者は記録作成者が把握すべき重要な儀礼をまとめた手留群と考えることができる。三山に関しては、双方の「手留目録」に存在するものの、前者は三山御名代のみで構成されている。

このように、師範松平康任から、公用方役人の任命や書類提出などを指示した書状類、日記など一〇冊、手留一八

表７　松平家案詞奉行から水野家案詞奉行へ宛てた手留一覧

No.	表題	留	数量	備考
1	月次御礼其外御礼有之御白書院御勝手言上相勤候節之留	—	1折	—
2	月次御礼其外御礼有之今朝日蝕ニ付　内府様御入無之節之留	加賀殿日記書抜	1折	—
3	小松川筋江為御鷹帰被為　成御留守詰初て相勤候節之留	—	1折	—
4	浜御庭江　御成御留守詰相勤候留	加賀殿ゟ借写	1折	—
5	御城御留守詰初て相勤候節之留	伊豆殿留	1折	加賀殿ゟ借写
6	御成御留守詰初て相勤候節之留	若狭殿留	1折	加賀殿ゟ借写
7	参勤之御礼有之候節之留	加賀殿日記書抜	1折	—
8	御暇其外御礼有之節之留	加賀殿日記書抜	1折	—
9	紀伊殿御参府ニ付御使相勤候節之留	—	1折	—
10	尾張殿御暇ニ付上使相勤幷鷹司准后殿旅舘江相越候節之留	加賀殿日記書抜	1折	—
11	尾張殿御暇ニ付上使自分相勤候同日尾張殿紀伊殿　御対顔有之節之留	加賀殿日記書抜	1折	—
12	藤堂和泉守参府ニ付上使相勤候節之留	伊豆殿留之由	1折	加賀殿ゟ借写
13	松平阿波守松平因幡守御暇ニ付　上使対馬殿不参府ニ付　大納言様より之　上使とも兼相勤候節之留	大炊殿留	1折	加賀殿ゟ借写
14	松平加賀守殿御暇上使相勤候節之留	下野殿留	1折	加賀殿ゟ借写
15	松平越前守松平越後守御暇ニ付　上使相勤候節之留	加賀殿ゟ借写	1折	
16	松平阿波守松平因幡守御暇ニ付　上使相勤候節之留	伊豆殿留之由	1折	加賀殿ゟ借写
17	両御広敷江相越候節之留	若狭殿留	1折	加賀殿ゟ借写
18	日光准后御持寺御対顔　御内陣之儀被　仰上有之節之留	—	1折	—
19	嘉定御祝儀之節之留	大炊殿留	1折	加賀殿ゟ借写
20	嘉定御祝儀之節留　助進退	加賀殿ゟ借写	1折	—
21	上巳御祝儀幷大広間御襖相勤候節之留	—	1折	—
22	上巳之御礼有之御白書院御襖相勤候節之留	—	1折	—
23	勅使　院使　御対顔之節之留	加賀殿ゟ借写	1折	—
24	勅使　院使御馳走御能有之節之留	加賀殿ゟ借写	1折	—
25	勅使　院使御返答之節之留	加賀殿ゟ借写	1折	—
26	公家衆　御返答幷帰洛之御暇被　仰出候節之留	備中殿留	1折	加賀殿ゟ借写
27	公家衆御饗応御能之節　竹之間御使相勤候留	備中殿留	1折	加賀殿ゟ借写
28	勅使　院使　中宮使　女御使　御即位幷　入内之御祝儀ニ付参向　御対顔之節留	備中殿留	1折	加賀殿ゟ借写
29	上野　有徳院様御霊前幷　心観院様御霊前江も　御参詣且慈徳院殿御牌前江　御拝被遊候節之留	備中殿留	1折	加賀殿ゟ借写
30	上野　浚明院様御霊前　御名代相勤且　厳有院様幷　心観院様御霊前　御参詣　心観院様ッ御霊前　御先立相勤候節之留	下野殿留	1折	加賀殿ゟ借写
31	増上寺　惇信院様御霊前　御廟所御参詣之節急ニ御先立相勤候節之留	加賀殿ゟ借写	1折	—
32	増上寺　惇信院様御霊前　御廟所御参詣之節之留	加賀殿日記書抜	1折	—
33	増上寺　惇信院様御霊前　御廟所御参詣有之御三家方江　御使相勤候節之留	加賀殿ゟ借写	1折	—
34	増上寺　惇信院様御霊前　御廟所御参詣御先江相越手明之節之留	加賀殿ゟ借写	1折	—
35	上野　御参詣幷　慈徳院様御霊前　御廟共　御参詣両度共御先立相勤候節之留	加賀殿ゟ借写	1折	—
36	上野　厳有院様御霊前慈徳院殿御廟所御牌前江御参詣御先江相越候節之留	加賀殿ゟ借写	1折	—
37	上野　大猷院様　心観院様御霊前　御参詣御三家会尺相勤候節之留	加賀殿ゟ借写	1折	—
38	紅葉山　御宮　惣御霊屋　御参詣芝方　御先立松平肥後守様ニ付相勤候節之留	加賀殿ゟ借写	1折	—
39	増上寺　有章院様御霊前　御参詣之節之留	加賀殿ゟ借写	1折	—
40	上野　浄円院様御位牌所江御名代相勤候節之留	加賀殿ゟ借写	1折	—
41	紅葉山　御宮幷　惣御霊屋　御参詣之留	加賀殿日記書抜	1折	—
42	紅葉山　御宮　惣御霊屋　御参詣　御先詰幷自帰之留	加賀殿留写	1折	—
43	月次講釈出席之留	加賀殿留写	1折	—
44	月番勤方覚写	—	1冊	—
—	都合四拾三折一冊	—	—	—

「浜田衆ヨリ伝達留」（真田宝物館所蔵真田家文書6-13-3）より作成。なお、備考は筆写過程を示す。

折を伝授した。その後、師範の案詞奉行山根作平からは、他の老中配下の案詞奉行への挨拶状の文案、案詞奉行の名前を通達された[34]。そして、手留四四折を伝授した。つまり、水野忠邦の老中就任に際して、手留の伝達は二回行われたのである。

さて、「目録」の分類から水野家の手留管理を考察していきたい。本丸手留目録は「君上御留目録」[35]（表8）、「自分手留総目次」[36]（表9）と、「御借写手留総目次」[37]（表10）がある。目録上の分類を分析する前に、基本的な順序を把握したい。冒頭に「年始部」と「御祝儀部」を置き、三山・将軍家・公家に関する手留がそれに続く。次いで、上使と御三家御三卿に関する儀礼、殿中儀礼、将軍による上覧や下賜儀礼、役職に関する儀礼を載せ、「雑部」で終わる。

「君上御留目録」は、天保五年から天保一二年までの忠邦の手留を収録している。この目次には、分類を変更している（表8）。変更点は、三山に対する儀礼を参詣と名代に分割している点と、遷座年回に関する供奉や宮家・門跡に対する儀礼がなくなっている点である。三山に関しては、西丸の「御借写御手留見出」にも同様の傾向が見られる。

「君上御留目録」には折数だけでなく帙数まで記されている点に注目したい。「年始之部」を例に詳しくみれば、「元日之留」「二日之留」「三日之留」「三日夕之留」「六日之留」「七日之留」「十一日之留」の七折を、「年始之留」（天保六年）や「歳首之留」（天保七年）と題された帙にそれぞれ集約している。ここから、水野家ではすでに現用段階から手留を帙に包む習慣があったと考えられる。ただし、全体的にみれば「年始之部」や「加判被　仰付候御留」という二項目のみであった。

「君上御留目録」（総九三折）と「自分手留総目次」（総一〇九折）の総数を比較すれば、手留折数は一六点ほど増加したと分かる。西丸自留が一六二点であったことと比べれば少ない。その一方で、項目数は二二項目から一一項目へと減少し、簡潔にまとめられている。これは、「君上御留目録」では一折もないような部類を廃し、関係性が深い手留

表８　「君上御留目録」（天保５年～天保12年）

訂正前		訂正後			
No.	分類名	No.	分類名	帙数	折数
1	年始之部	1	年始之部	2	14
2	御祝儀之部	2	御祝儀之部	0	12
3	紅葉山御参詣御名代之部	3	紅葉山御参詣之部	0	5
		4	紅葉山御名代之部	0	4
4	上野御参詣御名代之部	5	上野御参詣之部	0	2
		6	上野御名代之部	0	7
5	増上寺御参詣御名代之部	7	増上寺御参詣之部	0	2
		8	増上寺御名代之部	0	1
○	遷座御年回御供奉之部				
6	御成之部	9	御成之部	0	1
7	公家衆之部	10	公家衆之部	0	7
8	御台様寺社御参詣之部	11	御台様寺社御参詣之部	0	0
9	方々様御結婚御安産御使等之部	12	方々様御結婚御安産御使等之部	0	0
○	宮門跡堂上之部				
13	御三家御三卿諸家上使御使之部	13	御三家御三卿諸家上使御使之部	0	10
14	殿中之部	14	殿中之部	0	8
15	御座鋪之部	15	御座鋪之部	0	0
13	掛り取扱等之部	16	掛り取扱等之部	0	3
14	頂戴拝見之部	17	頂戴拝見之部	0	3
15	西丸見廻之部	18	西丸見廻之部	0	1
16	宅誓詞宅寄合之部	19	宅誓詞宅寄合之部	0	2
17	加判被　仰付候御留　但し誓詞御役成御礼も加之、	20	加判被　仰付候御留　但し誓詞御役成御礼も加之	1	3
18	同列衆所司代御城代之部	21	同列衆所司代御城代之部	0	2
19	雑之部	22	雑之部	0	6

「君上御留目録」（水野家文書Ａ9-142）より作成。なお、訂正前のNo.は重複しているが、そのまま示している。

表10　「御借写手留総目次」
（天保14年11月編輯）

No.	分類名	帙数	折数
1	年始之部	10	52
2	御祝儀部	2	61
3	楓山部	4	71
4	上野部	3	84
5	芝部	2	43
6	御新葬御年回遷宮遷座御供養部	23	78
7	御成部	3	21
8	内府様右大将様大納言様竹千代様若君様部	2	62
9	御台様部	1	10
10	方々様部	10	117
11	公家衆部	2	42
12	宮門跡部	2	48
13	上使部	5	36
14	御三家部	2	57
15	御三卿部	4	76
16	殿中部	2	67
17	上覧上聴拝見頂戴部	2	35
18	同列所司代御城代御側御用人部	3	50
19	掛り取扱部	2	31
20	非常部	2	9
21	異国部	2	6
22	雑部	-	77

「御借写御手留総目次」（水野家文書Ａ9-69）より作成。

表９　「自分手留総目次」
（天保14年11月編輯）

No.	分類名	帙数	折数
1	年始部	3	15
2	御祝儀部	1	11
3	楓山上野芝部	1	20
4	広大院様方々様部	1	4
5	公家衆宮門跡部	1	9
6	上使部	1	8
7	御三家御三卿部	1	9
8	殿中部	1	8
9	上覧上聴拝見頂戴部	1	5
10	同列御城代掛り取扱部	1	7
11	非常雑部	1	13

「御手留見出」（水野家文書Ａ9-57）より作成。

を統合した結果である。詳細に分割したはずの三山の手留も、すべて「楓山上野芝部」に統合された。このような整理は表紙の記載から天保一四年一一月に行われたと考えられる。なお、「君上御留目録」では一部の手留のみが帙に包まれていたが、「自分手留総目次」は全ての手留を帙に集約している。そのため、帙による集約は、現用時から早々にまとめることが可能な手留を帙で包み、非現用段階に入ると手留群全体を帙で整理していたと考えられる。

次に、「自分手留総目次」と「御借写手留総目次」を比較すると、項目数は異なるものの分類順を合わせようとする試みが見られる。例えば、「自分総目次」の「年始部」（No.1）から「楓山上野芝部」（No.3）が、「御借写総目次」の「年始之部」（No.1）から「芝部」（No.5）に対応している。その後の「自分総目次」の「公家衆宮門跡部」（No.5）から「同列御城代掛り取扱部」（No.10）までも、「御借写総目次」の「公家衆部」（No.11）から「掛り取扱部」（No.19）と対応している。ここから、西丸手留とは異なり、天保一四年一一月での本丸手留の整理では、両「総目次」の項目を関連させて管理しようとした試みがみられる。また、それぞれの総数は自留一〇九点と借写留一一三三点で、借写留が自留の一〇倍以上もあることが分かる。

では、本丸手留箪笥の構造をみていこう。二〇一五年現在、本丸手留の一部とその箪笥自体は閲覧が不可能な状態にある。そのため、ここからは推察を交えつつ、本丸手留箪笥の構造を考察していきたい[38]。本丸手留箪笥は、上部に六列の棚と下段に二つの引出を配置する構造になっている。三〇もの収納スペースがあり、仮にa-1からg-2まで割り振ったのが図2である。本丸手留箪笥は西丸と同じように底板がある。ただし、写真3のように「年始」や「祝儀」とそれぞれ分類を示す書き込みが加えられている。この点が本丸手留箪笥の特徴の一つである。その分類と箪笥の構造を図2に書き加えた。これをみると、右上のa-1に自分の手留を配置している点は西丸箪笥と同じである。借写手留の順に注目すると、年始・祝儀・三山から始まり、掛取扱・非常・異国・雑で終わる部分は、「御借写総目次」のものと一致する。しかし、その間にあるc‐1からe‐2にいたる部分の順序は一致しない。さらに、簞笥と帙と手留数を表わしたのが表11である。表11からは、この底板の分類が、収納されている帙の分類と一致することが分かる。この底板の分類は、奏者番手留簞笥の貼紙（ラベル）の役割を担っているといえるだろう。(39)

おそらく簞笥が作製された段階では、「君上御留目録」の訂正前の分類順で配置されていたのであろう。その後、訂正後の配置となり、天保一四年段階には、本丸手留が「総目次」と対応した順序で簞笥

図2　本丸手留簞笥の構造と底板の表記

<table>
<tr><td>f-1上使</td><td>e-1
内府様等</td><td>d-1
内府様等</td><td>c-1
同列等</td><td rowspan="2">b-1祝儀</td><td rowspan="4">a-1
自分手留</td></tr>
<tr><td>f-2
宮門跡</td><td>e-2
上覧等</td><td>d-2
御台様等</td><td>c-2
公家衆</td></tr>
<tr><td>f-3
扱取掛</td><td>e-3
法事一件</td><td>d-3
法事一件</td><td rowspan="2">c-3
新葬類</td><td rowspan="2">b-2楓山</td></tr>
<tr><td>f-4非常</td><td rowspan="2">e-4殿中</td><td rowspan="2">d-4
方々様</td></tr>
<tr><td>f-5異国</td><td>c-4御成</td><td rowspan="2">b-3上野</td><td rowspan="3">a-2年始</td></tr>
<tr><td>f-6雑</td><td rowspan="2">e-5三卿</td><td rowspan="2">d-5
方々様</td><td rowspan="2">c-5三家</td></tr>
<tr><td>f-7移徙</td><td>b-4芝</td></tr>
<tr><td colspan="3">g-2
（御借写御手留総目次）</td><td colspan="3">g-1
（自分・御移徙など総目次）</td></tr>
</table>

b-4（芝）およびc-5（三家）は虫損が激しく閲覧が不可能な状態にある（2015年現在）。なお、これらの配置は首都大学東京図書館の別府裕美子氏の御教示に基づく。

写真3　底板の分類　下「楓山」
（首都大学東京図書館所蔵）

表11　本丸手留箪笥と帖の配置

	底板	帖
a-1	自分手留	年始部　自分留(1折)
		年始之留(7折)
		歳首之留(7折)
		楓山上野芝部　自分留(20折)
		広台院様方々様部　自分留(4折)
		公家衆宮門跡部　自分留(9折)
		上使部　自分留(8折)
		老中上使家之席図
		上使畳目
		御三家御三卿部　自分留(9折)
		殿中部　自分留(8折)
		上覧上聴拝見頂戴部(5折)
		御本丸勤被　仰付候節之留(2折)
		非常雑部　自分留(13折)
a-2	年始	年始席図
		年始部(9折)
		歳首之留(年始部7折)
		年始部(18折)
		年始之留(年始部7折)
		年始之留(年始部7折)
		年始之留(年始部7折)
		歳首之留(年始部7折)
		歳首之留(年始部7折)
		歳首之留(年始部8折)
b-1	祝儀	御祝儀部(43折)
		御祝儀部(19折)
b-2	楓山	楓山部(35折)
		楓山部(35折)
b-3	上野	上野部(21折)
		上野部(35折)
		上野部(28折)
b-4	三家	(三家部ヵ)
c-1	同列等	(同列衆1折)
		同列所司代御城代御側御用人部(16折)
		同列所司代御城代御側御用人部(29折)
c-2	公家衆	公家衆部(16折)
		公家衆部(26折)
c-3	新葬類	御新葬御年回遷宮遷座御供養部(27折)
		御新葬御年回遷宮遷座御供養部(27折)
		御新葬御年回遷宮遷座御供養部(23折)
c-4	御成	御成部(9折)
		御成部(11折)
c-5	芝	(芝部ヵ)
d-1	内府様等	内府様右大将様大納言様若君様竹千代様之部(27折)
d-2	御台様等	御台様部(10折)
d-3	法事一件	(御法事一件部　3折)
		(御法事一件部　13折)
		(御法事一件部　10折)
		(御法事一件部1枚)
d-4	方々様	姫君一件(21折)
		姫君一件(13折)
		姫君一件(24折)
		姫君一件(8折)
		姫君一件(1折)
d-5	方々様	方々様部(24折)
		方々様部(10折)
		方々様部(23折)
e-1	内府様等	内府様右大将様大納言様若君様部(32折)
e-2	上覧等	上覧上聴拝見頂戴部(27部)
		上覧上聴拝見頂戴部(8部)
e-3	法事一件	(御法事一件部22枚)
		(御法事一件部3折)
		(御法事一件部3冊2折)
		(御法事一件部1折)
		(御法事一件部5枚)
		(御法事一件部10折)
		(御法事一件部10折)
		(御法事一件部1折)
e-4	殿中	殿中部(50折)
		殿中部(16折)
e-5	三卿	御三卿部(8折)
		御三卿部(29折)
		御三卿部(35折)
f-1	上使	上使部(20折)
		老中上使家之取次之次第(「上使」)
		上使部(15折)
f-2	宮門跡	宮門跡部(41折)
		宮門跡部(7折)
f-3	取扱掛	掛り取扱(23折)
		掛り取扱(7折)
f-4	非常	火事番之覚
		非常部(7折)
f-5	異国	異国部(1折)
		異国之部(5折)
f-6	雑	(雑1折)
		(雑1折)
		(雑2折)
		雑部(3折)
		雑部(25折)
		雑部(12折)
		雑部(26折)
f-7	移徙	御移徙部　借写(10折)
		御移徙部　天明度　周防殿留(9折)
		御移徙部　延享度　能登殿留(9折)
		御移徙部　宝暦度　右近殿留(8折)
g-1	―	(御借写御手留総目次)
g-2	―	(自分手留総目次・御移徙手留総目次・御法事一件目録)

首都大学東京図書館所蔵水野家文書忠邦手留Ⅲより作成。底板の三家・芝は、首都大学東京図書館の別府裕美子氏の御教示による。手留数はカッコで示した。

に配置しようとした。しかし、厚い帙と簞笥の引出の空間が対応できない部分は配置換えを行ったと思われる。また天保一四年段階での配置が底板の分類に反映され、現在に至ったと考えられる。そして、底板の分類によって簞笥の利便性を高めたのである。

二　真田家における老中手留の収集と管理

天保一二年（一八四一）六月一三日、松代藩主真田幸貫は本丸老中に抜擢された。この異例な人事に至るまで、真田家からは一人も老中を輩出していなかった。これは松平定信の実子である幸貫を老中に抜擢することで、幕府内外に新たな改革政治を広く知らしめようとしたという説[40]や、松平定信の先例に従ったという説[41]がある。

近世中期以降において、老中は奏者番・寺社奉行から大坂城代・京都所司代を経てから就任するのが常道である[42]。それは、大名本人だけでなく職務を支えた家臣も同様である[43]。奏者番では江戸城内の儀礼作法を習得し、大坂城代・京都所司代では重要拠点の支配に苦心する。それは、大名本人だけでなく職務を支えた家臣も同様である[43]。そういった役職経験なしの老中就任は、老中手留の文書管理にどのような影響を与えたのであろうか。本節では、こうした点にも注視しつつ、松代藩真田家の手留の収集と管理を明らかにしていきたい。

1　真田幸貫の老中就任と老中手留の伝授

寛政三年（一七九一）、真田幸貫は松平定信の二男として生まれ、真田家の養子となる。文政六年（一八二三）には松代藩を継ぎ、伊豆守となり、天保八年には信濃守に改める。同一二年六月一三日から、本丸老中を勤める。同一四年一一月一五日に、頭痛やめまいなどの病気により休むようになり、同一五年五月一三日に退職した。嘉永五年（一八五二）、六二歳で亡くなっている。(45)

天保一二年六月一二日、月番老中土井利位は真田幸貫に明日登城するよう命じた。翌日、幸貫が本丸に登城すると、将軍徳川家慶から本丸老中に命じられる。幸貫の師範は水野忠邦であった。

水野忠邦は、公用方役人の任命や書類提出などを指示した書状類、日記など一〇冊、手留一八折を幸貫に伝達する。(46)この時の「手留目録」は、幸貫の老中日記や御案詞方日記にも記されてない。しかし、真田宝物館所蔵の「天保十二年　浜松衆より伝達之書付　御案詞方」(47)という封筒の中には、「最初伝達」と記された包紙がある。さらに「最初伝達」の中には「手留目録」(48)が入っている。この「手留目録」が、天保一二年六月一三日の水野忠邦自身による伝達したものと考えられる。

この「手留目録」（表12）と先述の「手留目録」（表6）を比べると、全体的に同様の手留が列挙されている。しかし、「月番勤方覚写」が新たに加えられている。これは、水野家が役職経験の浅い幸貫に対して、より早く月番の勤務を理解させるための配慮であると思われる。この年の八月には、実際に幸貫が月番を勤めたように、(49)喫緊の問題であった。

次に、真田家の案詞奉行が伝授した「手留目録」を見ていきたい（表13）。この内容は、月次御礼（三折）、参勤御暇（二折）、紅葉山（五折）、留守番（二折）、上野（三折）、増上寺（二折）、嘉定（一折）、役後の儀礼（二折）、不時の拝領（一折）、大坂在番（二折）、家督申渡（一折）、役宅での振舞（三折）である。伝授した手留数を比べれば、水野家は四三折と多く（表7）、真田家は二八折と少ない。少なくなった原因は、御成の留守番役・上巳・公家衆などの手留を省いたためと考えられる。なお、真田宝物館所蔵真田家文書には「壱　御案詞持参　手留二十八折目録」(50)と題された目録があり、双方の内容は完全に一致している。

表12　水野忠邦から真田幸貫に宛てた手留目録（天保12年６月13日）

No.	表題	留	数量	備考
1	火事番之覚	—	1冊	—
2	日記	大炊殿留	1冊	享和2年10月19日～29日
3	日記	備中殿留	1冊	文化14年8月25日～30日
4	日記	加賀殿留	1冊	文政元年8月2日～9月
5	初役之心得	—	1冊	○
6	覚書	—	5冊	○
7	月番勤方覚写	—	1冊	○
8	御役儀之御礼申上候節之留	若狭殿・備中殿・加賀殿	3折	—
9	誓詞書抜	主殿殿留	1折	—
10	誓詞相懸候節之留	若狭殿・加賀殿・自分（水野忠邦）	3折	—
11	御留守居為引渡両御広敷江相越候節之留	—	1折	○
12	御三卿家老引渡之留	—	1折	○
13	早　御名代心得	—	1折	—
14	急　御名代之留	—	1折	—
15	上野　御名代之留	—	3折	—
16	紅葉山　御宮　御名代之留	—	1折	—
17	増上寺　御名代之留	—	1折	—
18	評定所為見習出座之留	—	1折	—
19	評定所出座之留	—	1折	—

「覚」（真田宝物館所蔵真田家文書6-13-4-26-40-1）より作成。なお、「○印之分ハ差急写取返却之節」という貼紙がある。

表13　水野家案詞奉行が真田家案詞奉行に宛てた手留目録(天保12年６月13日)

No.	表題	留	数量	備考
1	月次御礼其外御礼有之御白書院御勝手言上相勤候節之留	出羽殿・自分(忠邦)留	2折	—
2	月次御礼其外御礼有之今朝日蝕ニ付　内府様御入無之節之留	加賀殿留	1折	—
3	参勤之御礼有之候節之留	—	1折	—
4	御暇其外御礼有之節之留	—	1折	—
5	紅葉山　惣御霊屋　御参詣之節之留	若狭殿・加賀殿留	2折	—
6	紅葉山　惣御霊屋　御参詣御延引　御名代之留	伊豆殿・下野殿・加賀殿留	3折	—
7	御留守詰相勤候節之留	加賀殿・自分(忠邦)留	2折	—
8	上野　御参詣之節之留	備中殿・出羽殿・周防殿留	3折	—
9	増上寺　御参詣之節御参詣江会釈相勤候節之留	周防殿留	1折	—
10	増上寺　御参詣御残御止ニ付御名代相勤候節之留	加賀殿留	1折	—
11	嘉定御祝儀之節之留	周防殿・自分(忠邦)留	2折	—
12	御役後初て端午之御内書頂戴いたし候節之留	若狭殿留	1折	貼紙「此一折不見」
13	御役後初て雲雀幷鳫拝領之節之留	出羽殿留	1折	—
14	不時　御召拝領之留	加賀殿留	1折	—
15	大坂在番城大御番改之留	周防殿留	2折	—
16	於助月番宅家督申渡有之相越候節之留	—	1折	—
17	自宅寄合之節之留	—	1折	—
18	初対客請候節之留	加賀殿・周防殿留	2折	—
	〆弐拾八折	—	—	—

「覚」(真田宝物館所蔵真田家文書6-13-4-26-40-2)及び「壱 御案詞持参 手留二十八折目録」(同家文書6-13-4-26-30)より作成。なお、No.12の貼紙は後者のみ。

このように、真田家においても、老中と案詞奉行という二回の手留伝達が行われた。天保期の老中では、二回の手留伝達が広く行われていたと考えられる。

2　真田家における老中手留の収集と管理

「壱　御案詞持参　手留二十八折目録」は、「御師範様ゟ御直借之分御留目録」という包紙の中にある。この包紙には、ほかに「弐　御持帰　御手留十八折目録」[51]と「三　認済之分書抜　御手留方」[52]という手留目録もある。これらを分析しつつ、老中離任後に編まれた「御留折本目録」を検討し、真田家における手留収集の過程を考察したい。

まず、「弐　御持帰　御手留十八折目録」（表14）の内容は、役儀御礼（三折）・誓詞（四折）・評定所出座（二折）・御名代（二折）・御三家家老（二折）である。これは表12の手留の内容に似ており、その詳細な表題を記したものと思われる。藩主を介して案詞奉行が伝授した手留であろう。

次に、「三　認済之分書抜　御手留方」（表15）から、現用時における手留収集の一端を見ていきたい。この史料形態は折本で、手留の表紙をそのまま書き写したものである。内容は、月並御礼（三折）・上野（三折）・八朔（二折）・御成（二折）の計一〇点である。月日に注目すると、月並御礼は七月一日、八朔は八月一日を前後して書き抜かれたことが推定される。ここから、六月一二日に老中に就任した真田家では、一ヶ月半を経ても数点のみしか書き写すことができなかった可能性がある。なお、これらの手留は全て水野忠邦経由で伝授している。

そして、天保一五年五月「御留折本目録」（表16）から、老中離任後は手留をどのように管理したのかを検討したい。この目録は、天保一五年五月の老中退職直後にまとめられた目録である。手留の総数は二五二点である。手留を「一」から「十」と「甲」から「癸」の二二項目に分類している。[53]手留の分類で多いのは、「一」から「十」の間であり、

表14 「弐 御持帰　御手留十八折目録」

No.	表題	留・日記	数量	備考
1	御役儀之御礼申上候節之留	若狭殿留	1折	備中殿・加賀殿・周防殿・越前殿写
2	御役儀之御礼申上候節之留	加賀殿留	1折	周防殿写・越前殿写
3	御役儀之御礼申上候節留	備中殿留	1折	加賀殿写・周防殿写・越前殿写
4	誓詞書抜	主殿殿留	1折	若狭殿写・備中殿写・加賀殿写・周防殿写・越前殿写
5	誓詞相懸候節之留	加賀殿留	1折	若狭殿写・備中殿写・加賀殿写・周防殿写・越前殿写
6	誓詞相懸候節之留	—	1折	—
7	誓詞相懸候節之留	若狭殿留	1折	備中殿写・加賀殿写・周防殿写・越前殿写
8	評定所出座之節之留	—	1折	—
9	増上寺　文昭院様御霊屋江御名代相勤候節之留	出羽殿日記書抜	1折	越前殿写
10	紅葉山　御宮江　御名代相勤候節留	備中殿留	1折	加賀殿写・周防殿写
11	急　御名代未相勤候得共心得方兼て伊豆殿より伝達之趣	若狭殿留之由	1折	備中殿写・加賀殿写・周防殿写・越前殿写
12	上野　御成前　最樹院様御霊屋御名代相勤候節留	下野殿留	1折	越前殿写
13	田安殿家老大河内肥前守為引渡相成候節之留	周防殿留	1折	越前殿写
14	御三家御両卿方御不参月次其外御礼衆有之節之留	出羽殿留	1折	周防殿写・越前殿写
15	上野　浚明院様御霊屋江御名代相勤候節之留	—	1折	—
16	有徳院様御霊前最樹院様御霊前江も御名代相勤之留	—	1折	—
17	評定所出席為見習相成候節之留	—	1折	—
18	早　御名代心得	若狭殿留	1折	備中殿写・加賀殿写・周防殿写・越前殿写

「弐 御持帰　御手留十八折目録」(真田宝物館所蔵真田家文書6-13-4-26-30)より作成。

表15 「三 認済之分書抜　御手留方」

No.	年	月日	表題	留・日記	備考
1	文化13年	7月1日	月次御礼其外御礼衆且式部卿殿前髪被執候付御礼有之自分西丸被御使相勤候節之留	下野殿	越前殿ゟ借写　御名
2	天保5年	不明	月次御礼其外御礼有之月番御納戸構着座被致候節之留	月番周防殿日記書抜	越前殿ゟ借写　御名
3	文化10年/文政4年	12月1日/7月1日	嫡子月並初て登　城雁之間席被　仰付鐺二本為持候様達し有之候節之留	大炊殿/下野殿日記書抜	越前殿より借写　御名
4	天保3年	7月14日	上野　最樹院様御霊屋　慈徳院様仮御位牌所江忌中御名代相勤候節之留	出羽殿留	越前殿ゟ借写　御名
5	天保8年	8月1日	八朔之留	月番中務殿留	越前殿ゟ借写　御名
6	文政13年	8月1日	八朔御祝儀之留	月番周防殿日記書抜	越前殿ゟ借写　御名
7	文政11年	2月10日	最樹院様一回御忌御法事ニ付上野法談所　御霊前　御参詣　御先江被相越候節之留	周防殿日記書抜	越前殿ゟ借写　御名
8	天明7年	2月9日・10日	東叡山　惣御霊屋　御参詣之節之留	先代周防殿日記書抜	越前殿ゟ借写　御名
9	天保5年	3月8日・9日	三河嶋筋　御成ニ付御留守詰相勤候節之留	和泉殿日記留	越前殿ゟ借写　御名
10	天保8年	7月15日	上様大川筋江　御成御留守詰相勤候節之留	備後殿留	越前殿ゟ借写　御名

「三 認済之分書抜　御手留方」（真田宝物館所蔵真田家文書6-13-4-26-30）より作成。

表16　真田家における目録の分類と帖との関係

印	「目録」における分類	手留数	自分留	帖名
一	御成	14	4	壱　御成之部
二	紅葉山御参詣　御名代	21	2	二　紅葉山　御名代之部
三	東叡山御参詣	19	2	三　上野　御参詣　乾 三　上野　御参詣　坤
四	増上寺御参詣	7	1	四　増上寺御参詣之部
五	両山御参詣御延引　御名代	29	3	五 両山御参詣御延引 御名代上 五 両山御参詣御延引 御名代下
六	上覧　拝見	10	2	六　上覧之部
七	上使御使　家老引渡	27	9	七　上使御使之部　乾 七　上使御使之部　坤
八	御三家　御三卿　公家衆宮　門跡	22	5	（八　御三家御三卿公家衆御門跡之部　乾） 八　御三家御三卿公家衆御門跡之部　坤
九	月並　不時	13	1	九　月並之部
十	五節句　嘉定	6	1	十　五節句嘉定之部
甲	年始　八朔	8	1	甲　年始　八朔
乙	御出生　生身玉　御精上御移徙　　御移徙之節御玄関前絵図	7	1	乙　御出生　生身玉　御精上御移徙　　御移徙之節御玄関前絵図
丙	講釈　誓詞　評定所出座	14	2	丙　講釈　誓詞　評定所出座之留
丁	御役儀被　仰付　侍従　鑓伺　御勝手掛被　仰付	11	2	丁　御役儀被　仰付候砌之留
戊	参勤　御暇　大坂在番　奥御能　諸席絵図十一枚	6	0	戊　参勤　御暇　大坂在番　奥御能　諸席絵図十一枚
己	初対客　歳暮　宅寄合	8	2	己　初対客　御祝儀上り　宅寄合
庚	拝領物	9	1	庚　拝領物之部
辛	御煤納　御年男	2	0	辛　御煤納　御年男
壬	火事	9	0	壬　火事之部
癸	御座間　召出	5	0	癸　御座間　召出

「御留折本見出目録」（真田宝物館所蔵真田家文書6-13-2-42）とそれぞれの帖（同6-13-4-1～6-13-4-24）から作成。

特に三山や使者としての儀礼、御三家・御三卿・公家衆などの儀礼が多い。

その分類順を見てみよう。「一」から「十」の間は、御成と三山から始まり、上覧と上使、御三家・御三卿・公家衆、月並御礼と続き、五節句嘉定で終わる。次いで、「甲」から「癸」の間は、年始八朔から始まり、将軍家の人生儀礼、老中自身の行事、諸大名の参勤御暇などへと続き、御座之間での召出で終わる。この分類順と水野家の目録を比べると、三山を前半に収録している点など多少の類似点もあるが、全体的には異なる。

帙との関係に注目すれば、手留の多くが一つの事項につき一つの帙によって集約されている。ただし、「三」「五」「七」「八」は乾坤の二つに分けられている。これは、二〇点以上もの手留を集約するよりも、分割した方が集約しやすいという利点や、手留がもともと簞笥に収納されていたため、かさばりすぎると引出に入らないという問題があった。それゆえに、二分割されたと考えられる。

おわりに

水野家・真田家における老中手留の伝達と管理を「目録」・簞笥・帙などから分析したところ、以下の点が明らかになった。

まず、手留目録に注目すると、水野家では、退職後に整理された段階（非現用段階）の目録を「見出」（西丸）と「総目次」（本丸）と呼ぶことで、混合を防いでいる。真田家では、写した手留を表紙のみ列挙した控えを作成し、退職後に「目録」を作成した。他の老中文書の作成で多忙を極めたためか、手留は水野家ほど作られなかった。両家とも、老中を解任した直後に、手留が一括して整理された点は共通する。

また、水野家では、手留を収集している段階から、手留分類は考慮を重ねられていたことが明らかになった。「目録」から「見出」「総目次」への改訂の際には、分類の並びかえや統廃合を行った。自留と借写留の分類がそれぞれ異なる点にも注意したい。真田家の場合、そもそも手留が少なかったため、手留の収集段階から分類を行う必要がなかったのではないかと思われる。

次に、手留の伝達に注目すると、両家とも初日の手留伝授は二回行われたことが明らかになった。両家を比較すれば、最初の師範から直接伝授した「手留目録」は同様の内容を持っていたが、二回目の案詞奉行からの伝授は異なる。水野家では四三折もの手留を伝授したことに対し、真田家では二八折しか伝授してない。これは師範の水野家が、今まで無役の真田家を考慮したための処置と思われる。付け加えれば、奏者番の伝達状況と比較した場合、就任日の伝達は一回のみであるのに対し、本論で明らかになった老中手留は二回である。同じ手留であっても、異なる役職では異なる手法がとられていたのである。この二回の伝達が老中手留の特徴といえよう。

なお、近世後期の大名には、飛び級で素早く昇進したいと活動するものもいる。しかし、奏者番には右筆や手留役、西丸老中にも公用方役人が存在し、こうした藩臣が、藩主の陰となり、役職文書の記録を作成することで、その職務を支えた。藩主の幕府役職の昇進とともに、記録作成の専門の藩臣も経験を積んだものと思われる。そうした過程を経て、記録作成の精鋭となったのが公用方役人なのであろう。

手留簞笥に関しては、以下の点が明らかになった。水野家の場合、簞笥が現存している。それは水野家で縦の列を分けて、底板で取り入れできる。その配置に関しては、右上に自分の手留を、左下側に借写の手留を、上段（あるいは下段）に目録を配置することで、利便性を高めようとしている。真田家では、多くの老中関係文書を簞笥に収納していたが、特別に手留専用の簞笥が作られた形跡はみられない。

そして、水野家では、目録で手留全体を把握し、同じ内容の手留に分類名を書き込み、それらを帙で包み、帙を簞笥に収納し、その底板に分類を表示するという一連の管理が大成されている。真田家の場合、目録による分類・帙による集約までは達成できたが、手留単体の分類を行った水野家ほどの管理体制を全うできなかったか、行う必要がなかったと思われる。

藩と藩の協力で、藩主と藩臣それぞれが文書を伝達し、その技術まで伝えた。しかし、藩主と藩臣の経験や采配、文書の増減によって、それぞれの藩で多様な文書管理が行われていた。近世後期における幕府役職の背景には、藩臣をも含めた組織力が必要であったのであろう。

註

（1）岡山藩研究会編『藩世界の意識と関係』（岩田書院、二〇〇〇年）。岸野俊彦編『尾張藩社会の総合研究』（清文堂出版、二〇〇一年）。渡辺尚志編『藩地域の構造と変容』（岩田書院、二〇〇五年）。

（2）三重大学歴史研究会編『藤堂藩の研究　論考編』（清文堂出版、二〇〇九年）。吉村豊雄・三澤純・稲葉継陽編『熊本藩の地域社会と行政』（思文閣出版、二〇〇九年）。加賀藩研究ネットワーク編『加賀藩武家社会と学問・情報』（岩田書院、二〇一五年）。

（3）国文学研究資料館編『藩政アーカイブズの研究』（岩田書院、二〇〇八年）。同編『幕藩政アーカイブズの総合的研究』（思文閣出版、二〇一五年）。

（4）森正人・稲葉継陽編『細川家の歴史資料と書籍―永青文庫資料論―』（吉川弘文館、二〇一三年）。国文学研究資料館編『近世大名のアーカイブズ資源研究―松代藩・真田家をめぐって―』（思文閣出版、二〇一六年）。

（5）大友一雄『江戸幕府と情報管理』（臨川書店、二〇〇三年）。同「幕府奏者番にみる江戸時代の情報管理」（『史料館研究紀要』三五、二〇〇四年）。同「天保期幕府老中職にみる公用方役人について―松代藩真田幸貫を事例に―」（『松代』二四、二〇一〇年）。同「天保期における老中職公用方役人と情報管理」（『関東近世史研究論集』三、岩田書院、二〇一二年）。同「幕府老中職文書群に関する基礎的研究」（国文学研究資料館編『近世大名のアーカイブズ資源研究―松代藩・真田家をめぐって―』思文閣出版、二〇一六年）。

（6）岩淵令治「江戸城門番役の機能と情報管理」（『国立歴史民俗博物館研究報告』一八三、二〇一四年）。同「江戸における大名課役をめぐる引継文書と藩政文書」（国文学研究資料館編『近世大名のアーカイブズ資源研究―松代藩・真田家をめぐって―』思文閣出版、二〇一六年）。

（7）東北大学付属図書館狩野文庫所蔵の新見記録を例に挙げれば、新見正登の目付日記「手留帳」や新見正路の小性組番頭格式四丸御用取次見習日記「手留」がある（佐藤孝之・藤田覚「東北大学付属図書館所蔵狩野文庫の調査」『東京大学史料編纂所報』二二、一九八七年）。

（8）小宮木代良「館林市立図書館所蔵秋元文庫中奏者番手留類の調査」（科研報告書『近世武家官位をめぐる朝幕藩関係の基礎的研究』一九九七年）。同「奏者番手留の成立と関係史料」（科研報告書『画像史料解析による前近代日本の儀式構造の空間構成と時間的遷移に関する研究』二〇〇八年）。

（9）大友前掲註（5）『江戸幕府と情報管理』。同前掲註（5）「幕府奏者番にみる江戸時代の情報管理」。

（10）斎木一馬「江戸時代の日記」（『国史学』一〇〇、一九七六年）。

（11）上野秀治「江戸幕府老中日記の性格について」（『芸林』二八―四、一九七九年）。上野秀治「江戸幕府老中の勤務実態について―真田幸貫の史料を中心に―」（『幕府制度史の研究』吉川弘文館、一九八三年）。

(12) 藤井讓治『江戸幕府老中制形成過程の研究』（校倉書房、一九九〇年）など。
(13) 藤田覚『近世史料論の世界』（校倉書房、二〇一二年）。
(14) 山中さゆり「真田家文書目録編成試論—研究の現状と展望—」（『松代』二一、二〇〇七年）。
(15) 大友前掲註(5)「天保期幕府老中職にみる公用方役人について」。前掲註(5)同「天保期における老中職公用方役人と情報管理」。
(16) 大友前掲註(5)「幕府老中職文書群に関する基礎的研究」。
(17) 大友前掲註(5)「天保期幕府老中職にみる公用方役人について」。
(18) 大友前掲註(5)「天保期における老中職公用方役人と情報管理」。
(19) 『不揚録』を参考にした（北島正元校訂『不揚録・公徳辨・藩秘録』近藤出版社、一九七一年）。
(20) 『真田家系譜』を参考にした（米山一政編『真田家文書』中巻、長野市、一九八二年）。
(21) 以下、水野家の手留群の分類はすべて『水野家文書目録：東京都立大学附属図書館所蔵』（一九七四年）を参考にした。なお、水野家文書の文書構造に関しては、福田千鶴「東京都立大学付属図書館所蔵水野家文書の構造について—現用時目録の分析を中心に—」（東京都立大学人文学部『人文学報』三三五、二〇〇三年）がある。
(22) 林玲子「解題」（『水野家文書目録：東京都立大学附属図書館所蔵』九P、一九七四年）。
(23) 大友前掲註(5)『江戸幕府と情報管理』。
(24) 『不揚録』を参考にした（北島正元校訂『不揚録・公徳辨・藩秘録』近藤出版社、一九七一年）。
(25) 『庶士伝後編』巻一一（『山形市史資料』七三号を参考）。弘化期以降の茂実の経歴は以下の通りである。弘化三年には功績により金三〇〇疋、弘化四年には、「公之系図認」により一五〇疋を拝領する。その後、右筆頭取（嘉永四年）・押合方右筆（嘉永六年）・寺社方右筆（安政五年）を歴任するが、万延元年に罪を咎められ、小普請入り閉門を言い渡される。なお、茂実の子茂遠も右筆と書翰方を勤めている。

（26）首都大学東京図書館所蔵水野家文書Ａ九‐一四一。
（27）首都大学東京図書館所蔵水野家文書Ａ九‐六。
（28）首都大学東京図書館所蔵水野家文書Ａ九‐二九。
（29）紅葉山・東叡山・三縁山を指す。
（30）奏者番手留箪笥（田原市博物館所蔵）、奏者番手留類箪笥（館林市立図書館秋元文庫所蔵）を指す。
（31）箪笥引出の前面にあたる板を指す。
（32）老中就任時の日記伝達に関しては、大友前掲註（5）「天保期における老中職公用方役人と情報管理」が詳しい。
（33）首都大学東京図書館所蔵水野家文書Ａ九‐一〇二‐三。
（34）天保五年三月一日「浜田衆ヨリ伝達留」（真田宝物館所蔵真田家文書六‐一三‐三‐一〇五）。
（35）首都大学東京図書館所蔵水野家文書Ａ九‐一四二。
（36）首都大学東京図書館所蔵水野家文書Ａ九‐五七。
（37）首都大学東京図書館所蔵水野家文書Ａ九‐六九。
（38）本丸手留箪笥の構造は、首都大学東京図書館の別府裕美子氏の御教示による。
（39）大友前掲註（5）『江戸幕府と情報管理』。
（40）藤田覚『水野忠邦』（東洋経済新報社、一九九四年）。
（41）大友前掲註（5）「天保期における老中職公用方役人と情報管理」。

(42) 美和信夫『江戸幕府職制の研究』(広池学園出版部、一九九一年。初出は一九七一～八七年)。近年では、三宅正浩「江戸幕府の政治構造」(『岩波講座日本歴史』第一一巻、近世二、岩波書店、二〇一四年)が指摘している。

(43) 大友前掲註(5)「天保期幕府老中職にみる公用方役人について」。前掲註(5)同「天保期における老中職公用方役人と情報管理」。

(44) 上野前掲註(11)「江戸幕府老中の勤務実態について」。

(45)「真田家系譜」を参考にした(米山一政編『真田家文書』中巻)。

(46)「御案詞方日記」天保一二年六月一二日・一三日条(真田宝物館所蔵真田家文書六‐一三‐三‐一〇六)。

(47) 真田宝物館所蔵真田家文書六‐一三‐四‐二六。

(48)「手留目録」(真田宝物館所蔵真田家文書六‐一三‐四‐二六‐四〇‐一)。

(49) 深井雅海他編『江戸幕府諸役人御用番名鑑』(柊風舎、二〇一四年)。

(50)「壱　御案詞持参　手留二十八折目録」(真田宝物館所蔵真田家文書六‐一三‐四‐二六‐三〇)。

(51)「弐　御持帰　御手留十八折目録」(真田宝物館所蔵真田家文書六‐一三‐四‐二六‐三〇)。

(52)「三　認済之分書抜　御手留方」(真田宝物館所蔵真田家文書六‐一三‐四‐二六‐三〇)。

(53) 山中前掲註(14)「真田家文書目録編成試論」。

[謝辞]　本論の作成にあたり、真田宝物館の山中さゆり氏、首都大学東京図書館の別府裕美子氏・江橋彩氏・長峰優氏から格別の御高配を賜った。厖大な資料の閲覧を快く応じていただいたのみならず、簞笥・文書箱の状況などを詳細に御教示を下さった。本論はこうした方々の御協力によって成立した。ここに感謝を申し上げる次第である。

第九章　松代藩第九代藩主真田幸教の思想的背景
――病弱な大名が物言う大名になるまで――

佐藤　宏之

はじめに

第九代藩主真田幸教は、藩主就任から間もない安政元年（一八五四）から同六年にかけて、「政治心得」八点（いずれも年未詳）、「遺訓」五点、書物一七点、その他の著作物一一点（後掲表）を自ら著した稀有な存在として知られる。[1]

幸教が藩主に就任した時期は、藩内は家中を二分する騒動の最中にあった。松代藩は、文政三年（一八二〇）から慶応四年（一八六八）にかけて、尊王攘夷を主張する恩田頼母派と公武合体を主張する真田志摩派の抗争が起きていた。幕府老中であった八代藩主真田幸貫は、藩政改革を行うにあたり恩田頼母を重用し、成果を上げるものの、藩財政の回復までには至らず、今度は真田志摩が藩政を執り行った。ところが、真田幸教が藩主となると、この対立は後継者問題と絡んで、藩政を交互に執り行う大騒動となる。[2]

こうした藩の現状に苦悩した幸教は、苦悩するが故に、「政治心得」「遺訓」や著作を執筆した。

「政治心得」は、現在急務のことを書き連ねたもの、および「国家之大根（＝命政之道）」、「国家を治め候根元」、「国を治め候道」とはなにか、そのためになにが必要なのか、論じたものであり、「忠勇無二之士」を得るための制度を作ることの重要性を指摘した。

また、「遺訓」は、「政事の一端」を筆記し、後世に残すことによって、倹約・改革など藩政への対処、父子親和など人倫の道・家訓、国難への対処を提示した。

さらに、幸教の著作物は、現実に直面する（あるいは、直面した）問題や自身の安危を、旧記などの日記・書類などから略記・抜粋し、「政治の一助」「後世之為戒」とするために著したものであった。

すなわち、これらは幸教が御家を如何に存続させるかという明確な課題をもって著したものということができよう。したがって、そこには藩主就任間もない幸教の、並々ならぬ藩政に対する決意が示されているといえる。

本章では、①こうした著作活動を行うようになる幸教の思想的背景を探り、そして②これらの著作物がどのような史料空間のなかに存在しているのか、を論じていきたい。

一　真田幸教の思想的背景を探る

真田幸教は、天保六年（一八三五）二月一三日、父幸良と母村上氏（順操院）の間に生まれた。天保七年七月五日、真田図書は、「若殿様」（幸教）が「近頃折々不宜御風評承り候義も有之」ため、

〔史料1〕

人君たる御身の上ハ、士を愛せられ、何事も皆万民の為を被思召候御誠意より外、御子孫御長久之基無之、右ニ被背候得ハたとひ一時盛栄仕候様ニ而も子孫の衰敗歴然たる事ニ御座候、若殿様御儀兼而御案内之義ニは可有御座候得共、　御真実ニ右之義を朝暮被思召候様仕度、右は御附の力ニハ参り兼候事ニ而惣而の事も常〳〵（ママ）信し候

人の言葉ならでハ服し兼候ものニ御座候、幸古賀先生ハ実学の様子ニ及承候間、月ニ四五度も御招有之、御講釈ハ兎も角も寛々御話ニ而、宋の賈昌朝など存念の趣被相含　御意得被遊候様、近くハ東照宮より御三代の御事蹟、君臣天下の為に御実行の意味合、其外紀伊頼宣卿、義公、烈公等の御実徳の趣□御耳近く御話有之、武靖様御苦労被遊候御事ハ勿論、御先祖様御武辺の事等御慕ひ被遊候様、御附御家老御相手ニ出居御面白く御実話御座候様仕度、左候得は自然と　御実心深く被為成候義と奉存候、(3)

との意見を上書する。これによれば、人君たるには士を愛し、何事も万民のためを思う誠意のほかに子孫長久の基はなく、これに背けば一時は盛栄しても子孫の衰敗は明白であるという。このことをいつも考えるようにしたいが、守役の力には及び兼ね、常々信じている人の言葉でなくては服しがたい。幸いにも松代藩には幕府儒者である古賀侗庵（天明八年（一七八八）～弘化四年（一八四七））が月に四、五回招聘されており、宗の賈昌朝（九九八～一〇六五）などの考え、家康から家光までの事蹟、君臣が天下のために行うことの意味合い、徳川頼宣・徳川光圀・徳川斉昭などの実徳、藩祖真田信之の苦労話や先祖の武功などが寛く話され、これによって幸教が「御実心深く」なると認識している。そのためこの役を古賀侗庵に「厚ク御頼上、師の礼を被為尽、御信シ被遊候ハ、　御実行ニ可被為成候」と依頼するよう提案している。このように、幸教の思想形成にあたり、幕府儒者の影響をうかがい知ることができる。

父幸良は、「幸貫未だ実家にありし時の妾腹の子なるも、公儀へは定信の末男幸貫の養子と届出づ(4)」と、松平定信の次男である八代藩主幸貫が、まだ実家にいる文化一一年（一八一四）に誕生し、幕府へは定信の子として届けられ、のちに幸貫の養子となった。しかし、藩主に就任することなく幸貫に先立って天保一五年に没してしまったため、嘉永五年（一八五二）五月六日に幸教が九代藩主として家督を継ぐことになった(5)。嘉永六年八月には浦賀近海上を警備し、安政元年（一八五四）七月にはペリー来航につき横浜応接所を、文久元年（一八六一）には和宮降嫁につき中山道和田宿

（現、長野県小県郡長和町和田）から沓掛宿（現、長野県北佐久郡軽井沢町中軽井沢）までを、文久三年にはイギリス船が江戸湾に来航したため横浜を警衛し、元治元年（一八六四）六月には京都に入り御所の警衛を行っている。ついで、長州征討のため大坂警衛にかわり、大坂から松代に帰ってきたのは元治二年二月二〇日であった。

このように幕府からさまざまな役が課せられ、それに応える一方で、安政元年三月から翌年一一月にかけて「浮腫」の治療を行ったり、文久三年（一八六三）には不快のため、幕府から在所養生が許可されたり、横浜警衛のために出府したが病気のため帰邑、さらに病気のため出府を免じられるなど、幸教は病に臥せている。藩主の体は、「御嗣君之御身之上ハ、諸臣ハ勿論御領内拾五万人之生命ニ抱り候御事」であると同時に、そこにどのような血筋の者を据えるかによって、幕府との関係改善、石高の増大、官位の上昇などに影響が及び、それを家臣らによって利用される動きもあったことは、前稿においてもあきらかにしてきたところである。

幸教自身、藩政を預ることになったことに対して、「不肖の身ニて猥り二大任を取り候事」は「戦慄之処」であり、「根来才弱力」ゆえに「大任を視候ニ不堪之処」と認識していた。しかしながら、「先君（真田幸貫）之厚き御意」を蒙り、「不肖之自分を慎謹誠実ニして大事を視候ニ至り候旨、厚き御目鏡を蒙り候ニ、御細々ニ御教戒を蒙り」、それ以来「国務之大事江厚ク心を用ル寸遍も」怠らなかったという。ところが、「素ゟ多病ニて暑寒之酷前なル時分は毎ニ不快」であり、「全軟弱虚疲之生故之事と歎涙之次第ニ候」という健康状態であった。このような状態は「痺馬ニ軽き荷を不付、重き荷を付ケル故ニ忽ニ斃悼と申論ニ似候事」であり、「家政之事も近来有凶件打継き、其興敗安危も難申時分」にいたりて、「自分抔不肖の身ニては、返而先祖之名下候とも興隆之事無覚束」、「素国家を治め候器に無之ものが、何様黽勉候とも素々治不可得之事」にては、「先君江之不孝、先祖江之不忠」と心得ていた。さらに、「諸藩の士節次第ニ消江、軽薄無情可憫ものと成」って「上を欺き、下を虐ケ、偽諛辟を逆シ候類而已、次第ニ多く相成候而、徳実誠意之者少く相成事」を嘆き、「当家之士風モ大概士らしき者は先無之」ゆえに、「全ク衰世之事」と嘆涙しているのである。(9)

すなわち、病気がちで、健康状態が芳しくない幸教自身が家督を相続し、藩政という「大任」を預ることは堪えがたきことと認識していたが、先君真田幸貫の厚意によって相続する運びとなった。それ以来、厚く心を用いて藩政を取りしきってきた。ところが、近年、凶件が続き、御家の興敗安危も述べがたく、かえって家名を汚し、御家の興隆も覚束なくなってしまう。「国家を治め候器」にない人物がいくら学問を修めようが政治を行うことはできず、このままでは「先君江之不孝、先祖江之不忠」となると心得ているのである。

幸教自身、藩主となる人物の器量が、家名や御家の興隆、先君への不孝、先祖への不忠と密接に関わると認識していたことが知られよう。

嘉永六年には、幸教に嗣子がいなかったため、万一に備えて家老真田志摩の倅を仮養子として設定しておき、家督を相続させようとする「仮養子一件」がおこる。さらに文久三年三月一三日に、幸教の退隠とその後の継嗣についての建白書が、中級以下の藩士四四人の連名で提出される。それは、横浜港警衛を命ぜられていたが、幸教が「御生得御虚弱にて御多病に被為在、未だ御壮年に不被為及候へども往々御勤難被為出来」(10)という状態であったため、無嗣であることから隠居させて保養に専念させ、「横浜表へ英国の軍艦数多く渡来中立候次第、容易ならざる事柄にて公辺より度々御達しも御座候」(11)なかで、幕府の課役を遂行し、軍役を指揮できる者を、養子として迎え入れようとする動きであった。結局、慶応二年（一八六六）二月九日に幸教は退隠して、伊予宇和島藩主伊達宗城の長男保麿（のちに幸民）が松代藩を襲封する。(12)幸教の藩主在任期間は一五年であった。幸教は、この三年後の明治二年（一八六九）一〇月一八日に没する。享年三五。

『松代町史』において、

慶応元年二月十九日召に依りて兵を撤し参内して、天顔を拝す。孝明天皇は幸教の尽忠報国の赤誠を叡感あらせられ天盃及御扇一函素絹十反を賜ひ、更に特旨の褒詔ありて錦の戦袍地一巻を下賜せられしが不幸にして同年秋病に罹り其癒ゆべからざるを悟り封を養子幸民に譲って致仕し…幸教性質温和の如く見ゆると雖も遉に名君幸貫の血を享けたればにや毅然として人に屈せぬ英気を胸中深く蔵して居た。されば時恰も外憂内患交々至り天下騒然嚮背定まらざるの時に当り、能く大義名分を明にし、家老職に真田桜山を任用して幕府の忿嫉猜疑の間に処して能く祖父幸貫の遺志を継承し、甲子の変起るや卒先禁闕を守り以て叡慮を安んじ奉つた勤王の事蹟は永く後世に伝ふべきものである。(13)

と幸教の事蹟が述べられ、慶応元年に孝明天皇に拝謁し、尽忠報国によって褒美を賜わるとともに、不幸にして病気によって家督を譲ったこと、性質が温和のようにみえるが、祖父で八代藩主である明君・幸貫の血を受け継ぎ、毅然として、人に屈しない英気をもっていたこと、さらに幸貫の遺志を継承し、禁門の変にさいし、率先して禁裏を守った勤王の事蹟を後世に長く伝えるべきだと記されている。

また、「幸教公功績の讃」(14)でも、「故真田信濃守幸教素より勤　王の志し厚く…(幸民が：筆者注)幼年なるを以て幸教　尊皇開国の趣旨ニ力を尽して補佐す、幸民亦能く之を遵守す、戊辰の役大兵を越奥ニ出し、卓越の勲功を奏し、三万石の　御賞典を賜はるニ至れり」と、もともと幸教は勤王の志が厚く、それにしたがって幼い幸民を補佐し、幸民もそれを遵守したため、戊辰戦争で三万石の賞典を賜わったと記されている。さらに、「明治維新ニ及ひ一藩挙て勤　王の志を立て卓越の勲功を奏したるもの亦幸貫の遺訓ニ因るものなり」と、明治維新におよび、一藩あげて勤王の志を立て、勲功あげることができたのも「幸貫の遺訓」によるものだとも述べている。

ここに前藩主である幸貫の影響を強く受けたとの評価がうかがえる。事実、幸貫が水戸弘道館に倣って計画した学校建築の宿意は幸教に引き継がれ、幸教は老職四人の連署をもって嘉永五年五月に文武学校に関する訓示を出した。藩の財政状況の悪化もあって、文武学校はしばらく開校されなかったが、安政二年四月二九日にいたって初めて仮開校式が行われた。授業には、文学・兵学・躾方・月並講釈・医学、剣術・居合・長刀・捕手・槍術・長巻・柔術・洋式砲術・御家流砲術・弓術（射芸）などが含まれた。文武学校の教育にかけた藩の意志と期待が強く、大きなものであったことがうかがえる。こうした「文武」に対する幸教の考え方が「幸教遺訓条目」[15]（表1「遺訓」3）の第一三条に示されている。

〔史料2〕

一文武は羽翼のことし、文は治国、武は敵を怖せ天下に縦横候、大道士官候もの丶文学も復輔弼家斉の大根、剣練候は一身の備ニ候事、

文武を羽翼にたとえ、文は治国、武は敵をおどかし、「天下に縦横候」という。「大道士官候」者の文学は「輔弼家斉の大根」であり、剣練は「一身の備」であると述べている。

一方で、「素国家を治め候器に無之ものが何様黽勉候とも、素々治不可得之事」と「国家を治め候器」にない人物がいくら学問を修めようが政治を行うことはできず、「文武文武与口辟（癖）之様ニ申候得共」、基本的には誠実であることが大切であり、それがなければ「忠良之学業」はできず、ついには「邪賊之悪人ニ相成り申候」であり、「文学・武事少し劣候ても其業ゟ真心之誠実」を専らにすれば「奸人ニは相成不申候事」[16]という。藩主としての器量や「真心之誠実」さを重視している。

また、幸教が家老に宛てた、安政四年閏五月二六日に作成された「遺詫一封（遺訓政典）」[17]（表1「遺訓」4）一七か条

の第二条で、宰臣とは君命を受け、執政を補佐し、権勢を尊重せず、仁政を執り行うものと規定する。藩主が幼少のときは、「務政以死輔佐《ママ》」し、藩主より上にあり、権勢があっても忠義を守り、「私意私曲賊逆悖道之義」がないように心懸けることは「道」において当然のこととする。さらに、大目付は「人主之目代謀議役」であり、上には宰臣の正邪利害をあきらかにし、下には士風を盛んにし、政典を正しく立てることを職務とする。藩主が幼少のときは、宰臣に忠節清実に正邪を論議し、番頭以下の諸向・諸職役を重んじ、節義を貴び、私曲悖道がなきように務めることとする。そして、国家の安危は藩主とこの宰臣にかかっていると規定する。さらに第六条で、藩士はその原是を学び、学校は「教宰教鑑初節義之道」をもって教導するものであると位置づけているのである。

前藩主である幸貫の影響を強く受けたと評価されがちな幸教であるが、誠実さがなければ「忠良之学業」をできず、文学・武事に多少劣っても「真心之誠実」があれば「奸人」にはならないと説き、そして、学校というのは「教宰教鑑初節義之道」をもって教導する場所であると述べる点に、彼の独自性を見出すことができよう。

二　著作をめぐる史料空間

真田幸教がどのような意図をもって著作し、それらがどのような史料空間のなかに存立していたのか、考えてみたい。ここでいう史料空間とは、関連した著作が連鎖的派生的に作成され、文書が情報として価値を増幅させていく「場」であり(18)、その著作の読者がもつ空間的な広がりと捉えておきたい。

表１　真田幸教の著作

		史料番号	年代	史料名
政治心得	1	11-1-58-8		八政(政治心得)
	2	11-1-58-14		政治心得
	3	11-1-58-15	9月11日	政治心得
	4	11-1-58-16	9月11日	書下(政治心得)
	5	11-1-58-22		政治心得
	6	11-1-58-30		政治心得(三十一件)
	7	11-1-60-7		書付(政事覚書)
	8	11-1-60-8		書付(政事覚書)
遺訓	1	8-1-12	安政5年3月29日	遺訓 完
	2	8-1-42		遺典 或家訓 追加下
	3	11-1-9-8	安政5年4月	幸教遺訓条目
	4	11-1-44-1	安政4年閏5月26日	遺詫一封(包紙上書)、遺訓政典、滋野幸教
	5	11-1-84		遺訓条目、(幸教公)
書物	1	8-1-1(3)	安政6己未年6月日誌	政枢畧記
	2	8-1-2	安政丙辰3歳12月6日	六議雑志自序並目録之巻
	3	8-1-3,4		政庭微茎
	4	8-1-5		政庭新志
	5	8-1-6	安政丙辰3年11月8日	政庭新志再集
	6	8-1-7,8		政庭遺鏡
	7	8-1-9	安政丙辰3年11月11日認置	政庭彙策
	8	8-1-10		政庭筆談 員外蒐
	9	8-1-11	2月19日認	政庭夜話
	10	8-1-13,14		議政
	11	8-1-15,16		議政 蒙学訓集
	12	8-1-23	安政元年閏7月10日	旧歳秘言
	13	8-1-35,36		政鑑
	14	8-1-37,38	安政5年2月9日	図国全書
	15	8-1-39		図国全書大典
	16	8-1-40	于時安政5午鶏且既望作之	政記
	17	8-1-42～73	安政3年正月～安政5年11月	政堂枢機年表書記
その他の著作物	1	11-1-3-1	(7月)	国綱議策
	2	11-1-3-2		存志十八ヶ条
	3	11-1-3-3		閣内規則
	4	11-1-3-4		閣内規則
	5	11-1-3-5	(7月)	備要栄策
	6	11-1-3-6	7月	備要栄策
	7	11-1-3-7	(慶応元年)閏5月21日	(上書なし)
	8	11-1-7-2	10月10日	政務上之義存念書取(幸教)
	9	11-1-8-12-1		十四誡遺典 滋野幸教親誌
	10	11-1-9-4-7	安政4年7月9日	遺法典規(幸教)
	11	11-1-40-4-1	2月24日	幸教御書下(七ヶ条大概趣意)

1 他の書物からの略記・抜粋

幸教は、国家の安危・盛衰・得失・吉凶・栄枯といった現実に直面する（あるいは、直面した）問題や自身の安危を、すでに存在する旧記などの日記・書類などから略記・抜粋して書物を著した。

安政元年（一八五四）閏七月一〇日に筆を起した「旧歳秘言」（表1「書物」12）は全三八記事中二八記事で、「写之旧記」と安政元年から安政三年にかけて書写した年月日が記載されている。

また、「政鑑」（「書物」13）は、「右者　感応院様御役中御留折本御案詞方目録之通御引渡申候、以上　御日記幷御公用書類　案詞方操出左之通」と、「感応院様」、すなわち幸貫時代の「御案詞方目録」、「御日記幷御公用書類」から書写された。

さらに、「政庭微茎」（「書物」3）では、但馬国出石藩でおきた仙石騒動の記事を「仙石一件筆記略抄」と略抄し、陸奥国仙台藩でおきた伊達騒動の記事を「仙台騒動大概書取」として筆記している。仙石騒動は「仙石騒動実記」「仙石家一件」など、伊達騒動は「伊達騒動記」「伊達厳秘録」などによって広く読み継がれた実録（「御家もの」）である。この二つの記事は、「仙石左京一条、為後鑑書取」、「是等之事成敗之勢不知候而は不成事、依而為後鑑認送候」と、「為後鑑」すなわち「御家」断絶となった例を教訓とすべく記されたものである。

2 併存する書物

すでに存在する書物を前提に、それに追加するかたちで作られた書物もある。

安政三年一一月八日に著された「政庭新志再集」（表1「書物」5）の序文によれば、「微茎・遺鏡、其余ニ筆記候もの」とすでに「政庭微茎」「政庭遺鏡」があるため重複を避け、その余りを記したとある。その「政庭遺鏡」によれば、幸教自身が著した雑記は六部あり、これを「六議雑志」と冠したことが知られる。すなわち、「六議雑志」とは「雑記六部」の総称であり、その「雑記六部」とは、「政庭微茎」（3）・「政庭遺鏡」（6）・「政庭新志」（4）・「政庭筆談」（8）・「政庭夜話」（9）・「政庭彙策」（7）であった。また、「六議雑志」（2）には、「政庭遺鏡・政庭微茎・政庭新志・政庭筆談・政庭夜話・政庭彙策」の順番で筆を起したことが記されている。すなわち、内容の重複を避けるため、すでに存在する書物の内容を省いた、新たな叙述を行ったのである。

3　教訓としての書物

「政治の一助」「後世之為戒」ために著した書物もある。

安政六年六月に著された「政枢畧記」（表1「書物」1）は「数件の成敗を筆記し、後者為鑑者也」と、後世の鑑となすために著されたものである。安政三年一二月六日に著された「六議雑志」（「書物」2）は自筆で一代のことを伝記し、「後世ニ伝流」し、その時勢をいまと比較して、「政治の一助にもせん」と、「一代之蔓物譚」として著された。「政庭微茎」は、その序文で「其身之盛衰・安危、国の得失・利害を略記・抜粋シて、後世為蔓談」ために著されたと位置づける。安政三年一一月八日に著された「政庭新志再集」（「書物」5）の序文によれば、「政庭新志共四巻」は「国家安危之事・自分之盛衰・安危を略伝シて、後世之為戒」ために著されたものであった。「政庭遺鏡」は、「国家安危之事、吉凶栄枯之事を、□夜ニ寒燈を切事書綴り、後世之為戒」ために著されたものであり、安政五年元旦に著された「政記」（「書物」16）は「衰顕論、興敗明達、事理出没治乱以律世伝、為家鑑」と、衰えを論じ、興敗をあきらかにし、治乱を律をもって世に伝え、家鑑となすために著されたものであった。また、「政庭新志」（「書物」4）には、「為子孫、認送申候」として、「遺訓十五ヶ条」(19)を書き取っている。さらに、「幸教遺訓条目」（「遺訓」3）の末尾にはつぎのように記されている。

〔史料3〕

右三巻者国家之枢勢、後世迄も予か不省昏愚残子孫以遺訓予か大罪を顕ハし、無能にして大任大食し、事を祖先に失ひ候者必罪すへく、罪を得者、亦子孫をして罪を重ねさらしめんか為に、政事の一端を筆記し、末世に残すもの也、

滋野幸教誌

すなわち、幸教が「国家之枢勢」を「遺訓」という形式で「大罪を顕ハし、無能にして大任大食し、事を祖先に失ひ候者必罪すへく、罪を得者、亦子孫をして罪を重ねさらしめんか」ために、「政事の一端を筆記し、末世に残すもの也」と結んでいる。

そして、全著作のなかでもっとも大部なのが、「政堂枢機年表書記」（「書物」17）と題する書物（三二冊）である。この書物は、安政三年正月から同五年一一月まで、藩内に起きた出来ごとを編年体でまとめたものである。その跋文はつぎのとおりである。

〔史料4〕

政典抜紀

右ニ認申候者、政堂之典経也、国家安危之事を紀也、審国家興敗之道ヲ論也、明天性也、明人道也、流和徳也、明正邪也、知虚実也、張紀綱也、故則紀矣、子孫ニ伝誡也、教導也、故則起凶ニ畢于凶也、云爾、

綱目合セテ六十有一件誌之畢

信陽松城臣良昌・政矩・兼俊等賛校之

幸教はこれらの記事を「政堂之典経」と位置づけている。すなわち、国家の安危のことを記し、国家興廃の道を論じることで、天性をあきらかにし、人道をあきらかにし、和徳を流し、正邪をあきらかにし、虚実を知り、紀綱を張るというのである。このことを子孫に伝えて戒めとし、教え導くことを目的として記されたものであった。それを幸教が、家臣である良昌・政矩・兼俊らに校訂させている点が注目される。

4　書物による献策

ただ藩の現状を把握し、それを記しただけではなく、その現状分析から献策を行っている書物も存在する。幸教は「政庭微茎」において、「献策之論義を記シ」て、その「事理得失・利害を弁シ」、「当時之形勢を論シ」たと述べる。「自分の伝記」が「十策之趣意」の「起原」をなすものであるとし、「十策」を「興国万世之備要」と位置づけている。その「十策」とは、「形勢を考、内外を弁、紀綱を張、耳目を明、内奏を退、軍用を議、簡畧を要、士心を励、土地を壙」することであった。すなわち、自身の伝記を、そこから導き出される献策の起源として位置づけたのである。

5　想定される読者

以上の著作物のなかにある「為後鑑」（「後者為鑑者也」）、「後世之為戒」、「後世為蔓談」、「為家鑑」、「子孫をして罪を重ねさらしめんか為に、政事の一端を筆記し末世に残すもの也」、「子孫ニ伝誡也、教導也」、「政治の一助にもせん」といった文言を見るにつけ、幸教は自分の子孫、政治を執り行う人物（あるいは支配者層）にむけて、これらの書物を執筆したことが知られよう。

また、幸教自身、「政事与申ものニ中々事多く、寸心忠孝・信義ニも述度候得共、何分元来病身故成気力も衰江思様ニ事務・雑務候間何与歟取斗方建議頼存候義、扨誰れニても仁義聖賢之道を□候節は、治国之事も易く有之可申、自分微力ニ而善悪与も人心之世ニ得失とも二実ニ力ニ不及、是等検察給度候」(「議政」。表1「書物」10)と、政治に対して述べたいことがあるが、元来病身ゆえに気力も衰え、思うように取りはかることができない。自分が微力であるため、善悪や得失ともに力が及ばず、これらを検察してほしいと記している。すなわち、執筆当時からすでに読者が想定されており、その読者によって誤りや不正の有無などが調べられ、のちに記述が訂正されることを期待しているのである。

さらに、「幸教御書下(七ヶ条大概趣意)」[20]には、つぎのように記されている。

〔史料5〕

七ヶ条大概趣意

今日申出候処、政要眼目之処は事物皆容易之義ニ無之、難事ニ候得共、乍去格別思慮励政無之ては、遂ニ往々後代非常之節ニ至り、乱亡ゟは致し方も無之ニ付而は、何分ニも此ヶ条被行候様ニ呉々も致し度存候、

一志摩奸党逆賊之所行顕然候て、一旦は敗亡ニも可至之処、処置段々払除自裁両事之内、心を□し、身を投打候て、段々壱岐初被議論候処、何分興敗安危衆人之离合之場合を以無之謀□等と柔仁之処ゟ不申候事、情余以志摩一人を厭不仁不徳之与毎度治乱之□を□□ニ被致候も宜候得共、善悪興敗之法無之上ゟは治国栄世之義も無心元落涙之次第ニ存候、

一先述中も申候通、夷人交易一条之義ニ就ては、御台場等不慮ニ至り、俄ニ遠国等御固之成候様ニ而は甚以難渋、時世も往而は一変可致□、就ては人数調無之ては不成、御台場一備還付人数一組、本陣人数調且兼而奥向家中婦

女之退逃場等等、夫々取斗果□□度忝前文不慮之被仰付無之様ニ致度存候、
一有司之勤方精勤公通ニ不致勿論ニ候、然ル処諸向扨置第一ニ目付方は人主之目代、正邪分別之役ニ候処、近頃江戸事件伺之節被尋候等目付答面を□候処、何分役筋心得方不解、林葉を取、根本を捨候様之義も□□□、右は勉励誠意無之候□之義、扨亦□□等も先達幾□時分ては如何ニも勤方実の無之様ニ被思□□□之勤方は其役普請方其役は可様こをて申候、勘定役物等者正し候処は、失職有之申間敷、心ゟ怠慢軽薄ニも人は成り候物ニて近頃無念之事、
一罰条ニも賞予ニも物事ニ大小軽重与申もの有之候而、仮令は大功之有之候ニ、小賞候而は人心不進之患甚有之所、小功ニ大賞有之候与狎蔑候而威権を失申、賞ニても如斯候ニ大罪悖逆邪賊候者は事件ニ恐レ小罰し、小罰之遊逸流荒ニ大罰候ては其事□顚倒候て、更ニ政□不□、遂ニは悪离亡乱之楷、是ゟ強大ニ成行候事事務ニては歎息致候事、
一乱世ニも治世ニも一和候処追々仁政も被行候、和与申候ハ理非を不論、一和候与申義ニは無之、私意邪心を除き我人与も上下其処を楽ミ申候を一和与申候て、右一和を伺候ニは興敗賞罰之方要を以て励業勤功を得度存候、当今は世禄之形チニ候得共、元来古之□合を以て論し申候得は、不用之士を扶持ニは不及事乍ら是は古法当時世禄之勢ニ候得共、乍去世禄ニ候ても功不功ニ付興敗無之ては忠功不進歎息之事、
一文武文武与口辟之様ニ申候得共、皆其本□は誠実義勇之躰無之、此処等与合点無之候故ニ、遂ニ忠良之学業出来不申候故ニ、遂ニ其処ゟして邪賊之悪人ニ相成り申候義ニて、何分文武を学び候士人は、文学武事少し劣候ても其業ゟ真心之誠実義勇処専ら□行候処ニは、奸人ニは相成不申候事、
一人皆私欲を□□候も貧窮て□利て之二ツニて□とも害有之候得共、兎角貧窮ゟして悪道ニ□者も多く、雖征義乍

ら憐察も心痛も候、是を改候ニは難件ニ而不容易ニ候、其内権柄役威を以謀計利□候義は尤政事ニ大害有之、其場ニ被打捨置、征刑厳重ニ無之候節は、賢良閉路候而邪賊皆私欲専□ゟ出申候事、甚迷憾之事ニ存候、

右之七ヶ条は、尤大節之義、何卒厳重法之立候様ニ致し度、右付殻解之心覚迄ニ認て、一覧候後可被相返候、以上

二月廿四日

この史料の冒頭に、この七か条にしたがって藩政を執り行うことは難しいことではあるが、それをしないと後代になって非常事態となるためくれぐれも執り行うようにとの幸教の願いが記されている。末尾にこの七か条が「大節之義」であり、「何卒厳重法之立候様ニ致し度」と願い、そして「一覧候後可被相返候」と結んでいる。ここからも、当初より読者が想定されていることがうかがえよう。

おわりに―書物を書くということ―

真田幸教は、執筆当初より読者の存在を想定し、教訓としての書物や、書物による献策などを行ってきた。それでは、これらの著作物が、どの範囲で、どのように読まれたのだろうか。

幸教は、「諸藩の士節次第ニ消江、軽薄無情可憫ものと成」って「上を欺き、下を虐ケ、偽諛辟を逆シ候類而已次第ニ多く相成候而、徳実誠意之者少く相成事」と、諸藩において士節が次第に消え、軽薄無情で憫れむべき状態になっており、上の者を欺き、下の者を虐げ、徳実・誠意のある者が少なくなっており、それが「当家之士風モ大概士らしき者は先無之」と、当家の士風も大概同じようで、士らしき者はまずいないという問題意識のもとで、個々の藩士の評価を行うのである。「(幸教公書付)[21]」にはつぎのように記されている。

〔史料6〕

近来奸曲邪賊之もの多々に相成、政事上ニとり害而已多一与も不安候、或は奸賊之徒非常事有之候節ニ而候て已の田江水を引其一身妻子を省見厭、君上国家を傾危シ又左程ニ無之ニも、猶私権横行ニ政事を乱し候ものに有之候事、左以国法不定逆ニ至り候ゟ外無之候、依而国家興外之為ニ除度者人数左之通、

すなわち、近ごろ、「奸曲邪賊のもの」が多くなり、政治にとって害が多く不安である。これらは私利私欲に走って妻子を顧みず、国家を傾かせ、政治を乱す者として認識されていた。したがって、国家の興隆のために、藩政から排除したい藩士二六人の名を記しているのである。それは「其家を滅度と兼而ゟ申候」人物、「多数便佞邪曲之もの」、「反覆表裏之賊逆奸曲之もの」で「甚国家之仇」となる人物、「国家ニとり害有之奸賊邪曲之者」、「私曲多欲軽忽婬露之もの」、「私曲之義犯上専横之義尤不届名代もの」、「奸曲□薄之凶人」、「国家ニとり甚害之有之候者」、であり、これらを「断絶払除も可致事」と厳罰に処し、御家断絶とすることは「国家為ニ研究・推察」することであると述べている。また、「横邪争攻之念、微ニ顕申候」人物、「淫乱」、「発狂不始末」な人物、「表裏人ニ寄巧言」な人物[22]や、「不臣横道之心得方」をもつ人物[23]も排除の対象となった。ところが、幸教が排除すべきと挙げた人物の、その後の経歴を追ってみると、多くの人物が明治期にいたるまで引き続き職責を全うしている様子が知られる[24]。

すなわち、幸教の藩士に対する評価がすべて聞き入れられ、実際の藩政を動かしたとは言えない。むしろ、全く反映されていないことが知られよう。それでもなお、幸教は著作物を書き続け、藩政に対しもの申し続けたのである。病身ゆえに気力が衰え、直接藩政に関われなくなった幸教にとって、御家存続のために著作を行い、著作を通してしか藩主としての責務―「国務之大事江厚ク心を用ル」こと―を果たせないと考えていたのだろうか。藩主となる人物の器量が、家名や御家の興隆、先君への不孝、先祖への不忠と密接に関わると認識していた幸教にとって、書くことに

よって自分を客観視する、それが唯一の方法だったのかもしれない[25]。

註

（1）拙稿①「苦悩する大名―第九代藩主真田幸教の政治構想―」（渡辺尚志・小関悠一郎編『藩地域の政策主体と藩政』岩田書院、二〇〇八年）、拙稿②「物言う大名―松代藩第九代藩主真田幸教―」（『歴史評論』七五四、二〇一三年）、拙稿③「第九代藩主真田幸教の「家」戦略」（『松代』二七、二〇一四年）。

（2）この一連の過程については、拙稿④「大名家を継ぐ―松代藩の家中騒動と養子相続―」（渡辺尚志編『藩地域の構造と変容』岩田書院、二〇〇五年）を参照のこと。

（3）伏島家文書一-三-一-〇「上書稿」（真田宝物館所蔵）。

（4）『松代町史』下巻（松代町役場、一九二九年）。

（5）『三百藩藩主人名事典』（新人物往来社、一九八六年）によれば、幸貫は松平主殿頭忠馮の七男幸忠を養子としたがまもなく没し、続いて父定信の末子（実は幸貫の子）幸良（幸栄）を養子に迎えたが、これも幸貫に先立って没したため、幸良の子幸教に家督を継がせたとある。

（6）「幸教病気一件」『史料館所蔵史料目録 第三七集　真田家文書目録（その2）』（国立史料館、一九八三年）六三・六四頁。

（7）矢澤家文書五一-六「御嗣君ニ関スル文書」（真田宝物館所蔵）。

（8）拙稿④。

（9）真田家文書一-一-一-六四-一五「（年未詳一一月六日）書付（国政ニ付）」（真田宝物館所蔵）。

（10）信濃教育会編『象山全集』第二巻（信濃毎日新聞社、一九三四年）。この頭注には「文久三年三月十三日　有志の連名なれども先生の起草に成れるものなり」と、佐久間修理（象山）の起草であることが記されている。
（11）前掲註（10）参照。
（12）拙稿④。
（13）『松代町史』下巻（松代町役場、一九二九年）六〇六・六〇七頁。
（14）矢沢家文書八六-二-一九（真田宝物館所蔵）。
（15）真田家文書一一-一-九-八「幸教遺訓条目」（真田宝物館所蔵）。
（16）真田家文書一一-一-四〇-四-一「幸教御書下（七ヶ条大概趣意）」（真田宝物館所蔵）。
（17）真田家文書一一-一-四四-一「遺託一封（遺訓政典）」（真田宝物館所蔵）。
（18）高木俊輔・渡辺浩一編『日本近世史料学研究』（北海道大学図書刊行会、二〇〇〇年）。
（19）表1「遺訓」4の「遺託一封（遺訓政典）」とほぼ同じ内容（君臣の任／宰相の勤／勝手懸・収納方・勘定吟味・普請役など／差立・無役席／公事方・町方吟味／学校／倹約／軍備／宰臣の職／政事／恒業／勝手懸の職務／持久の道）。
（20）前掲註（16）参照。
（21）真田家文書一一-一-三-七-一「（年未詳）（幸教公書付）」（真田宝物館所蔵）。
（22）真田家文書一一-一-七-一三-四「幸教書付（藩士人物評）」（真田宝物館所蔵）。
（23）真田家文書一一-一-七-一三-五「幸教書付（藩士人物評）」（真田宝物館所蔵）。
（24）前述の史料が年欠であるため正確な比較はできないが、国立史料館編『真田家家中明細書』（東京大学出版会、一九八六年）を用いた。
（25）W-J・オング『声の文化と文字の文化』（藤原書店、一九九一年）。

第十章　松代藩八田家の産物会所運営
――天保期を中心に――

大　橋　毅　顕

はじめに

近世中後期には、藩財政窮乏を打開するための政策の一つとして、専売制が多くの藩で採用された[1]。諸藩の専売制が本格的に発展したのは文化・文政期以後である。専売制の目的は主に専売品の領内購入独占と領外移出による正貨の獲得であった。天保期以降では、専売品と大坂銀主の関係も指摘されている[2]。

本章では、松代藩御用商人八田家を素材として、産物会所運営を明らかにする。その上で、会所の藩内外における資金調達に着目する。

松代藩の専売制と産物会所については、吉永昭による詳細な研究が挙げられる。吉永は、紬市・糸会所・産物会所の変遷と会所運営の実態を、領内御用商人の八田家文書から詳細に分析している[3]。その後、吉永の成果を踏まえた松田之利は、養蚕業奨励と糸会所の運営について明らかにした[4]。二〇〇〇年以降では、吉永の研究を踏まえつつ、再検討を加える研究動向がみられるようになる。藤田雅子は、松代藩国産紬の市開設と販売体制について検討している[5]。荒武賢一朗は、領内特産物の甘草・杏仁の専売について、大坂御用場を拠点とした専売品輸送と代金決済、松代・大坂・江戸との関係を明らかにした(6)。また、西村慎太郎は、八田家文書の史料群の構造分析を行い、帳簿の性格や文書の作成・授受から会所の諸機能を明らかにしている(7)。

本章で取り上げる八田家であるが、八田嘉右衛門は、文化一三年(一八一六)に産物方御用掛に就任する。文政九年(一八二六)に糸会所設置、天保四年(一八三三)に産物会所が設置されている。会所設置以降については、吉永をはじめ多くの研究蓄積があるが、八田嘉右衛門が産物方御用掛に就任してから糸会所設置までの期間については、会所運営の動向が不明な部分が多い。

また、信州松代の産物会所は、天保一四年に八田家一族の菊屋(増田)孫兵衛が三井店の買宿になるなど、領外商人と関係を結んで絹紬類を売り捌いていくことになる。三井越後屋の商品仕入については、『三井事業史』(8)や賀川隆行(9)により仕入機構や営業状況について全体像が明らかにされている。また、田中康雄(10)・武居奈緒子(11)・下向井紀彦(12)により、上州や伯州の買宿を通じた仕入れについて検討されている。松代の産物会所、買宿と三井越後屋とのかかわりについては、『長野市誌(13)』などで少し触れられている程度で、仕入れや資金調達までは踏み込んでいない。

本章の課題としては、以下の三点を挙げておきたい。それは、①文化・文政期の産物御用に関わる会所の資金調達を明らかにすること、②産物会所の運営資金は、八田家の自己資金ではなく、藩から貸し下げられる中借金であるが、この中借金の分析から会所運営の動向をみていくこと、③買宿となった城下町商人の動向と会所運営、三井越後屋との関係について分析すること、である。

なお、使用史料は、国文学研究資料館所蔵の「信濃国埴科郡松代伊勢町八田家文書」(以下、八田家文書)を用いる。『八田家文書目録』は昭和六〇年(一九八五)から平成二年(一九九〇)にかけて三冊刊行されていたが、平成二四年から同二八年三月までに新たに文書目録が六冊刊行(合計九冊)された。現在も目録刊行に向けて文書整理作業と編集作業が行われている。

一　文化・文政期の産物御用

1　糸会所の設置と信州産絹紬類の評価

御用商人八田家が藩の産業政策に結び付いていくのは、文化一三年（一八一六）に産物方御用掛を任命されたことにはじまる。文政九年（一八二六）には、領内生糸業の育成と取締りのために糸会所が設立された。(14) この取締役には八田嘉右衛門が任命された。会所惣元方にも八田喜兵衛・八田辰三郎と一族があてられており、八田家が中心的存在となっていた。糸会所は、糸元師の支配下にあった挽子を独立させ、挽子に対し糸挽道具や原料繭、資金を貸与した。また、糸元師に対しては元師仲間の解散や、挽子数に応じた冥加金の徴収などの強い規制が加えられていた。(15)

信州の絹や紬についての評価はいくつか記述がみられる。正徳期に刊行された図説百科事典「和漢三才図会」には、紬について、「常州の結城で生産されるものを上とし、信州のものはこれに次ぐ。その他にも処々にあって枚挙できない(16)」とあり、天明九年（一七八九）の「絹布重宝記」には、信州紬について、「結城に似て野品《やすもの》なり、然ども器用なる絹なり、澤山に織出すなり、幅も狭し、染上大分の違なり(17)」との記述がある。品質は高級品というよりも、手に入れやすい価格であったことがうかがえる。明治九年（一八七六）の「日本地誌略物産解」には、信州の絹と紬について、「上田より産す」とあり、木綿は「所々より産す」、麻布は「各地より産す」と記述がある。(18) 松代については、個別に地名を挙げて産物の紹介はされていない。

2　産物御用の資金調達

松代藩では、産物会所を設置する前の時期にも、藩内には産物御用の売り捌きに関する動きがみられる。藩は領内産物について、どのように売り捌いていく方針であったのか史料1からみていく。なお以下の史料で、印のうち割印は行間に㊞で、また‖は抹消を示す。

〔史料1〕(19)

御拝借金証文之事

一金五㊞㊞拾両也　　但、御礼金御免来子之三月中御返上可仕候、

右者御国産之品々売弘メ方江戸表壺泉伊平治江被　仰付売出仕候付、此表産物会所私江被　仰付買入仕候而、荷
主ニ罷成江戸表江差出、尤産物御懸り方御手ゟ江戸表御役所江御送り伊平治江御渡可被成下旨、代金之儀者為御
替ニ而、此表御役所ゟ御渡可被下置旨、是産物来年始之義付、暫之内者不拘利潤ニ、尤次第ニ高金ニ茂罷成候得
者、手金も多相加取捌仕候儀付、口銭之儀少々宛差加候外、成丈下直ニ相弘り候様、都而産物取立候心得を以、
万端取計仕候様被　仰付、右ニ付御金弐百両御拝借可被成下置旨被仰渡候内、此度書面之御金御下ヶ被成下、慥
奉請取難有仕合奉存候、右買入方之儀者日限相定置産物御懸り方御立添、売方之もの共気随之商ニ不相成様、買
入置段幷口銭相加候始末迄茂、明細御聞届被成下候様仕度奉願候、御国産之義者一統為御救厚以　御憐愍御穿鑿
被成下置候儀ニ御座候得共、此上金相募候様、万端格段心配仕出精可仕候、右御拝借金御返上之儀者、来子三月
下旬無相違返上可仕候、万一心得違を以、返上差滞候者加判之者引請返上可仕候、為後証加判一札奉差上候処、
仍如件

文化十二亥年三月　　鏡屋町　菊屋和七㊞

加判　　菊屋伝兵衛㊞

御勘定御吟味御役所

史料1は、文化一二年三月、鏡屋町[20]の菊屋和七・伝兵衛から勘定吟味役所へ出された金子請取証文である。「御礼金」は免除となっている。この「御礼金」は、西村慎太郎により藩への上納金であることが明らかにされている[21]。この場合は、金五〇両を無利息で借用し、返済は来年（文化一三）三月に返済することになっている。国産品を売り広める担当を、江戸商人の壺泉伊平治（不詳）[22]へ命じて売り出すこととし、松代の産物会所は菊屋和七へ任せて、彼に買入れを命じ、荷主となって江戸へ差し出すこと、産物掛は松代から江戸の役所へ送って伊平治へ渡すこと、代金は為替で、松代役所から渡すことにしている。そして、産物は来年から始めるので、しばらくの間は利潤にかかわらず、次第に高額の金銭になるのであれば、手元金（自己資金）も多く加えて取りさばくようにして、手数料も少しずつ加えていくほか、なるべく廉価で広まるように、産物の取りたてをするよう心得るように命じている。金二〇〇両拝借のうち、今回は金五〇両貸し与えられた。

続いて史料2は、同じく拝借金の受け取りに関するものである。

〔史料2[23]〕

御拝借金証文之事

一金七拾㊞両也

右者産物会所被　仰付候ニ付、御渡被成下候拝借金去年中ゟ御渡シ残金書面之金高当春中ゟ追々御渡被成下、其時之小切手を以奉受取、此度御引替仕書面之通、金高慥㊞奉受取候処相違無御座候、為後日仍而如件

文化十三子年十一月　　会所

御勘定御吟味御役所

御借主　菊屋和七㊞

加判　伊勢屋助弥㊞

文化一三年一一月に会所の菊屋和七・伊勢屋助弥が勘定吟味役所に出した金子請取証文である。菊屋和七は八田家の親戚で、その和七が拝借金二〇〇両のうち残金七〇両を受け取った証文である。別の史料によって、和七は文化一二年一二月には金八〇両を受け取っており、[24]拝借金二〇〇両を三回にわたって受け取っていることが分かる。

〔史料3〕[25]

覚

一金百両　也

右者御国産御用付、御中借慥請取申候、重而引替可申候、以上

文政二卯年五月廿七日　　八田嘉右衛門㊞

大島武左衛門殿

斎藤善九郎殿

（端裏書）「文政十一年子正月済切」

史料3は、文政二年五月に国産御用のため産物御用掛の八田嘉右衛門が金一〇〇両を御中借(拝借)した覚である。担当役人は給人格勘定役の大嶋武左衛門・斎藤善九郎である。文化・文政期には、八田家は藩勘定所から借り入れをしており、大嶋・斎藤は借入金の利息返済の請取証文に担当役人として出てくる人物である。[26]

〔史料4〕[27]

（端裏書）「産物ニ付和七江戸表へ差出候産物損金御勘定吟味御手段金之内を以、相渡候請取書案文文政八酉年二月」

覚

一金百拾弐両弐分也(印)

右者去ル子年産物会所取扱人和七ゟ江戸表江差出候産物捌方差支、代料損金相成候付、御勘定吟味御役方御手段金之内を以、産物代金内へ御渡被下慥請取申候、為念如件御座候、以上

文政八酉年二月　　　八田嘉右衛門

堀田直右衛門殿

野村権兵衛殿

右酉二月六日証文差出金子請取

史料4は、文政八年二月、八田嘉右衛門から堀田直右衛門・野村権兵衛（勘定吟味方留方）へ出す金子請取証文の案文である。嘉右衛門は金一一二両二分を借用した。子年（文化一三年）に産物会所取扱人の菊屋和七より江戸表へ差し出された産物の捌方が差し支え、代金が損金になったため、勘定吟味役方の手段金から、産物会所へ資金融通したのである。手段金とは、松代藩の諸部局の独自会計・資産を指し、勘定吟味役方から産物会所へ融通した資金である。[28]

〔史料5〕[29]

覚

一金九両也　　但年中八分月懸利足附

右者糸会所江御預ヶ金慥請取、御貸下引当金之内江差出置申候、重而本証文引替可申候、以上

文政十三寅年四月　　　八田辰三郎(印)

八田喜兵衛㊞

八田鉄之助殿

史料5は、文政一三年四月に金九両を受けとった証文である。利息は年八分を月掛けで支払うものであった。糸会所へ預け金として出していた金を受け取り、貸付金の引当の中に加えている。八田家は藩から預け金を受け取って糸会所へ差し出す一方で、藩から借用をしていることが分かる。なお、宛所の八田鉄之助は後の五代八田嘉助である。なお、八田辰三郎と喜兵衛は糸会所の元方であり、辰三郎は八田嘉右衛門の婿養子、喜兵衛は嘉右衛門の義弟(母方のはとこ)であった。(30)

二　産物会所の運営

1　産物会所と中借金

松代藩の紬市は天保二年(一八三一)に開設された。これは、上田藩の上田市への対抗から開設されたものである。松代で開市される前は、千曲川上郷地帯で生産される絹や紬は上田市で売り捌かれており、たびたび松代藩と上田藩との間で対立していた。(31)

図1は、天保二年の紬市開設時における紬と資金の流れを示したものである。藩は糸会所に資金投入をし、その資金で問屋へ仕入金を投入する。紬の仕入れについては、仲買人が領内生産者から紬を仕入れて紬市へ集荷を行う。紬市において問屋五軒が紬を買い入れて、松代近郷や江戸などで販売する。問屋は糸会所へ売上金の一部を上納したものと思われる。

また、天保四年に、糸会所の機構を拡大して産物会所が設立された。この時の取締役は糸会所と同じく八田嘉右衛門であった。産物会所の機能は、①藩からの資金調達と問屋への貸付、②問屋からの紬買い占め、③鑑札発行による取引の統制と冥加金の徴収、④江戸・上方への売り捌き、⑤取引をめぐる調停、であった。同年の産物会所構成役人は以下のメンバーであった。

産物会所取締役…八田嘉右衛門
産物会所元方　…八田喜兵衛、八田辰三郎
産物会所掛役人…松本嘉十郎、山崎久右衛門（御勘定吟味方留役）、松木源八（郡奉行）、興津権右衛門（町奉行郡奉行御勝手元〆兼帯）、石倉源五右衛門（産物会所掛）、春日儀左衛門（勘定役）、佐竹周蔵、堀内与右衛門

また、産物会所の運営資金は、八田家の自己資金ではなく、藩から貸し下げ（中借）られたものであった。表1は産物会所の中借金を示したものである。中借金は天保三年には八〇一二両一分、同四年には一万六三五三両二朱、同五年には一万二二〇三両三分、同六年には八七九三両一分、同七年には六七三九両、同八年には三六八〇両一分と

図1　天保2年紬市開設時の紬・資金の流れ

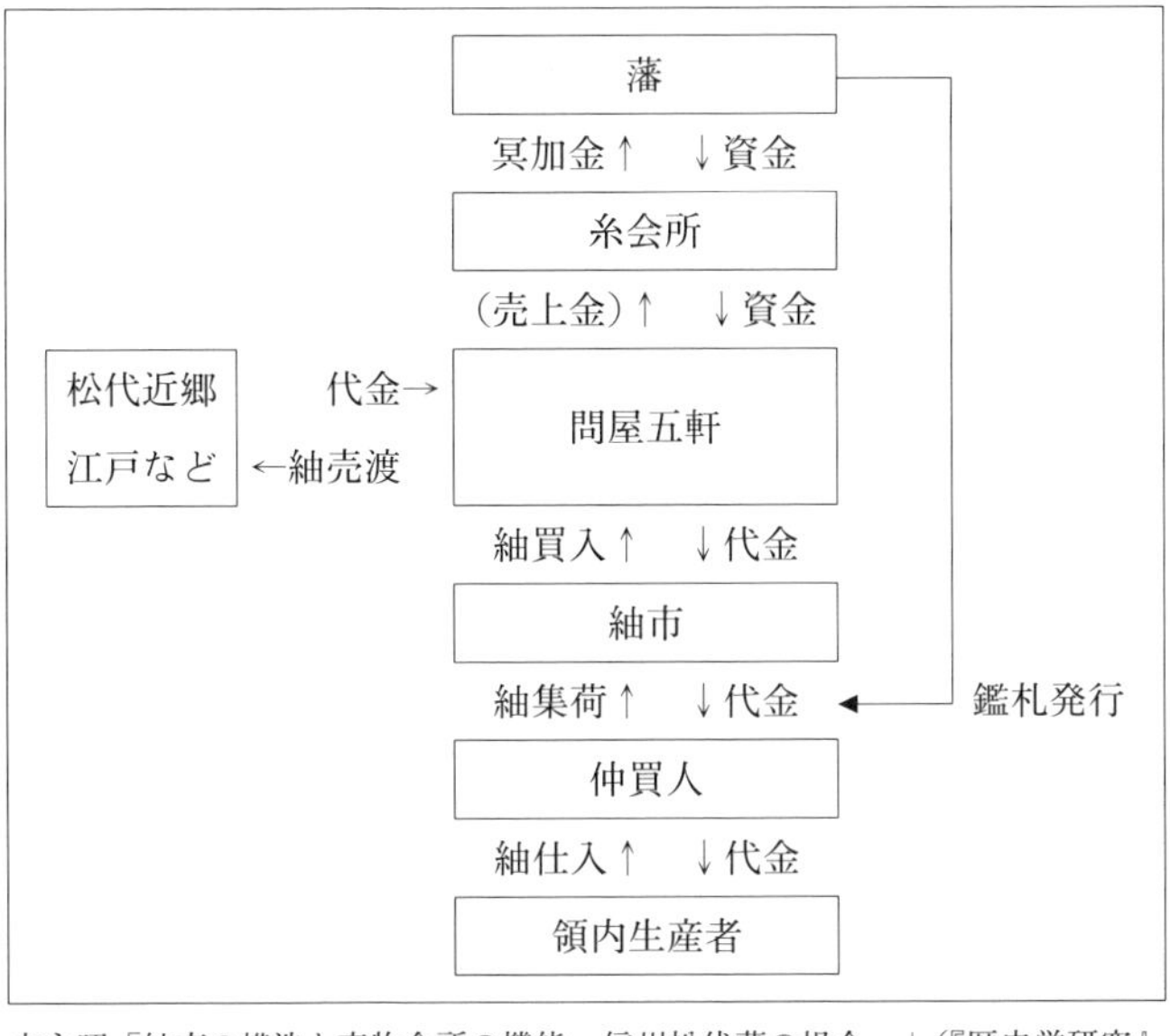

吉永昭「紬市の構造と産物会所の機能―信州松代藩の場合―」（『歴史学研究』204、1957年）、藤田雅子「天保期松代藩における国産紬の販売」（吉田伸之編『流通と幕藩権力』山川出版社、2004年）の本文を参考にし、筆者が本章のために分析を加えて作成。

なっている。なお、天保八年には仕法替によって藩の産物会所への中借金は一旦中止された[32]。中借金により、絹・紬などの特産品を買次問屋を通して買い占め、これを松代城下で開かれた紬市に集まる三井・大丸などの大店商人や在地商人に一手販売していた。

次に産物会所が受け取った中借金（貸下金）の証文をみていく。

〔史料6〕[33]

覚

一金弐百両也　　但年中八分月懸御礼金附

右者産物会所繰合之儀ニ付御中借慥請取申候、重而正金を以引替可申候、以上

天保四巳年九月二日

八田辰三郎㊞

八田喜兵衛㊞

大嶋磯右衛門殿

西村源蔵殿

右之通相違無御座候、以上

八田嘉右衛門㊞

史料6は、天保四年九月二日に八田辰三郎・喜兵衛が大嶋磯右衛門（御蔵奉行）・西村源蔵から金二〇〇両を受け取った金子請取証文である。中借金の「御礼金」として年八分（八％）を月掛けで納めるものであった。ただし、この場合の御礼金は中借金の利息の性格が強く、利息の支払いを上納と見なしている。このような金子請取証文をまとめたも

表1　産物会所中借金

和暦	西暦	金	銀
天保3	1832	8012両1分	5匁
天保4	1833	16353両2朱	3匁
天保5	1834	12203両3分	9匁
天保6	1835	8793両1分	3匁
天保7	1836	6739両	—
天保8	1837	3680両1分	4匁

「未年（天保6）分産物代金御中借并上納方申上控帳」（八田家文書あ388）より作成。

のが表2である。表より天保四年から同一四年までの間の七年分を確認することができる。担当役人は一人から五人まであり、複数人が関わることが多い。中借金は、少ないもので一口一〇両（天保一四年）、多いもので一口一一三四両余（天保一四年）であった。利息は無利息のものが多く、利息がついても年八分、または一割であった。

表3は天保四年一二月作成の「才覚金利足請取元帳下帳」をもとに請取利息を集計したものである。この帳簿は、八田辰三郎・喜兵衛が、勘定役人の小林三左衛門・吉沢十助・池田良右衛門・宮沢彦左衛門・竹内藤助の五人に差し出したもので、八田嘉右衛門が奥書をしている。表3を見ると、八田家が才覚金の利息を受け取っていることが分かる。ただし、元金（元銀）は、御中借をしたうちの利息と記載されている。この点について、西村慎太郎は松代藩において「才覚金」は御用金と同じ類として用いられていることを説明しているが、「才覚金利足請取元帳下帳」における「才覚金」の内容については不明であるとしている(34)。筆者は、八田家が藩に才覚金を貸し付ける一方で、その金が藩の部局を経由して「御中借金」として産物会所に貸し付けられているものと考える。この場合は、藩に才覚金を貸し付けている分の利息を八田家（産物会所）が受け取っているものだと思われる。

表4は、藩からの拝借金（御中借）および取引商人への販売を示したものである。表4-Ⅰは産物会所が受け取った中借金を示している。中借金は月ごとに一定した額ではないが、少ない月は金二〇〇両余、多い月は金二五三〇両となっている。三月から一一月までの九ヶ月間で御中借金の合計が金七〇一三両余となっている。また、表4-Ⅱは松代紬市に来市した商人に販売した代金を示している。三井・大丸・布袋屋・岩城・小橋・薬灌屋（信州松本）の六軒に、それぞれ金二〇〇両から五〇〇両ほど販売し、販売額の合計は金一八五二両余となっている。表4-Ⅲは、ⅠからⅡを差し引いたもので、金五一六〇両余となっている。産物会所は藩からの貸付金である中借金で、領内の絹・紬などを買い占め、松代の市場において来市した商人に販売していたが、三井をはじめとした商人への販売額が少なかった

表 2　産物会所が受け取った貸下金（御中借）

和暦	西暦	月	日	担当役人	借用者（金子請取）	元金					利足	出典
						金			銀			
						両	分	朱	匁	分厘毛		
天保 4	1833	4		小林•吉沢•宮沢•池田•竹内	八田辰三郎•喜兵衛	15	2				なし	え201
天保 4	1833	6		大嶋磯右衛門•西村源蔵	八田辰三郎•喜兵衛	100					年中 8 分	う290
天保 4	1833	8		小林•吉沢•宮沢•池田•竹内	八田辰三郎•喜兵衛	26	2		10		年中 8 分	う291
天保 4	1833	9	2	大嶋磯右衛門•西村源蔵	八田辰三郎•喜兵衛	200					年中 8 分	う300
天保 4	1833	10		大嶋磯右衛門•西村源蔵	八田辰三郎•喜兵衛	150					年中 8 分	う292
天保 5	1834	3		小林•吉沢•池田•宮沢•竹内	八田辰三郎•喜兵衛	585	2	2			なし	う294
天保 5	1834	5		小林•吉沢•池田•宮沢•竹内	八田嘉助•辰三郎•喜兵衛	173	3		13	120	なし	う295
天保 5	1834	9		大嶋磯右衛門•西村源蔵	八田嘉助•辰三郎•喜兵衛	200					年中 1 割	う297
天保 5	1834	12		大嶋磯右衛門•西村源蔵	八田嘉助•辰三郎•喜兵衛	200					年中 1 割	う279
天保 5	1834	12		大嶋磯右衛門•西村源蔵	八田嘉助•辰三郎•喜兵衛	100					年中 1 割	う280
天保 5	1834	12		大嶋磯右衛門•西村源蔵	八田嘉助•辰三郎•喜兵衛	100					年中 1 割	え60
天保 5	1834	12	19	大嶋磯右衛門•西村源蔵	八田嘉助•辰三郎•喜兵衛	200					年中 1 割	う278
天保 6	1835	1		大嶋磯右衛門•西村源蔵	八田嘉助•辰三郎•喜兵衛	100					年中 1 割	う281
天保 6	1835	1		徳田五百人	八田嘉助•辰三郎•喜兵衛	129					なし	う217
天保 6	1835	3		小林•吉沢•池田•宮沢•竹内	八田嘉助•辰三郎•喜兵衛	200					なし	う226
天保 6	1835	⑦		小林•吉沢•池田•宮沢	八田嘉助•辰三郎•喜兵衛	178	3			200	なし	う223
天保 7	1836	3	(16)	小林•吉沢•池田•宮沢•竹内	八田嘉助•辰三郎•喜兵衛	200					なし	え2002-1
天保 7	1836	3	(23)	小林•吉沢•池田•宮沢•竹内	八田嘉助•辰三郎•喜兵衛	150					なし	え2002-4

天保7	1836	3	(26)	小林・吉沢・池田・宮沢・竹内	八田嘉助・辰三郎・喜兵衛	150					なし	え2002-5
天保7	1836	3		小林・吉沢・池田・宮沢・竹内	八田嘉助・辰三郎・喜兵衛	150					なし	え2002-2
天保7	1836	3		小林・吉沢・池田・宮沢・竹内	八田嘉助・辰三郎・喜兵衛	100					なし	え2002-3
天保7	1836	4	(15)	小林・吉沢・池田・宮沢・竹内	八田嘉助・辰三郎・喜兵衛	150					なし	え2002-6
天保7	1836	4	(19)	小林・吉沢・池田・宮沢・竹内	八田嘉助・辰三郎・喜兵衛	200					なし	え2002-7
天保7	1836	4	(19)	小林・吉沢・池田・宮沢・竹内	八田嘉助・辰三郎・喜兵衛	407	2		10	440	なし	え2002-8
天保7	1836	4	(19)	小林・吉沢・池田・宮沢・竹内	八田嘉助・辰三郎・喜兵衛	12	3		14	500	なし	え2002-9
天保7	1836	4	(19)	小林・吉沢・池田・宮沢・竹内	八田嘉助・辰三郎・喜兵衛	23			3	900	なし	え2002-10
天保7	1836	4	(19)	小林・吉沢・池田・宮沢・竹内	八田嘉助・辰三郎・喜兵衛	150					なし	え2002-11
天保7	1836	4	(晦)	小林・吉沢・池田・宮沢・竹内	八田嘉助・辰三郎・喜兵衛	150					なし	え2002-12
天保7	1836	5	(14)	小林・吉沢・池田・宮沢・竹内	八田嘉助・辰三郎・喜兵衛	200					なし	え2002-13
天保7	1836	5	(23)	小林・吉沢・池田・宮沢・竹内	八田嘉助・辰三郎・喜兵衛	150					なし	え2002-14
天保7	1836	5	(23)	小林・吉沢・池田・宮沢・竹内	八田嘉助・辰三郎・喜兵衛	150					なし	え2002-16
天保7	1836	5		小林・吉沢・池田・宮沢・竹内	八田嘉助・辰三郎・喜兵衛	200					なし	え2002-17
天保7	1836	5		小林・吉沢・池田・宮沢・竹内	八田嘉助・辰三郎・喜兵衛	63			12	390	なし	え2002-18
天保7	1836	6	(4)	小林・吉沢・池田・宮沢・竹内	八田嘉助・辰三郎・喜兵衛	200					なし	え2002-15
天保7	1836	6	(8)	小林・吉沢・池田・宮沢・竹内	八田嘉助・辰三郎・喜兵衛	185					なし	え2002-19
天保7	1836	6	(18)	小林・吉沢・池田・宮沢・竹内	八田嘉助・辰三郎・喜兵衛	100					なし	え2002-21
天保7	1836	6	(27)	小林・吉沢・池田・宮沢・竹内	八田嘉助・辰三郎・喜兵衛	100					なし	え2002-20
天保7	1836	8	(20)	小林・吉沢・池田・宮沢・竹内	八田嘉助・辰三郎・喜兵衛	100					なし	え2002-22
天保7	1836	8	(25)	小林・吉沢・池田・宮沢・竹内	八田嘉助・辰三郎・喜兵衛	150					なし	え2002-23
天保7	1836	8	(29)	小林・吉沢・池田・宮沢・竹内	八田嘉助・辰三郎・喜兵衛	150					なし	え2002-24

天保7	1836	9	(2)	小林•吉沢•池田•宮沢•竹内	八田嘉助•辰三郎•喜兵衛	150					なし	え2002-25
天保7	1836	9	(6)	小林•吉沢•池田•宮沢•竹内	八田嘉助•辰三郎•喜兵衛	150					なし	え2002-26
天保7	1836	9	(15)	小林•吉沢•池田•宮沢•竹内	八田嘉助•辰三郎•喜兵衛	100					なし	え2002-27
天保7	1836	9	(19)	小林•吉沢•池田•宮沢•竹内	八田嘉助•辰三郎•喜兵衛	150					なし	え2002-28
天保7	1836	10	(14)	小林•吉沢•池田•宮沢•竹内	八田嘉助•辰三郎•喜兵衛	150					なし	え2002-29
天保7	1836	10	(18)	小林•吉沢•池田•宮沢•竹内	八田嘉助•辰三郎•喜兵衛	50					なし	え2002-30
天保7	1836	11	10	小林•吉沢•池田•宮沢•竹内	八田嘉助•辰三郎•喜兵衛	250					年中8分、1ヶ月1両2分・10匁	う218
天保7	1836	11	(17)	小林•吉沢•池田•宮沢•竹内	八田嘉助•辰三郎•喜兵衛	617	3		1	310	なし	え2002-31
天保7	1836	11	(22)	小林•吉沢•池田•宮沢•竹内	八田嘉助•辰三郎•喜兵衛	50					なし	え2002-32
天保7	1836	11		小林•吉沢•池田•宮沢•竹内	八田嘉助•辰三郎•喜兵衛	80					なし	う491
天保7	1836	12	(6)	小林•吉沢•池田•宮沢•竹内	八田嘉助•辰三郎•喜兵衛	150					なし	え2002-33
天保7	1836	12	(7)	小林•吉沢•池田•宮沢•竹内	八田嘉助•辰三郎•喜兵衛	50					なし	え2002-34
天保7	1836	12	(15)	小林•吉沢•池田•宮沢•竹内	八田嘉助•辰三郎•喜兵衛	150					なし	え2002-35
天保7	1836	12	(19)	小林•吉沢•池田•宮沢•竹内	八田嘉助•辰三郎•喜兵衛	200					なし	え2002-36
天保7	1836	12		小林•吉沢•池田•宮沢•竹内	八田嘉助•辰三郎•喜兵衛	200					なし	え2002-37
天保7	1836	12		小林•吉沢•池田•宮沢•竹内	八田嘉助•辰三郎•喜兵衛	300					なし	う227
天保8	1837	1		小林•吉沢•池田•宮沢	八田嘉助•辰三郎•喜兵衛	131	1				なし	う219
天保8	1837	1		小林•吉沢•池田•宮沢	八田嘉助•辰三郎•喜兵衛	230					なし	う450-1
天保8	1837	1		小林•吉沢•池田•宮沢	八田嘉助•辰三郎•喜兵衛	250					なし	う450-2
天保8	1837	2		小林•吉沢•池田•宮沢	八田嘉助•辰三郎•喜兵衛	150					なし	う220
天保8	1837	2		小林•吉沢•池田•宮沢	八田嘉助•辰三郎•喜兵衛	150					なし	う450-3

天保8	1837	2		小林•吉沢•池田•宮沢	八田嘉助•辰三郎•喜兵衛	130	1				なし	う450-5
天保8	1837	3		小林•吉沢•池田•宮沢	八田嘉助•辰三郎•喜兵衛	300					なし	う450-4
天保8	1837	3		小林•吉沢•池田•宮沢	八田嘉助•辰三郎•喜兵衛	150					なし	う450-6
天保8	1837	3		小林•吉沢•池田•宮沢	八田嘉助•辰三郎•喜兵衛	200					なし	う450-7
天保8	1837	3		小林•吉沢•池田•宮沢	八田嘉助•辰三郎•喜兵衛	150					なし	う450-9
天保8	1837	3		小林•吉沢•池田•宮沢	八田嘉助•辰三郎•喜兵衛	170	1		4	290	なし	う450-10
天保8	1837	4		小林•吉沢•池田•宮沢	八田嘉助•辰三郎•喜兵衛	130					なし	う450-8
天保8	1837	4		小林•吉沢•池田•宮沢	八田嘉助•辰三郎•喜兵衛	50					なし	う450-11
天保8	1837	4		小林•吉沢•池田•宮沢	八田嘉助•辰三郎•喜兵衛	20					なし	う450-12
天保8	1837	4		小林•吉沢•池田•宮沢	八田嘉助•辰三郎•喜兵衛	300					なし	う450-13
天保8	1837	4		小林•吉沢•池田•宮沢	八田嘉助•辰三郎•喜兵衛	782	3		10	360	なし	う450-14
天保8	1837	5		小林•吉沢•池田•宮沢	八田嘉助•辰三郎•喜兵衛	250					なし	う450-15
天保8	1837	5		小林•吉沢•池田•宮沢	八田嘉助•辰三郎•喜兵衛	100					なし	う450-16
天保8	1837	5		小林•吉沢•池田•宮沢	八田嘉助•辰三郎•喜兵衛	100					なし	う450-17
天保8	1837	5		小林•吉沢•池田•宮沢	八田嘉助•辰三郎•喜兵衛	150					なし	う450-18
天保8	1837	5		小林•吉沢•池田•宮沢	八田嘉助•辰三郎•喜兵衛	50					なし	う450-20
天保8	1837	6		小林•吉沢•池田•宮沢	八田嘉助•辰三郎•喜兵衛	50					なし	う450-19
天保8	1837	6		小林•吉沢•池田•宮沢•草川	八田嘉助•辰三郎•喜兵衛	110					なし	う450-21
天保8	1837	6		小林•吉沢•池田•宮沢•草川	八田嘉助•辰三郎•喜兵衛	70					なし	う450-22
天保8	1837	6		小林•吉沢•池田•宮沢•草川	八田嘉助•辰三郎•喜兵衛	70					なし	う450-23
天保8	1837	6		小林•吉沢•池田•宮沢•草川	八田嘉助•辰三郎•喜兵衛	20					なし	う450-24
天保8	1837	7		小林•吉沢•池田•宮沢•草川	八田嘉助•辰三郎•喜兵衛	100					なし	う450-25

天保8	1837	8		小林・吉沢・池田・宮沢・草川	八田嘉助・辰三郎・喜兵衛	150					なし	う450-26
天保8	1837	8		小林・吉沢・池田・宮沢・草川	八田嘉助・辰三郎・喜兵衛	150					なし	う450-27
天保8	1837	9		小林・吉沢・池田・宮沢・草川	八田嘉助・辰三郎・喜兵衛	150					なし	う450-28
天保8	1837	9		小林・吉沢・池田・宮沢・草川	八田嘉助・辰三郎・喜兵衛	100					なし	う450-29
天保8	1837	9		小林・吉沢・池田・宮沢・草川	八田嘉助・辰三郎・喜兵衛	60					なし	う450-30
天保8	1837	9		小林・吉沢・池田・宮沢・草川	八田嘉助・辰三郎・喜兵衛	80					なし	う450-31
天保8	1837	10		小林・吉沢・池田・宮沢・草川	八田嘉助・辰三郎・喜兵衛	40					なし	う450-32
天保8	1837	10		小林・吉沢・池田・宮沢・草川	八田嘉助・辰三郎・喜兵衛	100					なし	う450-33
天保10	1839	1		池田・宮沢・草川	八田嘉助・辰三郎・喜兵衛	30					なし	う503
天保14	1843	1		宮沢・小野・渡辺	八田嘉助・辰三郎・喜兵衛	1134	3		1	960	なし	う282
天保14	1843	1		宮沢・小野・渡辺	八田嘉助・辰三郎・喜兵衛	30					年中8分	う283
天保14	1843	1		宮沢・小野・渡辺	八田嘉助・辰三郎・喜兵衛	47	2				年中8分	う284
天保14	1843	1		宮沢・小野・渡辺	八田嘉助・辰三郎・喜兵衛	90					年中8分	う285
天保14	1843	1		宮沢・小野・渡辺	八田嘉助・辰三郎・喜兵衛	10					年中8分	う286
天保14	1843	⑨		宮沢・小野・渡辺	八田嘉助・辰三郎・喜兵衛	100					年中8分	う298
天保14	1843	11		宮沢・小野・渡辺・溝沼	八田嘉助・辰三郎・喜兵衛	100					年中8分	う299

○の数字は閏月、(　)は端裏書に書かれた日にちを表す。

表3　天保4年才覚金の利息請取

	請取利息		元金(元銀)	内容
	金	銀		
1	1両2分	10匁	125両	正月御中借の内、正月より2月迄2ヶ月利足

2	1両1分	11匁9分8厘	108両2分3朱、　1匁9分5厘	正月御中借の内、正月より2月迄2ヶ月利足
3		1分2厘	8匁6分7厘	正月御中借の内、正月より2月迄2ヶ月利足
4	1両	5匁2分5厘	81両2分2朱	正月御中借の内、正月より2月迄2ヶ月利足
5	3両1分	13匁6分	130両1分2朱	正月御中借の内、正月より4月迄4ヶ月分利足
6	11両		300両	7月御中借、7月より11月迄6ヶ月分利足
7	2分	7匁7分7厘	94両1分、　10匁6分2厘	11月御中借、11月より1ヶ月分利足
8	1両1分	11匁4分	18両	正月より御中借、年中8分利足
9	17両1分	5匁　6厘	216両2分、　10匁1分4厘	正月御中借387両の内、年中8分利足
計	39両　5朱、	1分3厘	1074両　7朱、31匁3分8厘	

「才覚金利足請取元帳下帳」（八田家文書あ2274）より作成。

表4　藩からの拝借金および取引商人への支払い

I	①	金 615両3分	銀11匁5分7厘	3月中御中借
	②	金 779両　1朱		4月中御中借
	③	金 409両2分	銀 6匁1分4厘	5月中御中借
	④	金 300両		6月中御中借
	⑤	金 200両		7月中御中借
	⑥	金 407両2分2朱		8月中御中借
	⑦	金2530両		9月中御中借
	⑧	金1173両		10月中御中借
	⑨	金 600両		11月中御中借

	9口	金7013両　3朱		3月～11月までの御中借金合計
Ⅱ	⑩	金 490両2分	銭350文	三井へ販売
	⑪	金 369両2分3朱		大丸へ販売
	⑫	金 234両2分3朱		布袋屋へ販売
	⑬	金 298両3分3朱	銭124文	岩城へ販売
	⑭	金 202両	銭700文	小橋へ販売
	⑮	金 256両3分3朱	銭 50文	薬灌屋へ販売
	6口	金1852両3分	銭550文	取引商人6軒の販売金額合計
Ⅲ	⑯	金5160両1分1朱	銭300文	ⅠからⅡを差し引いたもの

「三月中御中借」（八田家文書え210）より作成。

ことが分かる。このため、産物会所の収益はあまり期待したものではなかったと思われる。なお、表4の元とした史料（「三月中御中借」）の年代は不明であるが、表1の産物会所中借金を見ると、天保六年の数値（金八七九三両余）が近いことや、同時期に三井・大丸などの商人と取引があることから、天保六年頃と思われる。

2　紬市と呉服商人

天保四年に開設された産物会所は、買い継ぎ問屋を通じて商品を独占集荷し、これを松代で開かれた紬市に集まる三井・大丸・布袋屋・岩城屋・小橋屋などの大店や、城下町周辺の在方商人に、一手販売していた。

史料7[35]は、三井越後屋との出市をめぐる交渉の内容である。

〔史料7〕

一藤岡買方役ヨリ当地へ申参候、信州松代菊屋伝兵衛殿手代藤岡表へ罷出、当年も不相変出市致呉候様被相願、猶又主人伝兵衛殿願出候処、再三被願出候へ共当年無注文、且ハ示合帳ヨリ被伝聞候趣ニ付、出市相断候へ共、強而被相願候ニ付、右願出忠三郎殿之在府中相談之上為指登候、然ルニ彼地織出之品御所持相応有之、当年之所出市不致先方へ程能相断候様買方役江相達可申段、最早中野表へ相廻り可申候へハ早々通達可致旨、則右願出御指下入手致承知候、則御文面之趣早速買方役へ及通達、右願書相戻候へハ拝見相断出市致し候間敷候、尤先頃ヨリ中野表へ相廻り居候旨申越候儀ニ御座候条、右様御心得可被成候、右為今後両店連名ヲ以、如此御座候、以上

九月十五日　同

新四郎㊞

（以下五人略）

向店

喜三郎㊞

（以下三人略）

三井

徳次郎殿

（以下七人略）

追啓

一菊屋伝兵衛殿当春上京之節金子拾両御取替被遣、右ハ上田買金当ニ候へハ八月中此度者無相違返済被致候、約定証文御取、右証文ヲ以達而御指下買方役へ相渡置候へハ、朔月迄返済被致候儀与御察候へ共、万一其儀無之候ハヽ、

早々斎藤方ヨリ及駆合金子請取候様、買方役へ相達可申旨致承知、是又早速及通達候儀ニ御座候、

上州藤岡の買方役（現地の買宿）より江戸の三井越後屋へ伝えられたものである。信州松代の菊屋伝兵衛の手代が藤岡へ参上し、当年も変わらず市場に出てきてもらうようお願いをしている。主人の伝兵衛も願い出たが、三井家から当年は注文することは無いと回答し、また、「示合帳」より伝え聞かされたため、出市を断っている。しかし、伝兵衛側が強いてお願いをしたので、忠三郎（三井の者）が在府中に相談したところ、忠三郎は織出品の所持が相応にあり今年のところ出市はしないということで、菊屋伝兵衛方へは程よく断わるように、買方役へ指示を出している。

史料中の「出市」は、本来は市場を出す（立てる）という意味であるが、この場合は来市（市場に出て来る）の意味であると思われる。また、史料中の「示合帳」は、下向井紀彦によれば、三井越後屋には「示合書」があり、寛政四年に越後屋京本店の重役四人が、江戸本店・向店・芝口店（江戸三店）の各店舗の重役らに宛てた相談書であると説明している。そして、内容は経営立て直しに関する京本店の試案で、おもに販売・仕入に関する手代の心構えが書かれていたと指摘している(36)。

また、関東各地の絹の中で取引が多かったのは上州藤岡であった（図2）。藤岡は地理的には中山道の脇往還に位置しており、各地の絹の集荷地であると同時に、絹市での買い付けの拠点にもなっていた(37)。

史料8は、三井越後屋の中で協議された松代藩へ示す紬市への対応方針である。

〔史料8(38)〕

一信州松代表市葉《ママ》之儀当度買方役出府之砌、委細御承合被仰聞候趣に取計可致積ニ候様、彼地買宿菊屋伝兵衛殿昼前藤岡表へ出向願書差出シ、出市之義一向被相願候へ共、兼而被仰聞候趣ニ付、程先相断候得共、何分難聞入ニ付、先達而市川氏御帰京之砌、願書差為登御相談ニ及ひ候処、当年出市之義、是悲《ママ》相見合候様御越被仰聞、右之

図2　松代・中野・藤岡の位置

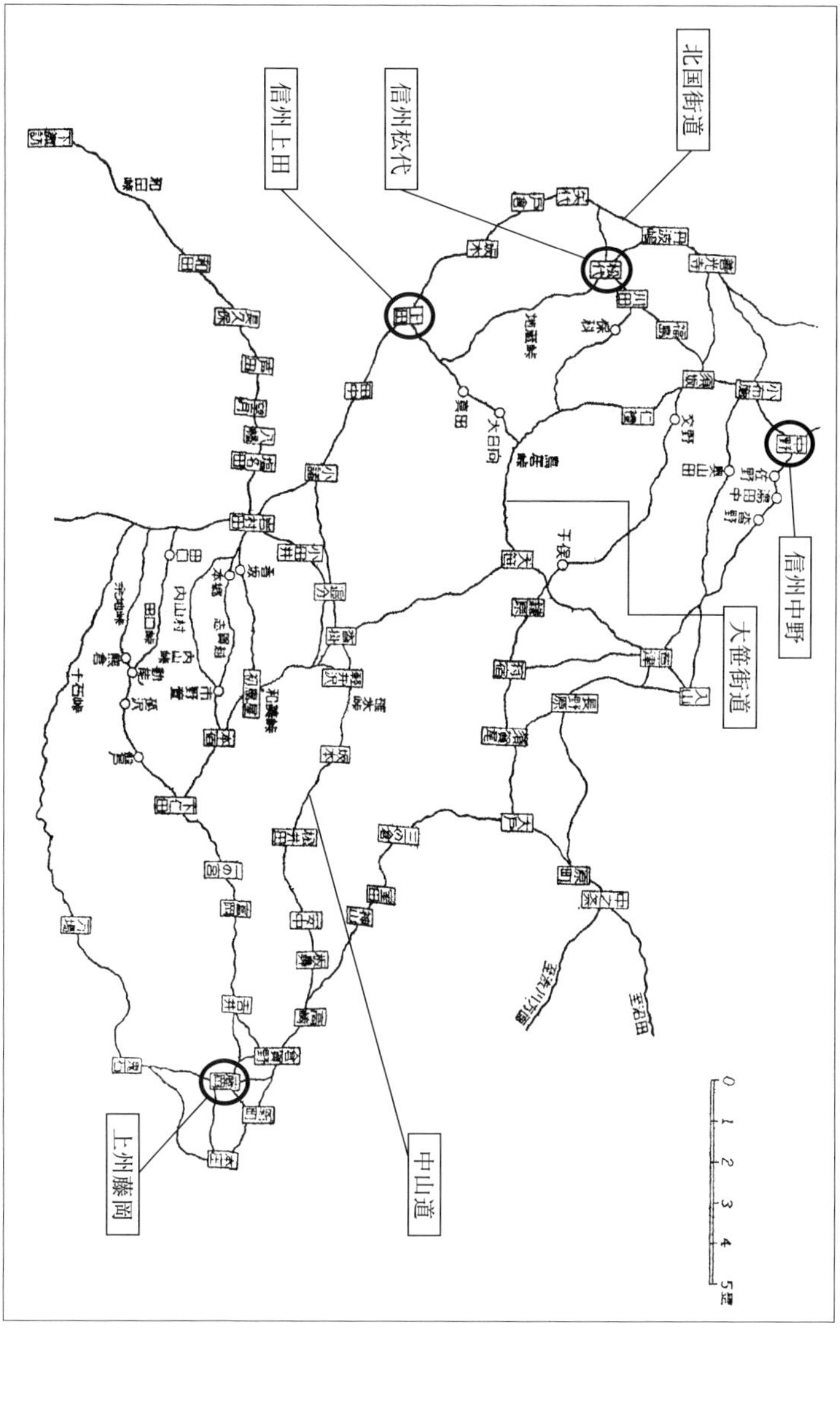

原沢文弥「江戸時代における宿駅と脇道往還交通との関係について」（『地理学評論』31-5、1958年）に筆者加筆。

趣買方役藤次郎方へ委細申遣置候ニ付、其心得を以松代表へ立寄不申、上田・中野へ出向罷在候処、右場所向江出向候義聞込候哉、伝兵衛殿中野表江罷越買方役出市之義、種々被相願候へ共、当年所持之品も有之、買物一切無之候間、出市ニ者難及哉之旨申聞候へハ、帰国被致候所、御産物方掛り役人衆、態々彼地江罷越、同様相願被申候へ共、右之仕合故、買方役了簡ニも取計難出来、当地江聞合之上御答可申上旨申之置候之由、然ルニ、此度彼方手代亀吉与申者、願書并御産物方役人衆之添書持参出店申出候ニハ、主人ヨリ出市之義、買方役藤次郎へ相願候へ共買物無之故、出市不致与之被仰聞、（後略）

十月十五日　　同

新四郎㊞

（以下五人略）

向店

喜三郎㊞

（以下三人略）

三井

徳次郎殿

（以下六人略）

松代の市場については、三井家の藤岡の買宿が出府した際、詳細は買宿に伝えていたが、松代買宿の菊屋伝兵衛が藤岡へ出向いて願書を差し出した。史料8には、さらに以下のようにある。

三井家の出市を一向に願っているが断られた。この点については何分聞き入れがたいので、三井家の市川氏が帰京した際、願書を差しだして相談に及んだところ、今年の出市は、見合わせるよう言い聞かされた。この内容を買宿の藤次郎方へ詳細を伝え、その心得をもって松代表へ立ち寄ることはしなかった。

また、菊屋伝兵衛が中野表へ出てきて買方役の出市について種々お願いしたが、所持品（在庫）もあるため、買い物は一切しなかった。その後も、産物方掛役人や手代の亀吉が産物方掛役人の添書を持参してお願いしたが、買い物が無いため、出市しないと言われた。

〔史料9〕[39]

（端裏書）「天保申年十一月正金上納証文引下ヶ江」

覚

一金八拾両也㊞

申十一月廿二日差引済

右者三井店紬仕入代金差支ニ付、御時借奉願候分御中借慥請取申候、重而上納引替可申候、以上

天保七申年十一月　八田嘉助㊞

八田辰三郎㊞

八田喜兵衛㊞

小林三左衛門殿

吉沢十助殿

池田良右衛門殿

宮沢彦左衛門殿

竹内藤助殿

右之通相違無御座候、以上

八田嘉右衛門㊞

史料9は、天保七年一一月に八田嘉助ら三人が勘定役人から金八〇両を借用し、受け取った証文である。内容は、三井店の紬仕入代金として差し支えたため借用したものである。産物会所が、藩から資金調達をした上で、三井店の紬を仕入れていることが分かる。

〔史料10〕(40)

覚

金四百両也㊞

十二月七日坂本彦右衛門殿証文と引替済

右者三井店紬仕入代金差支ニ付、御時借奉願候分慥㊞ニ請取申候、追而於江府同所店ゟ上納㊞可仕候、以上

天保七申年十一月

八田嘉助㊞

八田辰三郎㊞

八田喜兵衛㊞

片桐重之助殿

右之通、相違無御座候、以上

八田嘉右衛門㊞

また史料10は、史料9と同様に、三井店の仕入代金が差し支えたため、八田嘉助ら三人が片桐重之助から金四〇〇

両借用している覚である。返済は江戸三井店より上納することとなっている。
なお、三井越後屋は関東の絹・紬の産地を調査している。表5から、寛政二年の段階で信州では、上田と中野の紬が調査時に把握されていたことが分かる。また、三井家は、一八世紀の末より八王子の織物市場との取引を持つなど、関東絹の仕入れを積極的に行っていた(41)。

3　産物の江戸での売り捌き

松代藩は、領内の産物を江戸で売り捌くために、江戸町奉行所に届出をしていた史料11から内容をみていく。

〔史料11〕(42)

天保四巳年正月十九日

一町御奉行筒井伊賀守様え左之通御届書百人持参、御用人竹田喜太夫え面会申談之上、入御内覧候処思召無之候ニ付、表向差出候処御落手被成候、其後二月十三日御呼出、御附札ニて書面御戻被成候、尤品書は御留被成候、

但、奉書半切紙認、上包美野紙折懸、

伊豆守領分信州松代国産為取捌度、兼て致出入来候江戸芝二本榎承教寺門前家持文右衛門え右国産売、別紙之品は為引請、富沢町家持伊兵衛、通旅籠町久兵衛店太七、船松町勘助店喜右衛門え為取捌候、尤町方直売捌候儀は無之、右之もの共より夫々問屋共え売捌候儀ニ御座候、此段御届申上候、以上

表5　関東絹・紬の産地（寛政2年）

絹・紬名	産地	
紬絹	上州	下仁田、富岡、高崎、伊勢崎、藤岡
太絹	武州	吉田、小川、八幡山、渡ル瀬、寄井、野上、熊谷
	上州	藤岡
秩父絹	武州	大宮、小鹿野
信州紬	信州	上田、中野
結城紬	下総	結城

「絹紬晒売買直段御尋ニ付書出し候写」（三井文庫所蔵史料　本1135-8）より作成。

正月十九日

真田伊豆守家来

座間百人

「書面別紙国産之品々遺銭之分共、引受人共より一切素人売不致、其筋問屋ニ限夫々出来之通入札払ニ相成候儀ニ御座候得は、差支無之候」(御附札)

天保四年正月に真田家家臣の座間百人(43)が、江戸南町奉行の筒井伊賀守政憲(44)へ国産売り捌きの届書を持参した。南町奉行所公用人の竹田喜太夫へ面会したうえで、正式に奉行所役人が受領した。二月一三日に呼び出されて、付札で書面が戻された。江戸芝二本榎承教寺門前家持で呉服問屋の信州屋文右衛門(45)をはじめ、書面記載の富沢町家持の丁子屋伊兵衛(呉服)、志摩屋太七(呉服)、嶋屋喜右衛門(呉服)(46)から問屋へ売り捌くようにとのことであった。

〔史料12(47)〕

覚

一金三百両也㊞

右之通慥請取借用申候処実正也㊞、則返金之儀者江府溜池御屋敷様迄来月上旬江戸駿河町本店ゟ相納可申候、為後日仍而如件

午十一月十六日

三井利七㊞

増田孫兵衛殿

史料12は、午年(天保五年と推定)(48)一一月一六日に三井利七(三井店)が増田孫兵衛に出した金子借用証文である。三井利七が金三〇〇両を借用し、返金は江戸の溜池御屋敷(49)(真田家上屋敷)まで、来月上旬に江戸駿河町本店より納めることとしている。松代藩は江戸藩邸に蔵屋敷を設置しており、松代から商品を直送して御用商人に渡して、一手に販売して

図３　天保４年産物会所開設時の紬・資金の流れ

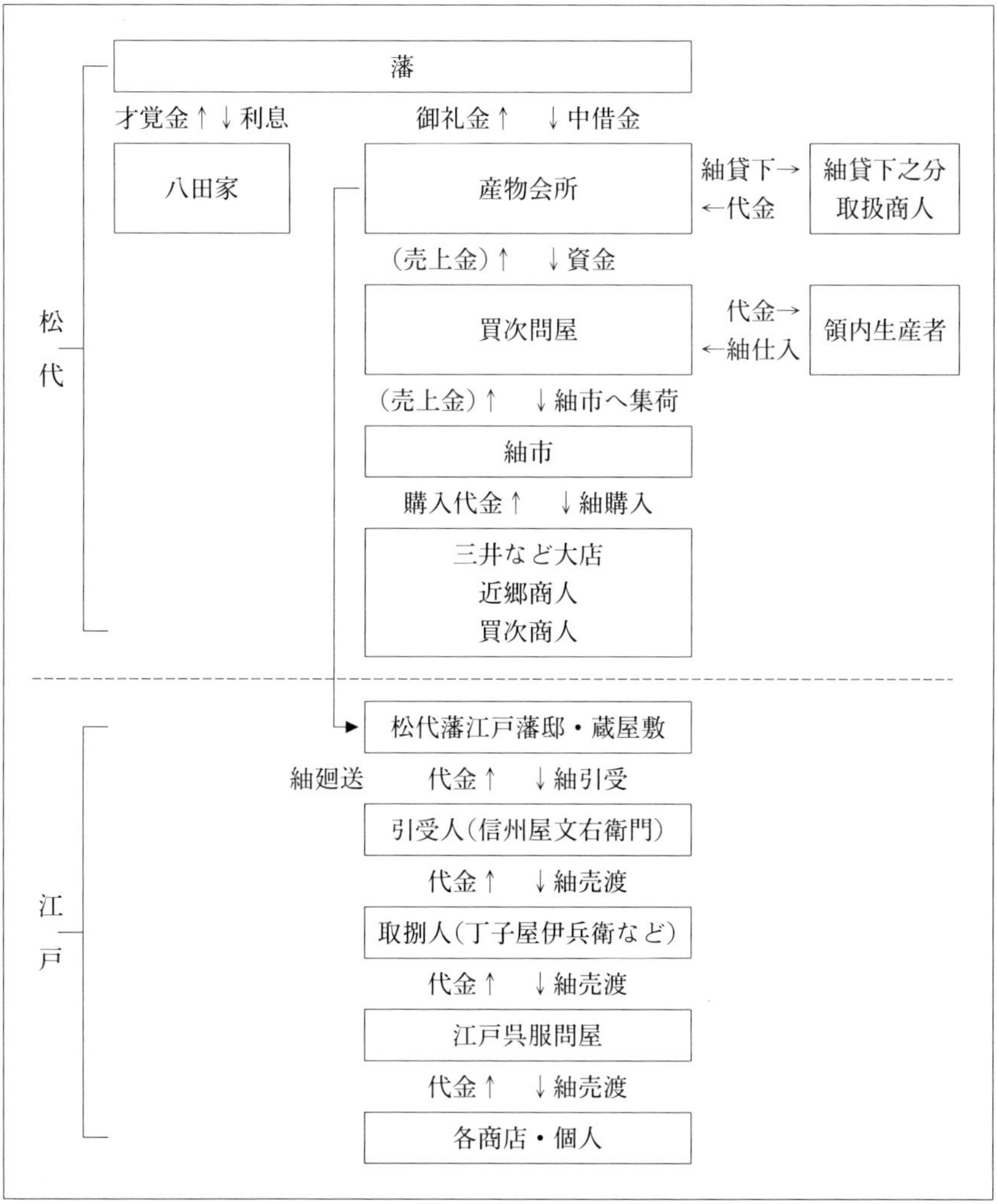

吉永昭「紬市の構造と産物会所の機能—信州松代藩の場合—」（『歴史学研究』204、1957年）、藤田雅子「天保期松代藩における国産紬の販売」（吉田伸之編『流通と幕藩権力』山川出版社、2004年）の本文を参考にし、筆者が本章のために分析を加えて作成。

いる。[50] また、三井利七は天保五年に松代の紬市場で金六五〇両二分取引をしている。[51] 増田孫兵衛は、八田家(菊屋)の一族で、会所付の買次商人であった。買次商人は、紬市で取引された商品と金銭の授受を管理する役割を果たしていた。[52]

図3は天保四年に産物会所開設時の紬と資金の流れを示したものである。第二項で述べた通り、藩から産物会所へ中借金として資金が投入され、その資金を買次問屋へ仕入金として渡している。買次問屋は領内生産者から紬を仕入れて紬市へ集荷する。紬市には近郷商人や買次商人、三井などの大店が来市し紬を購入した。紬市での売上金は買次問屋を通して産物会所へ渡されるものと思われる。一方、紬市で売れ残った品物は産物会所から一部は地元の商人(紬貸下之分取扱商人)への販売や、松代藩江戸藩邸に送られた。江戸藩邸では、引受人・取捌人を介して呉服問屋へ販売された。産物会所開設と同時に江戸での販売について町奉行所に届け出ているように、江戸での販売体制が整備されていることが分かる。

三　仕法替後の産物会所

1　産物会所の絹紬仕入と資金調達

紬市の売り捌きは産物会所の期待した通りにはいかなかった。また、天保七年(一八三六)に全国的な飢饉に見舞われたため、八田家が頭取を務めていた紬の専売会所が行き詰まった。天保

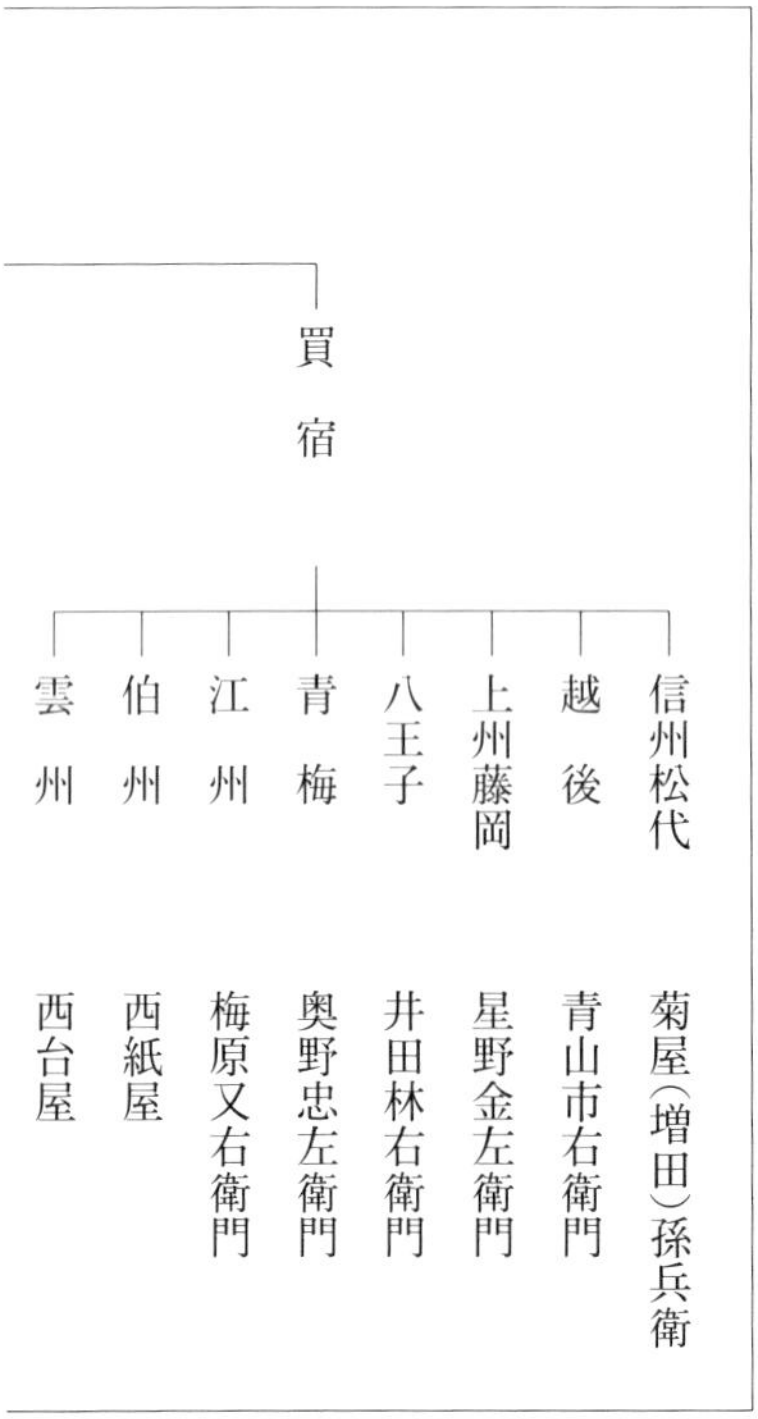

八年には産物会所の仕法替が行われ、買い占め機能を松代城下の有力商人に委ねることになった。委ねられた商人は、松代町の菊屋伝兵衛・菊屋孫兵衛・菊屋惣兵衛・柏屋藤吉・鍵屋伴之介の五人であった。伝兵衛は八田嘉右衛門の役代、惣兵衛は八田喜兵衛の役代、孫兵衛も八田家一族であった。仕法替とともに買い占め資金の調達はこれらの商人が担うこととなり、その資金調達先を三井家などの大店に求めた。これにより、松代城下町の有力商人は大店の買宿として機能することとなった。

　買宿は、呉服商が産地に設置した買付機関であり[53]、都市商人などから資金を得て、彼らの依頼により商品の買い入れ・集荷を行う現地商人を

図4　江戸時代三井営業店組織と買宿組織

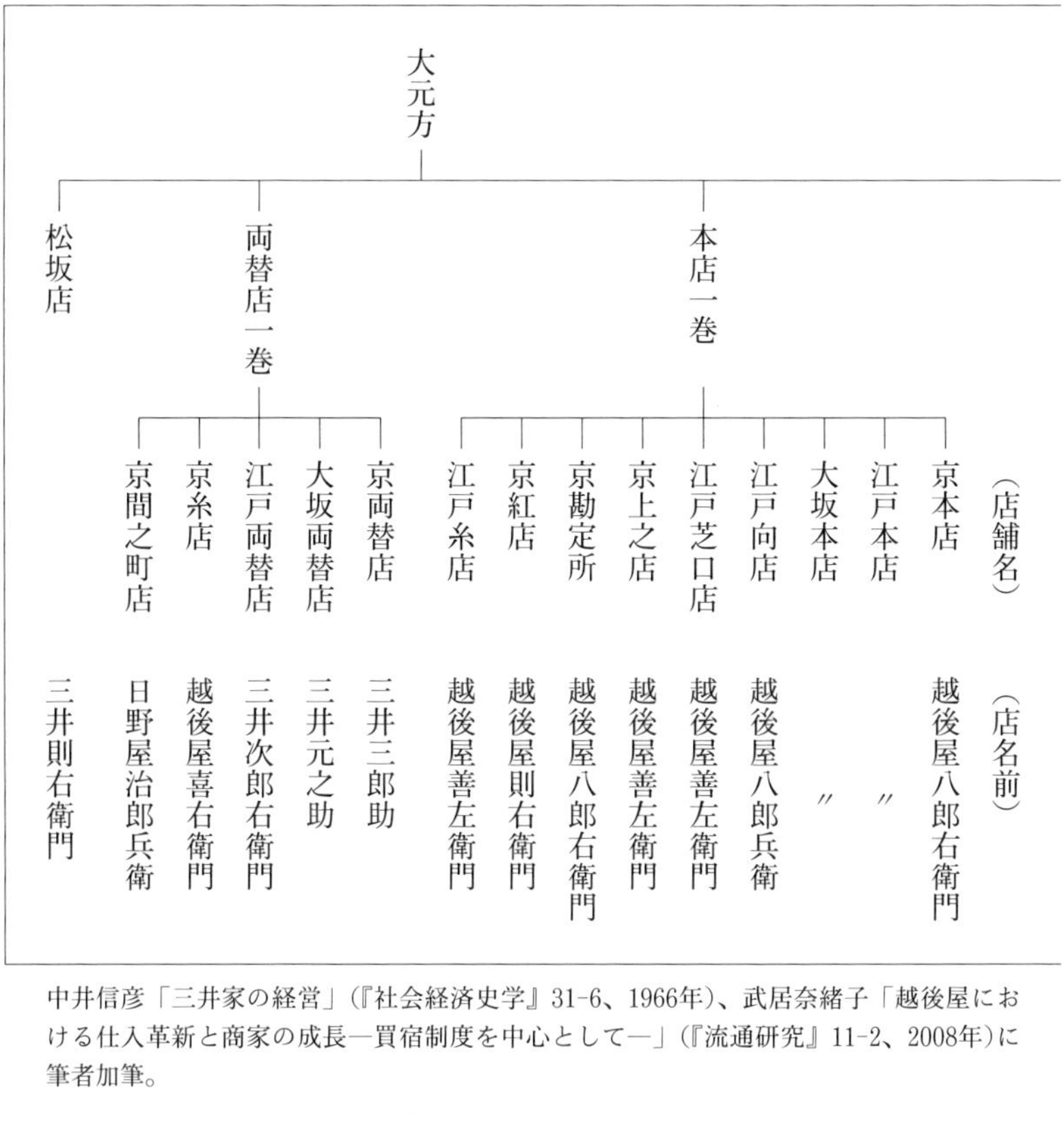

中井信彦「三井家の経営」（『社会経済史学』31-6、1966年）、武居奈緒子「越後屋における仕入革新と商家の成長—買宿制度を中心として—」（『流通研究』11-2、2008年）に筆者加筆。

いう。

天保八年には柏屋藤吉が江戸大丸屋[54]の買宿、同九年には菊屋伝兵衛が上州高崎の布袋屋善右衛門の買宿、同一四年には菊屋孫兵衛が三井店の買宿[55]となっている。三井家は、地元の有力商家を買宿にすることによって、産地進出の参入障壁が緩和され、優良な商品を大量かつ安定的に確保するという目的があった[56]。図4は、三井営業店組織と買宿組織を示したものである。三井越後屋は、雲州・伯州・江州、青梅・八王子、上州藤岡、越後、信州松代に買宿を置き、買宿に資金を前貸という形で渡して絹・紬類を仕入れさせていた。

〔史料13[57]〕

覚

一金百五拾両也㊞

右者三井店紬買金差支ニ付、為御替奉願候処　御聞済被成下、正金慥ニ奉請取㊞難有仕合奉存候、右替り金之儀者、江戸表同店ゟ早速江戸　御会所江上納仕候筈之御座候、為後日一札奉差上候、仍而如件

天保十四卯年三月

増田孫兵衛㊞

御産物方御会所

史料13は、増田孫兵衛が産物会所に提出した金子請取証文である。三井店の紬購入資金が差し支えたため、為替発行を依頼したところ、金一五〇両を受け取ったものである。替り金（立替代金）は江戸三井店より江戸の会所へ上納するようにしている。

天保一四年五月には、江戸新革屋町[58]の名主定次郎が定世話掛の熊井理左衛門の指示を受け、越後屋本店・向店と大丸屋の、文政一三年（一八三〇）と天保一四年正月から五月までの売上高を報告している。史料14はその売上高を記し

たものである。ここでは、各地に買宿を置いている越後屋・大丸屋の売上高について、文政期と天保期に変化があるか注目したい。

〔史料14[59]〕

駿河町七右衛門店

（朱書）「本店」

文政十三寅年壱ヶ年商高　　越後屋八郎右衛門

一金拾壱万九千八百両余　　店支配人

当正月より四月迄商高　　源四郎

一金弐万六千五百両余

（朱書）「向店」

文政十三寅年壱ヶ年商高　　同町平三郎店

一金五万千五百両余　　同八郎兵衛店支配人

当正月より四月迄商高　　重太郎

一金壱万三千両余

（朱書）「本店分　　文政十三寅年壱ヶ年商高

向店　」　　金拾七万千三百両余

〆当正月より四月迄商高

金三万九千五百両余

文政十三寅年壱ヶ年商高通旅籠町茂兵衛店
一金拾弐万五千九百三十三両余　大丸屋正右衛門店支配人
当正月より四月迄商高伝五郎
一金三万千九百八十三両余
右之通取調申上候、已上
卯五月新革屋町
名主　定次郎

越後屋八郎右衛門店（江戸本店）の文政一三年の売上高は金一一万九八〇〇両で、天保四年の正月から四月までは金二万六五〇〇両となっている。越後屋八郎兵衛店（江戸向店）の文政一三年の売上高は金五万一五〇〇両で、天保四年の正月から四月までは金一万三〇〇〇両となっている。一方、大丸屋は文政一三年の売上高は金一二万五九三三両で、天保四年の正月から四月までは金三万一九八三両となっている。天保四年については四ヶ月分であるため三倍にして一年換算しても、越後屋本店は金七万九五〇〇両、越後屋向店は金三万九〇〇〇両、大丸屋は九万五九四九両と、いずれの店舗も文政一三年を下回る。天保期に入り、三井や大丸は松代に買宿を置いて取引を始めているが、両商家の売上には影響がないようである。

2　増田孫兵衛一件

三井越後屋の買宿となった増田（菊屋）孫兵衛は、三井家から前貸金を受け取って、領内産物の購入を請け負っていた。しかし、当初の目的が果たせずに資金繰りが悪くなっていく。

〔史料15〕(60)

以書付御届奉申上候

倅孫兵衛儀江府御産物方御引請仕候後出府為仕置候、手代寿作取計中売捌代金相滞、今以不相片候付、同人手元取調、且去冬中ゟ段々御苦脳（ママ）□〔破損・被カ〕成候、三井店差引滞之儀同店買役文四郎江段々内談仕候処、別紙書面之通菊屋伝兵衛宿幷済方引□〔破損・請カ〕儀、内規定仕候、然ル処文四郎儀、一己之取計□〔破損・出カ〕来兼候趣ニ付、万作出府為仕聢与取極仕度趣申聞候ニ付、両様為相急出府為仕度奉存候、此段　御聴置被成下度奉申上候、以上

弘化二巳年十二月　増田徳左衛門㊞

御産物方御会所

史料15は、弘化二年（一八四五）に増田徳左衛門が産物会所に出した書状である。倅孫兵衛が江戸の産物方を引き受けた後、江戸に出たところ、手代の寿作が取り計らっている中、売りさばいた代金が滞り、今でも解決していないという。同人の手元で取調べ、去冬中より段々苦悩になり、三井店と増田孫兵衛が差し引いて、増田孫兵衛が支払う分で滞った分については、同店買役の文四郎へ相談したところ、別紙書面の通り、菊屋伝兵衛宿ならびに返済の引き受けについて内規を定めた。しかし、文四郎が全て取り計らいできないので、万作を出府させて十分に取り決めをしたいため、急ぎ出府させたいということである。

〔史料16〕(61)

（端裏書）「弘化二巳十二月八日、三井店手代文四郎方ゟ買宿之儀、段々示談之上差遣候証文下案」

拝借金証文之事

一金百五拾両也　但、無利足三拾ヶ年賦来午年ゟ壱ヶ年金五両宛返済、
右者当地御宿増田孫兵衛殿方江紬為代買金五百両也御渡被遊候内弐百両也引負ニ相成、然ル処、同人病死跡返済方手段不行届候ニ付、内親茂有之候訳柄を以、私引請段々及御無心候之処、右之内五拾両也御勘弁被下、残金前文之通年賦上納御承知被成下難有仕合奉存候、右ニ付暫之内当地御買宿仕候上者、右年賦割合を以、年々無相違返済可致候、万々一異変出来候半者、加判人別引請弁金可仕候、為後日年賦金一札差出候処、如件

弘化二巳年十二月　　信州松代伊勢町

買宿　菊屋伝兵衛

同所　請人　菊屋市兵衛

同所　親類　菊屋伝右衛門

三井八郎兵衛殿店

御支配人衆中

史料16は、弘化二年一二月、伊勢町の買宿伝兵衛、請人菊屋市兵衛、親類菊屋伝右衛門の三名から、三井八郎兵衛店（江戸向店）へ出す証文の案文である。金一五〇両の借用については、無利息で三〇年賦、来午年より一年に金五両ずつ返済することとなっている。松代の買宿増田孫兵衛殿方へ紬代として、買金五〇〇両を渡したが、その内、金二〇〇両は負債となった。ところが、同人が病死し、後の返済方の手段が行き届かず、親戚の菊屋が引き受けて、無心に及んだところ、金五〇両は免除して、残金一五〇両は年賦上納するということである。

〔史料17〕(62)

乍恐以書附奉申上候

一御領内御産物絹紬買入宿之儀、先年ゟ増田孫兵衛方定宿ニ仕置候所、去ル卯年中代買為相任、右買金五百両相渡置候、内金弐百両引負ニ罷成孫兵衛儀出府留主中ニ而、右済方出来兼候ニ付、明春中無拠右済方被　仰附被成下置候様、於江府御内之奉願候所、追々先方ゟ茂手入御座候得共、兎角済方出来兼候所、此度御当所菊屋伝兵衛儀孫兵衛方内縁茂有之候ニ付、右引負金孫兵衛取続候迄之内、引請年賦済方仕、買宿之儀茂同様暫仮宿仕度旨示談相整、偏御威光与難有仕合奉存候、此迄於江府先達中奉願候書面支配人共ゟ御願下ヶ一番被仕ニ付、暫宿替之儀御聞済被成下候様奉願上候、以上

弘化三午年正月　　　江戸駿河町

三井八郎兵衛

代　文四郎㊞

御産物方御会所

史料17は、弘化三年正月、三井越後屋（江戸向店）から松代産物会所へ出した書付である。領内の産物絹紬買入宿については、先年より増田孫兵衛方が定宿となった。去る卯年（天保一四年）中に代買を任せ、買金として金五〇〇両を渡した。内金二〇〇両は負債となり、孫兵衛は出府して留守中で、右の返済が出来なくなった。菊屋（八田）伝兵衛は孫兵衛方の内縁でもあるので、負債金を引き受けて年賦返済し、買宿についても同様にしばらく仮宿としたい旨を示談して調整した。

なお、史料16・17と同じ内容の書状が、弘化三年正月に伊勢町の菊屋伝兵衛から御産物方御会所へ提出されている(63)。このことから、①買宿の菊屋→三井、②三井→産物会所、③買宿の菊屋→産物会所、の書状のやり取りが確認できる。買宿の増田孫兵衛の件について、それぞれ書付を送り、孫兵衛の負債の引き継ぎや返済方法などについて調整を行っ

ている。松代における三井越後屋の買宿は、増田孫兵衛が死去したため、親戚の八田伝兵衛が買宿を引き継いだ。伝兵衛は、すでに買宿となっていた布袋屋とあわせて三井家の買宿となったのである。

3　嘉永期における産物会所の資金調達

天保八年の仕法替の後、弘化年間に増田孫兵衛一件などが発生したが、その後の資金調達はうまくいっていたのであろうか。嘉永期の借用証文を中心にみていく。

〔史料18〕(64)

右金百両也㊞

右者三井店為替金奉願候所相違無御座候、以上

八田喜兵衛㊞

八田嘉助㊞

嘉永三戌年十月十二日

徳嵩恒吉殿

大島富作殿

斎藤善蔵殿

佐川又左衛門殿

史料18は、嘉永三年（一八五〇）に八田喜兵衛・嘉助が、勘定役人（徳嵩・大島・斎藤・佐川）に三井店の為替金一〇〇両を組むことを願い出たものである。

〔史料19〕[65]

覚

一金弐㊞百両也

右者当表御産物買入代金為御替奉願、金子慥ニ奉請取難有仕合奉存候、然ル上者御差図次第於江戸店無相違上納
可仕候、為後日仍而如件

嘉永三戌年十月

江戸駿河町
三井八郎兵衛
代　常治郎㊞
買宿
幾久屋
伝兵衛㊞

松代
御産物方御会所

史料19は、同年に江戸駿河町の三井店と買宿の幾久屋（菊屋）伝兵衛が松代の産物会所に出した証文である。産物の買入代金二〇〇両の為替発行を依頼し、金二〇〇両を受け取ったものである。金子を江戸の藩会所に上納するように指示を出している。なお、表6は三井越後屋へ為替を発行するため勘定役人に依頼したものである。為替発行金額は一口一〇〇両から二〇〇両であった。また、一ヶ月に複数回為替発行を依頼することもあった。

図5は、天保八年に産物会所仕法替が行われた後の紬・資金の流れを示したものである。藩から産物会所へ中借金

が投入され（一時的に停止した時期もある）、産物会所は買宿へ藩の資金を貸し付けていた。買宿は、紬買い占め資金の調達を担うこととなり、その資金調達先を三井家などの大店に求めた。三井家の買宿となった菊屋孫兵衛は、三井家から資金調達を受けて、仕入れを行い江戸に送っている。松代の紬市も続いており、産物会所へ集荷され、江戸藩邸へ送られて江戸で販売されている。

表6　三井店への為替発行依頼

和暦	西暦	月	日	依頼者	担当役人	元金（両）
嘉永3	1850	9	13	八田嘉兵衛・嘉助	徳嵩恒吉・大島富作・斎藤善蔵・佐川又左衛門	200
嘉永3	1850	9	18	八田嘉兵衛・嘉助	徳嵩恒吉・大島富作・斎藤善蔵・佐川又左衛門	100
嘉永3	1850	10	12	八田嘉兵衛・嘉助	徳嵩恒吉・大島富作・斎藤善蔵・佐川又左衛門	100
嘉永3	1850	10	19	八田嘉兵衛・嘉助	徳嵩恒吉・大島富作・斎藤善蔵・佐川又左衛門	100
嘉永3	1850	10	29	八田嘉兵衛・嘉助	徳嵩恒吉・大島富作・斎藤善蔵・佐川又左衛門	200
嘉永3	1850	11	28	八田嘉兵衛・嘉助	徳嵩恒吉・大島富作・斎藤善蔵・佐川又左衛門	200
嘉永4	1851	4	13	八田嘉兵衛・嘉助	徳嵩恒吉・大島富作・斎藤善蔵・佐川又左衛門	100
嘉永4	1851	5	9	八田嘉兵衛・嘉助	徳嵩恒吉・大島富作・斎藤善蔵・佐川又左衛門	100
嘉永4	1851	5	22	八田嘉兵衛・嘉助	徳嵩恒吉・大島富作・斎藤善蔵・佐川又左衛門	100
嘉永4	1851	6	12	八田嘉兵衛・嘉助	徳嵩恒吉・大島富作・斎藤善蔵・佐川又左衛門	100

「三井店為替関係書綴」（八田家文書え1785）より作成。

図5　天保8年産物会所仕法替後の紬・資金の流れ（買宿については菊屋孫兵衛と三井に限定）

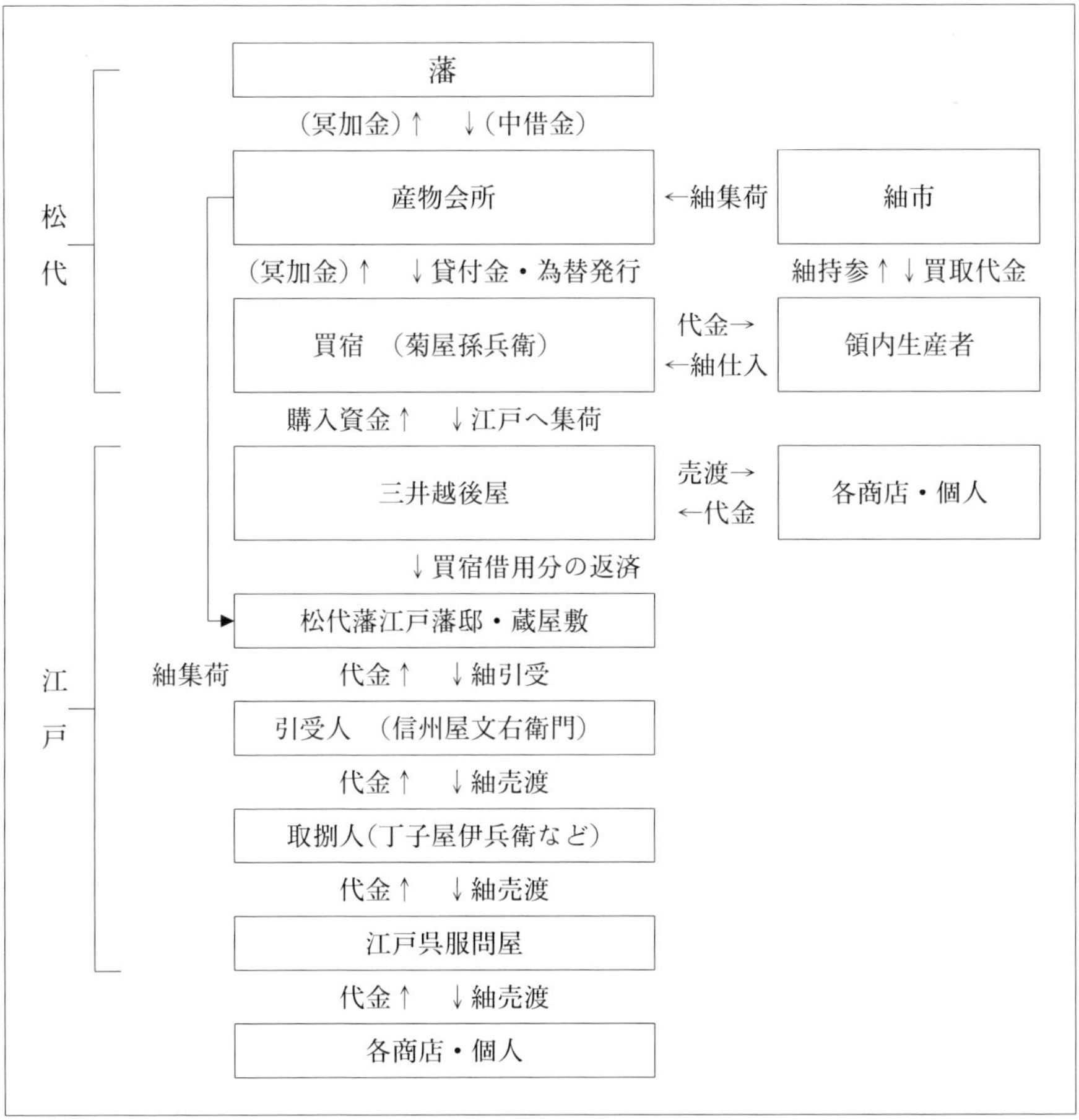

吉永昭「紬市の構造と産物会所の機能―信州松代藩の場合―」（『歴史学研究』204、1957年）、藤田雅子「天保期松代藩における国産紬の販売」（吉田伸之編『流通と幕藩権力』山川出版社、2004年）の本文を参考にし、筆者が本章のために分析を加えて作成。なお、菊屋（増田）孫兵衛は弘化年間に死去したため、菊屋伝兵衛が買宿を引き継いでいる。

おわりに

以上、本章では松代藩八田家の産物会所運営について検討した。文化・文政期の産物御用は、藩が領内の国産品を売り広めるために資金を投入していた。また、藩は当初、利益を期待せず、後々のために利益を出すよう売り広めていくことを重視するという方針であった。この時期の国産御用に関する資金は、勘定方の独自会計・資産である手段金が勘定役人を通して貸し付けられていた。

天保期に産物会所の運営資金として投入された中借金は、一ヶ月あたり金五〇〇両から金一〇〇〇両程度を藩から受け取っていた。天保三年（一八三二）には約八〇〇〇両、翌四年には約一万六〇〇〇両と、一万両前後の中借金を受け取っていた。藩からの中借金拝借は、八田家が藩に才覚金を預けたものが、藩の部局を経て、産物会所に投入されていることも確認された。また、産物会所は三井家に市場に来市して産物を購入してもらうことを求めて、役人や手代を上州藤岡までたびたび出向かせて、三井家に交渉を申し入れたが断られるなど苦戦していることが明らかとなった。

しかし、天保四年に産物会所を設置すると、松代の紬市を通して販売する分と、江戸藩邸に紬を送って販売する体制が整った。販売先は、松代では近郷商人・買次商人や江戸の大店、江戸では引受人・取捌人を通して江戸呉服問屋であったが、松代における大店商人への販売額が少なく、産物会所の収益はあまり期待できなかったようである。また、天保八年に産物会所の仕法替により資金調達を領外商人に求めていくことになり、菊屋（増田）孫兵衛が三井越後屋の買宿となった。買宿は三井越後屋から仕入代金を受け取って、現地の産物を仕入れていた。しかし、利益を出せず負債となっていた。なお、買宿の菊屋の手代が松代で買い入れた国産品を江戸で売り捌きを行っており、従来の買宿の性格とは少し異なるようである。

松代藩の産物会所運営について、八田家・藩勘定方・産物会所・買宿商人・三井越後屋との関係を資金調達の面からみると、藩領内では、八田家が藩への預け金をしていること、藩から産物会所への中借金など、双方での資金の流れをつかむことができた。藩領外では、買宿が三井越後屋から前貸金を受けて産物を購入していたことは把握できたが、実際の販売売上・利益については言及ができなかった。特に、藩と産物会所、買宿と三井越後屋の利益配分については不明な部分が多いため、仕法替の前後を含め、産物の購入資金と売り上げについて継続して分析していくことが課題である。

註

（1）代表的な研究として、堀江保蔵『我国近世の専売制度』（日本評論社、一九三三年）、吉永昭『近世の専売制度』（吉川弘文館、一九七三年）など。

（2）山形万里子『藩陶器専売制と中央市場』（日本経済評論社、二〇〇八年）、同「雄藩の藩政改革と専売制」（『歴史評論』七一七、二〇一〇年）、木原溥幸『近世讃岐の藩財政と国産統制』（渓水社、二〇〇九年）。

（3）吉永昭「紬市の構造と産物会所の機能―信州松代藩の場合―」（『歴史学研究』二〇四、一九五七年）、同「製糸業の発展と糸会所の機能―信州松代藩の場合―」（『史学雑誌』六八―二、一九五九年）、同「天保改革について―三都中央市場と藩領域経済との関係を中心にして―」（『歴史学研究』二六四、一九六二年）、同「藩専売制度の基盤と構造―松代藩産物会所仕法をめぐって―」（古島敏雄編『日本経済史大系』第四　近世下、東京大学出版会、一九六五年）。

（4）松田之利「松代藩専売制の歴史的意義」（『史潮』九七、一九六六年）。

（5）藤田雅子「天保期松代藩における国産紬の販売」（吉田伸之編『流通と幕藩権力』山川出版社、二〇〇四年）。
（6）荒武賢一朗「松代真田家の大坂交易と御用場」（渡辺尚志・小関悠一郎編『藩地域の政策主体と藩政』岩田書院、二〇〇八年）。
（7）西村慎太郎「商家文書の史料群構造分析―松代八田家文書を事例に―」（国文学研究資料館編『アーカイブズの構造認識と編成記述』思文閣出版、二〇一四年）、同「糸会所の記録作成・授受・管理と機能」（国文学研究資料館編『近世大名アーカイブズの資源研究―松代藩・真田家をめぐって―』思文閣出版、二〇一六年）。
（8）『三井事業史』本篇 第一巻（三井文庫、一九八〇年）。
（9）賀川隆行『近世三井経営史の研究』（吉川弘文館、一九八五年）。
（10）田中康雄「三井越後屋の「上州店」」（『群馬県史研究』五、一九七六年）。
（11）武居奈緒子「越後屋における仕入革新と商家の成長―買宿制度を中心として―」（『流通研究』一一―二、二〇〇八年）、同『大規模呉服商の流通革新と進化―三井越後屋における商品仕入体制の変遷―』（千倉書房、二〇一四年）。
（12）下向井紀彦「天明年間における三井越後屋の伯州木綿仕入活動」（『三井文庫論叢』四六、二〇一二年）、同「寛政年間における三井越後屋の木綿仕入状況とその特質」（『三井文庫論叢』四七、二〇一三年）。
（13）『長野市誌』第四巻　歴史編　近世二（長野市、二〇〇四年）。
（14）西村慎太郎により、糸会所は文政九年一一月六日に設立されたことが指摘されている（西村慎太郎前掲註（7）「商家文書の史料群構造分析」一三五頁）。
（15）吉永前掲註（3）「製糸業の発展と糸会所の機能」。
（16）「和漢三才図会」（寺島良安著・島田勇雄他訳注『和漢三才図会』五、平凡社、一九八六年）一〇八頁。序が正徳二年、跋文が同五年に書かれている。

(17)「絹布重宝記」（『通俗経済文庫』日本経済叢書刊行会、一九一六年）一三六頁。著者は京都の呉服商に生まれた田宮楚洲。絹織物の産地・品質などを詳細に説明している。

(18)「日本地誌略物産解」（埼玉県立文書館所蔵・猪鼻家文書二三六三）、明治九年に土方幸勝が編纂して出版した。

(19)「御拝借金証文之事」（八田家文書え九二五‐一）。

(20) 鏡屋町は伊勢町の枝町。

(21) 西村前掲註（7）「糸会所の記録作成・授受・管理と機能」一五二頁。

(22) 壺泉（壺和泉）伊平治は、赤坂田町二丁目に居住し、取扱業種は不明であるが、嘉永七年に幕府に御用金を上納している（「江戸商人名前一覧」『三井文庫論叢』六、一九七二年）。

(23)「御拝借金証文之事」（八田家文書え九二五‐三）。

(24)「御拝借金証文之事」（八田家文書え九二五‐二）。

(25)「（国産御用金中借証文控）」（八田家文書う三一七）。

(26) 吉永昭「城下町御用商人の性格について」（福尾教授退官記念事業会編『近世社会経済史論集』吉川弘文館、一九七二年）、拙稿①「松代藩御用商人八田家の金融―文化・文政期を中心に―」（荒武賢一朗・渡辺尚志編『近世後期大名家の領政機構』岩田書院、二〇一一年）。

(27)「覚」（八田家文書え九二五‐四）。

(28) 伊藤昭弘「藩財政は「窮乏」していたのか」（前掲註(26)『近世後期大名家の領政機構』）、同「近世後期の藩領国における資本循環構造と藩財政」（『歴史学研究』八八五、二〇一一年）、同『藩財政再考』（清文堂出版、二〇一四年）。

(29)「(糸会所江御預ヶ金請取手形)」(八田家文書う五二七)。
(30)西村前掲註(7)「糸会所の記録作成・授受・管理と機能」一三八頁。
(31)尾崎晃「近世後期における上田藩の専売制―産物会所設置の状況―」(『白山史学』二三、一九八七年)八九頁。
(32)吉永前掲註(3)「紬市の構造と産物会所の機能」二八頁。
(33)「(産物会所繰合金中借証文)」(八田家文書う三〇〇)。
(34)西村前掲註(7)「商家文書の史料群構造分析」一三九頁。
(35)「内無番」(三井文庫所蔵史料・別五七四-五)。
(36)下向井紀彦「三井越後屋による自他店比較に関する一考察―寛政年間を中心に―」(『三井文庫論叢』四八、二〇一四年)。
(37)『藤岡市史』通史編　近世、近代・現代(藤岡市、一九九七年)一二五頁。
(38)前掲註(35)「内無番」。
(39)「(金子中借証文)」(八田家文書う四九一)。
(40)「覚」(八田家文書え八三九-九)。
(41)岩橋清美「武州八王子に見る地域市場の展開―八王子縞買の動向を中心に―」(『千葉経済論叢』四二、二〇一〇年)、『新八王子市史』資料編4、近世2(八王子市、二〇一五年)。
(42)「松代藩国産物売捌方届出」(『東京市史稿』産業篇五二、東京都、二〇一一年)八七一頁。原史料は「諸問屋再興調」。
(43)座間百人は文政一〇年に表御用人と御留守居の兼務となっている。江戸留守居であったと思われる(国立史料館編『真田家家中明細書』東京大学出版会、一九八六年)一四五頁。

（44）筒井政憲は久世三四郎広景の二男で、筒井正盈の養子となった。文政四年一月二九日に町奉行に就任し、幕末には、日露和親条約交渉に関わった（『新訂寛政重修諸家譜』第一七、八三頁）、小川恭一編『寛政譜以降旗本家百科事典』第三巻（東洋書林、一九九七年、一七六〇・一七六一頁）、佐野真由子「幕臣筒井政憲における徳川の外交」（『日本研究』三九、二〇〇九年）。

（45）前掲註（22）「江戸商人名前一覧」。

（46）前掲註（22）「江戸商人名前一覧」。

（47）「（金子借用証文）」（八田家文書う五五六）。

（48）増田孫兵衛は弘化二年頃に病死している。午年は文政五年と天保五年であるが、天保五年と判断した。

（49）真田家の上屋敷は貞享三年から天保一二年まで溜池（麻布）に所在した（原田和彦「信濃国松代藩の江戸藩邸変遷史稿」『松代』二二、二〇〇八年）。

（50）藤田前掲註（5）「天保期松代藩における国産紬の販売」。

（51）吉永前掲註（3）「紬市の構造と産物会所の機能」二二頁。

（52）藤田前掲註（5）「天保期松代藩における国産紬の販売」。

（53）野村兼太郎「呉服問屋の絹買指宿」（『三田学会雑誌』四〇―一、一九四七年）、北島正元編著『江戸商業と伊勢店』（吉川弘文館、一九六二年）、林玲子「関東生絹の流通構造」（『土地制度史学』二一、一九六三年）、同『江戸問屋仲間の研究―幕藩体制下の都市商業資本―』（御茶の水書房、一九六七年）。

（54）大丸屋は寛保三年に江戸大伝馬町三丁目に呉服店を開いた（賀川隆行「大丸屋の棚卸帳」『三井文庫論叢』二九、一九九五年）。

(55) 真田幸貫は天保一二年に老中に就任している。三井家が天保一四年に買宿を引き受けた理由は不明であるが、三井家の大名貸は、老中など譜代大名に限られている点を指摘しておく(拙稿②「一八世紀における三井家の大名貸―笠間藩牧野家を事例として―」『論集きんせい』三三、二〇一一年)、村和明「三井の武家貸と幕府権力―享保期の上方高官貸の成立を中心に―」(牧原成征編『近世の権力と商人』山川出版社、二〇一五年)。

(56) 武居前掲註(11)「越後屋における仕入革新と商家の成長」。

(57) 「覚」(八田家文書え二一五)。

(58) 新革屋町は、現在の千代田区神田一丁目〜三丁目にあたる。

(59) 「越後屋大丸屋商高書上」(『東京市史稿』産業篇五六、東京都、二〇一五年)二九〇頁、原史料は慶應義塾図書館所蔵「天保十四癸卯年諸向用留」。

(60) 「以書付御届奉申上候」(八田家文書え一七〇)。

(61) 「拝借金証文之事」(八田家文書え一八九)。

(62) 「乍恐以書附奉申上候」(八田家文書え二二八一)。

(63) 「乍恐以書附奉申上候」(八田家文書え二二八四)。

乍恐以書付御届奉願上候

増田孫兵衛儀、是迄三井店御産物買宿仕罷在、去ル卯年中代買金預り置候、内金弐百両引負ニ相成居候付、追々先方ゟ懸金有之候得共、済方ニも不罷成候処、今度孫兵衛病死、弥御返済手段差支私内縁之儀ニ付、立入手代文四郎江段々申談事仕、右引負金私方江引請年賦済方幷買宿之儀も孫兵衛跡取続候迄、私方定宿之趣示談取極仕候、此段御届奉申上候、以上

弘化三午年正月　　　　伊勢町　伝兵衛

御産物方御会所

（64）「（三井店為替関係書綴）」（八田家文書え一七八五）。

（65）『長野県史』近世史料編　第七巻（二）（長野県、一九八一年）四三九頁。

あとがき

私たちの、松代藩真田家領をフィールドにした共同研究の成果も、本書で五冊目となった。一冊目の『藩地域の構造と変容』（岩田書院、二〇〇五年）を刊行してから、はや一〇年以上が経ったことになる。私にとっては、あっという間の一〇年間だった。

本書は、『藩地域の村社会と藩政』と題している。そして、書名がそのまま、本書の核心的テーマとなっている。村社会と藩政との関連を重点的に追究しているのである。

「藩地域」とは、「序章」でも述べたとおり、一つの藩を対象として、藩領域の内外にわたって展開する多様な諸関係の総体を、政治・経済・社会・文化・思想・意識などの各領域にわたって具体的かつ理論的に把握するために設けた概念であり、藩地域論とは、地域社会論と藩政史・都市史・身分論・思想史などとの架橋・総合化の試みである。すなわち、藩地域論自体が、村社会論・地域社会論と藩政史・思想史研究との統一的把握を目指すものなのだが、第一集以降の研究の積み重ねと、松代藩領域における村方文書の調査・整理作業の成果を踏まえて、本書では上記の課題をより意識的に追究しようとしたのである。本書からは、次のような流れがみえてくる。

寛文検地の不充分さを克服し、土地所有秩序を再編成すべく行なわれた宝暦検地。それは、「直上《じき》納制」というかたちで、地主的土地所有の強化をもたらした。しかし、それで問題がすべて解決したわけではない。一九世紀には、土地問題を含む訴訟や騒動が頻発する。藩役人は、内々で百姓たちを指導して、訴訟を穏便に解決しようとするし、近隣の領主との協調関係にも気を配る。そうした「訴訟知」「訴訟文化」の成熟はありつつも、多数の「強情者」の台頭により訴訟は沈静化しない。文政・天保期の「明君」真田幸貫が直面したのは、そのような現実であった。

そうした現実に直面して、民間の「風俗」改革の必要性は、藩士各層に共有・継承されていく。訴訟を減少させるためには、百姓の生命と生活を保障する体制の構築と、藩領の富を増大させるための産業・金融政策が求められる。それらの政策の成否は、百姓たちと直接相対する民政担当役人の肩にかかってくる。また、ときどきの藩主や重臣も現実と格闘し、苦悩する。

「風俗」改革の理念と、その具体的政策化、そしてそれへの民間の反応。政策の成果と限界。矛盾の一定の解消と新たな矛盾の発生。そうした、村社会と藩政との間の共同と対立の複雑な諸関係と、その時期的推移が本書各章で描かれている。

本書によって、松代藩地域研究はまた一歩前進したと思うが、もちろんまだまだ残された課題は多い。焦らずに、引き続き新たな課題に取り組んでいきたい。

なお、本書各章は、いずれも一橋大学大学院における私のゼミのOB・院生たちが執筆している。二〇一七年に還暦を迎える私にとっては、還暦記念となる論文集でもある(その意味では、本書の姉妹編として、渡辺尚志編『移行期の東海地域史』勉誠出版、二〇一六年、がある)。私自身、本書の刊行をワンステップとして、今少し松代藩地域研究を続けていきたい。

本書の刊行にあたっては、一橋大学大学院の水林純氏に、原稿や校正ゲラの集約等、面倒な事務作業を担当していただいた。また、いつもながら、岩田書院の岩田博氏にたいへんお世話になった。一冊目以降、ずっと刊行を引き受けていただいている岩田氏には心より御礼申し上げたい。

二〇一六年一〇月

渡辺　尚志

古畑　侑亮（ふるはた・ゆうすけ）
1990年生まれ　一橋大学大学院社会学研究科博士後期課程在籍
「幕末・明治における「好古家」の随筆受容―武蔵国の在村医小室元長の場合―」
（『書物・出版と社会変容』20号、2016年）
「明治前期における「好古家」の新聞受容―埼玉県比企郡番匠村小室元長の交友関係を中心に―」（渡辺尚志編『アーカイブズの現在・未来・可能性を考える』、法政大学出版局、2016年）

吉川　紗里矢（きっかわ・さりや）
1988年生まれ　一橋大学大学院社会学研究科博士後期課程在籍
「川路聖謨関係史料と川路寛堂」
（大口勇次郎監修『勘定奉行・川路聖謨関係史料』、ゆまに書房、2015年）
「老中の文書管理と幕府人事 ―『御覚之控』を中心に―」
（『書物・出版と社会変容』20号、2016年）
「慶応期幕府奏者番における師弟関係と手留管理」
（渡辺尚志編『アーカイブズの現在・未来・可能性を考える』、法政大学出版局、2016年）

佐藤　宏之（さとう・ひろゆき）
1975年生まれ　一橋大学大学院社会学研究科博士後期課程単位取得退学　博士（社会学）
鹿児島大学学術研究院法文教育学域教育学系准教授
『近世大名の権力編成と家意識』（吉川弘文館、2010年）
『現代語訳徳川実紀』１～５（吉川弘文館、2010～2012年）共編
「実録のながれ―「越後騒動」の歴史・記憶・メディア―」
（若尾政希編『書籍文化とその基底』、平凡社、2015年）

大橋　毅顕（おおはし・たけあき）
1983年生まれ　一橋大学大学院社会学研究科博士後期課程単位取得退学
埼玉県立文書館学芸員　東京学芸大学非常勤講師
「一八世紀における三井家の大名貸―笠間藩牧野家を事例として―」
（『論集きんせい』33号、2011年）
「松代藩御用商人八田家の金融―文化・文政期を中心に―」
（荒武賢一朗・渡辺尚志編『近世後期大名家の領政機構』、岩田書院、2011年）
「将軍綱吉の阿部邸御成り」（『文書館紀要』29号、埼玉県立文書館、2016年）

【編者・執筆者紹介】掲載順

渡辺　尚志（わたなべ・たかし）
1957年生まれ。東京大学大学院人文科学研究科博士課程単位取得退学　博士（文学）
一橋大学大学院社会学研究科教授
『幕末維新期の名望家と地域社会』（同成社、2014年）
『藩地域の構造と変容―信濃国松代藩地域の研究―』（岩田書院、2005年）編
『藩地域の政策主体と藩政―信濃国松代藩地域の研究Ⅱ―』
（岩田書院、2008年）小関悠一郎氏と共編
『近世後期大名家の領政機構―信濃国松代藩地域の研究Ⅲ―』
（岩田書院、2011年）荒武賢一朗氏と共編
『藩地域の農政と学問・金融―信濃国松代藩地域の研究Ⅳ―』
（岩田書院、2014年）福澤徹三氏と共編

菅原　一（すがはら・はじめ）
1986年生まれ　一橋大学大学院社会学研究科博士後期課程在籍
「無年季的質地請戻し慣行と直上納制―信州上田房山村丸山家を事例に―」上・下
（『信濃』67巻5号、7号、2015年）

福澤　徹三（ふくざわ・てつぞう）
1972年生まれ　一橋大学大学院社会学研究科博士後期課程修了　博士（社会学）
すみだ郷土文化資料館専門員　一橋大学非常勤講師　埼玉学園大学兼任講師
『一九世紀の豪農・名望家と地域社会』（思文閣出版、2012年）
『藩地域の農政と学問・金融―信濃国松代藩地域の研究Ⅳ―』
（岩田書院、2014年）渡辺尚志氏と共編
「近世後期の江戸の花火と幕府政策」（『地方史研究』375号、2015年）

金澤　真嗣（かなざわ・まさつぐ）
1988年生まれ　一橋大学大学院社会学研究科博士後期課程在籍
有限会社アルケーリサーチ社員

小関　悠一郎（こせき・ゆういちろう）
1977年生まれ　一橋大学大学院社会学研究科博士後期課程修了　博士（社会学）
千葉大学教育学部准教授
『藩地域の政策主体と藩政』（岩田書院、2008年）渡辺尚志氏と共編
『〈明君〉の近世―学問・知識と藩政改革―』（吉川弘文館、2012年）
『上杉鷹山と米沢』（吉川弘文館、2016年）

藩地域の村社会と藩政　信濃国松代藩地域の研究Ⅴ

2017年(平成29年)1月　第1刷　350部発行　定価[本体8400円＋税]

編　者　渡辺　尚志

発行所　有限会社岩田書院　代表：岩田　博　http://www.iwata-shoin.co.jp
〒157-0062 東京都世田谷区南烏山4-25-6-103　電話03-3326-3757　FAX03-3326-6788
組版・印刷・製本：熊谷印刷

ISBN978-4-86602-982-5 C 3321　￥8400E

コピーOK